普通高等教育"十三五"规划教材
农林经济管理系列教材

农业经营学
（第二版）

苏 群 编著

江苏高校品牌专业建设工程资助

科学出版社
北京

内 容 简 介

本书通过十五章的内容，构建了农业经营学的新体系，主要阐述农业经营的演变，农业经营学的发展，我国农业经营的演变，家庭、合作社和企业三大农业经营主体，农业经营要素与方式，农业记账与经营分析，农业经营的投入产出，农户理论与农户模型，农业经营预测、计划与决策，以及农业经营的市场环境和政策环境。本书既突出了微观主体的作用与功能，包含了重要概念、相关理论和研究方法，同时也结合了我国农业的特点及经营现状，具有较强的理论性和实践性。

本书可作为我国高等院校农业经济管理专业、农村区域发展专业本科生的基础教材，也可供同类专业的研究生学习和农村经济管理工作者参考，以及其他各类专业人士和社会人士阅读。

图书在版编目（CIP）数据

农业经营学 / 苏群编著. —2 版. —北京：科学出版社，2018.1
普通高等教育"十三五"规划教材
农林经济管理系列教材
ISBN 978-7-03-055658-5

Ⅰ.①农… Ⅱ.①苏… Ⅲ.①农业经营学–高等学校–教材 Ⅳ.①F306

中国版本图书馆 CIP 数据核字（2017）第 289805 号

责任编辑：王京苏 / 责任校对：王 瑞
责任印制：赵 博 / 封面设计：蓝正设计

科 学 出 版 社 出版
北京东黄城根北街 16 号
邮政编码：100717
http://www.sciencep.com

北京华宇信诺印刷有限公司印刷
科学出版社发行 各地新华书店经销

*

2011 年 6 月第 一 版 开本：787×1092 1/16
2018 年 1 月第 二 版 印张：19 3/4
2025 年 2 月第七次印刷 字数：467000

定价：49.00 元
（如有印装质量问题，我社负责调换）

出 版 说 明

农林经济管理学科主要研究农林部门社会经济活动的客观规律、宏观管理政策和微观管理决策。但是，不同于国民经济其他部门，农林部门的经济活动不能简单运用一般的经济学原理进行分析，并以此提出宏观管理的政策建议。经济再生产与自然再生产交织在一起是农林生产的根本特点，这决定了农林生产类型、方式和组织形式在很大程度上受自然条件影响。而且，在现代经济转型过程中，农林产业占国民经济比重的下降速度远远超过劳动力转移的速度，这对农林业劳动者的经济地位和福利产生了重要影响，并且引发了一系列社会、文化和政治问题。因此，农林经济管理的研究对象不仅仅是特定条件下的生产、流通、分配和消费，更是特定时期与社会经济和资源环境变迁相关的经济理论和管理决策问题。农林经济管理不同于一般的部门管理，因此也不能简单应用一般的经济管理原理，它是一门具有特殊性的交叉学科。

本系列教材根据教育部卓越人才教育培养计划改革和品牌专业建设的要求，以农林经济管理专业培养方案为指南，汇聚南京农业大学农林经济管理领域的优秀教师编写而成。本系列教材将分批陆续出版，包括《农业与食品经济管理通论》《农业经营学》《农场管理学》《农业园区规划设计》《农村金融学》《研究设计与论文写作》《农业经济研究方法》，以及从经济管理类专业角度编写的《植物生产通论》《动物生产通论》等。本系列教材充分吸收了国内外相关教材的优点，注重科学性、实用性和先进性，突出交叉学科特点，重视方法论的教学，填补了传统教材的空白，力求满足新时期农林经济管理教学的需求。

本系列教材可以作为农林经济管理等学科专业的本科生、研究生，以及干部培训班的教材或参考书，也可以作为其他读者了解农林经济管理专业知识的基础读物。

本系列教材的出版得到教育部卓越农林人才教育培养计划改革试点项目和江苏高校品牌专业建设工程资助。

科学出版社

2017 年 6 月

前　言

随着我国农村经济体制改革的不断深化，农业系统逐渐由封闭走向开放，产业链条不断延长，农业与上下游产业间的关联程度日益加深，农业的商品化程度日益提高。在这种背景下，农业微观主体开始在利益最大化的目标下，进行自主决策和经营。因此，编写一本以微观经营主体为研究对象，分析其经营方式、经营规模、经营计划及经营效益，并提供其改善方向的《农业经营学》已十分必要。为此，本书吸收了国外有关教材和研究成果的一些理论和内容，同时结合我国农业的特点及不同微观主体的经营状况，构建了现有的体系，希望帮助学生全面理解和掌握微观经营主体拥有的要素条件、合理配置的原理、成本核算和经营效果分析，以及所面临的市场环境和政策环境等，并作为对农业经济管理专业教学体系的一个补充。

新编的《农业经营学》在2011年第一版的基础上进行了修订，一是对各章节的数据进行了更新；二是增加了农业企业经营（第六章）、农户理论与农户模型（第十二章）和农业经营的政策环境（第十五章），完善了农业经营主体、农业经营分析和农业经营的外部环境的整体框架。全书共分为十五章，第一章主要介绍农业经营的产生与发展，农业经营的内涵、特征、目标与基本要素，农业经营的功能与分析方法；第二章主要介绍农业经营学的发展；第三章主要介绍我国农业经营的演变；第四章、第五章、第六章分别介绍家庭、合作社和企业这三大农业经营主体；第七章介绍农地的内涵、特征与利用，农业资金的构成与使用，农业劳动力与经营者能力，涉及劳动生产率等重要概念；第八章主要介绍经营规模理论和集约化，涉及适度规模、集约经营和集约度等概念；第九章主要介绍农业经营方式的选择及其影响因素，涉及复合经营和复合化指数的概念；第十章讲解农业记账的意义、原则、内容与方法，以及经营成本核算与经营现状分析的内容；第十一章介绍生产函数的概念及计量估计方法、要素投入与产出的基本原理、要素投入的合理阶段及要素配置的原理；第十二章介绍农户理论与农户模型；第十三章主要介绍农业经营预测、计划、决策的概念、程序和方法；第十四章介绍农业经营的市场环境，包括农产品市场、农业生产资料市场和农业资金市场；第十五章介绍农业经营的政策环境，包括我国农业政策的基本框架和农业政策的实施效果。

本书在编写过程中，参考了许多国内外同行的学术成果，也得到了南京农业大学经济管理学院同事们的支持和建议，获得了许多宝贵的素材，在此一并致以诚挚的谢意。

苏　群
2017年11月

目 录

第一编 导 论

第一章 农业经营的演变 ... 3
第一节 农业经营的产生与发展 ... 3
第二节 农业经营的内涵、特征、目标与基本要素 ... 7
第三节 农业经营的功能与分析方法 ... 11
本章小结 ... 15

第二章 农业经营学的发展 ... 16
第一节 德国的农业经营学 ... 16
第二节 美国的农业经营学 ... 20
第三节 日本的农业经营学 ... 24
本章小结 ... 27

第三章 我国农业经营的演变 ... 29
第一节 传统农业经营的发展 ... 29
第二节 近代农业经营的发展 ... 36
第三节 1949年后农业经营的发展 ... 42
本章小结 ... 47

第二编 农业经营主体

第四章 农业家庭经营 ... 51
第一节 家庭经营的形成与发展 ... 51
第二节 发达国家的家庭经营 ... 57
第三节 我国的家庭经营 ... 69
本章小结 ... 76

第五章 农业合作社经营 ... 77
第一节 合作社的概念与原则 ... 77
第二节 农业合作社的分类与组织模式 ... 81
第三节 我国农民合作社的发展 ... 86
本章小结 ... 95

第六章　农业企业经营 ··· 96
第一节　农业企业的概念与职能 ··· 96
第二节　农业企业的经营战略与经营环境 ··· 100
第三节　农业龙头企业的发展 ··· 105
本章小结 ·· 112

第三编　经营要素与方式

第七章　农业经营的要素条件 ··· 115
第一节　农地的内涵、特征与利用 ·· 115
第二节　农业资金的构成与使用 ·· 124
第三节　农业劳动力与经营者能力 ·· 130
本章小结 ··· 139

第八章　农业经营规模与集约度 ·· 140
第一节　经营规模的内涵与规模理论 ··· 140
第二节　经营规模与集约度 ·· 146
第三节　经营规模与经营效率 ··· 152
本章小结 ··· 156

第九章　经营品种与经营方式 ··· 157
第一节　作物与畜种的选择 ·· 157
第二节　我国作物与畜种的分布 ·· 161
第三节　农业经营方式的选择 ··· 168
本章小结 ··· 177

第四编　农业经营分析

第十章　农业记账与经营分析 ··· 181
第一节　农业记账的意义、原则与内容 ·· 181
第二节　农业记账的方法 ·· 184
第三节　成本核算与经营现状分析 ·· 196
本章小结 ··· 202

第十一章　农业经营的投入产出 ·· 204
第一节　农业经营中的基本法则 ·· 204
第二节　要素投入与产出的关系 ·· 212
第三节　要素配合的边际分析 ··· 219
本章小结 ··· 227

第十二章　农户理论与农户模型 ·· 229
第一节　农户理论与农户模型的发展 ··· 229
第二节　农户模型的原理 ·· 236

    第三节 农户模型在实证分析中的运用……………………………………242
    本章小结………………………………………………………………………244
第十三章 农业经营预测、计划与决策……………………………………………245
    第一节 农业经营预测…………………………………………………………245
    第二节 农业经营计划…………………………………………………………251
    第三节 农业经营决策…………………………………………………………257
    本章小结………………………………………………………………………264

第五编 农业经营的外部环境

第十四章 农业经营的市场环境……………………………………………………267
    第一节 农产品市场……………………………………………………………267
    第二节 农业生产资料市场……………………………………………………276
    第三节 农业资金市场…………………………………………………………282
    本章小结………………………………………………………………………286
第十五章 农业经营的政策环境……………………………………………………287
    第一节 我国农业政策的基本框架……………………………………………287
    第二节 我国农业政策的实施效果……………………………………………296
    本章小结………………………………………………………………………301
参考文献………………………………………………………………………………302

第一编 导 论

第一章

农业经营的演变

农业是人类利用生物机体的生命力,将外界环境中的物质和能量转化为生物产品,以满足社会基本消费需求的生产部门,是人类赖以生存和发展的基础,在现代国民经济中被称为第一产业。农业和其他产业一样,会伴随着社会生产力的发展和科学技术的不断进步,逐步从以为社会成员提供食物为主的生产性农业,向以供给食物和工业原料为主的商品性农业过渡。进入20世纪以后,随着商品经济的不断发展和技术进步的不断加快,农业经营的主体与目标、功能与手段、要素投入与产出水平、生产结构与外部环境都发生了巨大变化,农业经营的重要性也更加凸显。

第一节 农业经营的产生与发展

一、农业经营的产生

(一)原始农业阶段

大约在一万年以前,人类经过长期的采集和渔猎生活,逐渐熟悉了动植物的生长习性,并在旧石器时代晚期向新石器时代过渡期间,开始种植谷物和驯养繁殖动物,从而摆脱了完全依靠采集和猎取天然食物的生活方式,进入原始农业阶段。在原始农业阶段的初期,采集和渔猎活动仍占较大比重,但随着劳动工具和生产技术的进步,采集和渔猎活动所占比重日趋下降,原始种植业和畜牧业所占比重逐步上升,但所提供的食物仅能满足人类全年所需食物的一半左右。因此,为了生存,人类仍需进行季节性的迁徙,他们一般有两个住所:一个是山洞,另一个是临时居住地。

原始农业的主要特征是:①生产工具简单落后,生产力水平极为低下。虽然生产工具从粗制的棍棒和石器工具逐渐发展为精心打磨过的石制、骨制和木制工具,还出现了极少量的青铜制工具,但生产工具仍然十分落后,因而只能依靠自然界的力量来恢复地力。②耕作方法原始粗放,主要采用轮垦制和烧垦制。轮垦制是指开掘一块土地后,播撒种子,不进行田间管理,在连续种植几年以后弃耕,待地力恢复以后再种,并有几块土地轮换种植。烧垦制也称为"刀耕火种",先用石斧之类的工具砍伐树木、杂草,将树木、杂草晒干焚烧后作为肥料,然后开穴下种,种 2~3 年农作物,需要休闲 10~20 年才能恢复地力。这类轮歇丢荒的耕作制度对土地的利用极其粗放,不仅生产力低下而且破坏自然资源,造成严重的水土流失。但在当时生产力水平十分低下、人少地多的情况下,并没有引起人们的注意。③以自然分工为主,主要从事简单协作的集体劳动。所谓自然分工,是指人们按照性别和年龄的差别产生的劳动分工。与这种分工相适应的协作,就是一种以原始氏族大家庭为单位,将手工业(打磨石器)、农业(采集、种植)、畜牧业(狩猎驯化)联系在一起的简单协作,以此来获取有限的生活资料,维持低水平的共同生活需要。

(二)传统农业阶段

从公元前 500 年左右开始,随着炼铁技术的出现及铁制农具的使用,世界农业发展进入了传统农业阶段。这一时期农业是最主要的经济部门,绝大多数人口都从事农业生产。在这一漫长的历史时期中,世界人口的迅速增长是促使传统农业发展的最主要动力。为了适应人口增长对食物的需求,在亚洲、欧洲、非洲和中美洲都开始了大规模的土地开垦。

传统农业技术的进步首先表现为生产工具的进步,在炼铁技术和畜力使用基础上出现的犁耕,与锄耕相比可以大大提高劳动生产率,这就为扩大耕地面积、较大幅度地增加农产品产量创造了条件;其次表现在耕作制度上,由原始的烧垦制过渡为既能较充分地利用土地资源又能较好地保护自然植被的轮作制,一系列精耕细作的方法也随之出现,如整地播种、育苗移栽、中耕除草、间作套种、灌溉施肥等;最后表现为对自然界利用能力的进步,改变了原始农业只靠长期休闲、自然恢复地力的状况,创造性地利用人工施用有机肥的办法来提高土壤肥力,采用选择农作物和牲畜良种的办法来改善农作物和牲畜的性状。尽管传统农业与原始农业相比有了极大的进步,但投入农业的能量仅仅是农业当中的人力、畜力和有机肥(organic manure)等,数量十分有限,农业长期处于自给自足的自然经济状态,农业生产效率很低,而且技术进步很慢。因此,传统农业时期能够提供给社会的产品数量也相对有限。

(三)近代农业阶段

进入 18 世纪以后,世界市场的扩大刺激了欧洲大陆和英国毛纺织工业的发展,为了确保养羊业的高额利润,欧洲各地爆发了大规模的"圈地运动"。大范围的圈地以及国内外农畜产品需求量的不断增长,促进了轮作制的变革,使世界农业发展开始进入近代农业时期。从 18 世纪初开始,为了提高土地利用率和农业的集约化程度,英国首先推行了四圃耕作制,也称为"诺福克轮作制",它把农地分成四块,依次轮换种植小麦→块根作物(主要是芜菁)→大麦、燕麦→牧草(三叶草及其他豆科牧草)。这种耕作制度的实行,不仅使土地利用率和农作物产量得到了较大的提高,而且有利于发展畜牧业和恢复地力。

与此同时,以蒸汽机的发明和应用为标志的机器大生产逐渐占领了城市的各个工业部门，资本也开始向农业生产领域渗透和扩张。工业革命所引发的农业质变主要表现在以下几点：首先，在农业生产上由广泛使用畜力牵引的简单农业机械发展为使用蒸汽拖拉机，改变了传统的农业耕作方式，极大地提高了农业生产力和生产效率；其次，近代自然科学开始在农业中运用，工业合成氨技术以及尿素、复合肥和农药的使用，作物和牲畜品种的改良，灌溉农业的出现，等等，带动了世界粮食产量的增长；再次，世界范围内农业生产的专门化和地域分工的发展，以及铁路和轮船等运量大、运费低的运输工具的发展，不仅使世界农产品贸易的品种和数量有了极大的增长，而且也使贸易地区不断扩大；最后，农业人口开始减少，农业在国民经济中的比重呈下降趋势。1870年，英国的农业就业人口仅占全部就业人口的22.7%，德国为34.6%，法国为49.2%，荷兰为37%，美国为50%。到1915年，农业就业人口占全部就业人口的比例，英国为11.7%，德国为34.6%，法国为41.1%，荷兰为26.5%，美国为27.5%。

可以说，到传统农业社会末期为止，农业社会的功能几乎全部体现在为社会成员提供食物上，可以称之为社会功能的一元化。这时的农业是一种自给自足的自然经济，无论是封建庄园还是农户家庭，都以耕作土地并获取农产品为主，农业只能称为"农业生产"，而不能称为"农业经营"。从18世纪60年代到19世纪60年代，人类在食物需求得到最低满足以后，开始追求食物以外的生活必需品和奢侈品，各发达国家也开始了以轻纺产品为先导的工业化，并由此打破了农业社会功能一元化的格局，代之以供给食物和工业原料的二元化模式。与此同时，农业劳动力大规模向城市非农产业转移，带动了农村人口向城市的集中，从而引发了以生活服务业为主的第三产业兴起，也增加了城市对食品的需求，促进了食物性农业生产的商品化，并进一步强化了农业的营利性。可见，"农业经营"这一概念是历史发展的产物，它是伴随着商业化农业的发展而出现的。

二、农业经营的发展

欧洲工业革命以前，世界各国和各地区普遍维持着"低投入-低产出"的小农经济模式。由于小农经济以个体家庭为生产和消费单位，以接近生产者的小私有制为基础，因而，生产规模相对狭小，以满足自身消费为生产的主要目的。随着社会生产力和社会分工的发展，生产资料和生活资料日益多样化，小农被迫卷入了市场交换，从事商品性生产，并与其他农民和手工业者交换产品，以取得自己所不能生产的生产资料和生活资料，自给性生产开始与商品性生产相结合。

工业革命以后，原料需求的不断增加和农业生产能力的不断提高，推动了商品经济的发展，并导致了货币地租的出现。货币地租的出现，加剧了自然经济的解体和农民的分化，少数生产条件较好的农户发展成为资本主义性质的农场，而大多数人变为农村的无产者或半无产者。到了高度发展的商品经济社会，即使是中小农户也不再自给自足，他们一般从事某一项专业化的商品农产品生产，甚至连自己所需的大部分消费品也从市场上购买。由于国情不同，欧洲资本主义农业经营的发展大致经历了英国、法国、普鲁士三条道路。

（1）英国特色的资本主义道路。由于商品经济的发展，英国出现了圈地运动，贵族将圈起的土地出租，形成资本主义的大农场或大牧场。资产阶级革命中颁布的"废除骑士领地制"的法令及对没收土地的拍卖，尤其是分成大块拍卖，强化了英国资本主义大农场或大牧场的发展趋向。这条道路适合英国商品经济发达的国情，同时，对英国封建土地所有制的改造也比较彻底。

（2）法国特色的资本主义道路。法国农村的商品经济不发达，因此，圈地运动几乎没有发生。传统的小农经济通过革命中的一系列法令，转化为以自由农民为主体的小农场或小牧场。革命中将没收的土地分成小块（并提供10年分期付款）拍卖，这既是实际需要，同时又强化了法国式的资本主义农业模式。

（3）普鲁士农业资本主义道路。普鲁士农村比较落后，还盛行农奴制。但是普鲁士商品经济发达，推动了贵族进行所谓的"排除农民运动"。与英国圈地运动不同的是，普鲁士的贵族们深受欧洲资本主义的影响，将收起的土地自己经营而不是出租，通过自上而下地改变经营方式，逐渐将封建庄园转化为资本主义的大农场，建立了容克庄园式的资本主义农场。

第二次世界大战以后，国家垄断资本主义得以迅速发展。在科学技术和现代工业空前发展的基础上，一些主要资本主义国家的农业生产不仅实现了机械化、电气化和化学化，而且已发展成为工业化、专业化和社会化的现代大农业。这种大农业一方面使农业劳动生产率大大提高，农产品产量继续增长；另一方面，加快了农业生产集中和资本集中的过程，农场兼并加剧，中小农场大批破产，资本主义大农场迅速扩张。

资本主义农场在生产力方面所表现出的主要特点是机械化、专业化和科学化水平都比较高。美国和英国在20世纪40年代、联邦德国在20世纪50年代、法国和日本在20世纪60年代，都先后实现了农业机械化，随后向高度机械化和电气化发展。目前，美国种植业中从耕地、播种、施肥、喷药、收获到排灌、运输、烘干、贮存、加工，全部实现了机械化，畜牧业中不但牧草（或青贮饲料）的播种、中耕、收获、运输、贮存全部机械化，而且饲料的加工、送料、供水、清粪、通风乃至产品的收集、包装、运送也已全部机械化、电气化。资本主义农场普遍实现了农场专业化和工艺专业化，一般只从事某种（某些）农产品生产，有的专门生产某一种产品的某一个品种，有的只完成产品生产全过程中的某一环节。现代农业科学技术已得到广泛应用，除了采用良种、除草剂、高效化肥和高效低毒农药外，还应用放射性同位素和激光来照射种子，利用微生物制造饲料、农药，利用电子计算机自动控制养畜（禽）场的机器设备，自动记录和检查种禽配种情况，从中选出最优品种进行推广等。农业机械化、专业化和科学化的发展，加速了农场的合并和农业生产的集中。由于农场规模的扩大，现代化水平不断提高，农业的资本有机构成已发生巨大变化，有的国家已经接近乃至相当于工业的资本有机构成。

从发展趋势来看，资本主义各国农场的生产集中和垄断将日益加剧。大农场特别是公司农场不断增加；小农场尤其是家庭农场的数量迅速减少，但在农场总数中仍占很大比重；中等规模的农场不断向两极分化。同时，工商、金融垄断资本日益加强对农业的渗透，它们或者直接投资经营农业，或者与农场主签订合同，将农场生产与"农业前部门""农业后部门"组成农工综合体，使农场逐渐受其控制。

与传统农业相对应，现代农业发展的基本特征主要表现为：一是彻底改变了以传统经验为主的农业技术长期停滞不变的局面。农业生产经营中广泛采用以现代科学技术为基础的工具和方法，这些工具和方法随着现代科学技术的发展而不断改造升级。同时农业技术的发展也促使农业管理体制、经营机制、生产方式、营销方式等不断创新，因而现代农业是以现代科技为支撑的创新农业。二是突破传统农业生产仅局限于以传统种植业、畜牧业等初级农产品生产为主的狭小领域。随着现代科技在诸多领域的突破，现代农业的发展将由动植物向微生物、农田向草地森林、陆地向海洋，以及初级农产品生产向食品、生物化工、医药、能源等方向不断拓展，生产链条不断延伸，并与现代工业融为一体，因而现代农业是由现代科技引领的宽领域农业。三是突破传统农业生产过程完全依赖自然条件的约束。通过充分运用现代科技及现代工业提供的技术手段和设备，农业生产的基本条件得以较大改善，抵御自然灾害的能力不断增强，因而现代农业是用现代科技和工业设备武装、具有较强抵御灾害能力的设施农业、可控农业。四是突破传统自给自足的农业生产方式，改变农业投入要素仅来源于农业内部的封闭状况。现代农业普遍采用产业化经营的方式，投入要素以现代工业产品为主，紧密依靠工农业产品市场，农产品市场广阔，交易方式先进，农业内部分工细密，产前、产中及产后一体化协作，投入产出效率高，因而现代农业是以现代发达的市场为基础的开放农业、专业化农业和一体化农业、高效益农业。五是改变传统粗放型农业增长方式。现代农业发展中能够有效实现稀缺资源的节约与高效利用，同时更加注重生态环境的治理与保护，使经济增长与环境质量改善协调发展，因而现代农业是根据资源禀赋条件选择适宜技术的集约化农业、生态农业和可持续农业。

第二节 农业经营的内涵、特征、目标与基本要素

一、农业经营的内涵与特征

（一）农业经营的内涵

经营含有筹划、谋划、计划、规划、组织、治理、管理等含义。经营和管理相比，经营侧重动态性谋划发展的内涵，而管理侧重使其正常合理地运转。

所谓农业经营，是指经营主体或经营者，在独立的意志下，根据自然状况、技术条件和市场环境等，选择合理的经营项目和经营方式，并对土地、劳动力和资本等生产要素进行有效的组织与管理，以期获得最大持久收益的综合性经济活动。

农业经营与农业生产的根本区别在于：首先，农业生产强调的主要是生产、分配、交换和消费等再生产的各个环节，而农业经营则强调经营主体在特定的环境中为实现收

益最大化而进行的综合性活动；其次，农业生产只强调在既定的生产过程中，对物质要素和劳动时间进行配置，并在生产中采用符合自身要求的实用技术，以保证生产的顺利进行和产量最大化，而农业经营则强调为实现利润最大化目标，根据市场要求对劳动力及其他生产要素进行合理配置，技术与经济并重，生产与购销兼顾；最后，农业生产是在投资方向和劳动对象明确的前提下，对劳动力和劳动资料的合理安排，农业经营则是根据现有的劳动力和生产资料等资源，选择投资方向和制定生产规划，并根据外部环境和内部资源的变化不断进行调整和改良。

农业经营的分类因不同的社会历史形态或经营方式和经营组织等而有所不同：根据经营规模可以分为大规模经营、小规模经营和适度规模经营；根据经营品种可以分为稻作经营、旱作经营、园艺经营、蔬菜经营、奶牛经营、肉牛经营等；根据经营主体可以分为家庭经营、合作社经营、企业经营；根据土地利用方式可以分为粗放经营与集约经营；根据经营形态可以分为单一经营与复合经营。

（二）农业经营的特征

由于农业生产因受自然环境和生物生长周期的制约而与工商业生产大不相同，农业经营具有与其他产业经营不同的特征。

1. 自然性

农业经营的对象是动植物产品，而动植物的生长极易受到自然环境的影响，如日照的强弱、气温的高低、雨量的多寡、风力的大小、土壤的肥瘠、纬度的高低等，都会影响动植物的生长与分布，以及农产品的丰歉和品质的优劣。因此，耕耘、育苗、播种、移栽、施肥、除草、收获、分选、运输、销售等一切作业及生产资源的调配，都必须配合所在地区实际情况和当时的季节，而且农业经营者必须具备实际经验和专业技术，来选择合适的品种和经营方式，以保证农业经营的顺利进行。

2. 组织性

农业经营并非单独考虑一次作业、一种作物或一个生产部门，而是重视整个生产体系或整个生产组织。例如，技术投入并非只考虑一个技术过程变化的合理性，而是考虑这一变化对其他技术变化的影响以及技术投入的全面合理化。农业经营在经营过程中要注重调配与组合各种生产要素，并确定合理的生产标准和销售方式，以保证获得长期的最大收益。因此，整个经营过程所包括的目标确立、要素调配、要素组织、要素管理、经营分析及计划调整，都具有较强的组织性。

3. 可持续性

农业经营注重长期规划下保证农业再生产的可持续性，为此，首先要保证技术供给的合理性和生产要素投入的持续性，如在合理利用土地的基础上进行土地质量改良，在核算固定资产折旧和流动资金周转率的基础上追加投入，在确保劳动力健康和生产效率的基础上维持一定的劳动时间和劳动强度等；其次是重视经济收益的稳定性和可持续性，如为了应对市场价格的波动和农产品市场日趋激烈的竞争，要不断改良品种、增加投入、提高技术水平，同时不断降低生产成本，以期获得更高的和更稳定的经济收益。

4. 过程的重要性

农业经营是经营主体在特定的环境中为实现收益最大化而进行的长期持续的综合性经济活动，重视经营目标的达成过程。农业经营既要有一定时期内完成各种经济活动的短期目标，又要有包括经营方向、发展速度和技术改良等重大经营策略的长期目标，而且长期目标要与短期目标相结合；同时，家庭农业经营还注重家庭再生产的可持续性，既要有获得最大而持久的收益的经济目标，又要有使家庭成员获得幸福感的效用目标，而且经济目标要与效用目标相结合。因此，为了实现农业经营的双重目标，整个经营过程十分重要。

5. 社会性

虽然农业在现代国民经济中的比重已逐渐降低，但到目前为止，维持人类生理机能所必需的糖类、蛋白质、脂肪和维生素等只能依靠农业获得，而且非农产业部门的发展最终要受到农业提供基本生活资料能力的限制。与此同时，农业通过自然代谢又对人类活动产生的废弃物和污染物予以接纳、存贮、净化、降解、吸收，并使其以新的形式重新返回到自然环境之中，这也是生态与环境调节的重要环节。此外，农业还具有保持水土平衡、防止风沙、调节气候、净化空气等功能，同时也是自然景观和资源循环的重要组成部分。

二、农业经营的目标

在从传统农业向现代农业转变的过程中，农业逐渐由自给自足的生产性农业发展成为以营利为目的的商品性农业，农业经营的目标也由追求产量最大化演变为追求收益最大化。因此，现代农业经营的目标是收益最大化。然而，在商品经济的发展过程中，农业经营主体逐渐由单一的农户演变为各种形式的多元经营主体，对于不同的农业经营主体，其具体的经营目标则不尽相同。

如图1-1所示，对于家庭经营而言，首先要考虑如何利用更多的土地或更合理地利用有限的土地来获得更高的收益（即土地纯收益），其次要考虑如何投入更多的劳动力或更合理地投入劳动力来获得更高的收益（即劳动报酬），最后要考虑如何更好地调配资金并合理使用资金来获得更高的收益（即经营利润）。因此，对于多数农业经营者而言，由土地纯收益、劳动报酬和经营利润所构成的农业收益最大化即为农业经营的综合目标。那么，构成农业经营目标的三项指标中，哪个占主导地位呢？在农业技术不发达且生产力水平较低时，利用大量的劳动力投入来获得收益是其主要目的。随着农业技术的发展和生产力水平的提高，单位土地面积上的收益在不同农户间产生了差异，这时土地纯收益变得重要起来。而进入现代社会以后，农业经营中的资金投入日益增加，提高经营利润日益成为经营的重点。

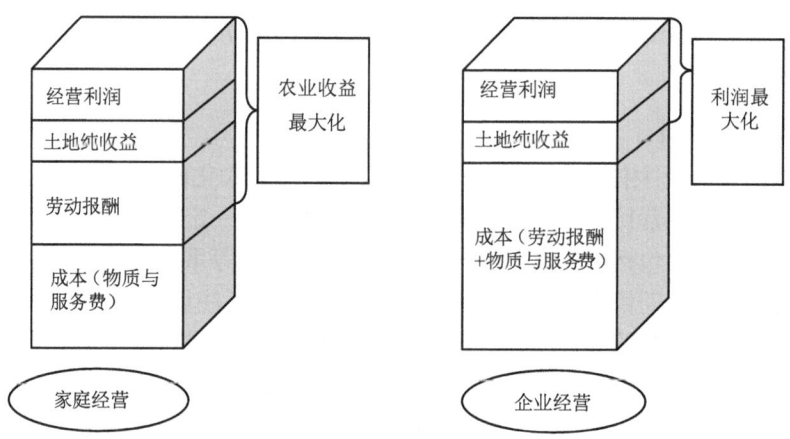

图 1-1　家庭经营与企业经营的目标

对于企业经营（以雇用劳动力为主，资本提供者与劳动提供者不同的经营）而言，主要考虑如何投入资本与劳动力来从事生产和销售活动，以便使投资获得最高的利润。然而，由于企业经营以雇用劳动力为主，劳动报酬与利润之间存在着相互矛盾的关系，因此，对于企业经营者来说，持续的高利润和土地纯收益是其农业经营的目标。

三、农业经营的基本要素

如图 1-2 所示，农业生产要素随着农业发展阶段的不同而不断变化。

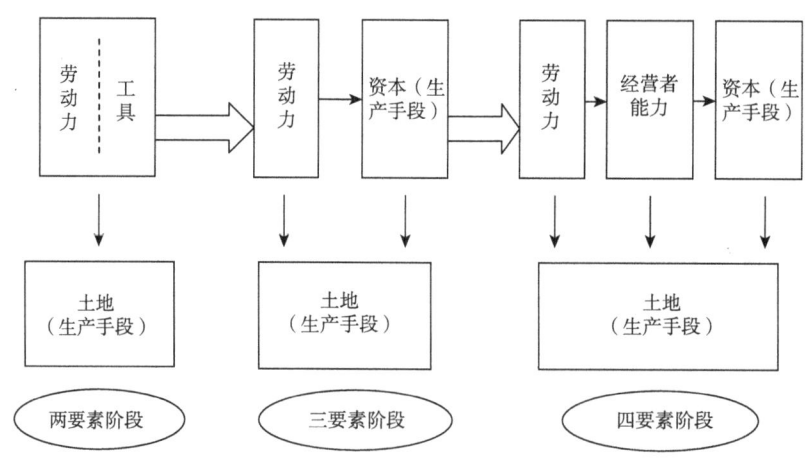

图 1-2　生产要素的变化过程

到传统农业社会末期为止，人类的主要活动仍是为了获得生存所必需的食物和衣物等而不断劳作，尽管生产工具和对自然界的利用能力已有所进步，但农业技术的进步十分缓慢，农业生产仍以简单的工具和大量的劳动力投入为主，生产手段也仅限于土地。因此，这一时期的农业生产要素主要是土地和劳动力（图 1-2 中的两要素阶段）。

到了近代农业时期，工业革命改变了传统的耕作方式并极大地提高了农业生产率，自然科学在农业中的运用带动了世界粮食产量的增长，农业生产专门化和地域分工的发展促进了世界农产品贸易的发展。由于人类在食物需求得到最低满足后开始追求食物以外的生活必需品和奢侈品，因此，农业开始摆脱自给自足的单一功能，向以供给食物和工业原料为主的商品性农业过渡。此时的农业仅仅依靠投入土地和劳动力已经不够，用资金购买肥料和农机具，努力提高农产品产量并卖出更好的价钱，以便有能力进一步投入再生产和使生活富裕，成为自然经济向商品经济过渡时期的农业生产循环。这一时期的农业生产要素已经从原来的土地和劳动力两个要素发展为土地、劳动力和资本三个要素（图1-2中的三要素阶段）。

进入现代农业时期以后，以农业机械化、化学化、水利化和电气化为核心的农业"四化"得到了迅速的发展与提高，高新技术成果也逐渐在农业中得到应用。与此同时，农业结构逐渐转变为"省力、多肥、多农药"的购买型结构，货币经济进一步向农业渗透，农业经营者开始适应货币经济，向更先进的生产手段投放资金，从而使生产力进一步提高，农业也逐渐具有了企业的特征。在技术革新急速推进、农业环境急剧变化的过程中，农业领域的"信息化"也在不断推进，能够最快地捕捉技术与市场等有关信息，并以此为基础判断自身的经营状态，决定今后发展方向的经营者变得更加重要。换言之，时代的进步要求农业经营者必须具备信息的收集和处理能力。在上述经济增长和农业环境的变化中，以技术革新和投资活动的兴起为背景，传统的家长制经营方式开始崩溃，作为资本构成部分的经营者群体开始出现。此时，在以往的农业经营三要素土地、劳动力和资本以外，出现了第四个农业经营要素——经营者的能力（图1-2中的四要素阶段）。

第三节 农业经营的功能与分析方法

一、农业经营的功能

对于传统的农业经营而言，其功能主要是品种与作业方法的选择、土地的适当利用、动力与设备的使用以及基本的生产管理。随着农业科技的不断进步和市场化程度的不断加深，农业经营的内部条件与外部环境都发生了巨大的变化。因此，现代农业经营的功能也更加丰富多样，归纳起来主要可以分为管理和作业两大功能，如图1-3所示，其中管理功能又包括决策、日常管理和经营评价三个功能，具有计划—运营—评价（plan—do—see）的对应关系。

以下是对图1-3中农业经营具体功能的说明。

（1）品种选择，主要是指农业经营者对基础品种的选择和新品种的开发，如果所在地区只适宜生产某种作物或牲畜，则比较简单；如果所在地区可以生产多种作物或牲畜，或二者可以组合生产，且其有利性常随经济与气候状况而变动，则必须考虑选择何种品种或选择哪种组合。

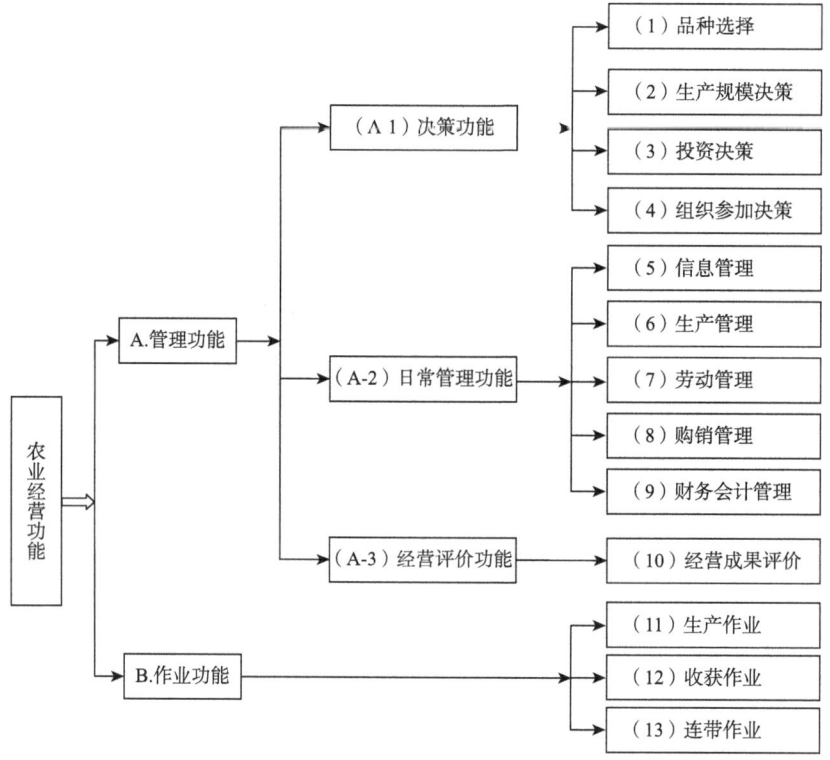

图 1-3 农业经营的功能

（2）生产规模决策，主要是指整体生产规模是否需要扩大或缩小，不同品种所需的具体田块面积以及进行轮作时的土地面积，生产用建筑物的大小、结构、排列与组合等，是否适应农业生产的需要。

（3）投资决策，主要是指初期投资和追加投资的规模。由于农业经营者的自有资金有限，往往不足以应付生产所需，因此经营者必须考虑向农业金融机构或个人融资，并且要考虑融资金额、利率、期限、担保或抵押以及偿还方法等。

（4）组织参加决策，主要是指是否参加集团作业组织、合作经营组织或地区性生产经营组织。

（5）信息管理，主要是指及时了解气候变化、技术变化和市场行情，掌握第一手资料，对所取得的各种数据资料进行筛选、分析、比较、剔除，对不符合实际情况的数据要加以修正，对虚假的有"水分"的或者异常的数据亦可以剔除。

（6）生产管理，主要是指对各种投入要素的数量、要素之间的配合比例、生产时间的排列、生产方法的选择及所需要素的替代等进行管理，以保证和改善农产品的质量。

（7）劳动管理，主要是指对劳动力的投入数量、劳动时间、分工及协作、作业指导等进行管理，以提高劳动效率，并设法降低劳动强度。

（8）购销管理，主要是指对农业经营所需的种子、肥料及饲料、农药等购买的数量、时间、品质、渠道等进行管理，并根据气候状况和市场变化不断进行调整；对农产品销售的数量、时间、地点和渠道等进行管理，并根据市场变化不断进行调整。

（9）财务会计管理，主要是指对农业经营的一切生产情况和收支情况进行详细记录，并在生产结束时期或适当时期进行分析，以便做到心中有数和及时调整作业计划、控制不必要的开支。

（10）经营成果评价，主要是指通过对一些分析指标的计算和比较，正确了解经营结构，分析核心问题所在，以便改善要素投入和各个部门的运行机制。

（11）～（13）作业功能，主要是指进行农业生产所必需的耕耘、育苗、播种、移栽、施肥、除草、收获、分选、运输、销售等一切作业过程，随着农业劳动力的减少和质量的弱化，农业经营结构也将发生变化，这几项作业功能的外部依存度也会逐渐增加。

二、农业经营的分析内容与方法

（一）农业经营分析的内容

1. 说明性分析

说明性分析主要是对农业经营的要素条件（土地状况、资金状况、劳动力状况、技术等）、经营规模（投入与产出规模）、组织形式（经营品种与经营方式的选择等）、经营记录（资产负债、收支、生产情况、经营布局等）进行描述，以便充分了解现有的经营资源和经营结构，为进一步的分析和决策奠定基础。

2. 诊断性分析

诊断性分析主要是对经营成果（成本与收益）和经营效率（生产率与要素利用效率）进行计算，并通过比较分析（横向分析，将自身的经营指标值与经营条件相同地区的其他主体进行比较）和趋势分析（纵向分析，将当年的经营指标值与经营目标进行比较，或者与过去多年的经营状况进行比较），来判断目前的经营状况是否合理，以期修正经营目标或经营计划。

3. 预测性分析

预测性分析主要是对经营资源（劳动力、生产工具、资金、土地等）、技术条件（新成果新技术的出现、技术转化速度及其带来的经济效益等）、市场环境（供求关系的变化、价格变化及产品销售渠道等）、经营成果（资金周转、劳动生产率、经营利润等）的变化方向，以及风险和不确定性等因素进行预测，以便降低计划和决策的片面性，并从长远发展的角度配置现有的资源，以保证整个经营活动稳定而持续地进行。

（二）农业经营分析的方法

农业经营学的研究对象虽然是微观经营主体，但仍然以现代经济学的理论和方法为基础，因此，除了演绎法和归纳法以外，调查研究方法和数量分析法也比较常用。农业经营分析常用的主要方法如下。

1. 会计记账法

会计记账法（accounting method of accounting record）是以货币的形式，记录和核算农业生产经营的过程及结果，并提供必要经营信息的一种方法，是农业经营过程中十分重要的环节之一。农业记账可以准确、全面和综合地反映生产经营活动的全过程，了解在经营过程中各项资金的来源、各项开支及其用途，了解经营活动的各种劳动成果的数量，并通过记录合理计算各种经营项目的经济效益，分析各经营项目在全部收益中所占比重，为今后安排生产提供可靠的依据。此外，通过比较历年的经营情况，了解经营过程中的问题，有效地利用现有资源，分析和改善经营结构与各经营项目之间的关系，增加生产和提高工作效率，对进行经营预测和决策都具有重要意义。可见，农业记账不仅有利于培养农户经营和管理的能力，也是提高生产经营水平的有力工具和有效途径。

2. 财务分析法

财务分析法（method of financial analysis）是指经营活动完成后，对经营活动的结果做出分析判断，使下一轮经营活动达到更加合理要求的一种技术方法，主要包括比较分析法、比率分析法、趋势分析法和因素分析法。比较分析法是通过两个或两个以上相关经营指标的对比，确定指标间的差异，并进行差异分析或趋势分析的一种分析方法；比率分析法是通过财务相对数指标的比较，对经营活动变动程度进行分析和考察，借以评价财务状况和经营成果的一种方法；趋势分析法是对两期或连续数期的财务报表中的相同指标或比率进行比较，以确定其增减变动的方向、数额和幅度，揭示财务状况和经营成果增减变化性质和变动趋势的一种分析方法；因素分析法又称连环替代法，是用来确定几个相互联系的因素对某个财务指标的影响程度，据以说明财务指标发生变动或差异的主要原因的一种分析方法。

3. 时序列分析法

时序列分析法（time-series analysis）是根据系统观测得到的时间序列数据，通过曲线拟合和参数估计来研究随机数据序列所遵从的统计规律，以推测事物的发展趋势的一种方法。时间序列预测一般反映三种实际变化规律，即趋势变化、周期性变化、随机性变化。

4. 线形规划法

线形规划法（linear programming method）是通过求解各种资源最优配置的经济估价（即影子价格），来判断某种资源的作用及其短缺程度，促使经营者充分挖掘内部潜力，以达到资源合理利用、技术创新和选择最佳方案的一种数量分析方法。

5. 农业生产函数分析法

农业生产函数分析法是假定一定时期内，在技术水平不变的情况下，计算农业生产中所使用的各种投入要素的数量与最大产量（或产值）之间关系的一种数量分析方法。

6. 主成分分析法

主成分分析法（principal component analysis，PCA）是一种数学变换的方法，它把给定的一组相关变量通过线性变换转成另一组不相关的变量，这些新的变量按照方差依次递减的顺序排列。在数学变换中保持变量的总方差不变，使第一变量具有最大的方差，称为第一主成分，第二变量的方差次大，并且和第一变量不相关，称为第二主成分，依次类推。该方法用较少的变量去解释原来资料中的大部分变量，是一种降维方法。

7. 包络分析法

包络分析法（data envelopment analysis，DEA）是根据多项投入指标和多项产出指标，利用线性规划的方法，对具有可比性的同类型单位进行相对有效性评价的一种数量分析方法。

8. 随机前沿分析法

随机前沿分析法（stochastic frontier analysis，SFA）是在考虑随机因素影响的前提下，通过构建生产函数并计算在具体技术条件和给定生产要素的组合下，各投入组合与最大产出量之间的关系，然后通过比较实际产出与理想最优产出之间差距来反映经营综合效率的一种数量分析方法。

本章小结

1. 农业经营，是指经营主体或经营者，在独立的意志下，根据自然状况、技术条件和市场环境等，选择合理的经营项目和经营方式，并对土地、劳动力和资本等生产要素进行有效的组织与管理，以期获得最大而持久的收益的综合性经济活动。这一概念是历史发展的产物，它伴随商业化农业的发展而出现。

2. 现代农业经营的目标是收益最大化，但对于不同的农业经营主体，其具体的经营目标则不尽相同；随着农业增长方式的不断变化，农业经营的基本要素逐渐在土地和劳动的基础上，增加了资本和经营者能力两种要素。

3. 农业经营的功能归纳起来主要可以分为管理和作业两大功能，其中，管理功能又包括决策、日常管理和经营评价三个功能，具有 plan—do—see 的对应关系。农业经营具有自然性、组织性、可持续性、过程重要性和社会性的特征。

4. 农业经营分析的内容包括说明性分析、诊断性分析和预测性分析；采用的分析方法主要是演绎法、归纳法、调查研究方法和数量分析法。

本章习题

1. 农业经营是如何产生的？为什么会产生？
2. 农业经营的目标和基本要素有哪些？
3. 农业经营具有哪些功能？

第一章

农业经营学的发展

农业经营学作为一门实践科学,主要对与农业经营活动有关的各种现象进行观察和分析,找出经营过程中存在的问题,分析问题产生的原因,并提供有益的咨询和改善方向。其与农业经济学的最大不同在于更注重经营主体的作用与功能,即农业经营学所关注的是经营主体如何选择最佳的经营项目和经营模式、如何确定适度的经营规模、如何选择和引进经济有效的新技术、如何制订合理的计划和目标、用哪些指标来评价农业经营的效益以及如何对不合理的要素投入和经营方式进行改良等。

早在传统农业时期,中国、埃及、希腊、罗马等文明古国就有关于农业经营方面的记载,但科学的农业经营学却是在经济学、统计学和会计学等学科逐渐发展起来以后,才逐渐从农学和经济学中分离出来成为一门独立的学科。虽然各国在不同的发展时期都有关于农业经营方面的研究,但真正形成学科体系的国家主要是德国、美国和日本。

第一节 德国的农业经营学

欧洲的农业经营学起步较早,始于19世纪初叶,虽然其研究进展较为缓慢,但到19世纪末,以德国为代表的农业经营学已形成基本的理论体系。最初的创始人为泰尔(Albrecht Daniel Thaer,1752~1828),其后有杜能(Johann Heinrich von Thünen,1783~1850)、哥尔滋(Theodor Freiherr von der Goltz,1836~1905)等。到了19世纪后期,美洲新大陆的发现使廉价农产品大量进入欧洲市场,导致欧洲市场农产品价格的大幅度下跌,其结果是仅仅依靠增加产量来提高收益已逐渐困难,经营的合理性也日益成为紧迫的课题。在这种状况下,农业经营的重要性开始受到广泛关注,很多学者开始探讨农业经营方式及经营制度方面的问题,农业经营学也因此得到了进一步的发展。进入20世纪后的主要代表人物有艾列波(Friedrich Aereboe,1865~1942)及布林克曼(Theodor Brinkmann,1877~1951)等。

一、泰尔

泰尔不仅是科学农学的创始人,也是农业经营学的创始人,他将农业经济与农业技术在科学处理上相互分离,并使其各自发展。他还对当时最先进的英国农业进行调查研究,发表了《英国农业论》及《合理的农业原理》(*Grundsätze der Rationellen Landwirtschaft*,1809 年)等著作,并将当时盛行于英国的四圃轮作制(four course rotation)引进德国,以代替中世纪遗留下来的三圃制与休闲法。他在专著《合理的农业原理》中首先提出,合理的农业经营应以追求持续的最大纯收益为目标,从而在农学体系中确立了农业经营学的地位。

其代表作《合理的农业原理》全书共分六章:第一章为基础论,首先叙述合理农业的概念,并说明农业是一种以生产动植物获得利润的盈利产业,凡能获得最大而持久利润的农业则为合理的农业。其次叙述了劳动、资本及农地等农业经营的基础。第二章为经济论,主要论述经营手段、经营组织及经营指导,着重农业劳动、农业统计、农业会计及农场评估等方面的讨论。第三章为农学论,着重土地成分方面的论述。第四章为农业论,主要论述肥料、耕作、农具、垦殖、水利及牧草栽培等。第五章为植物生产论,着重作物栽培方面的论述。第六章为畜产论,主要论述牛、猪、羊及马的饲养。

该书前两章论述的为一般农学,特别着重农业经济学领域,其范围包括农场经营学、评估学和农业统计学等;后四章论述的为农学的特殊部门,着重作物栽培与牲畜饲养方面。

二、杜能

杜能深受亚当·斯密(Adam Smith,1723~1790)及泰尔学说的影响,但他以自身体验所得的经济理论及农场经营资料,从大规模农业企业者的角度,首次探讨了不同农业类型和集约水平分布的规律性,并对农业经营的区位条件进行了深刻的分析,创立了"农业圈"之说,对级差地租理论的贡献尤大,因此被视为农业配置学和农业区位论的创始人,也是德国农业经营经济学派的奠基者。杜能不但是一位对经济学史贡献巨大的学者,而且是一位卓著的农业经营学者。他亲自购置了德禄(Tellow)田庄,并对该农场的收支情况等进行详细记录,还以此处收集的资料为基础,研究经济地位对农场经营的影响,并写成《孤立国》(*Der Isolierte Staat*,1826 年)这部不朽著作。此书对农业经营学虽有莫大贡献,但当时的一般学者视杜能为国民经济学者,其对农业经营学的贡献一直未受到重视,甚至哥尔滋也以德国并不像孤立国那样具有同一性状的土地和气候为由,对杜能的理论产生怀疑。

杜能所著的《孤立国》主要研究孤立国与农业和国民经济之间的关系,全书分为上下两卷。

上卷着重研究谷价、土地财富、赋税对农业的影响。首先假设有一个肥沃的平原区,中央有一个巨大的城市，该区土质、气候等自然状况相同，皆宜耕作。此平原区内只有这一个城市，作为农民出售农产品和购买工业品的市场，该区与外界不相往来，故成为一个与世隔绝的孤立国。在这样的孤立国里，唯一的差别是城市和农村，而整个平原上各处农场的差别也只体现为距离市场远近所引起的运输费的差别。其次叙述了在这种情况下，该区各地的农业经营方式随距离城市远近而异：离市场越近，农业经营的集约度越高，离市场越远，交通越不便利，农业经营越粗放。因此，农业生产会形成以城市为中心，且相互衔接、界限分明的圈形地带，即由里向外依次为自由式农业、林业、轮作式农业、谷草式农业、三圃式农业、畜牧业这样的同心圆结构，如图2-1所示。

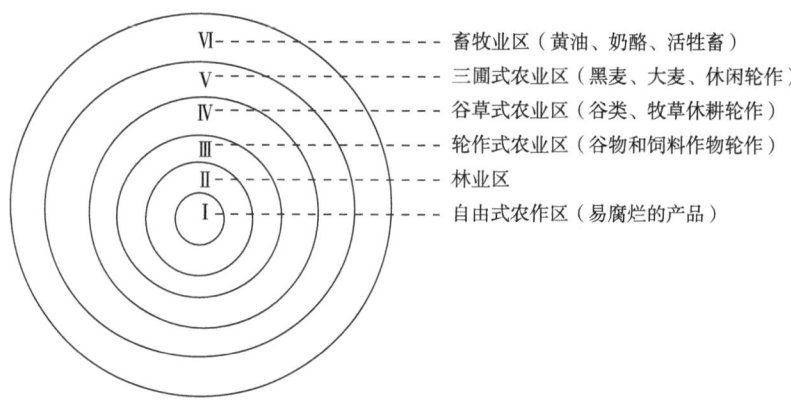

图2-1 杜能圈的构成

第一圈为自由式农业区，是离城市最近的农业地带，主要生产易腐难运的产品，如蔬菜、鲜奶等。由于运输工具为马车，速度慢且又缺乏冷藏技术，因此需要新鲜时消费的蔬菜、不便运输的果品（如草莓等）以及易腐产品（如鲜奶等）等就在距离城市最近处生产。该圈的大小由城市人口规模所决定的消费量大小而决定。

第二圈为林业区，供给城市用的薪材、建筑用材、木炭等。由于木材重量和体积均较大，从经济角度必须在城市近处的第二圈种植。

第三圈为轮作式农业区，没有休闲地，在所有耕地上种植农作物，以谷物（麦类）和饲料作物（马铃薯、豌豆等）的轮作为主要特色。对于第三圈，杜能提出每一块地的六区轮作理论，第一区为马铃薯，第二区为大麦，第三区为苜蓿，第四区为黑麦，第五区为豌豆，第六区为黑麦。其中耕地的50%种植谷物。

第四圈为谷草式农业区，是谷物（麦类）、牧草休耕轮作地带。对于第四圈，杜能提出每一块地的七区轮作，同第三圈不同的是总有一区为休闲地。七区轮作第一区为黑麦，第二区为大麦，第三区为燕麦，第四区、五区、六区为牧草，而第七区为荒芜休闲地。全部耕地的43%种植谷物。

第五圈为三圃式农业区。此圈是距城市最远的谷作农业圈，也是最粗放的谷作农业圈。三圃式农业将农家近处的每一块地分为三区，第一区为黑麦，第二区为大麦，第三区休闲，三区轮作，即三圃式轮作制度。远离农家的地方则作为永久牧场。该农业圈内全部耕地中仅有24%种植谷物。

第六圈为畜牧业区。此圈是杜能圈的最外圈,生产谷麦作物仅用于自给,而生产牧草用于养畜,以畜产品如黄油、奶酪等供应城市市场。据杜能计算该圈层位于距城市51~80千米处。此圈之外,地租为零,则为无人利用的荒地。

下卷着重研究符合自然的工资及其与利率和地租的比率。杜能认为合乎自然的工资方式为 $A \cdot P$ 的开方,即工人不可或缺的需要(以谷物或金钱计算)乘以工作产物(照同一标准计算)的开方,即得合乎自然的工资。

此外,他还指出了孤立国与现实的种种差别:在现实的国家中,城市不止一个;不止有肥沃的平原,还有高山大川和运河,地势有高低,土地有肥瘠;经济不是静态的,而是动态的。他的结论是:轮栽制和三圃制没有绝对的优劣,其优劣决定于交通位置;集约和粗放两种经营方式取决于经济条件,静态经济下要因地制宜,动态经济下要因时制宜。

三、哥尔滋

哥尔滋为耶拿(Jena)大学与波恩(Bonn)大学著名的农业经营学教授,主张将农学划分为通论农学或农业经济学、各论农学或农业生产学两大部分。前者包括农业经营学、农场评估学和农业会计学;后者包括耕种学、畜产学与农产品制造学。

鉴于当时德国的农学只重视技术而忽视经济,因而他呼吁农业生产不应该只看总收益而忽略纯收益,二者唇齿相依,不应有所偏重,更何况农场经营的最终目的是追求纯收益,所以应重视经营学、评估学和会计学。此外,他拒绝使用杜能的研究方法,而强调用新的方法来研究农场经营的问题。其代表作主要有《农业政策》(*Die Agrarischen Aufgaben der Gegenwart*,1895年)、《农业经营与农业政策》(*Vorlesungen über Agrarwesen und Agrarpolitik*,1899年)及《德国农业史》(*Geschichte der Deutschen Landwirtschaft*,1902年)等。

四、艾列波

艾列波为哥尔滋的高足,除了继承泰尔、杜能及哥尔滋等的理论外,他还创立了新的理论体系,是近代农业经营学的开拓者。他所创立的农场有机体(organism)学说,视农场为一个有机体,而个别生产业务为有机体的器官,彼此密切依存,不能独立,但均对农场有贡献。这种贡献或者使农场获得现金收入,或者改善其他生产业务的生产力,或者利用其他生产业务的副产品或不能出售的产品,或者利用剩余劳动力,凡此贡献均有助于增加农场总收益。所以农场管理者不应斤斤计较农场上单一生产业务的得失,而应考虑该生产业务对其他生产业务和整个农场的作用。同时他认为,采用生产费用法来分析农场组织难以令人满意,因为将农场整体肢解了,抹杀了经济效率研究的真正目的。他并非否认农场管理需要会计,但农场会计只能用于农场的业务控制,而不能用于经济效率的最后分析。一种生产业务对其他生产业务的间接影响,很难用生产费用数字来衡量。

艾列波曾任德国农业协会农业会计部主任、农场场长、各大学农业经营学及农场评估学教授、柏林农业金融合作社顾问与农业经营指导部部长，以及柏林农科大学农业经济系教授及系主任等职，得以从事实际农场经营及理论研究。他除了实地经营并研究外，还考察了各国农业。他的著作《农场与农地评估学》（*Die Beurteilung von Landgütern und Grungstücken*，1912年）和《农业经营经济学概论》（*Allgemeine Landwirtschaftliche Betriebslehre*，1917年）作为德国农业经营学的代表性著作，对其后农业经营学的发展产生了极大的影响。

五、布林克曼

布林克曼是近代德国农业经济学界中唯一的纯理论经济学者，是农业经营经济学派的创始人之一。1906年他获哲学博士学位，1908年在波恩农学院任教，之后曾任该院院长和波恩大学校长。他曾多次到欧洲其他国家及南北美洲考察农业，并运用杜能的理论和方法，对农场经营问题进行演绎研究，发表了一系列有关农业经营方面的论著，如《对于集约度学说的论著及其批判》（1909年）、《农业经营制度及其区位配置》（1913年）、《农业经营经济学》（*Die Oekonomik des Landwirtschaftlichen Betriebes*，1914年）、《土地利用与用畜饲养之间最理想的关系》（1948年）等。

在其主要著作《农业经营经济学》一书中，阐述了农业生产集约度等级、农业经营制度及农业配置问题。他认为：就集约度等级划分的可能性而言，每种经营制度都可以呈现出极大的伸缩余地，因而在经营形态的划分上，最好对集约度与经营制度同时并重。他还认为，在商品经济条件下，农业经营的目的在于获得最高的持久效益，为此，经营者必须使其农业生产集约度达到最适当的程度；并指出农业生产集约度受农业企业的交通位置、农场的自然状况、国民经济的发展阶段以及企业家个人情况等因素的影响。他还论述了边际收益递减规律、投资收益限界、最小限度法则、部门配合理论以及生产规模学说，并把它们连接成一个较为完整的体系，为以后的农业生产经济学奠定了理论基础。布林克曼还在农业经营学的研究中使用了定量分析法，这成为运用数学方法求得最理想经营的良好开端。此外，他在《农业经营方式的原理》（*Handwörterbuch der Staatswissenschaften*，1924年）一文中，以农业经营追求最高纯收益为出发点，着重进行农业经营在各种自然、经济和技术条件下，形成不同农业经营方式的理论研究，并提出了农业复合经营的五个原理，即劳动分配、地力均衡、饲料均衡、风险平均和自给原理。

第二节 美国的农业经营学

美国的农业经营学起源于19世纪末，最初主要集中于农场管理性质的生产费研究。

进入20世纪以后,美国农业经营研究颇为活跃,农业经济学者如韩德(T. F. Hunt)、斯皮尔曼(W. J. Spillman)、沃伦(G. F. Warren)、泰勒(H. C. Taylor)等各有侧重地对农场经营的理论与实务、农产品的价格和运销以及土地经济、农村经济等问题进行了探讨,研究方法不断更新,相关著述也日益增多。

一、农场管理学研究者及研究机构

较为科学的农场生产费研究始于1902年。当时黑滋(W. M. Hays)在明尼苏达农业试验场(Minnesota Experiment Station),他所使用的有关生产费方面的资料来自同一生产地区内经常访问的若干农户,这种方法成为后来研究农场管理问题的著名"农户访谈法"。该方法最初并未引起注意,但不久就风靡一时,至1927年时,全美已有23个州的农业试验场采用此法。

1902~1907年,农艺学家韩德教授致力于农场管理研究。他最初在俄亥俄大学(University of Ohio)开始教授农场管理学,1903年去康奈尔大学(Cornell University)讲学,并以个别农场为对象,对农场管理进行了详细研究。例如,其为某一特定农场绘图并搜集有关该农场的一切农业经营资料,最后为该农场详细制订了一个五年经营计划,此为运用"个案法"(case method)研究农场管理学的开始。

科学的农场管理研究,由黑滋和韩德两人倡导,经斯皮尔曼的努力,获得了当时农业部部长威尔逊(James Wilson)的赞助。农场管理成为一个单独的研究部门,但隶属于植物生产司(Bureau of Plant Industry),因此无单独研究专款。至1907年,国会拨专款并在斯皮尔曼的指导下,在植物生产司内成立了农场管理室(The Office of Farm Management)。至1915年该室改属于农业部部长室,并改组为农场管理与农业经济室(The Office of Farm Management and Farm Economics)。

斯皮尔曼的初期工作是从事系统化的农场组织与管理研究,颇为成功。在这些早期研究中,他曾简要而有趣地描述了一个位于宾夕法尼亚州(Pennsylvania)南部的"模范农场"(a model farm),可谓其典型的代表研究。当时斯皮尔曼的思想和研究方法被康奈尔大学教授沃伦大加修改。沃伦教授的基本观念是,要想发现影响农场经营成功与失败的因子,就必须在相同的农业经营地区内研究诸多农场。为此,他倡导一种"调查方法"(survey method),经数次试验,并在1911年发表了该调查方法的结果。此研究结果的问世,给追随斯皮尔曼工作的学生和调查员,以及州农业试验人员留下深刻的印象。于是调查方法不胫而走,风行全美,1909~1918年,采用此法而发表的农场管理研究报告数量居多。

泰勒于1901年开始其农场管理研究工作。他在伊利(R. T. Ely)教授的鼓励下,将注意力转向农场的经济问题,对租佃问题和农产品物价特别感兴趣。他的第一部著作《农业经济学》(*Agricultural Economics*),大部分篇幅是研究个别农场的组织与管理问题。1915年时,他在学术上的成就已闻名全国,并继斯皮尔曼之后掌管农业部农场管理与农业经济室,其后掌管了农业部农业经济司(Bureau of Agricultural Economics)。他的研究作风与斯皮尔曼不同，主要是介绍新的研究方法，以扩展农场管理研究的基础；清楚地叙述目的，以确定其范围；用统计方法研究分析所得资料，以求其结果精确。泰勒为农场管理研究开辟了一条新的道路。其本人著作不多，但其指导的葛莱（L. C. Gray）、斯泰（O. C. Stine）、贝克尔（O. E. Baker）、托里（H. R. Tolley）、塔泼（J. W. Tapp）及布拉克（J. D. Black）等，均已完成许多有价值的研究。

明尼苏达大学的邦特（G. A. Pond）教授与美国农业部农业经济司的塔泼，鉴于农场管理应根据近年资料，策划或改进未来的农场组织与经营，以求获得最大而持久的收益，创立了一种"农场预算法"（farm budget method）。该方法根据最近资料来计划未来土地、劳动、设备及其他农民所有资料的有效利用，并估计将来作物、牲畜以及其他生产费用与收入，以计划最有利的生产。该方法自1923年问世以来，已被广泛应用，并已被证明对指导个别农民如何改善其组织、增进效益大有裨益。

1922年7月，农场管理与农业经济室、贸易司与作物评估司合并为农业经济司，农场管理与农业经济室就此结束。农业经济司内设有农场管理组（Division of Farm Management），负责农场管理研究。该司名称一直到1953年11月农业部改组时才被取消，原来所属各组，分别归并于新成立的农业研究服务司（Agricultural Research Service）与农产运销服务司（Agricultural Marketing Service）。前者有一个生产经济科（Production Economics Branch），研究农场管理、土地经济及农业金融等。

二、农场管理学研究方向的演变

1930年前后，美国爆发了农业危机，当时大多数农场由于农产品价格暴跌而收入大减，已无法继续经营其至濒临破产。许多农场管理学者如赫莫斯（C. L. Holmes）等，深感以往研究只着重于个别农场的组合与经营，而忽视了农场的对外关系，于是纷纷转向农场生产研究，并主张调整农场内部、农场之间以及地区之间的生产组织，以适应当前需要。这种主张引起了联邦政府的重视，联邦政府于1933年公布了《农业调整法案》（Agricultural Adjustment Act），两年后又公布了《土壤保持法案》（Soil Conservation Act）。当时一般农场的组织与经营，如生产业务的选择与组合以及土地利用等，均以配合这两个法案为前提，以求渡过农业危机。

在此背景下，为了配合地区之间农场生产的调整，农业经营方式的研究颇为盛行，如艾略托（F. F. Elliott）所著的《美国农业的经营方式》（Types of Farming in the United States，1933年）就是最好的例子。

美国在第二次世界大战期间，农业生产的目标主要是增加产量，以适应战时需要。农场管理学者为帮助农民从日常生产转为战时生产，并克服劳动等要素缺乏从而达到增产目标，进行了以下几个方面的研究：①重新分配农场资源给主要农产品；②经济利用稀缺要素；③生产规模；④生产费用与农产品价格。

由此可知，当时的农场管理研究已偏重于农场生产的经济方面，一方面是为了适应战时需要，另一方面也是受舒尔茨（T. W. Schultz，1902~1998）动态经济理论（dynamic economic theory）的影响。舒尔茨在论文《公司与农场管理研究理论》(Theory of the firm and farm management research）中指出了当时农场管理研究的两大缺点：①研究结果不能帮助农民在遭遇经济状况变化时做出适应当前需要的决定。②所做研究只注重农场内部，而忽视了农场与整个经济界的关联。

因此，他认为农场管理学者应改变研究方向，多关注企业经营的功能，将农场视为一个企业经营单位，农场主随时调整生产以适应外界情况的变化，并负担经营成败的后果。这一主张颇受农场管理学者的重视和认可。

三、第二次世界大战后农场管理学研究的趋势

第二次世界大战后农场管理学的研究，更广泛地运用动态经济学的理论、计量经济学（econometrics）的方法，并以统计学和数学为工具，对农场管理问题的分析也更为精密，因此研究进展极快。第二次世界大战后农场管理学采用的研究方法主要有以下两种。

1. 生产函数法

20世纪中期以来，美国的农场管理学者，对农场生产中投入与产出的关系、生产要素边际生产力（marginal productivity）的测定、生产费用的降低以及农场经营的适度规模等，多运用柯布-道格拉斯生产函数（Cobb-Douglas production function）来进行研究。该函数的普通表达式为 $Y = aX_1^{b_1} X_2^{b_2}$。其中，Y 为产品数量或价值；a 为常数；X_i 为生产要素数量；b_i 为弹性系数（elasticity）。此函数由美国数学家柯布（C. W. Cobb）和经济学家道格拉斯（P. H. Douglas）于1928年合作创造，原来应用于工业生产测定生产函数和估计各生产要素收益的分配率。1944年，丁托纳（G. Tintner）以艾奥瓦州立大学（Iowa State University）468个农场记录为基础，运用生产函数来分析生产要素的边际生产力，成为柯布-道格拉斯生产函数应用于农场管理研究的开始。

此后，该方法经黑迪（E. O. Heady）教授多次应用于农场管理研究，引起了农场管理学者对其的重视。但该方法普遍应用于农场管理问题的研究却是在1953年以后。其多偏重于研究饲料或肥料的适当配合。前者如黑迪等，主要分析最低费用的养猪饲料配合；后者如约翰逊（G. L. Johnson）、伊班赤（D. B. Ibach）、彼绥克（J. Pesek）及黑迪等，曾分别对各种作物的最适当施肥量及其配合比率进行研究。两者的研究结果已向农民推广并应用于实际的农场生产。黑迪和博莱特福特（L. A. Bradford）等，还曾将该方法用于研究农场生产中肥料投入与产出的关系，生产要素的边际生产力及其配合比率等。此外，各州立大学如艾奥瓦州立大学、肯塔基州立大学（Kentucky State University）、蒙大拿州立大学（Montana State University）、北卡罗来纳州立大学（North Carolina State University）、北达科他州立大学（North Dakota State University）、密歇根州立大学（Michigan State University）、伊利诺伊州立大学（Illinois State University）、威斯康星大学（University of Wisconsin）、普渡大学（Purdue University）等大学农学院，也应用生产函数（production function）研究各种农场管理问题，并将结果提供给农民作为改进农场经营的参考。

2. 线形规划法

线形规划法在 20 世纪中期以后风行于全美各农学院，用以代替农场预算法来管理农场生产。所谓线形规划法，是指假定资源一定的情况下肥料投入与产出是直线关系，将资源进行最适当的运用，以期达到最大产量或最低费用的目的。该方法出现于第二次世界大战期间，最初应用于空军方面选择补给盟邦的最短线路，以及工厂方面决定如何分配其有限的劳动、机械与设备等来生产战略物资。第二次世界大战结束后，该方法经一再修正，被企业及研究机构运用于生产等方面的设计。

该方法被瓦渥（F. V. Waugh）博士在 1951 年用于研究最低生产费用下的饲料配合，其后被农场管理学者纷纷用于研究作物轮作的设计、资源的最适当运用、具有竞争关系的生产业务的最适当组合以及设计农场生产等。黑迪教授为适应农业界的需要，在 1958 年完成了《线形规划法》（*Linear Programming Methods*）这一巨著，书中介绍了该方法在静态或动态经济状况下，如何运用于农场管理。由于线形规划法过去是假定在静态经济状况下设计生产的，所以被认为不合实际。黑迪提出的动态线形规划法（dynamic linear programming）弥补了该方法的缺陷，使研究可以与实际相结合。因此，该方法被普遍应用于农场管理方面的研究。

第三节　日本的农业经营学

农业经营学在 19 世纪中期传入日本，其后经历了 19 世纪末到 20 世纪初的"发现问题时期"、第二次世界大战后初期的"理论化时期"和后来的"理论检验时期"，不仅形成了独特的理论体系，而且研究对象和研究内容也日益细化。

一、农业经营学的形成与发展

日本农业经营学最初的论著主要是德国农业经营学体系的翻版，研究的对象也主要是资本主义大农业。然而，日本农业是以直系家族为中心进行的小农生产，生产上通过家庭内劳动分配来进行时间和空间上的连锁作业，生活上也通过家庭来进行再生产。因此，外来的理论难以解决农业经营中所面临的诸如浅耕、排水不畅、施肥不充分以及轮作的必要性等问题。

20 世纪初，以横井时敬和桥本传左卫门为代表的学者们开始了独立的农业经营研究，尽管这一时期的农业经营研究仍延续德国农业经营学的基本框架，但在农业政策方面主张对小农经营进行保护，其内涵与资本主义的雇佣经营已有很大区别。其后，大槻正男提出的主体均衡论和近藤康男提出的生产结构论，逐渐发展成为日本农业经营学的两大理论，以家庭经营为主要研究对象的农业经营学也得到了进一步的发展。第二次世界大战结束以后，日本出现了严重的食品短缺问题，满足粮食需求成为日本的最大课题，在这种背景下，以金泽夏树和矶边秀俊为代表的学者，对以个体经济论为中心的农业经营学提出了批判，并确立了个体经济与社会经济相结合的农业经营学体系。

日本的传统农业经营学主要关注农业经营的目标与收益，其后产生的生产经营学主要讨论社会生产力与个体经济之间的关系，而近代农业经营学则侧重于经营理念、经营目标与经营行为，即从经营组织的角度来关注农业经营过程中的各种问题。20世纪中期以后，随着现代农业的不断发展，农业经营主体由原来的农户和家庭农场逐渐演变为专业农户、兼业农户、家庭农场、农业协作组织、区域农业组织等多元化的经营组织，土地、劳动力和资金三大农业生产要素的利用方式也发生了巨大的变化，农业的现代化和信息化程度日益提高。此外，日本所面临的国际环境、农业政策、市场结构与价格形成等外部条件也在不断变化，农业经营学的研究对象、研究方法和研究范围也随之不断发展。现代农业经营学的研究范围更加广泛和细致，如从学说史的角度对农业经营学的体系进行整理，对不同时期农法（即从生产力的观点，按类型、发展阶段整理和掌握农业生产的结构）的研究；在探讨家庭经营的同时，探讨合作经营和区域农业经营组织；从效用最大化的角度考察同一时期生产不同作物时，如何在有限的土地上提高生产率和收益；从企业增长论的视角，探讨农业经营主体如何适应环境变化，发现生产机会，扩充生产资源以获得更大的利润；等等。

二、经营组织论

经营组织论主要探讨个体经济如何对土地、劳动和资本等生产要素进行最合理的组织，包括农业经营规模与集约度、土地利用方式以及复合经营的问题。早期的经营组织论主要是传承德国传统的组织论，以及第二次世界大战后引自美国的生产经济学相关理论。后来由金泽夏树提出的规模理论和集约度理论，以及第二次世界大战后诸多学者关于土地利用方式的研究，才使经营组织论具有了新的内涵。

金泽夏树对以往混乱的规模理论和集约度理论进行了整理，将规模区分为投入要素的规模和产出结果的规模，并对集约度进行了明确的界定。

关于土地利用方式的探讨源于第二次世界大战后日本农地改革所引发的生产关系变革。首先是第二次世界大战后初期樱井丰等提出了水田旱田的轮作方式，各地也相继出现了水田奶牛、水田蔬菜等生产方式。其后加用信文和熊代幸雄等对稻麦轮作和旱田复种、间种（row intercropping）、套种（relay intercropping）等土地利用方式，从地理和历代农法比较的视角进行了一系列探讨；泽村东平则运用生产经济学的方法，对日本水田土地利用方式进行了理论与实证分析。

进入农业危机时期以后，引入多种作物和副业的复合经营开始发展，并且在近代化过程中，小农复合经营逐渐被大农复合经营或大规模复合经营所替代。虽然和田照男对大规模复合经营进行了定义，但具体的实证研究却进展缓慢。直到20世纪60年代中期至70年代，伴随着日本经济的高速增长，农业部门的经营合理性才受到关注，与机械化、化学化、装备化相适应的连作成了土地利用的主要方式。然而，这种方式虽然提高了农业收入，但从长期来看，也会导致地力低下等问题，最终会降低农业收益。为此，这一时期学者们开始从可持续经营的角度,来探讨土地利用方式的问题,关于复合经营的定义与方法、复合化的原理、复合化的利益、复合化的类型、复合化的现状、区域复合经营等的研究也日益丰富起来。

三、企业形态论

第二次世界大战之后,为了克服小农经营的细碎化问题,共同经营论曾风行一时。1961年《农业基本法》的制定,促进了日本农业现代化的全面展开,农业机械、化肥、农药等生产资料的需求剧增,农协购买事业和信用事业得到了进一步的发展。在这种背景下,关于共同经营的特征、分配问题、管理方法等实证研究开始大量涌现,农业生产组织这一用语也开始被广泛应用。

1955年以后,传统的小农体制发生了变化,真正的农业经营者开始出现。这一时期,和田照男、高桥正郎、矶边秀俊等许多学者,开始关注家庭农业经营结构的变化,并提出了家庭经营类型论。其中,和田照男以企业形态论为基础,将农业生产组织按照组织成因(规模经济型、外部效果型、市场补充型)和经营者功能(分散型、统一型)进行了分类,并提出了中间组织的概念。进入20世纪70年代以后,企业形态论更广泛地应用于土地利用、农业经营的法人化等方面的研究,如稻本志良在探讨经营规模问题时,考虑了经营组织和经营形态;秋山邦裕提出,企业形态将从家庭经营转化为企业经营(营利法人)、合作经营(中间法人)、市民农园和公益法人多种形态并存。

四、经营管理论

第二次世界大战后初期随着美国农业经营学的引进,以生产经济学为基础的经营组织理论和OR(operations research,即运筹学)方法开始被普遍采用。农业结构调整和农业基本法的推行,使大规模农业开发计划开始实施。在经济环境的变化下,农业经营的管理功能被日益强化,以往的计算管理发展为经营计划法。20世纪60年代以后,在传统经营计划法的基础上,数理计划法的研究普遍展开。其中,一类研究集中于对实践功能的评价,如神崎博爱探讨了复合经营各部门合理结合的功能,工藤元对农业经营进行了计量分析,高山崇对效用理论和边际理论的功能进行了解读,久保嘉治和松原茂昌等提出了适合日本国情的农业经营分析和经营计划的方法,具有重要的实践价值;另一类研究集中于对管理方法的探讨,如今村幸生说明了对经营总体进行综合管理的方法,泽村东平提出了经营计划只是经营功能的一个规范过程,赖平对农户经济活动的最佳原理进行了具体说明,等等。

此外,经营者能力的提高日益受到重视,相关研究也逐步展开。例如,天间征从经营者的性格、身体状况、农业经验和学历、生活态度、对农业的兴趣、知识水平、集团中的社交能力和指导能力等几方面探讨了成功农业者所必需的能力;稻本志良以企业成长论为基础,动态地把握了经营发展和经营者的经营行为,在经营行为内部寻求经营者能力的开发；重富真一以草莓农户为对象，分析了经营权转移、社会经济条件和经营问题等对经营管理能力提高的影响；木男章则以养猪农户为对象，定量分析了经营者能力对经营成果的影响；等等。

五、经营调查与统计

农地改革确立了自耕农的主体地位以后，农业经营调查开始在日本盛行。其后，随着家庭农业经营的演变，农业经营调查的内容也日益丰富起来，概括起来，主要包括三个方面：①农业生产力调查；②农法变革与农法调查；③区域农业与集团组织调查。

1. 农业生产力调查

20 世纪 70 年代中期以后，一方面，农业机械化的全面推行导致了农业劳动力的大量过剩；另一方面，城乡收入差距引发的年轻劳动力大量外流，也使农业后继无人的问题日益严峻。此外，弃耕、土地利用粗放、地力低下、栽培管理粗放、经营资源不足等问题也呈现出扩大化的趋势。为此，众多的学者开始对土地、劳动力、栽培和机械设备、经营资源、管理和决策等进行调查分析，如对农田管理、土地流转的调查分析，对农业劳动分工协作方式的调查和劳动分担系数的计算，对栽培技术的变化和机械化、设施化的效果进行调查分析，对经营资源不足和资源流动化的调查分析，对农业经营管理和决策的调查分析等，积累了大量的研究成果。

2. 农法变革与农法调查

进入 20 世纪 70 年代以后，日本农业危机的持续使农业结构调整和农法变革的重要性更加凸显。一些学者从农业经营史的研究角度，对农业技术及耕地、水利条件等引起的轮作变革和历代农法的形成过程进行了探讨；另一些学者则对日本乃至东亚、西欧的农法加以探析，对农法的运用则突出其地域特征，加以细分并使其趋向于具体化。

3. 区域农业与集团组织调查

20 世纪 70 年代中期以后，区域农业政策的实施对以集团为单位的土地利用提出了要求，也因此引发了关于共同利用组织、共同作业组织、委托经营等方面的研究热潮。一些学者开始探讨区域的自主性与区域内各种组织的有机联系、近代化过程中村落功能的变化、个体经营的专业化及不同经营主体间相互支援所形成的区域复合化等问题；另一些学者则对不同区域分别进行研究，并提出指导和制定农业政策等建议。

本章小结

1. 农业经营学作为一门实践科学，主要对与农业经营活动有关的各种现象进行观察和分析，找出经营过程中存在的问题，分析问题产生的原因，提供有益的咨询和改善方向，其与农业经济学的最大不同在于更注重经营主体的作用与功能。

2. 欧洲的农业经营学起步较早，到 19 世纪末，德国的农业经营学已形成基本的理论体系，主要的代表人物有泰尔、杜能、哥尔滋、艾列波和布林克曼等。

3. 美国的农业经营学起源于 19 世纪末，最初主要集中于农场管理性质的生产费研究。进入 20 世纪以后，美国农业经营研究颇为活跃，农业经济学者如韩德、斯皮尔曼、沃伦、泰勒等各有侧重地对农场经营的理论与实务、农产品的价格和运销以及土地经济、农村经济等问题进行了探讨，研究方法不断更新，相关著述也日益增多。

4. 19 世纪中期农业经营学传入日本，最初的论著主要是德国农业经营学体系的翻版，进入 20 世纪以后，日本开始建立自己的农业经营学理论体系，主要的代表人物有横井时敬、桥本传左卫门、大槻正男、近藤康男、金泽夏树和矶边秀俊等。

本章习题

1. 简述德国农业经营学的形成与发展。
2. 美国农业经营学的主要研究方法有哪些？
3. 日本农业经营学有何特点？

第三章

我国农业经营的演变

我国的陆地总面积有960多万平方千米，地形地貌多样，疆域由南到北相距5 500多千米，兼有热带、亚热带、暖温带、温带、寒温带和寒带等几个不同的温度带，其中绝大部分地区处于温带，适宜农、林、牧、渔等各业生产的发展。从农业的发展阶段来看，距今1万多年至距今2 300多年为原始农业时期，距今2 300多年至鸦片战争为传统农业时期，鸦片战争开始至中华人民共和国成立前为近代农业时期，中华人民共和国成立后为现代农业时期。

第一节 传统农业经营的发展

我国是世界上最古老的农业国之一，许多重要的作物如稻、粟、黍、大豆、大麻、经济林木和茶、漆等，都是我国首先栽培的，而且在原始社会已经开始驯养猪、狗、羊、牛、马、鸡六畜。到了夏商周时期，作物种类已日趋多样化，农业生产也有所发展。然而，直到2 300多年前，一切生产和消费活动都在氏族公社和家庭公社范围内进行，后期虽有部分青铜类农具乃至少量铁质农具出现，但仍主要使用木、石、骨等质料的简单生产工具，农耕动力也主要是人力，生产力极为低下。进入春秋战国时期以后，奴隶制的生产关系被封建制的生产关系取代，土地私有制得以确立。从此，劳动者开始拥有自己的家庭经济和经营权利，各种营农思想相继产生，并对农业生产方式的变革和农业生产力的提高起到了极大的推动作用。

一、农业生产方式的进步

到了传统农业时期，广种薄收这种粗放的农业生产方式已经难以养活日益增加的人口。为了提高土地生产力以获取维持温饱所需的农产品，农业生产方式开始向两个方面发展：一是改进生产工具，提高工效，以便对土地进行精耕细作，为提高单产创造条件；二是直接以提高单产为目的，进行耕作技术改良、灌溉设施修建以及优良品种的引进和推广。

（一）生产工具的改进

春秋战国时期，冶铁先后出现了生铁冶铸、炼钢和生铁柔化三项技术，铁器成为更富有广阔前途的锐利工具，这一时期铁犁与牛耕（北方为骡、马、驴）相配合，提高了耕作效率，农业生产力有了突破性的发展。

到了秦汉时期，犁铧已带有犁壁，翻土和碎土性能都大为提高，正如《庄子·则阳》中所说的"深其耕而熟耰（yōu）之，其禾繁以滋，予终年厌飧（sūn）"。就是说，实行深耕细作，就能使庄稼的生长发育良好，产量提高，一年到头都吃不完。

隋唐时期人们为了提高耕作效率，进一步将直辕犁改为了曲辕犁。这种由11个部件所组成的曲辕犁，更为轻便和灵活，对提高耕作效率和耕地质量都起到了重要作用。此外，唐代王方翼还发明了"人耕之法"的耕地机，根据农史学家的分析，这种"人耕之法"的耕地机，很可能是一种用人力绞动绳索牵引耕犁的耕地机，与现代电犁的原理基本相同。在耕作工具中，除了犁以外，还有耙（bà）和耱（mò），并形成了耕、耙、耱相结合的耕作体系。一般的配合方式是，用铁犁耕过土地之后，选择适当的时机，耙碎田间的大土块，除去死草和残茬，然后再用耱将土壤弄得更为细致，同时也起到适度镇压杂草生长的作用。这样一来既疏松调整了土壤结构和肥力，又保持了土壤水分不致散失过多，有利于下轮作物的播种和生长。

到了宋元时期，传统农具已基本定型，后世所用的旧式农具均已出现。《王祯农书》中记载的各类农具达一百零三种。明清时期，农具的发展更趋完整配套，形成了"一器多用，简而不陋"的特点，而且，在小农具全面发展的基础上，还出现了包含复杂机械原理的耕具。

明成化二年（1466年）李衍制成了人力耕具。耕地方法可分为坐犁、推犁、抬犁、肩犁等形式，分别适用于山区、平原和水田耕作，一般由二到三人使用，每日耕地三四亩（1亩≈666.67平方米），耕地效率高且效果好。明清之际，出现了深耕犁，其特点是犁辕等木件部分选用材质坚硬的枣木、梨木、杏木，犁底入土的角度稍微陡斜，犁铧、犁壁及其他木质部件也略大于普通犁，形制轻巧又具有较深耕效。

明清时出现的另一轻巧型的农具就是漏锄，也称为"露锄"。这是一种锄头中间开有方形空隙的中耕锄草工具，锄刃宽三寸（明清时1寸约为3.5厘米），略小于一般"笨锄"，举锄省力，事半功倍。另外，锄地后虚土从空隙处漏在锄后，既能防止壅土起堆，保持土地平整，又能除草保墒。

（二）耕作技术的发展

春秋战国时期，农家学派就总结了"畎（quàn）亩法"（图3-1）、"多粪肥田"、选种、治虫等技术经验，而"月令学派"则在哲学高度上，用"天地人宇宙系统论"的观点，把天象、气象、物候、农事统一起来，把政事、兵事和祭祀统一起来，组成一个大系统，使自然规律和经济规律和谐统一，促进了农业的稳定增长。

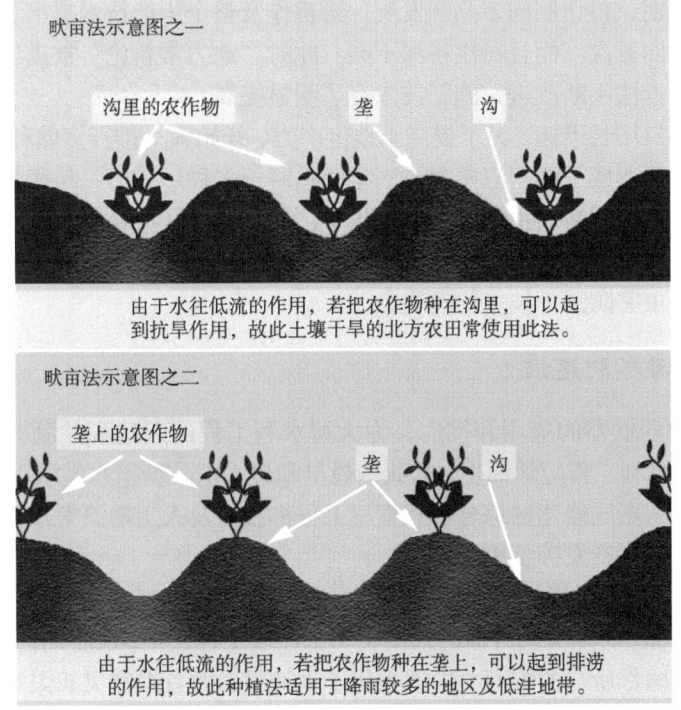

图 3-1 "畎亩法"示意图

到了秦汉时期,"代田法"和"区田法"的推广,把精耕细作推向了一个新的高度。代田法就是垄与沟每年易位,轮换种植,可使一块地长期连种,又不丧失地力,达到用地与养地相结合的目的。区田法就是以小区为基础,把深挖、点播、密植、施肥、灌溉、管理等各项措施都集中在小区,通过精耕细作来提高单位面积产量。此外,这一时期还在"踏粪法"的基础上,初步形成了基肥、种肥和追肥相结合的施肥制度。

隋唐时期在收获技术上出现了麦钐(shàn)(图 3-2),先民们开始用麦钐收割小麦。麦钐镰刀有三尺(隋唐时 1 尺约为 30 厘米)多长,辅助部分是竹条编结的半圆形"竹簸箕",钐刀安装在簸箕敞口处。收麦子时右手持钐柄,左手拉绳带,用力使整个麦钐横向移动,麦子迎刃倒在竹簸箕中,随即向身后一甩,麦子便成束堆在地上。钐子割麦快,其效率一般比镰刀高出三至五倍。

麦钐、麦绰、麦笼配合获麦

图 3-2 麦钐示意图

到了宋元时期，耕作制向多熟制发展，给耕作及整个生产技术提出了更高的要求。一年耕地常多达四五次，而且每次耕深不同。此时"地力常新论"被提出，肥源进一步扩大，肥料积制方法不断改进，施肥技术有了明显提高。

明清时期人口增长迅速，为了提高土地生产力，开始大力推行多熟种植。这一时期，北方黄河流域普遍形成了两年三熟制或三年四熟制；多种形式的一年两熟制在长江流域渐居主导地位；双季稻栽培由华南扩展至华中；珠江和闽江流域部分地区兴起了三季稻栽培。耕作制度的多样化使田间作业在空间和时间上的配合更加紧密，也促进了栽培、灌溉、施肥、病虫害防治等技术的发展。

（三）农田水利建设

春秋战国时期铁器的应用和推广，为大型水利工程的兴建和井灌提供了有效的手段，一些大型的水利工程应运而生，如我国最早和最大的陂塘蓄水灌溉工程"芍陂"、魏国修建的漳水渠、秦国修建的综合水利枢纽工程都江堰及人工灌溉渠郑国渠等，都对保障当时农业的稳产高产发挥了重要作用。

秦汉时期，农田水利事业得到了进一步的发展。秦始皇三十三年（公元214年）修凿了灵渠，另外战国时期秦国开凿的郑国渠和都江堰工程，至秦汉时期仍然发挥着作用。到汉武帝时，仅国都所在的陕西关中就兴建了六辅渠、龙首渠和灵轵渠等水利工程，山西引汾水和黄河水，河南汝南和安徽西部引淮水，山东引巨定泽水和汶水等，农田水利建设蓬勃发展。

西汉以前我国的灌溉工程大都在北方，东汉后开始向南方推进。南北朝时北方陷于破坏停滞状态，南方则进一步发展。中唐以前，南方灌溉工程仅32起、防洪排涝工程3起、运输工程3起。中唐以后，灌溉工程猛增至938起、防洪排涝工程7起、运输工程8起。水利建设极大地促进了江南农业的发展。

从宋朝至清朝，除了朝廷兴修的一些大型水利工程外，地方官府和豪绅也修筑了大量的小型农田灌溉设施。其修渠作堰可长可短，可大可小，灵活机动，灌溉农田多至数千亩，少至数百亩，甚而数十亩，适应小农经营的特点。

井灌是小型水利的一个重要组成部分，主要流行于陕西关中地区，以后传于外省区。清代提水用畜力水车，每架灌田可达二十亩；桔槔可灌六七亩；辘轳可灌二三亩。

（四）优良品种的采用

春秋战国时我国栽培的果树已有20种以上，食用蔬菜有40多种，其中人工栽培十余种。到了两晋、南北朝时期，为了获得更多的良种，还创建了"种子田"，进行良种繁育。据西晋郭义恭《广志》记载，粟的品种有11个，稻的品种有13个；《齐民要术》中粟的品种增至86个，稻的品种增至24个。

两汉和隋唐时期曾经大量引种，可称为引种的两次高潮。宋元以来，特别是明清中后期，良种的引进出现了第三次高潮。自哥伦布发现新大陆以后，原产美洲的玉米、番薯、马铃薯、花生、烟草五种重要作物很快被引到欧洲等地，后来又通过不同的途径传入我国。

宋元时期，高粱在黄河流域普及。此时，印度棉由云南进入闽广地区，随后遍及长江下游各省。元初黄道婆从海南岛带回先进的籽棉加工工具和棉纺技术，棉花在江南各省进一步深入发展。

清代，蔬菜种类也有增加。清末《农学合编》所记载的蔬菜有 57 种，比《齐民要术》多出 20 多种，包括叶菜、根菜、果菜等种类。南美洲的辣椒、菜豆、南瓜、番茄等，在 16~17 世纪也相继由外国传教士带入我国。

二、不同阶层的农业经营

（一）自耕农经营

我国的自耕农产生于春秋时期，"五口之家，治百亩之田"就是自耕农当时的经营规模。自耕农拥有大部分自有土地，主要依靠家庭劳动力来经营农业，生产积极性较高。

北魏在公元 485 年开始实行"均田制"，将国有土地按农户人口计口授田，其目的就是要创设自耕农土地所有制，以巩固封建统治的经济基础。当时著名的农学家贾思勰在《齐民要术》中所总结的轮作复种、间作套作、圈肥积造和以耕、耙、耱为主体的北方旱作耕作体系的形成，中耕技术的完善，选种技术的提高，牲畜饲养管理技术和疫病防治技术，都是以自耕农为主体的农业生产技术的体现。

唐宋时期自耕农经营也占重要地位。唐代自耕农的经营规模多者百八十亩，少者十亩、五亩，一般在二三十亩到四五十亩。宋代自耕农、半自耕农的人数，据范仲淹《答手绍条陈十事》及郑覃《吴门水利书》的有关记载，占农民人数的55%左右。唐宋时期农业经济的发展与自耕农经营形式有密切关系。

明末清初，商品经济渗入农村，农业经营形式也随之发生变化，但自耕农经营仍然保持着旺盛的活力。反映当时太湖地区农业经营情况的《沈氏农书》和《补农书》对此有较为详细的记载。当时的农业经营地主张履祥为好友遗族设计的家庭农场的经营规划，就是一个粮、桑、畜、渔有机结合的多种经营模式，可以合理利用农业资源，提高物质转化率，保证家庭农场的稳定性。

（二）佃农经营

佃农经营产生于秦代，到两汉时期已成为仅次于自耕农的重要经营形式。此后，它在各封建王朝中都占重要地位。佃农经营的土地只有一小部分为自有，大部分是租国家或大地主的，其租用的土地必须缴纳相当数量的地租。

秦代的田租很高，有"见税什五"之说。汉代采取了"轻徭薄赋"的政策，"十五而税一"或"三十而税一"，对恢复和发展农业生产起到了重要作用。到宋代时，书面的租佃契约制已成为地主对佃农的主要剥削形式。当时的地租有分成制和定额制两种，分成制的地租率一般为 50%，多者高达 80%；定额制则是按耕地的丰密程度来订立租额并按亩纳租，地租率通常也为 50%。这些都是实物地租。由于这一时期的商品经济有所发展,货币地租开始在一些地区实行。

清代的地租主要有三种形式:①实物地租,也称物租。租额有分成制和定额制两种,分成制一般缴纳收获物的 50%以上,多者达 70%~80%;定额制为固定租额,不论丰歉都按固定租额缴纳,一般每亩租额一石(约等于 50 千克)或两石。②货币地租,也称钱租。在商品经济比较发达的地区,通行货币地租,地租额按实物地租折价计算。③劳役地租,也称力租。佃农要为地主耕种一定面积的田地,或按一定的劳动日数为地主耕种以代替地租。

由于佃农从地主那里租来的土地随时有被收回的可能,因此,他们不愿意进行增施肥料和土壤改良等土地投资,在农业经营上也不可能进行长期规划。这种剥削与被剥削的关系,阻碍了农业的发展。

(三)地主、富农经营

地主拥有大规模的土地,他们将土地出租给佃农来获取收益,或使用较多的雇工直接组织农业生产。明末清初,出现了一些新式的经营地主,他们只将少数土地出租,而大部分土地采用雇工经营,为了追求经济效益,他们特别注重以投资来改善生产设施和生产技术,并且实行多种经营。因此,不仅劳动生产率较高,而且各种作物的单产也比一般农户高。

富农一般占有多于自家劳动力所能耕作的土地,或占有一部分土地再另租入一部分土地,自己参加劳动,也雇用一些工人从事农业经营。绝大多数富农的经营规模不是很大,雇工经营的土地面积通常不超过百亩,常年雇用工人两三个,农忙时再雇些短工。

三、传统的营农思想

(一)集约经营的思想

战国初,李悝在魏国为相时,作"尽地力"之教,是最早的集约经营思想的表现。"治田勤谨,则亩益三升"就是加强劳动强度,实行精耕细作,挖掘土地潜力,提高产量之意。战国中期《孟子·梁慧王上》中所谓的"深耕易耨(nòu)""百亩之粪",就是提倡向土地多投入劳动力和肥料以提高单位面积产量。战国后期《荀子》所说的"田肥以易则出实百倍",也是主张集约经营。《吕氏春秋·上农》中"敬时爱日,非老不休,非疾不息,非死不舍,上田夫食九人,下田夫食五人,可以益不可以损,一人治之,十人食之",就是要求人们珍惜劳动时间,提高劳动强度,实行精耕细作,用较少的土地养活较多的人口。

汉武帝时搜粟都尉赵广推行的"代田法",就在于提高耕作水平和单产。据《汉书·食货志》记载,代田法"一岁之收,常过缦田一斛(hú)以上,善者倍之"。汉成帝时,农学家氾胜之在关中地区推广"区田法",其目的是采用局部深耕、等距密植、增肥灌水、加强管理等集约经营方法,最大限度地提高单位面积产量。据《氾胜之书》记载,"上农夫区，亩产百石；中农夫区，亩产五十一石；下农夫区，亩产二十八石"。显然，区田法能大幅度地增产。

晋代傅玄（公元217~278）提出"不务多其顷亩，但务修其功力"。即主张提高农业产量，不要靠扩大耕地面积，而应重视在一定单位面积上多投入劳动。后魏农学家贾思勰进一步提出"凡人家营田，须量己力，宁可少好，不可多恶"，意思说，经营农业的规模，需要度量自己的力量，与物力、劳力等相称，既不要超过自己的力量盲目扩大经营规模，也不要缩小经营规模，使自己的力量不能充分发挥。

南宋农学家陈敷在其《陈敷农书》中说的"务广而俱失"就是反对粗放经营，提倡"深耕易耨"的集约经营。他引用当时流行的农谚"多虚不如少实，广种不如狭收"来阐述集约经营思想。明代农学家沈氏在其《沈氏农书》中提出"宁可少而精密，不可多而草率"，并要求农家"勤耕多壅，少种多收"。《沈氏农书》为了深入阐释集约经营的思想，列举了两个很有说服力的例子：一是"老农云，三石也是田，两石也是田，石五也是田，多种不如少种好，又省力气又省田"；二是桑地经营"果能一年四壅（yōng），罱（lǎn）泥两番，深垦丕净，不荒不蝗，每亩采叶八、九十个断然必有，比中田亩一亩采四、五十个，岂非一亩兼二亩之息，而工力、钱粮、地本，仍只一亩，孰若以二亩之力合并于一亩之事半功倍也"。清代农学家杨双山在《修齐直指》一书中说："务期精工而收获自倍，是知广田不可过贪。"可见，清代也是主张精耕细作、少种多收、集约经营的。

（二）多种经营的思想

早在西周时期，统治者就提倡"耕桑树畜"多种经营，到了春秋战国时期，多种经营进一步扩展为五谷、桑麻、六畜、瓜瓠（hù）和百果等，如《管子·牧民》中说："积于不涸之仓者，务五谷也；藏于不竭之府者，养桑麻育六畜也。"《管子·立政》中说："君之所务者五：一曰山泽不救于火，草木不植成，国之贫也；二曰沟渎不遂于隘，障水不安其藏，国之贫也；三曰桑麻不殖于野，五谷不宜其地，国之贫也；四曰六畜不育于家，瓜瓠荤菜百果不备具，国之贫也；五曰工事竟于刻镂，女事繁于文章，国之贫也。故曰：山泽救于火，草木植成，国之富也；沟渎遂于隘，障水安其藏，国之富也；桑麻殖于野，五谷宜其地，国之富也；六畜育于家，瓜瓠荤菜百果备具，国之富也；工事无刻镂，女事无文章，国之富也。"也就是说，国君要关注的五个重要问题中，有三大问题属于农业多种经营问题。《管子》将农业的多种经营提高到国家贫富的高度，足见当时统治者对多种经营的重视。

《孟子·梁惠王上》中说，"五亩之宅，树之以桑，五十者可以衣帛矣；鸡豚狗彘之畜，无失其时，七十者可以食肉矣；百亩之田，勿夺其时，数口之家，可以无饥矣。"说明战国时代，以一家一户为单位的小农经济也要耕桑树畜多种经营，才能保证其自给自足。

汉代继承了西周乃至春秋战国的传统，仍然提倡多种经营。《汉书·食货志》说："种谷必杂五种，以备灾害……还庐树桑，菜茹有畦，瓜瓠果蓏（luǒ），殖于疆场，鸡豚狗彘之畜，毋失其时，女修蚕织，则五十可以衣帛，七十者可以食肉。"也是提倡耕桑树畜多种经营。

正是因为经历了长期多种经营的生产实践，到了后魏时代，贾思勰才有可能对农林牧渔和菜果的生产经验进行科学总结。《齐民要术》耕田第一至种芋第十六，是对粮食作物生产经验的总结；种葵第十七至种苜蓿第二十九，是对蔬菜生产经验的总结；园篱第三十一至茱萸第四十四，是对果树生产经验的总结；种桑柘（zhè）第四十五至伐木第五十五，是对林业生产经验的总结；养牛马驴骡第五十六至养鱼第六十一，是对畜牧生产经验的总结。其余篇章则是对食品加工经验的总结。

此后，凡是泛论农业生产经验的农书，如唐代的《四时纂要》、宋代的《陈旉农书》、元代的《农桑辑要》和《王祯农书》、明代的《农政全书》、清代的《授时通考》等，都以《齐民要术》为榜样，全面总结农林牧渔的生产经验；又如清代杨双山的农书《知本提纲·农则前论》中说："四农必务其大全，耕以供食，桑以供衣，树以取材木，畜以蕃生息。"由此可见，中国传统农业时期的统治者和农学家，都将农业多种经营视为农业经营的一条重要原则。

第二节 近代农业经营的发展

尽管传统的营农思想内容丰富，且蕴含着深刻的哲理，有些思想直到今天还具有生命力和现实意义。然而，长期以来我国以"男耕女织"为代表的农业与家庭手工业的紧密结合，形成了封闭的自给自足的小农经济，变革和进步的速度十分缓慢，致使中国的传统农业比西方延续了更长的时间。1840年鸦片战争以后，我国进入近代农业时期。尽管这一时期农业中的商品性生产有所提高，但持续的战争和自然灾害却对农业生产力造成了巨大的破坏，农业生产方式的进步极为缓慢。

一、近代农业的生产方式

（一）生产工具与耕作技术

1840年以后，由于帝国主义的入侵，我国自给自足的自然经济开始瓦解，商品经济首先在城市得到发展，并逐渐扩展到了农村。外国资本家为了在我国倾销商品，掠夺农业资源，向我国输入近代农业机械，并建立农产品加工厂。而后，我国一些官僚、地主和商人，为了牟取高额利润，开始引进、制造和推广农业机械。一些爱国志士，为了改变我国农业的落后状况，也提倡推广农业机械。然而，这一时期虽然引进了拖拉机、播种机、收割机、推土机、掘土机等现代农业机械，但仅限于农业科研实验单位、某些垦殖公司和少数资本主义性质的农场或富裕农民使用，无助于整个农业技术装备的改善，农业基本上仍停留在铁犁牛耕状态，甚至不少地区由于役畜减少，被迫以人力代替畜力，肥料和大型农具短缺，以致地力耗竭，收成下降。

近代农业仍延续着传统的耕作栽培技术,在以种植水稻为主的南方地区,一般为一年两熟或两年三熟,个别地方可以一年三熟;北方地区主要以小麦为越冬作物,搭配春播的玉米、谷子、高粱、豆类、棉花等进行轮作,一般为两年三熟或三年四熟。近代时期虽有少量化肥的投入,但仍以绿肥、沤肥、厩肥、人粪尿、河塘泥、炕坯土以及豆饼、煮熟的豆子等农家肥为主。

(二)农田水利建设

农田水利是农业的命脉,历来为官府和农民所重视。近代农田水利灌溉仅局部地区有所改善和发展,如北方某些稻麦和经济作物种植区,修建了一些小型水利工程,井灌也有所推广;江南局部地区开始试用机灌和电灌,其中发展最快的无锡,抗战前机灌面积已占耕地总面积的62%~77%,在武进一带,1924年开始电力灌溉,到1929年,电灌面积达到了4.3万亩。然而,从全国范围来看,统治者根本不重视水利,款项被贪污挪用,水利设施长年失修,甚至直接遭受人为的破坏。河流淤塞、堤坝毁坏、塘堰坍漏,以致旱无所蓄、涝无所泄,丰歉一任天时,水旱灾害日益频繁、严重。

(三)品种的引进与改良

近代以来,随着中西方经济文化的交流,农作物品种开始通过各种渠道和方式互通有无。一方面帝国主义依靠特权,大肆掠取我国传统作物的优良品种和野生的种质资源;另一方面为了加紧原料掠夺,把国外优良品种投入我国,谋取更大的经济利益。良种最初多是由传教士、外商带入,繁育传播较慢。清末民初,主要通过国家或社会团体大批惠送或倾销某些重要作物品种。19世纪20年代,引种逐渐按照现代科学方式进行,引种技术已不是单纯的引进种植,而是进行科学的推广和选育,以保证原引品种的纯度,并进一步选育适应性强的新品种。这一时期引入的作物种类极广,凡适合我国种植的作物品种基本上都有引进,但真正得以推广、并取得显著经济效益的主要是棉花和小麦这两大作物的优良品种。

二、近代农业的经营状况

(一)作物调整与商品化

近代,国际市场的开拓、轻工纺织和农产品加工制造业的建立以及城市人口的增加,极大地促进了经济作物的生产和商业性农业的发展。

经济作物的种类很多,主要包括蚕桑、棉花、麻类等纺织原料,大豆、花生、芝麻、油菜籽、油茶、油桐等油料,蓝靛等染料,以及烟、茶、糖(甘蔗、甜菜)、药材等。晚清和民国时期,经济作物的播种面积迅速扩大,棉田、烟田、蔗田、麻田等排挤粮田的现象日益严重,有的地方经济作物播种面积甚至达到耕地面积的50%以上,致使某些棉农、烟农、蔗农、麻农等专业户的粮食无法自给,必须向市场购买部分粮食。根据卜凯(John Lossing Buck,1890~1975)1929~1933年在我国21省的调查,农户自给的百分比分别为谷类78%、豆类73%、植物油类22%，总计76%；购买的百分比分别为谷类21%、豆类26%、植物油类78%，总计23%；其他来源的百分比为1%。另一组数据来自国民政府中央农业试验所，该所1936年公布的调查结果显示，关内22省每年向市场购买粮食的农户占总农户的35%。

近代以前，经济作物主要作为农村家庭手工业的原料，大部分在农村就地加工成手工业品进入国内市场。近代以后，经济格局发生了变化。经济作物的生产不仅要为传统手工业提供原料，而且还得自觉或不自觉地为世界资本主义市场和国内近代机器工业提供原料。20世纪30年代初期，中国作物生产中出售率在30%及以上的有烟草（76%）、鸦片（74%）、花生（61%）、油菜（61%）、棉花（37%）、大豆（30%）。

对于晚清和民国时期的粮食商品率，专家们的估计不一，据吴承明估计，"粮食的商品率在1840年约为10%，1895年约为16%，1920年约为22%，1936年约为30%"。卜凯的调查结果与吴承明有较大出入，其1922~1925年在安徽、河北等7省的调查显示，农村粮食出售率平均高达49.84%，其中，中东部平均为73.51%，北部平均为38.96%，反映出中东部的商品经济发展明显超过北部；1929~1933年对我国22省的调查显示，在22种粮食中，出售率占60%以上的有芝麻和花生，占30%以上的有糯米和黄豆，占20%以上的有小麦、高粱、绿豆、豌豆、甜薯、马铃薯和蚕豆，占10%以上的有玉蜀黍、大麦、黍子、稻、黑豆、稷子、糜子、荞麦、稞麦和小米，占10%以下的有莜麦，综合22种粮食的结果，平均出售率为23.27%。可以看出，由于我国幅员辽阔，各地经济发展不平衡，农村粮食商品率参差不齐，20世纪20~30年代的农村粮食商品率，有的地方平均高达73.51%，有的地方平均为35.11%，而更多的地方则大大低于30%，就全国范围而言，农村粮食商品率保持在20%~30%的水平上。

（二）不同阶层的农业经营

近代中国农业仍以封建土地所有制和封建租佃关系为基础，以家庭为基本经营单位，地权集中，但土地使用分散，经营规模普遍狭小。

1. 自耕农经营

近代自耕农在农户中占40%左右，北方地区平均在58%左右，南方地区平均为30%左右。自耕农的田场面积因地区和农户而异，长江流域及以南地区，多为5~15亩，黄淮河流域多为10~30亩，西北和东北地区多为30~50亩。从全国范围来看，多在10~20亩。随着自然经济向商品经济的转轨，农户家庭中的现金收入从20世纪初的30%左右，提高到20世纪40年代的50%~60%，现金支出也较清朝前期有较大变化，多数保持在50%左右。尽管自耕农的商品化程度有所提高，但不断加重的田赋却使这一阶层趋于贫困化，甚至导致了一定数量的农户破产。

2. 佃农经营

近代佃农在农户中占30%左右，北方地区平均在35%左右，南方地区平均为55%左右。佃农经营的土地一小部分为自有，大部分则为租用，其租用的土地必须缴纳相当数额的地租。

近代的地租形态具有复杂性和多样性，劳役地租、实物地租和货币地租并存，但其所占比重却不同。总体来看，实物地租为主要形态，货币地租次之，而劳役地租只在边远少数民族地区或内地极为贫瘠的地方才有。实物地租仍然采用定额制和分成制两种方式，由于定额制对地主而言可以旱涝保收，对佃农而言则既简单又可避免分成制下的多获亦按比例缴纳，因此定额制呈现出发展的态势。据1934年统计，各省平均货币地租占货币地租、实物定额租和实物分成租三种地租的21.2%，实物定额租占50.7%、实物分成租占28.1%。地租率是根据水田、旱田和田地等级（分为上等田、中等田和下等田）来制定的，1930年的一项统计结果表明，水田的分成租率平均为44.9%~51.5%，定额租率平均为45.8%~46.3%，货币租率平均为10%~12%；旱田的分成租率平均为43.6%~47.8%，定额租率平均为41.4%~45.3%，货币租率平均为10.5%~12%。

3. 地主、富农经营

虽然近代统计分类不尽相同，但基本上富农和地主的田场面积稍大，前者为50~200亩，后者最高可达五六百亩乃至数千亩，但为数不多。根据1927年国民党农民部的估计，当时全国有5 600万农户（包括地主在内），每户平均以6人计，共3.36亿人口，其中有地30亩以上的富农、中小地主及大地主占14%。

地主一般出租90%左右的土地，余下的10%左右自己雇工经营。地主雇工经营是带有某种资本主义色彩的封建经济。其资本主义性质主要表现在，这种经济拥有较充裕的生产资金，雇用较多的雇工，使用较先进和完备的农具，在面积较大、质量较好的土地上，从事较大规模的农业经营，所生产的产品有较大部分作为商品出售；其封建性质主要表现在，生产仍有相当一部分属自给自足性质，积累的财富往往用于购买土地，从而转向扩大地租剥削，或从事高利贷活动，而不用于购置新式农具、肥料和改良土壤、耕作方法。

鸦片战争以后，商业性农业的进一步扩大和自然经济的解体，导致了农民两极分化加剧，富农经济有所增长。20世纪20~30年代，富农约占农户的6%~8%，占有和经营的土地约占全国耕地的1/5。此后，由于全国性的农业危机和日益残酷的捐税剥削，富农经济明显衰退。中华人民共和国建立前夕，富农约占农村人口的5%，占全国耕地的10%~15%。富农通常占有的土地较好，生产工具较齐全，劳力和流动资金较充裕，耕作经验较丰富，农产品商品率、劳动生产率和农业经营效益，通常均高于其他个体农民。富农经营的面积，长江及其以南地区多为10~30亩，黄淮流域为30~50亩，绥远、内蒙古和东北为50~200亩。由于中国封建地租十分苛重，在农业经营中，地租收入通常比利润更高更稳妥，因此，其一方面阻塞了富裕农民发展为租地农场主的道路，另一方面又刺激了某些富裕农民向收租地主转化。

4. 农垦公司的经营

据北洋政府农商部统计，1912年注册的农垦公司共171家，资本额达600多万元。1912~1920年，农垦公司有较大发展，不仅在我国南方的两广、江浙和北方的黑龙江、吉林、察哈尔等省出现了各种形式的农垦公司，而且农垦公司的投资额也由600多万元增至4 000多万元，增加了5.5倍。1920~1928年，有些地区如广西、苏北的农垦公司开始衰落；另一些地区如苏南、察哈尔、绥远等地的农垦公司却有一定发展，东北各省则无明显变化。20世纪20年代末到30年代中期，全国的农垦公司趋向衰落，原有的一些大农垦公司纷纷破产，新注册的农垦公司数目及资本额也明显减少。

从1937年到1949年中华人民共和国成立前夕，我国的农垦公司、农场，不仅在数量上、地域分布上发生了很大变化，而且在性质上也发生了巨大变化。抗战期间，华北和东南沿海地区的一些农垦公司、农场，有的被敌霸占，有的遭敌破坏，有的荒废，而在西南、西北和中部地区，则新建了一些农垦公司、农场和实验场。抗战期间，日本人在沦陷区以各种名目经营农场，有些是私人雇工经营的带有资本主义性质的农场，有些实际上是奴隶主式的种植园；而农林部和各级地方政府开办的农垦机构和农场、垦场，则具有官僚资本的性质。抗战胜利后，国民党政府从日本人手中接收的农场也成为官僚资本农垦企业的一部分。与之并存的还有民族资本建立和经营的农垦公司和农场。据农林部垦殖司1948年统计，官办垦场占垦场总数的33%，民营垦场占67%。但官营的垦民人数约占总数的80%，民营垦民数则只占20%；官营垦地占95%，民营垦地只占5%。

农垦公司的资本主义性质很明显。第一，农垦公司所从事的是一种商业性农业，而非自然经济。第二，公司的投资经营者许多是工商业资本家，他们把工商业中新的劳动组织和经营方法引入农业中来从事资本主义生产。第三，在生产中普遍使用雇佣劳动，雇佣人数几人至几十人，多的达百人以上。除长工外，有些还使用短工。第四，虽然多数农垦公司仍使用落后的农具、传统的方法从事农业生产，但也有个别农垦公司开始购置和试用新式农机具，甚至应用电力于农业生产。尽管农垦公司具有资本主义的性质，但所有垦地共1 400余万亩，仅占当时全国总耕地面积的1%左右。

三、近代农业经营研究

直到传统农业时期结束，在小农经济基础上所形成的营农思想，仍然带有浓厚的小农色彩，农业经营研究一直缺乏系统性和科学性。近代农业时期以后，中国掀起了一股对农村社会经济颇为关注的热潮，正式的农业经营研究也由此开始。

最早的农业经营研究始于金陵大学美籍教授卜凯，他自1922年开始，指导学生利用暑假返乡进行农家经济调查，并利用调查结果从事中国农场经营研究。卜凯最早的研究基于1922年在安徽和1923年在河北的农户调查，其分析结果以《中国安徽芜湖近郊102个农家的社会经济调查》(*An Economic and Social Survey of 102 Farms near Wuhu, Anwei, China*, 1924年)和《直隶盐山县150个农家的社会经济调查》(*An Economic and Social Survey of 150 Farms of Yenshan County, Chihli Province, China*, 1926年)为名发表。1922~1925年他又组织学生对中国7省17个地区2 866家农户进行了经济调查，其研究成果以《中国农家经济》(*Chinese Farm Economy*, 1930年)一书出版。1929~1933年再对中国22省168个地区16 786个农场和38 256个农家进行调查，其研究成果以《中国土地利用》(*Land Utilization in China: A story of 16 786 Farms in 168 Localities and*

38 256 *Farm Families in Twenty-Two Provinces in China*, *1929~1933*, 1937 年）一书出版。此外，卜凯早期的研究成果还包括《中国农村的所有权和租佃关系》（*Farm Ownership and Tenancy in China*，1927 年）、《中国统计中的农地利用》（*Land Utilization in China Statistics*，1937 年）、《四川省农业调查》（*An Agricultural Survey of Szechwan Province*, *China*，1943 年）、《中国农业的若干基本问题》（*Some Basic Agricultural Problems of China*，1947 年）。

这些调查使卜凯对中国的农户结构与土地得出结论：华北 80% 以上是自耕农，长江流域自耕农为 60% 左右，在四川和广东自耕农为 50% 左右，并且中国自耕农平均拥有 3.1 英亩（1 英亩 ≈ 4 046.86 平方米）地（Esherick，1981）。即在卜凯眼里，中国农村是一个以小自耕农为主的社会，土地分配并没有特别不均。此外，在租佃关系上，西方的佃农比例比中国要高得多：中国农民中有 23% 为完全佃农（不包括半佃农），美国的完全佃农占农民总数的 38%，英国的完全佃农占农民总数的 89%，但英美都实现了农业现代化。因此，认为佃农率高了便会导致剥削和农业生产的停滞并没有其必然性的依据。

卜凯是从农场经营的角度来认识中国农业经济的。在他看来，从经营的角度，或者说从农业投资、管理、产出、收入这些范畴来分析，中国近代农业经济的主要问题是广义技术上的"落后"，除此以外没有其他特别严重的问题。中国农业经济在 15 世纪以前还是世界上最先进的，到 19 世纪和 20 世纪初，欧洲和北美前进了，经历了农业革命和商业革命，而中国的农业生产却没有进步。因此，对卜凯来说，解决近代中国农业问题的办法实际上很简单：改善农业经营的方式，提高农业生产技术水平。卜凯为此向国民党政府提出了一整套、共 108 条改进农业经济的建议，其中包括建立农村金融设施、使用良种与化肥、改善交通运输条件等（Stross，1986）。

1933 年，实业部所属中央农业实验所开始主办全国性农业调查，并纳入国家的统计工作。他们在全国各地设有农情报告员，1934 年农情报告员已达 6 000 多人。他们按照规定的项目和指标，对所在地区的农业情况进行调查，然后按照一定的程序汇报上来，每月报告一次。该调查的重点是生产技术、生态环境、自然条件、土地利用等内容，同时也涉及各种农作物的总产量和亩产量、农产品的价格、租佃关系、田赋数量和借款方式等方面。此外，还有旱涝灾害、人口增减以及耕地变化的有关情况。在资料汇编的基础上，每月出版一次《农情报告》，每年还出一本汇编。

1933 年以后，各大学农学院、农林机关和金融机构等，曾进行过有关农场经营方面的调查研究，如抗战时期的中国农民银行与四川省农村经济调查委员会，曾于 1941 年 4 月调查了包括四川的温江等 10 个县的 408 个农户，调查内容包括农场大小、农场土地、农场资本、农场收入、农场支出、农场经营利润、作物生产、牲畜生产及抗战对农场经营的影响等，并将其研究结果印成《四川农场经营》（1945 年）报告。

此外，1940 年农林部成立之初，在农村经济司内设科掌管全国农场经营改进事宜，并于 1942 年扩大为农场经营改进处，主管全国农场经营改进事宜，以表示当局对农场经营的重视。该处在四川、陕西、贵州、云南、湖南、江西、广东、浙江、福建、湖北、河南及西康等 12 个省 21 个县内设立了农场经营指导办事处，以推行此项工作。其主要业务如下。

（1）指导农民改良农场经营：①特约指导农家；②组织改良团体；③举办物价报告；④调查农场经营；⑤推行农家记账；⑥研究经营得失；⑦拟定改进计划；⑧介绍低利贷款；⑨推广良种善法；⑩引用改良器材。

（2）辅导农民组织合作农场：①组织合作农场；②共同贷款；③共同饲养；④共同防治；⑤共同兴修农田水利；⑥共同改良农场布局；⑦共同引用改良器材；⑧共同耕种；⑨共同加工；⑩共同购销。

在整个近代时期，关于农业经营方面的著作，除了卜凯和寇迪斯（W. M. Curtis）利用《中国农家经济》和《中国土地利用》材料合编的《中国农场管理学》（1947年）一书以外，无其他专著问世。

第三节 1949年后农业经营的发展

帝国主义的入侵虽然瓦解了中国的自然经济，但封建的土地制度依然保留下来，大部分耕地仍集中在少数的地主和富农手里，他们把土地分成小块租给农民耕种，并收取占年收成量一半以上的高额实物地租，农业的商品化程度仍然很低。中华人民共和国成立后，我国农业经历了若干时期的改革，最终确立了以家庭承包经营为基础、统分结合的经营体制，农业生产全面快速发展，农业和农村经济结构不断优化，以市场为导向的资源配置机制也逐渐形成。

一、土地改革时期：1949~1952年

从1927年开始，中国共产党就确立了土地改革的方针，并在苏区实施。1947年9月中共中央又制定了《中国土地法大纲》，并在解放区开展了大规模的土地改革运动。中华人民共和国成立之初，许多属于民主革命范畴的问题尚未解决。当时，大约有2.64亿多农业人口的新解放区没有进行土地改革，农村中的封建剥削制度依然存在。为此，中国共产党在1950年6月召开的七届三中全会上将土地改革列为促进农业发展，进而为争取国家财政经济状况基本好转的三个条件中的首要条件，并颁布了《中华人民共和国土地改革法》，在全国范围内开始土地改革运动。

到1952年底，除了台湾和西藏、新疆等少数地区外，全国土地改革已基本完成。这项运动，使中国3亿多名无地、少地的农民有了自己的土地，摆脱了向地主交纳地租的沉重负担，极大地促进了农业生产的恢复和发展。1952年全国农业总产值为461亿元，比1949年增长了41.4%；粮食总产量由1949年的1.13亿吨增加到1952年的1.64亿吨，增长45%；棉花总产量由1949年的44.44万吨增加到130.37万吨，增长193.4%；其他农副产品产量也有较大幅度的增长。经过三年恢复期，中华人民共和国农业生产已获得了较大的发展。

二、土地公有公营时期：1953~1978 年

（一）社会主义改造时期：1953~1957 年

土地改革以后，以小土地私有制为基础的农民个体经营成为当时中国农村土地经营的基本形式。但当时的个体农户耕地很少，生产工具严重不足，不利于现代生产的社会分工和大规模农田水利设施的兴建，也无法集中力量抵御各种严重的自然灾害，加上土地改革后期因土地买卖而重新出现了贫富差距拉大的两极分化现象，中央决定重新调整土地政策，实现农村土地的再一次变革。在此，国家先后通过了 1953 年的《关于农业生产互助合作的决议》《关于发展农业生产合作社的决议》、1955 年的《关于农业合作化问题的决议》《农业生产合作社示范章程》和 1956 年的《高级农业生产合作社示范章程》，开始对农业进行社会主义改造，并在全国范围内开始了农业合作化运动。

农业合作化过程先后经历了三个阶段：一是带有社会主义萌芽性质的互助组，包括临时互助组和常年互助组两种形式。二是半社会主义性质的集体经济组织，即初级农业合作社，又称土地合作社，特点是土地入股、按股分红、统一经营。农民虽然还拥有土地的所有权，但使用权归农业生产合作社，在年终分配时，农民可凭土地参加分红。按股分红的比例约占分配总额的 30%，按劳动数量和质量分配约占总额 70%。三是社会主义性质的集体经济组织，即高级农业合作社，就是在初级社的基础上，取消土地分红，每个合作社的报酬分配主要按劳动数量与质量决定。到 1956 年底，全国有 96% 的农户加入了农业合作社，个体农业经济转变为社会主义公有制经济。

尽管农业社会主义改造过程中存在着升级过快、方法过粗、形式过于简单等问题，但在合作化运动中建立了农村集体经济，克服了一家一户从事农业生产时规模小、抗风险能力弱、难以开展农业基本建设等弱点，促进了农业生产的进一步发展，连续几年间，各项农业生产指标都有显著上升。

社会主义改造时期也是我国国民经济发展的第一个五年计划时期，政府在全国范围内扩大耕地面积，又进行了大规模的农田水利基本建设、农业技术改造、优良品种推广，农业生产条件得到了显著改善。据统计，5 年内扩大耕地面积 867 万亩，新增灌溉面积 21 810 万亩，水利投资 26.7 亿元。这些水利建设对农业的稳定发展起到了积极的推动作用，1957 年农业总产值比 1952 年增长了 25%，粮食产量达 19 505 万吨，比 1952 年增长了 19%；棉花产量达 164 万吨，比 1952 年增长了 25.8%；猪、牛、羊等肉的产量达到 398.5 万吨，比 1952 年增长了 17.7%。

（二）人民公社时期：1958~1965 年

1958 年，党在农村大力宣传社会主义建设总路线，并不断地批判"反冒进"和右倾保守主义。在这种形势下，农村掀起了轰轰烈烈的兴修农田水利和大办农村工业的群众运动。许多地方开始兴办一些大大超过高级社范围的工程项目，由于需要投入大

量人力物力，于是开始出现了受益和非受益地区的社际协作。当时中央对这种简单协作的结果做出了过高的估计，认为高级社的规模和所有制程度不适应生产力发展的需要，并就进一步组建人民公社提出了要求。于是在较短的时期内，全国基本上实现了人民公社化。

人民公社化主要是通过农业生产合作社的合并建立起来的。生产队的规模相当于初级合作社，大队则相当于高级合作社。对土地实行集中劳动、集体经营、"产品按需分配"，取消了按劳分配的原则，农村实行大食堂制度。人民公社时期的这种"一大二公""政社合一"的体制，使得"共产风"泛滥成灾。为了解决人民公社化和纠正"共产风"的问题，到1962年中共中央开始实行"三级所有，队为基础"的体制，并确定了我国农村土地以生产队为基本核算单位。"三级所有，队为基础"，即土地和其他主要生产资料分别归人民公社、生产大队、生产队三级集体所有和经营，各自独立核算，自负盈亏，但生产队一级所有和经营是三级所有中最基本和主要的部分。公社所有的土地较少，生产资料主要是生产大队和生产队无力经营或不宜经营的林场、畜牧场、渔场、农机站、较大的工商以及农业基础设施。公社的土地和财产归全公社农民集体所有，由公社统一经营。生产大队所有的土地也比较少，它主要经营生产队无力经营和不宜经营的公用性生产资料。生产大队的土地和财产归大队全体农民所有，由生产大队统一经营。生产队是土地的主要所有者，它占有了90%左右的农村耕地以及宜于它经营的其他公用生产资料。

"大跃进"和人民公社化运动，导致了农业生产秩序混乱，加上与苏联关系的破裂和连续几年的自然灾害，终于造成了灾难性的后果。人民公社的制度是农业集体化的一种尝试，但这种生产经营模式严重损害了农民的利益，极大地打击了农民的生产积极性，农业生产遭到极大破坏，农副产品产量急剧下降。1959年谷物产量下降了15%，1960年又下降了10%，城乡人均粮食消费量由1957年的203千克下降到1960年的163.5千克，农村人均粮食消费量更是下降了23.4%。

面对天灾人祸所造成的严峻经济形势，国家被迫进行全面调整。从1961年开始执行"调整、巩固、充实、提高"的八字方针，强调农业是国民经济的基础，按照工农轻重的次序安排经济发展计划，调整工农业比例关系，恢复综合平衡，农业生产又得到了一定发展。

（三）1966~1978年

这个时期包括"文化大革命"和其后两年的拨乱反正。在"文化大革命"期间，不但未能进一步改正人民公社化以来的错误，反而把20世纪60年代初期农村政策的调整当作右倾表现加以批判。同时，大寨被扭曲成为"左"的典型，在全国推广。此阶段的政策措施主要包括：急于向以生产大队为基础过渡；扩大社队规模；大力推行大寨大队的平均主义分配制度；取消或限制社员家庭副业；等等。结果，社员的积极性再次受挫，农业生产长期徘徊，增长缓慢，农产品供应紧张。尽管有的农产品产量增长了，但却是以自然资源的破坏为代价的。

这12年间，全国农业总产值仅增加了5%，年均增长3.1%。粮食年总产量由原来的近2亿吨增加到3亿多吨,增长了56.67%。但是,由于人口增长过快,人均粮食年占有量在300千克左右徘徊,其他农产品人均占有量仍停留在1957年的水平上。直到20世纪70年代末,农产品仍然实行统购统销,低标准凭票供应的紧张状况未见好转,当时全国农村约有2.5亿人口温饱问题得不到保证。

三、家庭联产承包制时期：1978年至今

（一）农业高速增长期：1978~1984年

1978年12月,中共十一届三中全会制定了《中共中央关于加快农业发展若干问题的决定（草案）》,实事求是地指出了我国农业的落后状况,认真地总结了20多年来我国农业正反两方面的经验教训,要求各地认真地纠正农村工作中长期存在的"左"倾错误,切实地保护农村的社会主义集体所有制,认真地贯彻按劳分配原则,加强劳动管理,建立健全生产责任制。这两个文件的试行,推动了各种形式的农业生产责任制的恢复和发展。当时,各地出现的农业生产责任制主要有包工到组和包产到组。到1979年底,全国一半以上的生产队实行包工到组,1/4的生产队实行包产到组。在包工到组和包产到组的同时,个别地方自发地实行包产到户。对农民自发的包产到户,中共中央经历了从不允许、允许例外、小范围允许到全面推广的过程。1982年1月,中共中央批转了《全国农村工作会议纪要》,对包产到户、包干到户做了肯定,对"双包"的全面推广起了重要作用。1982~1983年,家庭联产承包制迅速得到推广。

家庭联产承包制的推行,从根本上动摇了人民公社体制存在的基础。1983年10月,中共中央、国务院发出通知,要求全国各地在农村建立乡政权,有领导、有计划、有步骤地实行"政社分开",适当建立农村合作经济组织。与此同时,国家的农业政策也做了较大调整：大幅度提高了农副产品收购价格,仅1979年一年18种农产品收购价就提高了22.4%；大幅度增加化肥、柴油和农电的投入量；进口大批粮食,减少征购量,使农民得以休养生息；推广了一大批适用农业技术。

这6年间,国民经济发展比较协调,农业出现高速增长。全国农业总产值年均增长7.6%,其中种植业年均增长6.8%,畜牧业年均增长10.7%,农业新增产值的60%来自种植业的增长。粮食和棉花年均增长率分别达到5%和19%。在粮食播种面积减少6%的情况下,粮食总产量增加1/3以上,1984年达到40 731万吨,人均粮食占有量达到393千克,接近世界平均水平。棉花、油料、糖料等主要农副产品也大幅度增长。

（二）农业波动增长期：1985~1999年

1984年农业大丰收以后,我国开始对农产品流通体制进行改革,1985年取消了粮食、棉花的统购,改为合同定购,价格实行"双轨制",并规定定购以外的粮食可以自由上市,对其他各类农产品,实行价格放开,由市场的供需力量决定。1986年,第六届全国人民代表大会常务委员会第十六次会议通过了《中华人民共和国土地管理法》,以法律的形式明确了我国农村土地的所有权和使用权的归属,并指明农民的土地承包经营权受

法律保护。伴随着农产品流通体制的改革，我国政府还鼓励农民发展多种经营，优化种植业结构，从而促进小农业向大农业的转变。

1993年2月，国务院发出《关于加快粮食流通体制改革的通知》，提出"在国家宏观调控下放开价格，放开经营，增强粮食企业活力，减轻国家财政负担，进一步向粮食商品化、经营市场化方向推进"。同年11月，中共中央、国务院颁布的《关于当前农业和农村经济发展的若干政策措施》中还提出将耕地承包期延长30年，并允许土地使用权依法有偿转让，实行适度的规模经营。但是，在粮食大丰收的情况下，从1993年11月开始，市场上的粮食价格突然大幅度上涨。对此，我国政府再次提出对粮食收购市场进行管制。1994年，国家加强了对粮食市场的宏观调控，国有粮食部门掌握了市场粮源的70%~80%，建立和完善中央、地方粮食储备制度，稳定了粮价，保障了有效供给。同时，农产品市场体系建设也取得了进展，一大批区域性的农产品批发市场相继成立。

在这期间，粮食产量起伏波动，农业结构发生了很大变化，农业生产的发展速度在波动中有所下降。粮食总产量1984年达到高峰40 731万吨后，从1985年开始陷入四年的徘徊状态；1989年粮食恢复增长，1990年达到最高纪录44 624万吨，1991年又开始进入徘徊状态，与1990年相比，1994年粮食总产量仍下降0.2%；1995年恢复增长，1996年达到最高峰50 453.5万吨。在粮食总产量发生波动的同时，畜牧业、渔业发展却很快。1984~1995年，粮食总产量只增长了14.6%，而肉类产品产量增长了211.2%，水产品增长了306.6%。正是由于农业中非粮食部门的增长，农业总产出在粮食生产徘徊时期仍有3.4%~10.9%的增长率，这也说明我国农业结构调整的速度在加快。

（三）21世纪农业快速发展期：2000年以后

进入21世纪以后，我国在保证农业稳固发展的基础上，进一步加大了农业结构的战略性调整，但受粮食政策和市场价格影响，粮食播种面积大幅度减少，粮食产量连续下降。为此，从2004年开始，中央一号文件再次回归农业，并对促进农民增收、提高农业综合生产能力、推进社会主义新农村建设、发展现代农业、加强农业基础建设等进行了全面的部署。与此同时，农业补贴的范围也从减免农业税、粮食直接补贴、良种补贴、农机购置补贴扩展到农资综合直补、三补一扶（免疫补助、扑杀补偿、无害化处理补助和扶持家禽业发展）、能繁母猪补贴、能繁母猪保费补贴、膜下滴灌设备补助、提升土壤有机质补贴、测土配方施肥补贴、科技入户技术补贴、新型农民培训补助、扶持化肥生产企业、饲料产品免征增值税等，补贴的力度不断加大。

经过十几年的努力，我国农业发展取得了令人瞩目的成就：一是农业综合生产能力显著提高，与2000年相比，2013年粮食产量增加了30.2%，棉花产量增加了42.6%，肉类产量增加了41.9%，水产品产量增加了66.5%，水果产量增加3倍多，茶叶产量增加了近2倍，油料、糖料、麻类、烟草等产量也有一定增长。二是农产品的品质结构从单纯追求数量的增加，逐步向优质高效方向发展，主要农产品良种覆盖率和优质化水平进一步提高。农业生产更加注重生态产品的开发，全国安全农产品已初步形成了无公害农产品、绿色食品和有机食品"三位一体、整体推进"的发展格局。三是农业技术装备水平、农业科技创新能力也有明显增强和提高。2014年全国农机总动力达到10.76亿千瓦，其中，大中型拖拉机和配套农具保有量预计分别达 572 万台和 894 万部，拖拉机大型化、配套化的趋势更加明显。水稻插秧机、联合收获机预计分别达 66.5 万台、157.7 万台，玉米收割机达到 34.4 万台，连续 9 年增幅超过 20%。农业技术推广体系进一步健全，科技对农业的贡献率从 39% 提高到了 56%。四是农业的产业化经营组织不断发展壮大。截至 2013 年 6 月底，全国依法登记的农民专业合作社达到 82.8 万家，实有成员 6 540 多万户，占农户总数的 25.2%。合作社在推动农业专业化、标准化和品牌化经营方面发挥了重要的作用。与此同时，农业产业化龙头企业也在不断壮大。目前，全国各类龙头企业近 12 万家，以龙头企业为主体的各类产业化经营组织，辐射带动全国 40% 以上的农户和 60% 以上的生产基地。此外，目前全国各类农业公益性服务机构达到 15.2 万个，农业经营性服务组织（不包括农民专业合作社和龙头企业）超过 100 万个，在农机作业、农作物病虫害统防统治、动物疫病防控等方面发挥着日益重要的作用。

本章小结

1. 我国农业起源于 1 万多年前，但原始农业的农耕动力主要是人力，生产力极为低下。春秋战国时期以后，劳动者家庭开始拥有自己的家庭经济和经营权利，各种营农思想相继产生，并对农业生产方式的变革和农业生产力的提高起到了极大的推动作用。

2. 长期以来我国农业与家庭手工业的紧密结合，形成了封闭的自给自足的小农经济，致使传统农业比西方延续了更长时间。鸦片战争以后，我国步入近代农业时期。尽管这一时期农业商品性生产有所提高，但持续的战争和自然灾害却对农业生产力造成了巨大的破坏，农业生产方式的进步极为缓慢。

3. 中华人民共和国成立以后，我国农业经历了若干时期的改革，最终确立了以家庭承包经营为基础、统分结合的经营体制，农业生产全面快速发展，农业和农村经济结构不断优化，以市场为导向的资源配置机制也逐渐形成。近年来，在国家政策的重视下，农业发展取得了令人瞩目的成就，农业综合生产能力显著提高，农产品逐步向优质高效方向发展，农业技术装备水平、农业科技创新能力明显增强，农业的产业化经营组织不断发展壮大。

本章习题

1. 我国古代营农思想的核心内容是什么？
2. 近代农业经营有哪些基本特征？
3. 中华人民共和国成立以后，我国农业经历了哪几个发展阶段？

第二编　农业经营主体

第四章 农业家庭经营

家庭经营是指农业生产以家庭为单位,农民拥有生产资料的所有权或使用权,能自行决策、自负盈亏,人身不依附于任何组织或个人的独立经营组织,也称为农户经营或家庭农场。在世界上的大多数国家,进行家庭经营的农民既是生产资料的所有者、经营者,又是劳动者。我国自20世纪70年代末开始实行家庭联产承包责任制后,从事家庭经营的农民成为生产资料的经营者和劳动者,但对土地则只拥有使用权。家庭经营是一种弹性很大的经营组织,不仅可以与不同的所有制、不同的物质技术条件相适应,也可以与不同的生产力水平相适应。因此,其广泛存在于不同生产力水平、不同所有制形式和不同社会制度的国家中,并成为农业生产最为有效的组织形式。

第一节 家庭经营的形成与发展

一、家庭经营的特征与演变

(一)家庭经营的基本特征

由于家庭经营是以家庭成员为主、自主决策和运营的一个独立的微观经济组织,因此,其具有与其他经营主体所不同的一些特征。

1. 经营目标的双重性

家庭经营必须在有限的土地上,通过合理地选择经营品种,并有效地投入各种物质要素,来获得持续的收益最大化。与此同时,家庭经营还必须考虑每个成员的身心健康,通过合理的分工协作来调整劳动强度和劳动时间,使其获得家庭再生产活动所需要的体力恢复和人力资本投资。因此,家庭经营不仅存在利润目标,同时也存在效用目标。

2. 经营决策的复杂性

家庭不仅是农业生产经营的基本单位,而且是农民生活的基本单位。由于在农业经营的过程中,生活消费和生产消费难以明确区分,并且一个家庭中的生产决策与消费决策密切相关。因此，决策主体必须同时考虑生产与消费、劳动供给与需求、储蓄与投资倾向等互相对应的两个方面，经营决策具有明显的复杂性。

3. 经营功能的统一性

家庭经营既具有确定经营目标，对经营要素进行调配、组合、管理和运营、记录、分析和重新规划等管理功能，又具有耕种、施肥、除草、灌溉、病虫害防治、收获、烘干、储存和销售等作业功能，但所有的功能都主要由家庭的决策者和成员共同完成，具有明确的统一性。

（二）家庭经营的起源与发展

家庭经营作为农业生产中最基本的组织形式，其产生和发展经历了漫长的历史变迁。在原始社会末期，由于生产工具和耕作制度的改进，农业生产力得到了极大的提高，一夫一妻制的小家庭经营开始出现。其最初是从属于氏族公社的公有制，以氏族公社经济为主，小家庭经济为辅，但随着私有财产的不断增加，小家庭经营活动日益频繁，逐渐成为独立的经营单位。

到了奴隶社会，家庭经营首先表现为作为奴隶主的家长支配全部家产，并支配妻子、儿女和奴隶，家长自己也参加农业生产。随后是社会范围内的奴隶制，即奴隶主大规模地使用奴隶进行生产，但家庭经营形式仍普遍存在。

进入封建社会以后，以个体家庭为单位的农业生产得到了巨大的发展，但封建社会的生产关系主要表现为领主制经济下的领主与佃农关系，以及地主制经济下的地主与佃农关系，多数农民并不完全占有生产资料，产品也不完全归自己分配。尽管这一时期也存在着相当一部分的自耕农，但所占比例有限，且受封建领主和地主的剥削和压迫。

虽然在历史发展的各阶段中都存在一定的商品交换，但直到封建社会末期为止，家庭经营的主要目的仍是满足家庭成员的生活消费需要，即便存在少量的农产品剩余，也用于交换所需的生活资料，以提高生活水平。因此，这种以家庭为生产和生活单位，并主要以自给自足为目的的经济被称为小农经济。小农经济的生产具有以下特征：农民在其家庭成员的辅助下，独立完成主要农产品全部生产过程，一般没有外部协作，属于个体劳动性质；由于生产限于家庭劳动力的范围，农民所耕种的土地，以全家力量所能耕种的面积为限度，经营规模狭小；由于以家庭为生活单位，农民的生产通常是农业和家庭手工业相结合，即所谓"男耕女织"，以满足自己衣食的基本生活需要，具有自给自足的自然经济性质。

进入资本主义社会以后，家庭农场开始在欧美出现。家庭农场是以家族成员为主，同时利用大量外部资金和雇用劳动力进行大规模生产，具有足够的资本、物质资源和经营管理能力，能有效地从事农业生产，并具有一定市场竞争力的家庭经营模式。它是独立自营的农民所经营的农场，主要依靠家庭劳动力，雇工一般不超过总劳动量的一半。

到 20 世纪中期以后，随着商品经济的不断发展和农业劳动力的大量转移，家庭农场开始演变和分化，一些有实力的上层农场通过扩大经营规模和专业化生产，逐渐发展成为企业型家庭经营；而大多数中下层农场则在市场竞争中转变为兼业型家庭经营或沦为自给型家庭经营。从世界各国的发展情况来看，自给型家庭经营仍然保留着农户经营的特点，主要目的是自给自足，农产品的商品化程度极低，在发达国家的家庭经营中所占比例已经很低；兼业型家庭经营主要通过副业或非农业来补充家庭收入，在世界各国都比较普遍；企业型家庭经营主要面向市场生产，生产规模较大，由于这类家庭农场进行专业化生产，投入产出效益较好，因而受到了各国政府的大力支持。

二、家庭经营存在的理由及制约

长期以来，经典理论一直认为家庭经营是小生产方式，与现代的社会化大生产相矛盾。因此，随着市场经济和社会化大生产的发展，家庭经营迟早要被资本主义的工厂化大农场或社会主义的集体化大生产所取代。然而，20世纪以来农业土地经营制度的发展并没有印证人们的预言，从发达国家的情况来看，家庭经营并没有随生产手段的高度进步而出现弱化乃至生存危机，也未与农业的商品化、社会化和现代化过程形成不相容的冲突关系。恰恰相反，农业生产力的不断进步，持续地给家庭经营注入了新的活力，使其经营能力日趋增强，商品化和现代化程度不断提高。由此证明，从传统农业向现代农业的转化绝不意味着对家庭经营的否定，作为一种生机勃勃和具有强大生产力的农业经营形式，家庭经营在过去、现在及未来相当长的时期内都是支撑农业发展和进步的基本形式。

（一）家庭经营存在的理由

1. 家庭经营符合农业生产的特点

农业生产的对象是有着自己生命活动规律的动植物，而自然界的变化，如降水、气温、光照等，往往具有很大的不确定性，对动植物的生长存在着各种不同的制约。此外，农业生产周期取决于动植物的生长发育周期，通常长达数月乃至数年，而且，农业生产过程因作物种类的多样性而复杂多变，每一个环节都有自然的顺序和固定的期限，受土地面积的制约，并且与特定的季节相关。因此，农业生产过程具有自然性、季节性、连续性和空间性等特征。这些特征一方面要求农业经营者必须随时准确地把握动植物本身的生长变化，及时做出有利于生产的决策；另一方面，只有将生产者付出的劳动与最终收益直接联系起来，使其形成强烈的主人翁意识，独立地对整个生产过程负责，自觉承担土地投入风险，才能保证劳动效率。家庭经营适应了农业生产的自然特性，确立了农户的主体地位，能最大限度地发挥农户的主观能动性，有利于人们根据瞬息万变的自然因素调整农业微观决策，及时有效地安排农业生产。

2. 家庭经营能充分发挥家庭的社会经济功能

农户是具有完整经济功能的经济组织，家庭成员的生活与农业经营状况密切相关，具有利益目标的认同感。因而，不需要进行精确的劳动计量和劳动分配，不仅能够对农业全过程共同负责，对农业最终产品共同负责，而且可以对各种难以预料的变化做出比较灵活的反应，共同承担生产经营风险，形成比较长远的经济预期。此外，家庭成员会积极地掌握农业经营所需要的各项技术,而且不需要像对雇佣劳动力那样进行指导和监督,这将使得家庭经营的管理成本最小,劳动激励多样。家庭成员在性别、年龄、体质、技能上的差别也有利于实行分工和劳动力的充分利用。

3. 家庭经营有利于土地的持续充分利用

农户的生产和生活都与土地密不可分。一方面,土地对大多数国家的农户来说,是可以代代相传的重要财产,家庭经营可以通过财产继承这种方式,来保障全社会持续拥有一定数量的农地;另一方面,每块土地的基本特性也只有长期经营农业的家庭成员最了解,因而家庭经营更容易充分合理地利用土地。

（二）家庭经营面临的制约

尽管家庭经营具有以上优势,但与其他经营类型相比仍存在一些制约条件。

1. 家庭经营的抗风险能力较弱

农业生产对气候条件的反应十分敏感,恶劣的气候会打破种养周期与收成规律并造成大量减产。农业生产的季节性和周期性特征,不仅使众多农业生产者做出生产决策的时机基本相同,而且上期价格的变化也容易引起下期供给量的同时同向变化。因此,农业生产常常处于一种不均衡状态,而家庭经营可配置的资源有限,应对自然风险和市场风险的能力都较低。

2. 家庭经营不利于组织化生产

通常情况下,家庭经营以夫妇为核心,其子女或其他直系亲属共同构成一个团体,人数在 5~10 人。由于家庭经营以家庭成员的劳动为主,因而不仅存在着劳动力投入上的数量制约,而且因年龄、体质、技能的构成不同,难以形成组织化作业。

3. 家庭经营难以确保劳动投入的可持续性

随着时间的推移,家庭成员的数量和质量也在不断变化。例如,家庭成员数因结婚生子而增加,劳动力也因此而增加,但随着子女的成人、结婚和分家,最后家庭成员很可能只剩下老年夫妇。因此,家庭的劳动力投入周期呈现出 40~50 年一个循环的状态,难以确保劳动力的长期持续投入。相反,企业经营则可以通过人员增减和有计划地吸收新人,来确保长期持续的劳动力投入。

4. 家庭经营容易引起周期性收支不均

家庭成员的数量变化对家庭经营与生活状况、生产与消费具有重大影响。在家庭人口的高峰期,由于总体消费支出巨大,核心劳动力的人口负担率过重,容易产生负债。

三、家庭经营的兼业化

（一）各国兼业农户类型的划分

兼业农户是与专业农户相对而言的,它是指有相当时间从事非农工作或者依靠经营农业以外的其他事业取得相当收入的农户，这类农户一般多为中小规模的家庭经营。

各国关于兼业农户的划分标准有所不同，有的国家依据农业外部收入的多少或比率来划分，有的国家依据农业和农业外劳动日数的分配来划分。

在德国，非农业收入不超过总收入 10% 的农户称为专业农户；非农业收入超过总收入的 10%，但不到总收入 50% 的农户称为第一兼业农户；非农业收入超过总收入 50% 的农户称为第二兼业农户。

在日本，专业农户是指家庭成员全部从事农业生产，家庭收入以农业收入为主的农户；兼业农户是指家庭主要成员从事农业以外工作，家庭收入中非农收入占相当比例的农户。其中，家庭成员中有一个以上的劳动力从事非农工作，且农业收入超过总收入 50% 的农户称为第一兼业农户；家庭成员中有一个以上的劳动力从事非农工作，且农业收入不到总收入 50% 的农户称为第二兼业农户。

美国 1969 年把兼业农场定义为每年从事非农业劳动 100 天以上的商业性农场主。除了年销售额不到 2 500 美元的农场以外，只要非农业劳动在 100 天以上者，不论农场的大小，都算是兼业农场。

中国把农户分为纯农户、农业兼业户、非农业兼业户和非农户。纯农业户是指家庭纯收入的 95% 以上都来源于农业；农业兼业户是指家庭纯收入的 50%~95% 来源于农业；非农业兼业户是指家庭纯收入的 50%~95% 来源于非农业；非农户是指家庭纯收入的 95% 以上来源于非农业。

（二）农户兼业化的原因

1. 农业生产的周期性和风险性使农户兼业成为必然

农业强烈的季节性、生产周期长以及劳动过程和生产过程的不一致是农户兼业经营的客观基础。农业生产的对象是有生命的动植物，在不利于生物生长的季节，农业生产活动会停止，因此存在农闲季节。即使在农作物生长季节，劳动投入过程与生长过程交错进行，也使农业劳动力和生产工具具有阶段性和间歇性。农业的这些特点给单纯经营农业的农户带来三方面的不利影响：一是农业劳动力和生产工具存在忙闲季节的使用不均，农闲季节的劳动力和工具往往处于闲置状态；二是农业生产周期长，资金周转速度慢，全年收入不均衡；三是农业易受自然灾害侵袭，单一经营农业风险较大。因此，农户为了充分利用劳动力，取得全年的均衡收入，必须寻找农业以外的工作。

2. 农业比较利益低下使农户兼业成为必然

农业是提供人们生活必需品的产业部门，随着人们收入水平的不断增加，对农产品的需求将逐渐趋于饱和。与此同时，随着农业科学技术的不断进步，土地生产率和劳动生产率将不断提高，农产品的供给将逐渐趋于过剩。这使得农产品的贸易条件逐渐恶化，农业的比较利益逐渐降低。因此，农户为了获得较高的经济收入，必然开始进入非农产业。

3. 土地的价值和保障功能使农户兼业成为必然

对农户而言，保有土地是一种较为可靠的生活保障和一笔不断增加的财富。从经济学的观点而言，土地既是生产要素之一，也是财产的一种，可以代表价值与财富。因此，在土地私有制条件下，土地不仅是一种可以世代相传的财产，而且随着非农产业的发展和城市的不断扩张，土地价格不断攀升，土地也是一种价值不断提高的财富。此外，由于经济环境变幻莫测，农户自己经营非农产业或部分家庭成员从事非农工作时，随时存在破产或失业的风险，但兼业农户在遇到危机时可以返回土地经营农业，因此，土地还具有基本生活保障的功能。

4. 农业增长方式和外部条件的变化使农户兼业成为可能

随着农业科技的不断进步和农业机械的广泛使用，农业增长方式由劳动力集约逐渐向资本和技术集约转变，农业剩余劳动力不断增加。与此同时，城市化和工业化的发展也为农民在第二、第三产业就业提供了机会。因此，农业增长方式和外部条件的变化使农户兼业成为可能。

（三）农户兼业化的利弊与发展趋势

无论是发达国家，还是发展中国家，无论是人均土地多的国家，还是人均土地少的国家，农户兼业化都是一种普遍存在的现象，只是兼业化的程度不同。例如，日本在20世纪40年代前，兼业农户占总农户的比例在30%左右，到1988年时，兼业农户比重达到84.5%，其中一兼户为14.2%，二兼户为71.3%。美国在1982年时，兼业农户比重已经上升为60%，1992年仅二兼农户比重就超过66.7%。法国在20世纪60年代前，农户兼业比重很小，到80年代后，农户兼业普及所有地区，有20%的农业经营主从事另一项全时非农职业，约有70%的农户有农外收入。

理论界对农户兼业化发展的评价不一。主流评价认为它在一定条件下具有存在的合理性，在利用剩余劳动力资源和增加农户收入上具有积极意义，但不是获得规模经济的理想状态。

兼业化的经济合理性主要表现为：兼业农户与专业农户一样都能生产商品性农产品；兼业农户的出现和大量发展，为农业剩余劳动力的转移开辟了新的途径，对改善农民生活，缩小城乡差距都有积极作用；它也为城市工商业、服务业的发展提供了廉价劳动力；兼业农户由于有多种收入来源，推动了整个农村经济的发展，并从资金、技术等方面帮助农业生产的发展；兼业农户大都住在农村，家中又有人在城市或非农产业就业，使其具有了双重身份，这对兼业农户在经济危机期间为自己提供就业和生活保障、缓解大量农民涌向城市、防止城市的过度膨胀、避免农村人口的过度萎缩和农村社会的衰落，都是有好处的。

与此同时，兼业化也存在许多弊端。随着非农收入的比重不断增加，兼业农户将逐步丧失农业商品生产者的经济行为，满足于自给性生产；兼业化的小规模生产经营，成为采用现代先进生产技术特别是实现农业机械化的限制因素；兼业农户在一般情况下不可能对农产品市场的波动做出"逆向反应"，往往刺激信号一来，或者一齐扩大生产，或者一齐收缩，结果加剧了市场的震荡；兼业化的进一步发展，会使农民的积极性下降，导致农业经营者素质的降低和对农业投入的减少，农业生产可能因此停滞或萎缩。

虽然在世界各国都普遍存在农户兼业化的现象，但在大生产的逐渐排挤下，有许多兼业农户会被淘汰并消失。他们的命运可能有三种：一是被大农场、大企业吞并或收购；二是将土地租给专业农户或大型农场；三是某些小的农户自发地采取各种形式的联合，利用农业合作社和社会上的服务力量，完成各种作业，并且依靠农业外的收入补贴等获得生存。

第二节 发达国家的家庭经营

由于各国在历史文化、资源禀赋、耕作制度、经济发展阶段以及农业政策等方面的差异，农业经营主体的特征也具有很强的地域性。发达国家的家庭经营可以根据其农业的特点分为三种模式：①北美模式，以美国和加拿大为代表，其特点是土地资源丰富但农业劳动力缺乏，因而农业经营以劳动节约型技术为主，农业经营主体以大规模家庭农场为主。②欧洲模式，以法国和英国为代表，其特点是土地资源和农业劳动力都较匮乏，因而农业经营以中性技术为主，农业经营主体以中等规模家庭农场为主。③亚洲模式，以日本和韩国为代表，其特点是人多地少，因而农业经营以资源节约型技术为主，农业经营主体以小规模农户为主。

一、美国的家庭经营

（一）美国农业概况

美国拥有国土面积 937 万平方千米，2012 年总人口为 3.13 亿人，人均国民生产总值为 51 694 美元。与世界上很多国家相比，美国拥有相对丰富的自然资源和良好的气候条件，因此其在发展农业方面有着得天独厚的条件。首先，美国土地资源非常丰富且土质肥沃，耕地面积达 1.98 亿公顷，占世界耕地总面积（15.02 亿公顷）的 13.18%，是世界上耕地面积最大的国家，而且海拔 500 米以下的平原占国土面积的 55%，有利于农业的机械化耕作和规模经营。其次，从气候条件来看，美国本土为北温带和亚热带气候，佛罗里达南端属于热带气候，阿拉斯加为亚寒带大陆性气候，夏威夷则是热带海洋性气候。全年无霜期较长，降水量充沛而且分布比较均匀。最后，在水资源方面，美国全年平均降水量为 760 毫米，河流年径流量总计 30 560 亿立方米，居世界第四，人均淡水资源 10 230 立方米。

美国自 19 世纪开始农业商品化进程以来，根据不同的自然条件和其他资源条件，逐步形成了专业化的农业生产带。

1. 东北部和"新英格兰"的牧草和乳牛带

这个农业带是指西弗吉尼亚以东共计 12 州的区域。该地区的气候特点是降雨充沛但气温偏低，土壤也不够肥沃，不适合种植农作物，却比较适合青储玉米和牧草生长。此外，该地区居住人口密集，消费市场集中，交通运输便利，因此十分有利于奶牛业的发展。如今美国奶牛总量的三分之一、牛奶和乳制品总量的二分之一都来自于该地区。

2. 中北部玉米带

这个农业带是指五大湖区附近的 8 个州。该地区地势低平，土地比较肥沃，光、热、水等自然条件适宜，非常适合玉米生长，而且交通运输条件十分便利。目前该地区的玉米种植面积和产量都占全国总量的 80%以上。除了玉米，该地区对小麦和大豆也有较大面积的种植。

3. 中部平原小麦带

这个农业带是指美国中部和北部的 9 个州。该地区地势比较平坦，土地肥沃，属于温带大陆性气候，灌溉水源充足。小麦种植面积占全国的 70%左右。

4. 南部棉花带

传统棉花带分布在东起大西洋沿岸，西至得克萨斯州东部，以及佛罗里达、密西西比和阿肯色等 7 个州，第二次世界大战后棉花生产区域逐步向西发展。该地区棉花种植面积超过 160 万公顷，产量占全国的 36%。

5. 太平洋沿岸综合农业区

受太平洋暖流的影响，该地区气候温和湿润，适宜多种农作物特别是温带水果和蔬菜的种植。北部的华盛顿州、俄勒冈州是最主要的小麦产地，约占全国小麦产量的 13%，加利福尼亚州生产全国 51%的水果和干果，以及 32%的蔬菜。

6. 畜牧和灌溉农业带

该地区位于西部落基山和高原盆地，气候干冷，地广人稀，草场广阔。

（二）美国家庭农场的分类

美国在 1820 年将公有土地以低价出售给农民，确立了自有产权、自主经营的家庭农场制度。1862 年伴随着《宅地法》的颁布，政府向公民赠送了大量公有土地，家庭经营制度得到了进一步的巩固。1935 年美国农场数量达到了最高峰 680 万个，此后，兼并的加剧使农场数量大幅度下降，农场规模则日益扩大。

目前，美国农业部将年度农业产值与政府补贴已经达到或正常情况下本应达到 1 000 美元的农业生产单位界定为农场。其中，主要由主要经营者及与主要经营者有血缘、婚姻关系的人们拥有的农场为家庭农场，其余为非家庭农场。家庭农场的认定条件包括：①生产并出售一定数量的农产品；②可以获得足够的包括非农收入在内的收入，这些收入能够满足家庭生活、农场正常运营、偿还债务和维持财产等方面的需要；③农场主自行经营管理农场；④农场主及家庭成员提供实质性的劳动；⑤在农业生产繁忙季节，可以雇用季节工，也可以雇用合理数量的长期的专职农工。

美国农场规模的划分标准是基于年度产值而不是农场面积，主要原因是各地雨水条件以及土壤肥沃程度不同，如同一单位面积土地的非灌溉低降雨区和土壤肥沃高降雨区的生产能力相差较大,因此选用年度产值衡量生产能力和农场规模更为科学合理。

美国的家庭农场主要分为三大类:①小型家庭农场,是指年度产值小于 25 万美元的家庭农场;②大型家庭农场,是指年度产值在 25 万~50 万美元的家庭农场;③超大型家庭农场,是指年度产值大于 50 万美元的家庭农场。2011 年美国农场总数为 217.3 万个,其中家庭农场占 97.3%,处于绝对主体地位。而小型家庭农场的数量占美国农场的大多数,比重高达 87.4%。因此,美国农业部将家庭农场进一步细分为六类:①老弱户型,即经营者大多是超过 65 岁的年老体弱人群,年均收入低于 5 万美元;②兼户型,是指那些自有土地不足,同时经营其他副业的家庭农场;③低销售纯农户型,是指那些年销售额在 5 万~10 万美元的农场;④中等销售纯农户型,是指年销售额在 10 万~25 万美元的农场;⑤大型农场,年销售额为 25 万~50 万美元;⑥超大型农场,是指那些年销售额在 50 万美元以上的农场。表 4-1 展示了美国家庭农场的基本概况。

表 4-1 美国家庭农场的基本概况

销售额/美元	农场个数/万个	占总农场数比例/%	总面积/万公顷	占总农场面积比例/%	平均面积/公顷
1 000~10 000	105.0	50.6	6 677.4	9.9	34.8
10 000~100 000	62.2	29.9	7 848.9	21.2	126.4
100 000~250 000	14.5	7.0	5 220.5	14.1	364.1
250 000~500 000	9.7	4.7	5 074.7	13.7	522.5
500 000 以上	16.5	7.9	15 151.1	41.0	918.1

资料来源:美国农业部网站,Farms and Land in Farms 2014 Summary, USDA, 2015

此外,从组织形式看农场还可以分为家庭农场、合伙农场、公司制农场和其他农场四种类型。在这四种类型的农场中,家庭农场占据绝对主导地位。美国每 5 年做一次农业普查,根据 2012 年的普查数据,美国一共有 210.9 万个的农场,其中有 182.8 万个是家庭农场,13.8 万个是合伙制农场,而公司农场数量约为 10.7 万个,其他农场为 3.6 万个。四种类型农场在数量上的比重为 86.7%、6.5%、5.1% 和 1.7%。

(三)美国家庭农场的特点

美国的家庭农场呈现出以下几个特点。

1. 经营的专业化与规模化

美国家庭农场的专业化程度居世界前列。其专业化首先表现为农场经营的专业化,即绝大多数农场属于专业农场。通常小农场只生产一种产品,大农场也仅生产有限的几种产品。据统计,在销售额超过 50 万美元的农场中,有四分之三的农场所生产的产品种类不超过 3 种。其次是农业生产的区域专业化,即形成了玉米带、小麦带、棉花带、牛奶带等十几个专业生产区域。这种区域分工使美国各个地区能充分地发挥各自的优势,有利于降低成本,提高生产效率。而区域分工和专业化生产也有力地推动了附近地区相关产业的发展。

家庭农场的规模化一方面来自于农场兼并,另一方面来自于租赁经营。目前,租赁成为获得更多土地的有效途径,因为租赁避免了拥有土地所有权而可能出现的债务和风险，并能更快地对市场形势变化做出反应。2008~2014 年，美国单位农场面积由 170.37 公顷上升到 177.25 公顷，整体上升 4.04%。同时，农场总数目的下降速度高于农场总面积的下降速度，使单位农场面积增加，进而促进美国农场整体规模水平的提高。

2. 高度机械化与技术现代化

美国的家庭农场在 20 世纪 40 年代就已经实现了从耕地、播种、施肥、除草到收获以及加工全过程的机械化。目前，家庭农场的联合收割机、播种机和施肥机上都安装了全球卫星定位仪和电子传感器，可以随时确定作业位置、记录单位面积土地的农作物产量及有关数据，以便对单产不同的地块进行土壤养分等因素分析，找出产量高低的原因。

随着生物技术和信息技术的发展，家庭农场在大量使用农业机械的同时，还不断采用新品种、高效化肥和高效低毒农药，利用电脑自动控制养畜（禽）场的机器设备，自动记录和检查种禽配种情况，通过互联网了解农产品期货价格、国内市场销售量、进出口量、最新农业科技、气象资料等信息，同时，还可以在网上销售农产品，购买农业生产资料，进行农业技术咨询，等等。

3. 农业生产的合作化与合同化

随着商品化程度的提高和农业劳动力的减少，一些农场主将部分产前农作物种子的培育，各种生产工具的供应，产中农作物生产以及产后农作物的加工、运输、销售等活动分解出来，让专门的农业服务机构承担，实现合作化生产。农场主通过与专业服务机构签订合同的方式，以确保提供产品、服务的质量和数量，可以说合作化生产模式推动了合同化生产。通过合同化生产，农户可以提前锁定利润，规避市场价格波动风险；而专业服务机构可以按时获得农户所需要的产品，确保按时供应。

4. 农户兼业化与老龄化

美国农业机械化的发展，极大地提高了农业劳动生产率（productivity of agricultural labor），也为农业兼业创造了条件。从 20 世纪 60 年代开始，家庭农场的兼业化程度日益加深，尽管农场规模越小的经营者越可能以农场外工作为主要职业，但即使是经营大农场的家庭也有成员全职或部分时间从事非农场工作。2014 年美国农场经营者平均家庭总收入为 131 754 美元，其中农场收入为 28 687 美元，占到家庭总收入的 22%。即使在以农业经营为主要收入的大型商业农场，农业收入（包括就业收入、其他经济业务活动、资产收入等）也仅占家庭总收入的 79%。可见，如今美国农场经营者最重要的家庭收入来源是农场以外的工作，而不是农场本身。

美国家庭农场的代际转移趋于下降，子女一代越来越少选择经营农场，一方面使更多的家庭农场退出，另一方面造成了经营者老龄化。据 2012 年美国农业部统计，农场主要经营者的平均年龄为 58 岁，其中有 66%的经营者年龄超过 55 岁，31%的经营者年龄超过 65 岁。农场经营者老龄化的问题日益突出，农场可持续经营面临着严峻的挑战。

二、法国的家庭经营

（一）法国农业概况

法国既是一个工业发达国，又是一个农业发展强国。虽然法国土地面积仅55万平方千米，小于世界上的很多国家，但法国农业在欧盟乃至世界范围内都占有举足轻重的地位。在欧盟范围内，法国被视为欧盟农业经济的领导力量，欧洲农业生产的23%来自法国。法国一年四季气候温和、降水分布均匀、土壤肥沃，加上有力的现代化农业政策，提高了法国农业的专业化、集约化和市场化水平，农业生产率空前提高，农产品产量大幅度增加，农产品加工业迅速发展，极大保障了粮食产量15年来连续稳定在1 300亿斤（1斤=0.5千克），超过欧盟地区粮食作物产量的五分之一；2016年甜菜、葡萄酒、牛奶、肉类产量分别居世界第1位、第2位、第3位和第4位，农产品出口仅次于美国居世界第2位；法国有24家企业进入欧洲百强农业食品工业集团，有7家进入世界百强农业食品工业集团，是全球第一大农产品加工品出口国。

法国领土东高西低，境内山区、丘陵、盆地兼而有之。综合考虑自然禀赋、历史传统、国际竞争等多种因素，按照"平地种粮、山丘养畜、坡岗葡萄加果菜"的生态适应性要求，法国理论界工作者合理布局不同的农作物和畜牧生产区域，使法国形成了各具特色的专业化商品产区。通过多年建设发展，法国境内形成了三大生产区域：以粮食、油料和甜菜为主的巴黎盆地大耕区；以牛、羊、猪等家禽为主的西部畜牧区和产奶区；以葡萄、园艺和水果蔬菜为主的南部果菜区。区域专业化特色生产，使法国农产品带有浓郁的地域特色，其产品多以地域或城市来命名，如享誉世界的波尔多葡萄酒、香槟地区的香槟酒等。此外，法国农业的高度专业化还表现为农场的专业化（按照经营内容可分为畜牧农场、谷物农场、蔬菜农场等，专业农场大部分经营单一产品）和作业的专业化（如耕种、田间管理、收获、储藏、销售等），由原来的自给性生产转变为商品化生产。

除了农业高度专业化以外，法国在推动现代农业的过程中，还表现出以下几个明显的特征。

1. 积极推进"理性农业"发展

大量化肥和农药在农业耕作中广泛使用，一定程度上提高了土地单产量，但也带来了土壤板结、肥力下降、水土流失、生物链和生物多样性遭破坏、生态环境退化、农产品质量降低和国际市场竞争力下降等一系列问题。这种只重视农产品产量而忽视质量和环境的生产模式引发了法国农民和农业科技工作者的反思。为此法国提出了"理性农业"的概念，并将发展"理性农业"作为发展本国农业的根本。所谓"理性农业"，就是指在农业生产全过程中，通盘考虑和全面兼顾生产者经济利益、消费者需求和环境保护，目标是实现农业可持续发展。法国也成为世界上率先提出并践行"理性农业"这一概念的国家，并制定了一系列保护农业生态环境和生物多样性的法律法规。

2. 推行生态农业和标准化农业

为鼓励生态农业和农产品加工业的发展，法国政府于 2008 年再次颁布了《生态农业 2012 年规划》，旨在提高生态农业产量，同时将生态农业面积扩大 3 倍，力争达到占可耕地面积的 6%。这一规划提出的主要措施包括：第一，设立 1 500 万欧元的基金，用于支持生态农业结构调整，形成产品生产、收购、加工、销售的渠道；第二，对从非生态农业向生态农业转变的农户提供免税等优惠待遇；第三，加强对生产部门的技术支持和对相关人员的知识培训；第四，在制定农业法规时，充分考虑生态农业的特性和要求，从政策层面上放宽限制；第五，在生态农产品消费方面，政府加强引导，目标是到 2012 年，使生态农产品的消费比重超过 20%。

此外，为了推行标准化、规范化生产与加工，法国政府在《农业手册》中对农业生产主要环节的操作都做出了具体的规定，细化为 99 条，使农业生产严格按标准和规范进行。例如，农药、兽药、肥料、种子等生产资料的存放与使用均有严格的标准。存放要求规范，实行分类、专用、封闭式管理，防止泄漏与污染。使用要按指导进行。化肥、农药如果超标就要自行消毒或请专门的清污公司进行无害化处理，兽药的使用必须有兽医的处方。为了保证食品的安全和质量，法国的农产品都具有可追溯性，在批发市场出售的农产品都要先经过市场质检部门抽样检验，然后才能分送到相应的摊位，入市的产品都有标签，标明产地、生产商和产品的各种必需数据，如牛羊是哪家农场饲养的、出生日期、性别、加工时间、分割部位等都详细准确地标明。法国推行标准化生产与加工，不仅控制了农业的污染源，确保了农产品和食品的安全优质，而且还绿化、净化、美化了环境。

3. 完善农业互助保险体系

法国农业互助保险创始于 19 世纪中叶，然而过于分散和力量单薄的互助保险社不能适应现代农业的保险需要。特别是随着大规模、集约化农业经营模式的普及，互助保险社已难以支付高额的自然灾害损失保险。因此，法国政府于 1984 年建立了农业灾害基金，对互助保险社难以承担的风险损失给予补贴。两年后，又成立了全国性的农业互助保险机构——法国安盟保险集团，专门经营农业保险业务。1990 年，法国通过了《农业互助保险法》，从法律层面对互助保险社应保险的范围做出了规定，从而为农业互助保险奠定了法律基础。该法实施之后，农业互助保险得到了蓬勃发展。

进入 21 世纪以来，法国政府采取了新措施，进一步促进和完善农村互助保险的发展。第一，对农业保险实行"低费率、高补贴"政策。农民只需缴纳保费的 20%~50%，其余 50%~80%全部由政府负担。这种做法使农民有效规避了种植生产风险，充分调动了农民生产的积极性。第二，在农业保险机构中植入政策性扶持。农业保险不同于纯粹意义上的商业保险，是不以营利为目的的。因此，法国政府建立了政策性农业保险机构，其行政经费、农险基金赤字等都由政府实行直接的财政补贴。国家每年要做一次保险预算，总额在保费的 20%~50%，用于满足国营保险公司入不敷出时的急需，从而有力地保障了农业保险机构业务的开展。第三，政府和社会联办农业保险集团。法国的农业互助保险集团是以政府控股为主体、社会参股的形式建立起来的股份有限公司。公司按三级（出资者、董事会、经理）结构运行。法国农业互助保险集团下设4个保险子公司，即农业互助保险公司、非农业财产保险公司、农民寿险公司和农业再保险公司。农业互助保险公司承保全国农民的所有财产、疾病和因意外伤害中断生产期间的损失；非农业财产保险公司主要承保农村的加工商、面包商、手工业者和小商业者的财产、疾病和意外伤害保险；农民寿险公司承保农民和非农民的人寿保险和死亡保险业务；农业再保险公司负责对内对外的分保业务。第四，建立农业合作保险组织。法国的农业合作保险组织是以农民互助共济为原则，在自愿的基础上将防险与保险相结合而组织起来的民间性的农业保险合作基金组织，其具有保险、融资和福利三种功能。同时，合作基金组织还可以向"中央政府农业再保险特别会计和非官方国家保险协会"进行农业再保险，以分散风险、获得补贴。第五，国家立法保护农业保险。政府对所有农业保险部门的资本、存款、收入和财产都实行免税政策，通过法律的形式给予保障，并制定了《农业保险法》，规定农业保险的项目由国家法律规定，保险责任、再保险、保险费率、理赔计算等事项也由法律或法规确定。对一些关系到国计民生的大宗产品如水稻、小麦、大麦等实行强制性保险，对主要饲养的牛、羊、马、猪、蚕等动物也实行强制保险。

（二）法国家庭农场的分类

法国拥有2 877万公顷农地，占欧盟农地的三分之一。由于法国的法律主张遗产平均分配，因此，长期以来，法国的农地不仅户均面积小，而且地块分散。1958年以后，法国政府相继制定出台了一系列土地改组和农业产业结构调整的法律政策，通过兼并与破产的途径促使土地集中和资本化经营，加速推进农业机械化和现代化的进程。至20世纪末，法国家庭农场的数量减少了70%，平均土地规模增加了157.5%。

法国的家庭农场界定为主要由家庭成员进行生产和经营，并以农业收入为主要经济收入来源的农业生产经营主体。家庭农场的认定条件包括：①以生产和销售农产品为主业，主要从事特定的专业化农业活动，或者非特定的多元化农业活动；②以家庭为主体进行农业规模经营，主要使用家庭劳动力，农忙季节时少量雇用家庭外劳动力；③农场的经营规模要与家庭劳动力的供给水平相适应；④建立完整、正规的会计核算制度体系，实行生产经营企业化管理；⑤农场主具有较高的农业技术和经营管理水平，愿意对农场进行投资；⑥在确保环境可持续性和保护生物多样性方面发挥核心作用。

法国的家庭农场根据土地规模可以分为四类：①大型农场，经营面积在100公顷以上，占全部农场数量的10%，占全国农地面积的40%；②中型农场，经营面积在50~100公顷，占全部农场数量的17%，占全国农地面积的32%；③小型农场，经营面积在20~50公顷，占全部农场数量的24%，占全国农地面积的21%；④个体家庭农场，经营面积在20公顷以下，占全部农场数量的49%，占全国农地面积的4%。按照其专业化生产的内容大体可分为畜牧农场、谷物农场、葡萄农场、水果农场、蔬菜农场等。目前，法国家庭农场中60%的农场经营谷物、11%的农场经营花卉、8%的农场经营蔬菜，经营养殖业及水果的农场各5%，其余农场为多种经营。

随着法国农业现代化水平的提高，农业经营规模的组织形式也发生了变化。从产权制度或经营方式来看，除了家庭农场外，还出现了公司经营或合作经营的农场、有限责任农场、共同经营组合、民事团体等其他形式，如表 4-2 所示。然而，家庭农场仍占农场总数的 70%左右，但其份额呈逐年减小的趋势，而有限责任农场（exploitation agricole à responsabilité limitée，EARL）、共同经营组合（groupement agricole d'exploitation en commun，GAEC）、民事团体（société civile d'exploitation agricole，SCEA）的数量则逐年增加。

表 4-2 法国不同经营主体的数量与比重

经营主体	项目	1970 年	1979 年	1988 年	2000 年	2010 年
独立经营的家庭农场	数量/万个	156.78	121.48	94.61	53.76	33.99
	比重/%	（97.97）	（94.19）	（93.50）	（80.99）	（69.37）
公司经营或合作经营的农场	数量/万个	2.02	4.79	6.55	12.36	14.66
	比重/%	（1.26）	（3.71）	（6.44）	（18.62）	（29.92）
有限责任农场	数量/万个	—	—	0.16	5.59	7.86
	比重/%	—	—	（4.24）	（8.42）	（16.04）
共同经营组合	数量/万个	<0.39	1.53	3.77	4.15	3.72
	比重/%	（<0.24）	（1.19）	（3.71）	（6.25）	（7.59）
民事团体	数量/万个	0.4	0.56	0.99	1.73	2.37
	比重/%	（0.25）	（0.43）	（0.97）	（2.61）	（4.84）
其他经营组织	数量/万个	>1.23	2.70	0.52	0.26	0.35
	比重/%	（>0.77）	（2.09）	（0.51）	（0.39）	（0.71）
总计	数量/万个	160.03	128.97	101.68	66.38	49

资料来源：周应恒，胡凌啸，严斌剑. 农业经营主体和经营规模演化的国际经验分析. 中国农村经济，2015，（9）：80-95

（三）法国家庭农场的特点

法国的家庭农场呈现出以下几个特点。

1. 农场经营的高度专业化

随着农业机械化和农业现代化的发展，法国家庭农场的专业化程度逐渐提高。法国的农业专业化包括三个层次：一是区域专业化，为了充分利用自然条件和农业资源，将不同的农作物和畜牧生产合理布局，形成专业化的商品产区。例如，巴黎盆地小麦产区的小麦产量占全国小麦产量的 1/3，诺尔-庇卡底-香槟甜菜产区的甜菜种植面积占全国甜菜面积的 73.2%，布列塔尼畜牧生产基地提供全国猪肉产量的 40%、禽肉的 30%、牛肉的 32%、蛋的 20%，北部庇卡底马铃薯产区的马铃薯产量占全国总产量的 50%。二是农场专业化，按照经营内容大体可分为畜牧农场、谷物农场、葡萄农场、水果农场、蔬菜农场等，专业农场大部分经营一种产品。三是作业专业化，是将过去由一个农场完成的全部工作，如耕种、田间管理、收获、运输、储藏、营销等，均由农场以外的企业来承担，使农场由原来的自给性生产转变为商品化生产。

2. 家庭农场与合作社双重经营制

法国的农业合作社与其他国家的合作社有所不同，它是农场主与政府沟通的桥梁，在农业政策制定上享有很大的发言权,还可以以合作社的名义经营农业。为了转嫁农业风险,实现土地集中经营,法国政府要求农场主必须加入合作社。农场主与合作社签订合同,既可以降低农业风险,也可以获得合作社为家庭农场生产经营提供的技术支持、业务指导及流通销售等多种服务,形成了法国特色的家庭农场与合作社双重经营制。农场主与合作社之间既可以像公司制那样明确委托关系,又能像会员制那样明确权利。

3. 农业经营者的高学历化

法国自 1960 年《农业指导法案》颁布以来,农业技术教育发展很快。全国设立了农业教育定向委员会,指导农业技术教育的发展。1960~1975 年,全国建立了一批农业科研机构和农业高等院校,在每个省建立了农业中学。除高等农业院校和农业中学的正规教育外,还以农业中学为中心在其周围设立农业初中、青年农民技术培训中心和短期专业技术教育班,形成了教育、科研和技术推广相结合,高、中、初等不同层次相配套的农业教育体系,并将农业职业培训证书细分为四类:农业学徒证书、农业职业结业证书、农业技师证书、高级技师证书,规定只有取得农业职业培训证书才能成为合格的农业经营者。通过以上各种形式的农业技术教育,目前法国已有超过三分之二的青年农民具有中等农业学校毕业的水平,这对普及农业科学技术知识、提高农业生产技术水平是有直接作用的。

三、日本的家庭经营

(一)日本农业概况

日本国土面积 37.77 万平方千米,仅占世界陆地面积的 0.27%,由北海道、本州、四国、九州 4 个大岛和 3 900 多个小岛组成,统称日本列岛。日本的土地资源比较贫乏,山地和丘陵约占总面积的 80%,沿海平原狭小分散,人均耕地面积仅为 0.03 公顷,但水资源十分丰富,大部分地区年降水量为 1000~2000 毫米,有大小湖泊 600 多个。根据地理位置、气候、土壤条件和生产特点,日本可划分为北海道、东北、北陆、关东和东山、东海、近畿、中国、四国、九州等 9 个农业区。然而,作为世界经济大国的日本,却面临着农业发展极度萎缩的困境。2011 年日本农业总产值 4.6 兆日元,仅占国内生产总值的 0.98%,且近年来粮食自给率大幅度下降,日本成为世界上最大的粮食进口国。

现代日本农业具有以下几个特点。

1. 小型机械化与良种化

农业经营规模的有限性促使日本政府因地制宜发展小型农用机械,走资金密集型的发展之路。为了促进农业机械的普及,日本政府还实施了农机补贴政策,少则 10%,多则 50%不等。因此,农户使用农业机械的积极性一直较高,农业机械化率处于世界较高水平。

此外,日本政府还十分注重农业生物技术的开发与运用,在水稻、蔬菜、果业等大宗农产品上实施良种改造,特别是水稻品种改良堪称世界之最。目前,家庭农场可以根据气温选择特寒区、寒冷区、温暖区、暖区的品种；根据灾害选择抗风性、抗湿性、抗旱性、抗灾性、耐肥性、抗病性的品种；根据季节选择早熟、中熟、晚熟等不同栽培的品种。日本采用生物技术使蔬菜、水果等得到长足的发展，通过人工设施来控制温、光、水、肥和品种改良，使蔬菜和水果生产实现早期化、长期化、稳产化、高产化、高质化、时令化和工厂化。

2. 品牌化与高附加价值化

由于无法实现大规模的生产，因此日本农户不断创新，充分利用自身优势资源，因地制宜，开发具有各自特色的农业产品。同时注重发展品牌化农业，提高农产品知名度，注重农业产品的直销及深加工。日本对农产品品牌的管理十分严格，在产品推广、化肥的使用及病虫害的防治等方面十分讲究，尤其是严格控制农药的使用，充分保障农产品的质量。

3. 农业经营的全面合作化

农业协同组合通过其遍及全国的机构和广泛的业务活动，同农户建立了各种形式的经济联系，起到在产前、产中、产后诸环节上使小农户同大市场对接的作用，在有效阻止商业资本对农民的盘剥，保护农民利益方面发挥了举足轻重的作用。日本的农业协同组合并非是一个纯粹的经济组织，它除了完成经济职能外，还兼有帮助政府贯彻农业政策、代表农民向政府施加压力的双重职责，在日本农业现代化过程中发挥了重要作用。

4. 农户兼业化与农业人口老龄化

日本的兼业农户在20世纪60年代已快速增长，到70年代初已达451万户，占总农户数量的80%左右；到70年代中期，兼业农户继续上涨，比例已达87.6%；自1975年以后，兼业农户的数量虽有所下降，但所占比重仍居高不下，据2011年的统计，仍占总农户数量的71.9%。此外，农业人口老龄化问题也十分严重。日本55岁以上务农人员占总数的72.2%，骨干农民中65岁以上的占比达到61%。

（二）农业经营主体的现状与特征

在日本，销售农户和农业经营体是农业生产的主要力量。销售农户是指经营耕地面积0.3公顷以上或者过去一年间农产品销售额50万日元以上的农户。除此之外的农户即为自给农户。农业经营体是指直接或接受委托从事农业生产与农业服务，并且经营面积或金额达到一定规模的农业经济组织，包括家庭经营体和组织经营体（法人）。农业经营体的经营规模至少应满足以下三个条件中的一个：①经营耕地面积0.3公顷以上；②满足蔬菜栽培面积0.15公顷以上，大棚蔬菜栽培面积350平方米以上，果树栽培面积0.1公顷以上，花卉栽培面积0.1公顷以上，大棚花卉栽培面积250平方米以上，饲养奶牛或培育肥牛1头以上，饲养生猪15头以上，饲养蛋鸡150只以上，年间肉鸡出栏数1 000只以上，年间农产品销售额达到50万日元以上中的一个条件；③从事农业托管服务。

家庭经营体是指农业经营体中以家庭劳动力为主要劳动力，并且家庭控制经营权的经营体。销售农户和农业经营体都属于"规模经营主体"。两者的区别与联系在于：所有的销售农户都属于农业经营体，绝大部分销售农户是家庭经营体。然而，与农业经营体相比，销售农户侧重于农业生产环节，主要是指从事大田农作物种植的农户，不包括农产品加工或经营林牧副业的农户。

近年来，日本农业经营主体的构成发生了巨大的变化。

1. 销售农户数量不断减少，兼业化程度加深

为了更好地掌握农业劳动力的老龄化进展情况，日本开始将劳动力的年龄因素纳入农户分类评价体系中，即从农户收入和农户家庭劳动力年龄两个方面对农户进行评价，构建了"主业农户—准主业农户—副业农户"的分类标准。在新的分类标准下，主业农户是指以农业收入为主（农户收入的50%以上来自于农业），并且至少拥有在过去一年间直接从事农业生产活动60天以上的一名65岁以下家庭成员的农户；准主业农户是指非农业收入为主（农户收入的50%以下来自于农业），并且至少拥有一名在过去一年间直接从事农业生产活动60天以上的65岁以下家庭成员的农户；副业农户是指家庭中不含过去一年间直接从事农业生产活动60天以上的65岁以下家庭成员的农户。

如表4-3所示，2011~2014年，日本销售农户从156.11万户减少到141.16万户，减少了9.6%。2014年日本销售农户中，主业农户有30.40万户，准主业农户有30.98万户，副业农户有79.79万户，占总体的比重分别为21.54%、21.95%和56.52%。与2011年相比，副业农户数量虽然减少了4.47万户，但其占总体的比重却增加了2.55个百分点。这说明，销售农户的副业化程度不断加深。

表4-3 日本销售农户构成情况

年份	主业农户		准主业农户		副业农户		总计/万户
	数量/万户	占比/%	数量/万户	占比/%	数量/万户	占比/%	
2011	35.60	22.80	36.26	23.23	84.26	53.97	156.11
2012	34.37	22.85	34.37	22.85	81.65	54.29	150.39
2013	32.45	22.30	33.27	22.87	79.77	54.83	145.50
2014	30.40	21.54	30.98	21.95	79.79	56.52	141.16

注：小计数据之和可能不等于总计数字，是因为进行过舍入修约
资料来源：日本农林水产省公布的《农业构造动态调查》

2. 家庭经营体比重下降，组织经营体比重上升

2014年日本农业经营体数量为147.12万个，比2011年减少14.64万个，减少了9%。其中，家庭经营体143.91万个，比2011年减少了14.7万个，而组织经营体基本保持增加态势。这说明，农业经营体的构成出现变化，与农户数量减少趋势一致，家庭经营体的经营规模在扩大的同时，数量也在缓慢减少，而组织经营体数量在增加。近年来，随着日本政府不断解除对公司等法人组织从事农业的限制，组织经营体中单纯从事托管服务的经营体快速减少，而从事农业生产的经营体不断增加。如表4-4所示，2014年直接从事农业生产的组织经营体为2.38万个，比2011年增加了8%；只从事农业托管服务的组织经营体为0.83万个，比2011年减少了12.6%。

表 4-4 农业经营体的数量（单位：万个）

年份	农业经营体 ①+②	家庭经营体 ①	组织经营体				
			小计 ②	从事农业生产的经营体		只从事托管服务的经营体	
				非法人经营体	法人经营体	非法人经营体	法人经营体
2011	161.76	158.61	3.15	2.2	1.37	0.95	0.4
2012	156.39	153.27	3.12	2.23	1.41	0.89	0.37
2013	151.41	148.24	3.17	2.31	1.46	0.85	0.36
2014	147.12	143.91	3.12	2.38	1.53	0.83	0.35

资料来源：日本农林水产省公布的《农业构造动态调查》

3. 土地流转加速，耕地开始向组织经营体集中

从经营耕地规模来看，2014 年农业经营体的经营耕地总面积为 357.48 万公顷，比 2011 年减少 6.04 万公顷。经营耕地中的流转面积 120.87 万公顷，比 2011 年多流入耕地 7.84 万公顷，增加了 6.9%。平均而言，2014 年每个农业经营体的经营面积为 2.45 公顷，比 2011 年增加了 0.18 公顷。

另外，2014 年组织经营体的经营耕地面积为 51.98 万公顷，比 2011 年增加了 4.13 万公顷，其中流转耕地 36.84 万公顷，比 2011 年增加了 2.86 万公顷。而且组织经营体流转的耕地面积高于农业经营体 33.8%的水平，每个组织经营体的平均经营面积也远高于农业经营体的平均水平。这说明，农业经营体的规模逐渐扩大，而组织经营体规模集中趋势尤为明显，并逐渐成为土地流转的主力。

4. 农业法人经营初具规模

农业法人主要有三种，第一种是公司法人，主要以营利为目的，依据《公司法》成立。公司法人又可进一步分为合伙公司、合资公司、合同公司、股份公司四类。第二种是农事组合法人，主要是依据《农业协同组合法》设立的具有合作社性质的农业法人。农事组合法人是指农民或其他组织为了促进农业生产、提高共同利益，依据《农业协同组合法》成立的法人组织。农事组合法人有两种：①利用共同农业机械设施，为农业生产提供服务的法人组织；②开展农业经营的法人组织；③农业生产法人，主要依据《农地法》成立，是农业法人中利用土地进行农业经营的法人，是农业法人的一种特殊形式。2014 年日本农业经营体中有法人资格的组织经营体共有 1.88 万个，其中农事组合法人 0.49 万个，公司法人 0.96 万个，各种团体法人 0.36 万个，其他法人 0.07 万个。

5. 村落营农组织快速发展

村落营农组织主要是指以村落为单位，就农业生产过程的某个或全部环节开展共同服务、统一作业的农业经营组织。截至 2014 年 2 月 1 日，日本共有村落营农组织 14 717 个，其中 3 255 个拥有法人资格，占 22.1%。日本共有村落 13.9 万个，其中有 2.9 万个村落组建或参加了村落营农组织。村落营农组织中，由单个村落组建的村落营农组织占 74.4%，由 5 个以上村落组建的仅占 7.2%。平均而言，每个村落营农组织为两个村落提供农业生产服务。从经营面积来看，有 52.1%的村落营农组织经营耕地面积（包括托管服务面积）在 20 公顷以上。就经营内容而言，有 79.5%的村落营农组织拥有机械或提供

农机服务，有 73.3%的村落营农组织提供农产品生产销售服务，有 58.2%的村落营农组织提供耕地集中或村落范围内的土地调整服务。

第三节 我国的家庭经营

一、我国家庭经营的演变

（一）我国家庭经营的发展历程

1. 个体农户时期的家庭经营

从春秋战国到 20 世纪 50 年代合作化前的两千多年间，是以土地私有制、农户家庭为生产单位的个体农户经营阶段。中华人民共和国成立前，在封建土地私有制条件下，除少数地主、富农外，绝大多数是个体农户家庭经济形态，包括自耕农和佃农。他们遭受封建土地所有制的剥削，尤其是那些没有任何生产资料，只得依靠耕种地主土地的佃农，在政治、经济上都与地主是一种附属关系。

在半封建半殖民地时期，城市资本主义工商业发展较快，大城市郊区也出现了少数资本主义农场。在农村，除部分专营商业、手工业户外，绝大多数仍是个体农户的家庭经营。但随着市场经济的发展，从事农业生产并兼营工商业的农户家庭逐渐增多，形成了许多兼业农户。其中，少数以工商业为主，兼营农业；大多数仍以农业为主，兼营工商业或服务业。

20 世纪 50 年代初土地改革到农业合作化以前，由于消灭了封建剥削制度，解放了生产力，农民从地主、富农手中分到了田地，因而极大地调动了农民的生产积极性。这时农户家庭所拥有的土地数量比较平均，再加之国家的政策鼓励和经济扶助，农民的投入增加，农业生产和农村经济得到了恢复和发展，农户家庭经营的实力得到增强。

2. 集体经济时期的家庭经营

农业合作化以后，随着农业生产力的发展，特别是对农田水利等农业基础设施的需求和适度集中土地需求的增加，出现了农业互助合作组织。但由于当时极左路线的影响，在短短几年之内，就实现了高度集中的高级农业合作社，并快速过渡到"一大二公"的人民公社。在这种高度集中、规模过大的集体经济中，农民除从事一些明文规定的少量"自留地""自留山"和家庭副业生产之外，基本上没有、也不允许从事商品性生产。显然，这种"集体经济"超前的生产关系不适应当时的生产力水平，违反了经济规律，挫伤了农民的生产积极性，因而阻碍了农村生产力的发展。

3. 双层经营时期的家庭经营

党的十一届三中全会以后，农村广泛地进行经济体制改革，成功地实行了村级"统一经营"和农户家庭"分散经营"相结合的双层经营体制。作为双层经营的一个层次，农户家庭一方面对集体所有的土地实行联产承包经营；另一方面还可以自主开发庭院空间和其他闲散荒地等资源，进行独立的家庭经营活动，形成一种兼业或多业的家庭经营模式。村级"统一经营"层次克服了家庭经营的局限性，充分发挥了集体经济的优越性。这一时期的家庭经营形式有：多数承包和自营相结合的家庭兼业经营、少数专业农业承包经营、专业养畜业和非农产业自由经营，还有一些私营企业性质的雇工经营。

4. 新农村建设时期的家庭经营

随着我国工业化、城镇化的推进，双层经营时期农户经营规模小、组织化和社会化程度低等弊端逐渐显现。为推进农村制度改革，包括土地承包经营权改革与新型经营主体改革，促进农业现代化，2014年《政府工作报告》明确指出，坚持家庭经营基础性地位，培育专业大户、家庭农场、农民合作社、农业企业等新型农业经营主体，发展多种形式农业适度规模经营。

（二）我国家庭经营的现状

改革开放以来，我国的农业系统逐渐由封闭走向开放，产业链条不断延长，农业与上下游产业间的关联程度日益加深。一方面，农业逐渐演化为主要提供食物和工业原料的部门；另一方面，农业生产力的提高也越来越依赖于上游产业所提供的生产资料及相关服务的供给。在这种背景下，农户家庭的资源配置和经营活动已经在较大程度上取决于市场的力量，商品化和现代化的程度也在不断提高。

1. 农业投入产出有所增加

在计划经济体制下，农户的积累水平和消费水平都过于低下，基本上没有能力进行农业资金投入，农业产出水平也比较低下。改革开放以后，家庭联产承包责任制的实施，确立了农户在农业经营中的主体地位，农户再次得到了自己独立耕种的土地。虽然土地的所有权仍然归农村集体所有，农户只拥有土地的使用权，但这却为农户对农业进行独立投资，提供了重要的制度条件和经济基础，也为亿万农户再次成为农业投资主体创造了条件，农户的生产积极性较计划经济时期有了巨大提高，生产性固定资产总量和农业经营投入都有所增加，各类农作物产量均有大幅度提高。统计数据显示，在投入方面，从1985年到2015年，农业机械总动力从20 912.5万千瓦增加到111 728.1万千瓦，有效灌溉面积从44.035 9万公顷增加到65.872 6万公顷，化肥施用量从1 775.8万吨增加到6 022.6万吨；在产出方面，从1985年至2015年，粮食产量从37 910.8万吨增加到62 143.9万吨，棉花产量从414.7万吨增加到560.3万吨，油料产量从1 578.4万吨增加到3 537万吨，蔬菜产量从207.5万吨增加到78 526.1万吨。

2. 市场化程度不断提高

农户的市场化主要表现在两个方面，一是农产品的商品化，二是家庭消费的市场化。家庭承包责任制实施以来，农户主要农产品的整体商品化程度呈现出逐步上升的趋势。其中，粮食、棉花、油料、糖料等主要农产品商品化率增长较快，到2014年已接近100%，水果、蔬菜的商品化率也已达到40%和31%。水产品的商品化率则在波动中相对缓慢地增长。至于猪肉、牛羊肉和禽蛋等相互之间替代性较强的农产品,其商品化率相对于粮食和蔬菜而言,增长速度相对缓慢。

与此同时,农户家庭消费的市场化率由1980年的51.7%逐步上升至2014年的92.5%,平均每年上升1.2个百分点。在农户消费的各种商品中,食品消费的市场化水平最低,但其市场化水平的增长速度较快。1980年农村居民家庭食品消费的市场化率仅为31.3%,到2014年农户食品消费的市场化率已经增加到76.9%。农户家庭的市场化率中,最高的是交通和通信支出、文教娱乐消费支出等项目,这两项消费支出的商品化率从1980年以来一直接近100%。农户家庭在居住、衣着等与生活密切联系的基本消费方面也表现出越来越高的市场化水平。其中,农户家庭居住消费支出的市场化率呈现稳步上升的趋势,衣着消费支出的市场化率则从1980年以来一直保持着较高的市场化水平。

3. 兼业化趋势不断增强

第一次农业普查资料显示,1996年末,全国农村住户为21 382.8万户,其中纯农业户12 671.9万户,占59.26%;农业兼业户3 901.2万户,占18.24%;非农兼业户2 735.8万户,占12.8%;其他为非农户。从东、中、西部地区来看,东部地区共有农村住户为8 725.8万户,占全国总数的40.8%;中部地区7 061万户,占33.0%;西部地区5 596万户,占26.2%。由于东部地区经济发展快于中西部地区,东部地区非农业户所占比重明显高于中西部地区。1993~2013年纯农户的比重在持续减少,所占比重下降了10.25个百分点,非农户的比重也明显增加,20年间增加了近2倍,农业兼业户比重先增后减,总体变化不大,2013年比1993年下降了2.29个百分点,非农兼业户的比重大体稳定在16%~19%。从农村居民人均纯收入的构成来看,农业经营收入占比由1983年的68.65%持续下降到2014年28.6%,工资性收入的比重由1983年的18.57%上升到2014年的39.6%。这种收入构成的变化也反映了中国农户兼业化程度在不断提高。

二、我国家庭经营的行为特征与缺陷

改革开放以来,中国的农业生产力和农产品供给能力显著提高。然而,农业在国民经济中的基础地位依然比较薄弱,城乡二元经济结构特征也依然十分明显。因此,家庭经营行为具有既区别于传统计划经济体制,也区别于现代市场经济体制条件下的异质性特征。

(一)我国家庭经营的行为特征

1. 经营目标的双重性

尽管农户经营的目标是风险最小化或利润最大化,但在不同的经济体内或同一经济体的不同发展阶段,农户对风险规避和利润追求的优先序列可能会出现差异。显然,决定这种优先序列的主要不是农户的行为偏好是否出现了改变,而是资源禀赋或发展阶段是否为农户的风险规避或利润追求提供了有利条件。在这个意义上,中国当前农户的经营行为正处于从"缺少社会保障"到"构建社会保障",从"缺少市场渠道"到"拓展市场渠道"的转变时期,结果导致农户经营目标也表现出"双重性"特征。一方面,农户生产具有显著的摆脱自给自足状态并逐步走向高商品化率的趋势,当前农户的农业生产既不是完全的、传统的自给自足状态,也不是主要进行市场交易以实现利润最大化的状态,而是部分用于市场出售、部分用于家庭消费的中间状态;另一方面,我国农户的兼业化现象十分普遍,农户的收入构成包括家庭农业收入和非农工资收入两个部分,其中农业收入具有平抑农户风险和提供社会保障的功能,而非农工资收入则有增加收入、弥补家庭开支的功能。

2. 要素投入的有限性

要素投入方式考察的是农户经营在多大程度上依赖于自给性劳动,由于要素禀赋分布的非均匀性,所以劳动力的流动不仅体现了农户生产效率的提高,而且标志了其他要素对农业劳动的替代程度。当前中国农户经营在一定程度上已经可以引入其他要素,从而不再完全依靠家庭内部的劳动力因素,长期来看这种要素替代趋势还会延续下去。但是,目前农户经营中自给性劳动仍然具有举足轻重的作用,在要素投入的序列中,绝大多数农户会首先考虑密集使用家庭内部的劳动要素。一方面,农户经营越来越多地使用了机械、化肥、农药、良种、薄膜等资本品,而资本深化体现的正是农户要素投入的结构性变化——从单纯强调劳动转向更多使用资本和技术等现代生产要素;另一方面,绝大多数农户的生产仍在很大程度上强调劳动投入,农业生产具有土地生产率较高而劳动生产率较低的不对称性,密集使用劳动的生产方式并没有实质性的改变。

3. 市场参与的渐进性

从市场发育的程度来看,约束条件描述了外部环境对农户经营选择的影响机制,而外部环境与市场的发育程度紧密相关。随着我国市场化改革的深入,农户所面临的市场体系具有渐进式完善的特征。一方面,农户面对的是一个存在较大程度的"割裂"和"垄断"特征的要素市场。在生产资料市场中,农户所需的化肥、农药、良种、资料和机械等多由少量生产资料公司专营,分散的农户并不具有与生产资料供给者进行有效谈判的能力,而农业产业链延伸也很难深入上游生产资料供应领域。在资本市场上,农村存在着比较典型的"供给短缺主导型"的金融抑制现象,农户之间依靠的主要是亲戚朋友这种"熟人社会"的关系型信贷,正规金融机构不仅因贷款条件苛刻而对农户的金融支持不够,而且在一定程度上产生了将农村剩余资金转为非农信贷的"虹吸效应";在劳动力市场上,户籍制度因涉及公共产品再配置而具有很强的"路径依赖"效应,影响了农业劳动力在不同地域和产业之间的职业转换,且农民工就业也大多集中于城市的低层次部门。另一方面,农户作为农产品的生产者和供给者,虽然具有进入市场从事农产品交易的自主权,但并不能对农产品价格形成持续有力的影响,农户的农产品销售存在着"小农户、大市场"的不对称性。市场尚未发育出可以有效缓解自然风险的农业保险体制以及有效缓解市场风险的农产品期货交易体系。在这种情况下,农户经常遇到"蛛网模型"所展示的市场困境:产量和价格的滞后决定意味着农户对市场难以把握,即他们在价格信号的刺激下往往会做出相同的反应,其结果是农产品市场同步振荡,三五年就形成农产品的周期性过剩。而在某些国有农产品流通机构的机会主义影响下,农户也不能充分享受农产品价格上调所带来的经济福利。

(二) 我国家庭经营的缺陷

1. 户均经营规模小，集约化程度低

由于人多地少的实际国情和土地承包中的平均化倾向，承包后农户的平均土地经营规模仅有 0.53~0.63 公顷，远远小于美国、西欧各国的家庭农场规模。近年来各地虽然存在一定数量的土地流转，但耕地流转只占耕地面积的 5%左右，而且大多数耕地流转没有促进规模经营。目前我国的耕地资源还在以每年 0.2%的速度减少，人地矛盾表现得越发突出。

农户耕地面积过小，地块过于分散，加剧了本已高度稀缺的土地资源的有限性，制约了现代农业技术的采用和农业机械化的推广，导致了农业增长方式的粗放化。而且，小规模经营还造成了劳动力和自然资源的浪费，增加了农业的生产成本和交易成本，降低了农业的报酬率，使农业缺乏大量用于扩大再生产的资本投入。

此外，兼业农户在农业上的物质投入较少。当非农业成为家庭收入的主要来源时，农户就必然会选择粗放经营。部分小农家庭，因非农产业的效益和收入比重不断上升，农业收入本身在其家庭经济中所占的份额逐步地缩小。因此农户会自动放弃对提高农业生产效益的追逐，而仅仅满足于其土地产出率相当于甚至低于当地的一般水平。

2. 投入产出不足，产业链延伸困难

由于家庭经营投入有限并伴随着产出不足，从而在家庭农业的产前及产后的关联处形成了双向约束"瓶颈"。一方面，由于农户家庭对资源配置的能力还十分有限，劳动力和土地的配置受制于有限生产能力基础上的家庭成员范围，资本的营运也较多地在传统技术的支撑下展开，影响了优势资源的有效发挥，不易形成生产经营上的理性决策机制，并进一步导致了家庭农业对产前要素链的需求萎缩。另一方面，由于家庭农业的生产能力有限，对土地的深度开发和扩大土地经营面积都十分困难。因此，劳动生产率和土地生产率的提高速度都比较缓慢，难以形成更多的剩余积累并对后向产业产生更多的溢出效益，从而制约了农业供应链的延伸。

3. 农户专业化程度低，农产品地区性趋同

农村经济体制改革以来，虽然全国出现了不少的专业户、专业村和专业乡，但由于专业化经营投资风险大，加上农业自身的脆弱性，当前绝大多数地区并没有从根本上打破传统体制下的那种小而全的经营模式，农户经营呈多样化和兼业化趋势。农户作为一个生产与消费合一的经济和社会单位，兼有生产者和纯粹消费者的双重特征，这就决定了多数农户的生产经营目标是：一方面其产品要满足自己家庭消费的需要，另一方面又通过剩余产品的销售，来获取尽可能多的货币收入。由于农村市场体系发育还不充分，政府对农产品市场的调控机制还不健全，农户无法准确地把握市场情况，在进行生产决策时，主观判断和模仿行为仍然十分普遍。因此，难以形成具有地区特色的生产经营格局，农产品的地区性雷同较为严重。

4. 农户经营决策同步，农产品周期性过剩

随着我国农村商品经济的迅速发展和农产品流通体制改革的深化，农户经营的商品化趋势不断加强，主要表现在农产品的商品率大大提高，自给性生产所占比重逐渐缩小。这样，以市场为导向的农户总是根据上一周期农产品的市场供求和价格状况来确定即期的生产规模和方向。由于农户经营决策行为具有趋同性，其结果是农产品市场同步振荡，极容易形成农产品的周期性过剩。1984年以来，我国不同地域反复出现了不同农产品"卖难""买难"情况，不仅导致了农户收入增长的减缓，而且在宏观上也造成了农业结构调整的步伐滞缓和农业资源的浪费。

三、我国家庭经营的发展趋势

与世界大多数国家相同的是，家庭经营仍然是我国农业的基本经营单位。但随着我国社会主义市场经济体制改革的不断深化，统一有效的大市场对以分散为特征的农户经营的小生产带来了巨大的冲击。它要求农户经营规模扩大，农户之间进行有效合作，以适应统一大市场的要求，规避市场风险。这样，实行规模经营与合作经济的要求应运而生，大市场对农户分散经营的小生产状态给予了否定，促使农业发展再次发生质变。

（一）通过土地流转，实现农业适度规模经营

2003年3月1日，《中华人民共和国农村土地承包法》实施，明确了"通过家庭承包取得的土地承包经营权可以依法采取转包、出租、互换、转让或者其他方式流转"的法律规定，对土地流转进行了原则约束，为土地流转实践奠定了法律基础，这标志着我国土地承包经营流转制度的正式确立。2005年3月1日农业部颁布实施《农村土地承包经营权流转管理办法》，对流转方式、流转合同的签订以及土地流转管理做出比以前法律政策更为详细、明确的规定。党的十七届三中全会通过的《中共中央关于推进农村改革发展若干重大问题的决定》进一步指出，按照依法自愿有偿原则，允许农民以转包、出租、互换、转让、股份合作等形式流转土地承包经营权，发展多种形式的适度规模经营，有条件的地方可以发展专业大户、家庭农场、农民专业合作社等规模经营主体。土地承包经营权流转，不得改变土地集体所有性质，不得改变土地用途，不得损害农民土地承包权益。至此，农村土地流转制度体系基本形成。2014年，中共中央办公厅、国务院办公厅印发了《关于引导农村土地经营权有序流转发展农业适度规模经营的意见》，并发出通知，要求各地区各部门结合实际认真贯彻执行。该意见要求大力发展土地流转和适度规模经营，五年内完成承包经营权确权。

经过十余年的发展，目前农村土地承包经营权流转已形成以下几种不同的模式：①土地互换。土地互换是指农村集体经济组织内部的农户，为方便耕种和各自的需要，对各自土地的承包经营权进行简单的交换。②土地出租或转包。在市场利益驱动和政府引导下，农民将其承包土地经营权出租或转包给大户、业主或企业法人等承租方，出租或转包的期限和租金支付方式由双方自行约定，承租方获得一定期限的土地经营

权,出租方按年度以实物或货币的形式获得土地经营权租金。其中,有大户承租型、公司租赁型、反租倒包型等。③土地入股。入股亦称"股田制"或股份合作经营,是指在坚持承包户自愿的基础上,将承包土地经营权作价入股,建立股份公司。在土地入股过程中,实行农村土地经营的双向选择(农民将土地入股给公司后,既可继续参与土地经营,也可不参与土地经营),农民凭借土地承包权可拥有公司股份,并可按股分红。④股份合作。这种模式是指农户以土地经营权为股份共同组建合作社。村里按照"群众自愿、土地入股、集约经营、收益分红、利益保障"的原则,引导农户以土地承包经营权入股。合作社按照民主原则对土地统一管理,不再由农民分散经营。合作社挂靠龙头企业进行生产经营。⑤土地银行。"土地银行"将农民的土地承包经营权按需求集中"预存"起来,统一贷给有实力的龙头企业或经营大户进行规模经营,发展特色产业。农民的土地承包经营权一经存入"土地银行"即产生稳定的利息收入,"土地银行"所获利润的50%根据农民存入土地的面积进行二次分红。⑥土地信托。根据《中华人民共和国土地管理法》、《中华人民共和国农村土地承包法》和《中华人民共和国信托法》的有关规定,将土地承包经营权作为信托财产,信托给信托公司,由信托公司进行集约化、规模化开发经营,然后信托公司将约定的收益返还给农户或者其他权利人。目前,信托公司通常是以将成片的土地整理之后租赁给农业公司耕种的方式进行土地开发。

(二)培育新型农业经营主体,转变农业经营方式

与世界大多数国家相同的是,农户仍然是我国农业的基本生产经营单位。但随着农业结构的调整、农村基本经营制度的变革、农业劳动力的转移和工业化城市化进程的加快,我国农户群体开始逐渐分化,农业经营者分化为传统农户、专业种植与养殖户、经营与服务性农户、半工半农型农户和非农农户五种主要类型。2008年党的十七届三中全会提出了专业大户和家庭农场的概念,家庭农场是指以家庭成员为主要劳动力,从事农业规模化、集约化、商品化生产经营,并以农业收入为家庭主要收入来源的新型农业经营主体,而专业大户是一个比较通俗的说法,是指从事某一品种或某一行业专业化生产,并初步实现规模经营的农户。可以说家庭农场是专业大户的升级版,是企业化、法人化了的专业大户,两者并没有实质性的区别。

专业大户和家庭农场是农村分工分业发展背景下,逐步形成的以家庭成员为主要劳动力,面向市场从事集约化、专业化、标准化生产经营,以务农为家庭收入主要来源的农业生产经营组织。专业大户和家庭农场具有经营规模较大、不存在委托代理、契约化交易为主、监督成本较低等基本特征。据农业部有关机构统计,到2012年底,全国有种粮大户68.2万个,经营耕地面积1.34亿亩,占全国耕地总面积的7.3%;全国生猪、肉鸡、奶牛规模养殖户数量已超过养殖户总数量的一半;全国共有符合统计标准的家庭农场87.7万个,经营耕地面积1.76亿亩,占全国承包耕地面积的13.4%;其中从事种养业的家庭农场达到86.1万个,占家庭农场总数的98.2%。

（三）提高农民组织化程度，与市场有效对接

一是发展多种形式的新型农民合作组织，通过农户间的联合与合作，提高市场谈判能力，降低生产和交易成本，增强融资和抗风险能力，分享生产经营的增值收益。二是通过利益机制与农业企业进行合作，发展订单农业，农户和农场向企业提供农产品，而企业向农户和农场供给生产资料、技术和贷款。其目的是通过农工贸有机结合，互惠互利，在一定程度上抵销农业的弱质因素的制约，把农民直接导向市场，从而增加农民收入。

本章小结

1. 家庭经营作为世界各国农业最基本的经营形式，既有其存在的必然性，也有其独特的缺陷。发达国家通过改善生产条件和手段，为家庭经营注入了活力，但各国的家庭经营都普遍存在着难以解决的问题。

2. 改革开放以来，农户家庭的资源配置和经营活动在较大程度上取决于市场的力量，商品化和现代化的程度也在不断提高。然而，家庭经营存在着规模小、抗市场风险能力弱、对市场反应过度等缺陷。因此，实行规模经营与产业化经营是今后发展的主要趋势。

本章习题

1. 简述家庭经营的演变过程及其存在的理由。
2. 几个典型发达国家的家庭经营有何共性与区别？
3. 我国家庭经营存在哪些问题？如何改进？

第五章

农业合作社经营

第一节 合作社的概念与原则

一、合作社的概念与作用

合作的意思简单来说就是和他人一起工作（working together），英文为 co-operation，日文为"協同"。而合作社是指经济上具有共同需要的人，联合经营业务，以增进和保护其在生产和生活上各种利益的一种组织，英文称为 co-operative，日文称为協同組合。近代学者对合作社的定义各不相同，如德国学者 E. Grunfeld 认为，合作社是中小企业经营者基于共同经济利益的需求，并根据自己的意志所结成的组织；英国 C. R. Fay 认为，合作社是由经济地位较弱者，以联合经营为目的而结成的组织，他们对合作社尽到责任后，按照各人利用合作社程度的比例获取报酬；美国研究合作事业的学者 J. Baker 认为，合作社是社员自有自享的团体，全体社员均有平等的支配权，并根据对合作社的利用额分配盈余。

国际合作社联盟（International Co-operative Alliance，ICA）将合作社定义为：合作社是人们自愿结合的自治团体，目的在于通过共同拥有的民主管理途径，来满足其在经济、社会和文化上的共同需求与愿望。而我国在 2006 年 10 月公布的《中华人民共和国农民专业合作社法》（以下简称《农民专业合作社法》）第二条规定，农民专业合作社是在农村家庭承包经营基础上，同类农产品的生产经营者或者同类农业生产经营服务的提供者、利用者，自愿联合、民主管理的互助性经济组织。农民专业合作社以其成员为主要服务对象，提供农业生产资料的购买，农产品的销售、加工、运输、贮藏以及与农业生产经营有关的技术、信息等服务。

综上所述，关于合作社的定义有以下几个共同点：①合作社是人的结合，而不仅是资本的结合；②合作社不改变成员的财产所有权关系；③合作社是一种自愿组织的法人，是不以营利为唯一目的的企业体；④成员地位平等，实行民主管理；⑤合作社的盈余按社员与合作社的交易额比例进行分配。

合作社是人们自助、民主、平等、公平及共同体意识下结成的组织，也是弱小经营者在市场经济条件下，以自由和竞争为基础而结成的自我保护组织。因此，它具有以下几方面的作用。

1. 增强市场议价能力

由于个体农户的经营规模相对较小，在市场交易时处于劣势地位。因此，只有通过合作组织来扩大经营规模，形成一种抗衡力量，才能增强市场议价能力，从而提高经济效益。

2. 降低经营成本

组成合作社扩大经营规模后，不仅可以增强市场议价能力，而且可以降低运营成本。以农业供销合作社为例，可以通过大量采购农业生产资料，来获得较大的折扣，从而降低农业生产的成本。同时，可以通过大规模的农产品运销，来降低运输成本和交易成本。

3. 可以获得特定的产品与服务

组成合作社以后，就可以通过合作社的渠道获得一般市场上无法获得的产品与服务。例如，生产合作社可以为社员提供特定的品种与技术服务，也可以规定产品的规格和品质，从而自行建立合作社的品牌，来提升产品的价格。消费合作社可以为社员提供质优价廉的生活必需品，来满足社员的生活需要，提升社员的生活质量。

4. 开拓新的市场

为了满足某种特殊食品的市场需求，可以成立一些新的合作社，也可以在合作社原有业务的基础上，拓展关联业务，从而寻求新的增长点。例如，在家禽养殖的基础上，开拓珍禽市场，以满足大酒店和部分消费者的需求。

5. 增加收入，降低风险

不论是生产性的合作社还是消费性的合作社，都可以减少中间费用并分享原来由商人赚取的利润，从而提高社员的收入。通过单个资源在合作制度框架内的整合，农民可以更好地应对由农业生产的生物特性，如气候的变异、产品质量的波动以及地域分散性所导致的风险。

二、早期的合作思想与合作社运动

19世纪中期欧洲的产业革命，确立了市场经济的统治地位，它在有力地促进社会生产力发展的同时，也加剧了社会的两极分化，雇佣工人、小生产者和低收入的消费者在市场竞争中沦为弱势群体。为此，弱小经济者的自救运动和改造社会的思潮逐渐兴起，合作思想和合作化运动也由英、法、德等国传播至欧洲其他国家和美国，适应不同服务需求的各种形式的合作社应运而生。

早期的合作思想可以概括为合作主义学派、社会主义合作学派及合作企业学派。合作主义学派主要有罗伯特·欧文（Robert Owen, 1771~1858）、查理·傅立叶（Francis Marit Charles Fourier, 1772~1837）和圣西门（Claude-Henri de Rouvroy, Comte de Saint-Simon, 1760~1825）的空想社会主义，路易·布朗（Louis Blanc, 1811~1882）、裴迪南·拉萨

尔（Ferdinand Lasslle，1825~1864）的国家社会主义，威廉·金（William King，1786~1865）、菲利浦·毕舍（Philippe Buchez，1796~1865）的基督教社会主义。例如，欧文 1817 年在《致工业贫民救济委员会的报告》中最先提出了关于合作社的构想，在晚年的著作《新世界道德书》中对合作社有较为完整的论述；傅立叶在 1829 年发表著作《经济的新世界或符合本性的协作行为》，系统阐述了自己的观点，并倡导以农业生产为主，兼办工业、工农业相结合的合作组织；威廉·金认为合作社是推翻资本主义和破除工资制度的有力工具，主张拥有劳动力的劳动者阶级要团结一致，积劳动的成果为资本，组织起来办合作社。但合作主义学派中查理·季特（Charles Gide，1847~1932）的影响最大，他创立了合作运动的理论体系，并提出了合作经济的"连锁学说"，其在早期合作运动中居支配地位。合作主义学派对西方早期的合作运动产生了重要的影响，1844 年，在英国曼彻斯特郡（Manchester）附近一个名叫罗虚代尔（Rochdale）的小镇上，由 28 名纺织工人自发组织了一个消费互助组织，即罗虚代尔公平先锋社（The Rochdale Society of Equitable Pioneers）。这一组织后来被各国学者公认为是世界上最早产生的合作社。该组织在 1850 年将最初的 5 项原则（被称为罗虚代尔原则）发展为 14 项，较为重要的几项有：①入社、退社自由；②社员的出资比例不得超过 5%；③社员不论认多少股，选举时均实行一人一票；④实行现金交易，概不赊账；⑤按社员与合作社的交易额分配盈余；⑥商品按市场价出售；⑦全部盈余的 2.5%用于社员教育；⑧在政治和宗教问题上保持中立。其中的第①、②、③、⑤项原则一直沿用至今，可以说，罗虚代尔原则具有划时代的意义。

社会主义合作学派源自马克思列宁主义理论。马克思主义认为合作社是推翻资本主义，实现社会主义的桥梁。马克思尤为重视生产合作，因为它直接动摇了资本主义制度的微观经济基础。恩格斯进一步丰富和发展了马克思的合作思想，在《法德农民问题》一文中，恩格斯系统地论述了在无产阶级夺取政权以后改造小农的基本立场和基本原则。俄国十月革命胜利后，列宁结合俄国当时的历史条件，创造性地发展了马克思恩格斯的合作社理论，主张在不触动农民的生产资料所有制和生产经营方式的前提下，从流通领域将农民组织起来，并逐步向生产领域渗透，使农民最终走上社会主义道路。20 世纪 20 年代末期苏联出现了粮食征购危机，农民的分散生产方式与国家的强制征购发生了激烈的冲突，在此背景下斯大林掀起了集体农庄运动，斯大林以集体所有制取代合作制，以生产合作社（集体农庄）取代流通合作社。马克思、恩格斯、列宁、斯大林的合作理论指导了苏联、东欧国家以及中国等社会主义国家的以生产合作为主的合作运动。

合作企业学派源于德国的莱弗艾森（Friedrich Wilhelm Raiffeisen，1818~1888）、舒尔茨-德立兹（Hermann Schulze-Delitzsch，1808~1883）和哈斯（William Hass，1839~1913）。此学派认为合作社是社员自有、自治、自享的一种商业企业，其目的是为社员谋利益，为社员服务。合作社是保护小资产阶级和小生产者等经济弱者的基本方式，帮助社会的弱势群体免于大资本的盘剥。合作制度是经济改进的方法，而不是社会改造的一个目标。因此，他们不主张消灭私有制，也不反对竞争，并认为私有制是经济发展所必需的。此学派始于农业合作，1864 年莱弗艾森在德国农村首先成立信贷合作社，合作社的贷款只限于生产用途；合作社无利润分配，合作社的运作依靠宗教和道德的力量。

1850年舒尔茨–德立兹创办了城市信用合作社，使小农、手工业者及小商贩免受高利贷的盘剥。按照他们的设想，第二步是成立供销合作社，最后是生产合作社，它们应当和私人资本主义和股份公司一样发挥作用。但是从德国的实践看，广泛流行的只是信用合作社，并且他们几乎没有转型为生产合作社。

三、合作原则的修正与发展

为了推动世界各国合作社运动，统一协调各国合作社工作者的认识和行动，1895年国际合作社联盟在英国伦敦成立。1937年国际合作社联盟在继承罗虚代尔原则精髓的基础上，确定了以下11项原则：①公开入社；②民主管理；③按社员交易额分配盈余；④对资本利息加以限制；⑤对政治和宗教保持中立；⑥现金交易；⑦促进社员教育；⑧只对社员交易；⑨社员入社是自愿的；⑩照时价或市价交易；⑪创立不可分的社有财产。

其后的三十年，合作运动发生了较大的改变，罗虚代尔原则的部分内容已不再适应新的形势。例如，政府通过合作社立法扶持合作社的发展，合作社逐渐对政府产生依赖，"政治中立"的原则不得不放弃。合作社日益成为经济弱者在资本主义制度下求得生存的经济手段，而通过合作社来创立崭新社会的理想已经基本不复存在，从而"创立不可分割的社有财产"，为新社会积累创立基金的原则也不再有存在的必要。此外，"照时价或市价交易""现金交易"等这些项目，明显不适用于消费合作社以外的合作社。为适应变化了的新环境，1966年国际合作社联盟在维也纳举行的第23届大会上，将合作社的基本原则修改为：①门户开放；②民主管理；③限制股息；④盈余返还；⑤重视教育；⑥社际合作。

20世纪90年代以来，全球经济进入了自由化、一体化发展的新阶段，合作社的发展迎来了新的机遇和挑战。为适应新的变化了的形势要求，1995年国际合作社联盟在为庆祝成立100周年而召开的31届代表大会上，将合作社的原则重新确定为：①自愿与公开的社员制；②社员的民主管理；③社员的经济参与；④自治与独立；⑤教育、培训和信息；⑥合作社之间的合作；⑦关心社区事业。目前，它在联合国经社理事会是享有第一咨询地位的41个机构之一，拥有125个国家的235个成员组织，其社员总数已达7.5亿人。它的成员组织是各个领域的全国性合作社组织，涉及农业、消费、银行、信贷、保险、工业、能源、储运、渔业、住房、旅游等行业。

进入21世纪以来，不少合作经济学者从维持合作社长久生命力的角度重新审视合作原则问题，更加重视合作社的公平与效率问题。比例原则以公平的观点取代传统的平等观念，成为近年来的主流。其核心是，合作社投票权以社员交易额多寡为基础，交易者以交易额多寡认购股本，盈余金在成本经营基础上分配给交易者。还有一些学者试图以多元性、开放性、前瞻性的方式，建立更富有弹性、简单、单一的合作原则来代替现有合作原则。例如，美国农业部所属的农业合作组织就是奉行这种弹性原则：①投票权由交易社员行使；可一人一票也可按交易额比例订之；②交易者认购股本；③在成本的基础上，纯收入作为盈余金，分配给交易者。现代原则的一个突出特点是将社员、社员交易者与交易者做了区分,并规定合作社的所有权归属于交易社员。

第二节 农业合作社的分类与组织模式

一、农业合作社的起源与发展

在传统农业时期,所有的社会经济活动都以农牧渔业为主。因此,这一时期的合作组织自然也属于农牧渔业的合作组织。例如,几个世纪前,希腊就有共同保护羊群及运销羊只的牧业合作社。18世纪中期,欧洲各国受产业革命的影响,资本主义意识抬头,致使各国的社会与政治经济发生巨大变化,并引起工人及低收入手工业者和农民的恐慌,供应食品与手工原料的合作社应运而生。此后,合作社运动在欧洲其他国家陆续展开,1882年丹麦成立了第一家农业合作社,即乳品合作社;爱尔兰于1889年,而比利时于1892年分别成立了第一家农业合作社。1810年美国康涅狄格州奶农为更好地加工和销售奶油成立了奶油加工销售合作社,但按合作原则运作的合作社则在南北战争之后才出现。当时有若干农民组织兄弟会(The Grange)、农民联盟(Farmers' Alliance)、美国农民教育合作联盟(Farmers' Educational and Cooperation Union of America)等,都曾协助促进合作社的发展。至1900年为止,美国至少有1 223个合作社。东方国家合作社运动起步较晚,如直到19世纪末20世纪初,日本才开始成立农业协同组合。

进入20世纪以后,农业合作经营进入了蓬勃发展阶段。虽然受第二次世界大战的影响出现过波折,但战后快速恢复,在各种合作社组织中处于主导地位,不但形式多样、体系健全,实力也非常强大。目前,发达国家中80%以上的农民都加入了农业合作社。2012年,按照国际合作社联盟社员数和销售额计算,排在前列的几乎都是农业合作社或是与农业相关的合作社。法国农业合作社经营的谷物、鲜果、罐头、肉类和家禽的出口量,分别占全国出口量的45%、80%、40%、35%和40%,法国农村信用合作社是整个欧洲最大的金融组织。在加拿大的十大农业企业中,有6家是农业销售合作社。荷兰的国土和耕地面积分别仅为我国的0.44%和1.9%,但农产品出口额是我国的3倍,荷兰农民多数是3~4个合作社的社员,收入的60%是通过合作社实现的;丹麦的黄油、干酪、腌肉、罐头和家禽等出口量的40%~90%是由农业合作社完成的;美国近85%的农民加入合作社,全美谷物销售量的60%和出口量的40%均由合作社控制,美国农业合作社的年营业额近900亿美元;日本农业合作社(日本农协)为社员提供农业生产、流通、信贷、保险、医疗、福利、教育等一条龙服务,农户90%的生产资料购买和80%的农产品销售均经由农业合作社实现;以色列农业合作社(基布兹)的社员仅占全国人口的3%,但其农业产值却占全国农业总产值的40%。

在发展中国家,农业合作经营业也呈现良好的态势。2012年,阿根廷600多家农业合作社,集中在农产品销售和加工领域,其中茶叶经营量占全国产量的45%,加工的大米和葡萄酒分别占全国产量的30%和20%;巴西约有1 400家农业合作社,社员100万人，雇员15万人，年经营额约120亿美元，合作社牛奶供应量占全国的一半以上，蔬菜批发量占全国的17%，大豆占全国的29%，咖啡占全国的28%；哥伦比亚全国约有335家农业合作社，社员约17万人，合作社牛奶供应量占全国总量的84%，咖啡占65%；乌拉圭，全国约有200家农业合作社，合作社葵花籽销量占全国的50%以上，小麦占25%以上，加工牛奶占国内产量的90%。由此不难看出，在现阶段，农业合作社经营作为一种重要的经济活动组织，正在各国农业发展中发挥巨大作用。

此外，农业合作社为了适应经济环境的巨大变化，一方面开始进行经营理念及运营机制的调整，如成员由开放性向封闭性转化、合作社与成员之间建立契约关系并对成员的货物数量和质量进行限制、与非成员的贸易额增加、由成员控制转化为经理控制、寻求国际伙伴及经营国际业务、建立多元化的筹资渠道等；另一方面开始进行外部资源的整合与重组，并进行横向联合与纵向联合。所谓横向联合是指经营相同或相似的产品及服务，或者具有同样的惠顾成员的合作社或其他形式组织之间进行联合，以减少成本及扩大规模；而纵向联合是在同种产品供给链上不同生产阶段的企业之间进行的联合经营，如加工企业和营销企业的联合。

二、农业合作社的类型

各国对于农业领域的合作组织有不同的分类方法，而且名称各异。大体可以分为两种类型：一是综合性农业合作社，二是专业性农业合作社。

（一）综合性农业合作社

综合性农业合作是指从事与农业有关的所有业务活动并对社员提供综合性的服务，以满足农民在生产和生活上各种需求的合作组织。以日本为代表，韩国等亚洲国家和以色列（莫沙夫）等也存在。根据土地私有、以家庭为单位的分散生产经营、土地和经营规模都很小的特点，以农户家庭经营为前提，开展生产指导、生产资料购买、农产品销售、生活资料供应、信贷、储蓄和保险以及社员福利等综合性合作与全方位服务。

综合性农业合作社符合农民在生产和生活上的需求，对社员来说最为经济和方便，因为一旦加入合作社，就可以获得各种服务。但对合作社来说，由于必须兼办各种业务，随着所需人力的增加，各项成本也不断增加，如果没有足够多的业务收入，就会出现收支不平衡的状况，但综合性农业合作社可以通过多元化经营来增加收入和分散风险。

（二）专业性农业合作社

专业性农业合作社是指以某一产品或某种功能为对象而组成的合作社。其以北美的美国和加拿大为代表，在欧洲各国也都普遍存在。虽然有些国家的农业合作社同时从事两三种不同的业务，但都限于相近业务。例如，农畜生产合作社兼办购买与运销业务；果菜运销合作社兼办生产业务或冷藏仓储业务等。

专业性农业合作社可以发挥专业分工的效率，形成规模经济，而随着合作社之间联合或合作的逐步增强，也可以形成比较完整的合作社体系，可以将人力、物力集中于某种营销策略，便于品牌化和产品促销。此外，专业性农业合作社的员工数量相对较少，人事及其他项目的成本也较低。

专业合作社按照成立目的可以分为以下十类。

1. 农业生产合作社

农业生产合作社是指从事种植、采集、养殖、渔猎、牧养、加工等相同农产品或类似农产品的生产者，以及利害关系一致的人，为共同需要而组织的合作社，如奶牛合作社、小麦合作社、蔬菜合作社、花卉合作社、养猪合作社等。

2. 农产运销合作社

农产运销合作社是指相同农产品或类似农产品的生产者，为共同销售其产品，以保护自身权益而结成的合作社，有时也兼营产品的分级、包装、加工等业务。农业生产和农产品基于其自然特点，供应不能十分均衡，价格变化较大。通过组织合作社专门销售，可以尽量避免经济上的风险。目前，世界各国的农产运销合作社主要采用三种不同的运销制度：一是收购运销制，即合作社收购农产品后再进行销售，销售盈利与社员无关；二是委托运销制，即合作社代理销售，销售款在扣除一定费用后全部交给社员，盈亏由社员承担；三是合作运销制，即合作社将社员所交的同级产品混合销售，社员取得平均收入。

3. 供销合作社

供销合作社是指购进各种生产资料出售给社员，同时销售社员的产品，以满足其生产上各种需要的合作社，是当前世界上较为流行的一种合作组织。供销合作社经营方式有两种，一种专营供给业务，另一种兼营农产品运销或者日用工业品销售等业务。

4. 消费合作社

消费合作社是指由消费者共同出资组成，主要通过经营生活消费品为社员自身服务的合作组织。消费合作社是合作组织中发展最早，而且最普遍的合作社。由于它与消费者（社员）往来频繁，因此业务琐碎，所需人力较多，管理也较为困难。

5. 保险合作社

保险合作社是由农林牧渔业生产者联合起来，按照保险法的规定，采取互助方式，以社员为保险对象而经营保险事业的合作社。这种保险组织，由社员交纳保险费，社员自行经营与管理，共同负担灾害损失，维护社员的自身利益。保险合作社主要有三类：一是消费者保险合作社，以人身保险为主；二是劳动者保险合作社，以失业保险和意外保险为主；三是农业保险合作社，以农业生产和收获保险为主。

6. 利用合作社

利用合作社是由合作社置办各种与生产有关的公共设备或者生产资料，以供社员分别使用的一种合作社。农业所需的机械设备很多，一些经常使用的农机具，农民可以自己购买，但有些设备和大农业机械，因价格较贵且使用次数和时间不多，往往由合作社置备。目前，在世界各国比较普遍的利用合作社有农业机械利用合作社、种畜利用合作社（利用良种、繁殖家畜）、电气利用合作社、仓库利用合作社、水利利用合作社、土地利用合作社等。

7. 农业信用合作社

农村信用合作社是办理社员存款、贷款以及其他与农业金融有关业务的合作社。信用合作社在农业生产上扮演着资金融通和集聚资本的角色，因此在发展中国家备受政府重视，如农村信用合作社、农村合作银行、农村商业银行等。

8. 医疗合作社

医疗合作社是公用合作社的一种形式，通过置办医疗设备，聘请医务人员，对社员提供医疗保健服务的合作社。由于服务的范围不同，具体形式也有区别：有的创设独立医院，有的只设简单的诊所，有的只设为社员提供廉价药品的药房。

9. 公用合作社

公用合作社是置办各种与日常生活有关的设备以供社员使用的合作社。与消费合作社不同的是，它所置办的设备为合作社所有，仅供社员使用，而非向社员出售；它与利用合作社不同的是，它所置办的设备为生活所需，而非为生产所需。公用合作社的业务种类很多，比较普遍的有食堂、理发厅、浴池、洗衣、托儿所、图书馆、茶馆、剧场等。目前在欧美等国特别流行的住宅合作社和医疗合作社，是公用合作社中最发达的两种形式。

10. 劳务合作社

劳务合作社是由合作社承包业务，社员使用集体或个人所有的劳动工具并提供劳动力，共同进行劳动的合作社。社员除得到应得工资外，对年终盈余，有权再按社员提供的劳务参与分配。劳务合作社经营的业务，大多属于劳动工具比较简单，工作时间相对较短而工作场所分散或易变的各种劳务，如建筑、运输、装卸、修理、采伐等方面的工作。

此外，还有农场型农业合作社，它是以土地私有为前提，拥有土地的农民以土地入股加入合作社，按照统筹规划进行合作生产与经营，扩大土地规模，形成大农场的合作社，以意大利农业合作社为代表，在法国、印度等国家也有存在。这类合作社都是农业生产合作社，类似于我国20世纪50年代的初级农业合作社和现在的农村土地合作社。

虽然各国的农业合作社形态上存在差异，经营与合作的方针也各有侧重，但为社员服务的宗旨是一致的，自愿、自治、互助、民主、公平、开放的基本理念是一致的，作为农业现代化与产业化的有效载体和组织手段的地位是一致的。总体来看，欧美的农场型农业，更便于开展专业化合作，而东亚小农经济，则更需要综合性的合作。

三、农业合作社的组织模式

（一）独立的基层合作社

独立的基层合作社属于地方性合作社，业务范围仅限于某一区域，社员人数不多，通常由地方的某一特定农产品生产者组成,如蔬菜生产合作社、农产运销合作社、农机合作社等。这种合作社有独立的理事会和监事会,合作化发展初期的国家大多属于这种模式。

(二) 地方联社

两个以上的基层合作社联合组织一个规模较大的合作社,称为合作社联合社或地方联社。联合社有两级制的联合社和三级制的联合社,若由各地方合作社(乡镇级)组成县级联合社,就称为两级制的联合社;如果由各县级联合社组成一个省级的联合社,就称为三级制的联合社。这种组织是一个大合作制,但不论哪一级的合作社,都具有法人资格,有各自的理事会和监事会。

基层合作社的理事会和监事会由各合作社的全体社员选举产生,联合社的理事会和监事会由各基层合作社推选代表,组成代表大会选举产生。代表大会是联合社的最高权力机构,社员每人与基层合作社订立运销合同,规定彼此的权利和义务,各基层合作社再分别与联合社签订运销合同。

(三) 全国总社

全国总社即一个国家的合作社总联合社,也称为中央联社。成立这种合作社是由于合作社的营业区域已经遍及全国,社员人数众多。为了便于管理及提高工作效率,将合作社的范围划分为若干区域,分别设立分社。分社本身不具有法人资格,没有自己的理事会和监事会,所有的业务决定权都在总社,由总社统一指挥。例如,日本的全国农业协同经济组织联合会(以下简称"全农")、韩国的全国农业协同组合中央会等都是全国总社。

从企业管理的角度来看,这种制度可以使总社和分社之间的分工更加明确,权责分明,提高效率;由总社统一指挥,统一调配资源,对外统一窗口,可以避免各合作社之间业务重叠,提高资源利用效率,节省成本;各分社不设理事会和监事会,可以节约开会的时间与开支。

(四) 混合型合作社

美国一些比较大的合作社,其组织既不是完全的垂直统一式,也不是完全的联合社式,而是两种形式混合型。这种混合型的合作社以联合社的形式存在,但在经营上,却通过其强大的市场力量,控制基层合作社,迫使大家采取一致的行动,以达到垂直统一式合作社的管理效果。另有一些合作社,原来采用垂直统一式组织,但为了让基层农民有参与实际经营的机会,在基层合作社之外,另成立咨询小组,在总社决策下,有关经营策略交由基层合作社执行。原则上,这种小组不具有法定的决策权,但实际上也有相当的影响力,有点像联合社。

第三节 我国农民合作社的发展

一、我国农民合作社的发展历程

从民国时期到现在，我国农民合作社的发展历程大致可以分为六个阶段，即民国时期的合作社实践、土地改革后农业合作化运动、人民公社时期、改革开放初期的农民合作、合作组织的快速发展阶段以及农民合作社的大力推进阶段。

（一）民国时期的合作社实践：1912~1949年

中国的合作运动是从信用合作开始的。被誉为"中国合作运动导师"的薛仙舟先生（1878~1927）最早在中国传播合作经济理论。他曾先后到美国、德国和英国留学，研究并接受了西方的合作改良思想。1910年薛仙舟回国后任复旦公校教授，随即积极传播合作经济理论，培育中国合作经济方面的人才。1919年，薛仙舟在上海复旦大学创办"上海国民合作储蓄银行"——中国最早的信用合作社。在他的信用合作思想的影响下，1923年6月"中国华洋义赈会"组织成立了我国第一个农村信用合作社——河北省香河县信用合作社，开创了我国农村信用合作社的历史先河。1939年，中国共产党领导下的山西抗日根据地建立了信用合作雏形组织——"农民低利借贷所"，在支持农民组织起来解决生产、生活困难，打击高利贷，支援革命战争和巩固革命根据地等方面都起到了积极的作用。1945年7月13日，中国共产党领导下的山西抗日根据地建立起了正式启用信用合作名称的第一个农村信用合作社。另外，19世纪20年代，晏阳初在河北定县开展合作社实验，梁漱溟等也在邹平组织了合作社实验。1931年，国民党政府颁布《农村合作事业暂行规程》，1934年又颁布《中华民国合作法》。到1949年2月，全国有合作社17万个，社员2 450万人。从总体上看，这一时期的合作社主要是由薛仙舟、梁漱溟、晏阳初等一批知识分子精英创办起来的，总体数量并不多，覆盖面很小，不具有普遍性，也都没有对中国农村社会发展造成全局性或根本性的影响。

（二）土地改革后农业合作化运动：1952~1957年

从1952年完成土地改革到1956年的互助合作阶段，中国农民合作组织采取了"三步走"的发展战略：第一步的互助组阶段主要是1952年底至1953年底，是我国农民合作组织最初的萌芽时期。1951年12月中共中央发布《关于农业生产互助合作的决议（草案）》，要求按自愿、互利的原则，号召农民组织带有社会主义萌芽性质的，几户或十几户的农业生产互助组。第二步的初级生产合作社阶段主要是1953年底至1955年上半年。1953年12月，中共中央发布《关于发展农业生产合作社的决议》，号召在互助组的基础上，组织以土地入股和统一经营为特点的、小型的半社会主义性质的初级农业合作社。

在该决议的指导下，全国初级的农业生产合作社由 1953 年 12 月的 14 000 多个猛增到 1954 年春的 95 000 多个。最后的高级生产合作社阶段主要是 1955 年下半年至 1956 年底，要求在初级社的基础上，进一步组织大型的完全社会主义性质的高级社。1955 年 10 月 4 日至 11 日，党的七届六中全会通过的《关于农业合作化问题的决议》，加速了农业合作化高潮的到来。到 1957 年底，全国农村高级社增加到 75.3 万个，入社农户的比重达 96% 以上，90% 以上的手工劳动者也加入了合作社。但是，后期合作化以运动方式进行，严重违背"入社自由、退社自由"的合作社原则，为后来在农业生产及其合作组织问题上的"左"倾冒进错误埋下了伏笔。

（三）人民公社时期：1958~1977 年

1958 年 8 月中共中央政治局通过《中共中央关于在农村建立人民公社的决议》，之后两个多月全国 74 万多个农业生产合作社被改组为 2.6 万多个人民公社，加入公社的农户达 1.2 亿户，占全国农户总数的 99% 以上，这一阶段的农村合作组织实际上已快速演变为集体化性质的高度集中的人民公社。从 1962 年开始，农村人民公社经过调整，最终确定以生产队所有制为基础的三级所有制为人民公社的基本制度（公社、大队、生产队所有制），并一直延续到农村改革的初期。

无论从所有制形式，还是从决策、分配和对外经济联系方式来考察，这种集体经济已经嬗变为非真正意义上的合作经济。这种农村经济组织形式的快速演变，既完全违背了合作化初始中央提出的循序渐进与自愿互利的原则，也超越了当时我国农村生产力与当时我国农民的觉悟水平，犯了严重的"左"倾冒进错误，结果造成了社会主义建设的重大挫折和生产力的巨大倒退，导致了全民"挨饿"的灾难性后果，国民经济陷入混乱与困境。后来，虽对人民公社的过"左"行为进行了一定的纠正，但从根本上看，这一时期人民公社的产权不明、平均主义、吃"大锅饭"等体制弊端被保留并逐步"固化"下来，持续了长达 20 余年。人民公社体制的长期实施，不仅使农村合作经济变异，没有了"合作"的实质内容，而且使相当多的农民对合作组织产生了扭曲性的认识与恐慌感，对我国合作事业造成了久远的消极影响。

（四）改革开放初期的农民合作：1978~1991 年

党的十一届三中全会以来，我国启动了两项农村改革，一是实施家庭联产承包责任制，二是推进农副产品市场化的改革。前者重新确立了小农户在农业生产中的基础地位，使农村合作经济初步具备了按照真正合作社原则发展的环境与条件，农村合作组织的重新产生成为可能；后者一方面使农产品价格获得较大提高，农民获得明显的实惠与利益，有了一定的财富积累，为农民合作组织的产生创造了一定的物质条件，另一方面又把分散、弱小、信息不灵和对外经济联系渠道不畅的农户经济卷入了竞争日益激烈的市场中。20 世纪 70 年代末，我国第一个农民科学种田技术协会在安徽省天长县成立，随后的一段时期，农民专业合作组织在数量上有很大发展，据我国科学技术协会统计，1986 年全国农村各种专业技术协会发展到 6 万多个，1992 年发展到 12 万多个。这类农民专业技术协会主要由当地农业科学协会、农技站、供销社以及农村中的"能人"发起，主要依靠脱产、半脱产的农技干部和农民技术员在专业协会中发挥骨干作用，绝大部分协会停留在单纯从事信息交流、技术推广和辅导活动的层次，很少进一步向商业经营领域延伸，有点类似于生产性合作组织。

这一阶段的农村合作组织具有以下三个特点：①从其产生过程来看，大部分是由民间自发产生的互助自助合作组织；②从合作组织外部表现来看，形式比较单一，主要有社区合作组织和小型专业合作组两大类型，其规模小，组织程度松散，组织运行也不够规范；③从产业分布来看，主要局限于农业的种植业和养殖业，与其上下游经营活动的相关性不大。即使有一些处在加工、流通、消费等环节中的合作组织，其规模也很小，功能单一、分工较粗，既要组织业务，又要与外界联系，对农户的组织能力也很弱。这说明我国20世纪80年代的农业合作经济组织还仅仅处于起步阶段，它们中的"大多数"只能称作"协作体"，而不是真正的合作组织。

（五）合作组织的快速发展阶段：1992~1999年

20世纪90年代以来，随着社会主义市场经济体制改革目标的确立和国民经济不断向完全的市场经济方向迈进，农村经济也加快了从不完全市场经济向完全市场经济的转换。市场化的纵深发展，使"小农户大市场"的矛盾更加尖锐，在客观上需要建立与完善农户与市场之间的连接机制。而且市场化的纵深发展，使农业行业内部分工不断深入，农业产业化迅速发展，分离后的各个环节需要一定的组织形式进行连接和协调，农业产业化也需要有效的组织载体来保障其运行。在这种背景下，农村合作组织不仅得到快速发展，而且组织的内容和形式也得到了较大创新，形成了各种新型的农村合作组织。

这一阶段农村合作组织具有以下特点：①从其产生过程来看，既有完全由农民自发组成的合作组织，也有在对传统合作组织进行改造的基础上重新建立的合作组织，还有在政府直接扶持、参与下创建的合作组织，以及政府与农民联合共同创建的合作组织；②从合作经济组织的外部形式看，突破了20世纪80年代较为单一的合作形式，走向与企业或其他社会组织的联合，主要有"公司+农户""基地（农户）+企业""农业专业技术协会+农户"，以及股份合作、服务合作等模式；③从产业分布来看，20世纪90年代以来的合作组织突破了80年代主要局限于农业生产环节的状况，与农业生产经营的上游和下游直接相连，将农业生产、加工、销售相互衔接；④从合作主体来看，可分为三类，一类是龙头企业带动型，二是专业协会带动型，三是产权带动型。总之，这一时期的农村合作组织与80年代相比，具有数量多、规模大、形式多样、合作程度较紧、运作比较规范、效益较好等特点，呈现出方兴未艾的发展态势。然而，这一时期我国农村合作组织的发展还很不平衡，组织化程度也参差不齐，与国际合作社联盟所确立的合作社七条原则还有较大距离。例如，公办和公私合办的农民合作组织存在产权不清的现象；一些合作组织的利益机制还不完善，多结合松散，尚未形成"一赢俱赢、一损俱损"的利益共同体；合作社的独立性与决策的民主性还有待加强；国家与合作社还没有形成良性互动的关系；等等。

(六)农民合作社的大力推进阶段:2000年至今

21世纪以来,以加入世界贸易组织(World Trade Organization,WTO)为标志,我国农民要面对来自国际市场的新挑战,而原有的保护价收购政策的取消,使农民被真正推向了市场。与此同时,国家在很多政策文件中都提到要鼓励支持发展合作经济组织。2004~2006年连续三年的中央一号文件都明确提出要加快立法进程。经过三年的广泛调研、论证、起草和审议修改工作,第十届全国人大常委会第二十四次会议于2006年10月31日通过了《农民专业合作社法》,于2007年7月1日正式实施。这部法律赋予了农民专业合作社法人资格,确立了农民专业合作社的市场主体地位,适度规范了农民专业合作社的组织和行为,保障了农民成员的民主权利和合法利益。法律的颁布实施,为农民专业合作社发展创造了良好的制度环境,标志着我国农民专业合作社进入了依法发展的新阶段。

为确保《农民专业合作社法》顺利实施,2007年5月28日国务院颁布了《农民专业合作社登记管理条例》、2007年6月29日农业部及时颁布了《农民专业合作社示范章程》。《农民专业合作社登记管理条例》包括总则、登记事项、设立登记、变更登记和注销登记、法律责任、附则等,它更加详细地规定了合作经济组织登记管理方面的问题,同时将其上升到了法律法规的地位,更具有约束力。《农民专业合作社示范章程》由总则、成员、组织机构、财务管理以及合并、分立、解散和清算这几个方面的规定构成。作为一个蓝本,将绝大多数的规定列示了出来,对于合作经济组织的内部管理具有很强的指导性。2007年12月20日,财政部发布了《农民专业合作社财务会计制度(试行)》,规定了各个合作社都将设置和使用会计科目,登记会计账簿,编制会计报表,并对合作社财务会计的管理和监督也做了相应规定。从2009年开始,农业部与国家发展和改革委员会、财政部等11部门联合印发了《关于开展农民专业合作社示范社建设行动的意见》,工作的重点是要着力加强规范化建设,以示范促规范,以规范促发展。2010年农业部发布了《农民专业合作社示范社创建标准(试行)》,对农民专业合作社示范社的组织制度、管理制度、财务制度、利益分配、产品质量、市场准入等提出了更高的要求。2011年5月,发布了《农业部办公厅关于进一步加强农民专业合作社财务管理工作的意见》,要求合作社按照《农民专业合作社法》的规定为每个成员分别建立成员账户,及时记录成员的权益变动和交易情况,按照财会制度和章程的规定制订盈余分配方案,规范盈余分配顺序,确保盈余分配合理。这些规范性的法律法规极大地促进了合作社的规范化发展,提高了合作社的整体质量和水平,对农村合作事业的发展起到了十分重要的推动作用。

近年来,由于专业性合作已经不能包容广大农民多样化的合作需求,为此,2013年中央一号文件首次提出"农民合作社"的概念,指出"鼓励农民兴办专业合作和股份合作等多元化、多类型合作社",2013年11月召开的中共十八届三中全会通过了《中共中央关于全面深化改革若干重大问题的决定》,更是在中央一号文件的基础上进一步放宽了农民合作的范围。根据该决定精神,农民合作社除了专业合作外,还包括股份合作、信用合作、土地合作三大领域。

二、我国农民合作社的发展现状

（一）农民合作社的概念与类型

农民合作社是指农民在家庭承包经营的基础上按照自愿联合、民主管理的原则组织起来的一种互助性生产经营组织。农民合作社通过农户间的合作与联合，解决了传统农户家庭经营存在的规模不经济缺陷，而且通过技术、资金等合作，推动了农户生产的集约化水平。因此，农民合作社与现代农业发展的关系密切，从一定程度上说，农民合作社能否健康持续发展，直接影响到现代农业生产方式、经营方式的改进以及农业增效与农民增收。

我国的农民合作社主要包括以下几种类型。

1. 专业合作社

农民专业合作社是在农村家庭承包经营基础上，同类农产品生产经营者或者同类农业生产经营服务的提供者、利用者，自愿联合、民主管理的互助性经济组织。它是依照《农民专业合作社法》组建的市场主体，在工商行政管理部门登记为合作社法人。成员加入专业合作社可以自愿出资一定数量的股金，专业合作社按照"一人一票"的原则实行民主管理，可分配盈余的60%应当以交易量（额）比例返还给成员。

农民专业合作社发展之初以农业生产经营型为主，对于不需要深加工的农产品，由专业合作社统一组织产品初加工及包装、运销，形成"市场+专业合作社+农户"的生产经营模式，由专业合作社负责组织社员生产及产品销售，实现产销一体化；对于需要加工的农产品，通过"企业+专业合作社+农户"的模式，由专业合作社组织农业生产，由企业加工并销售加工产品，实现产销一体化。也有少部分专业合作社通过兴办加工实体，组织开展成员产品的加工和销售业务。近年来，农民专业合作社逐渐呈现多元化趋势，各地在实践中探索出劳务合作、农机服务合作、资金合作等多种形式的农业合作社。

2. 农民专业协会

农民专业协会是一种比较松散的合作组织形式，在民政部门登记为社团法人，按照《社会团体登记管理条例》规定，由相同产业的农户自愿组建，成员每年缴纳一定数量的会费作为协会活动费用，协会主要向成员提供技术、信息、运销等中介服务。由于专业协会是社团组织，不能直接从事经营活动，也不直接为成员销售产品，没有销售收入，因此，没有盈利返还等原则。

3. 股份合作社

股份合作社主要包括土地股份合作社和农村社区股份合作社。土地股份合作社是农户以"农村土地承包经营权"入股合作社，把土地承包经营权变成股权，入社土地由合作社统一耕种，农户除劳动收益外，还可享受年底分红。农村社区股份合作社是将村级集体所有的经营性资产以股权的形式量化给每个村级集体组织成员，并遵循股份合作制的原则，从而形成一个民主管理、民主决策、独立核算、自主经营、风险共担的新型合作经济组织。

4. 专业联合组织

专业合作社或专业协会由于业务发展需要，自愿联合成立专业联合组织，包括专业联合社和专业联合会。目前，我国农民专业联合组织主要在地、市、县范围内组建，起到协调基层专业合作组织发展和开拓市场的作用。专业联合社由3个以上专业合作社为主体，参照《农民专业合作社法》自愿联合成立，在工商管理部门注册登记为合作社法人，开展相关生产经营活动；专业联合会是由3个以上专业合作社或者专业协会为主体，自愿联合成立，在民政部门注册登记为社团组织，开展相关咨询服务、行业协调等活动。

（二）农民合作社提供的服务

1. 普遍为农户统一提供生产资料

合作社往往以低于市场价格或者赊购的方式提供生产资料，为成员节约生产成本。由于合作社提供的生产资料在价格和质量上有优势，因此会员愿意从合作社购买生产资料，一些组织还对经济困难的成员提供赊购。合作社提供的生产资料种类繁多，有良种、种畜、燃料、肥料、饲料、农药、兽药、机械等，其中良种、肥料、饲料、农药和兽药是提供较多的种类。但纯粹提供生产资料服务的合作社比较少，大部分合作社将生产资料的提供与生产、加工、运销、技术服务相结合。

2. 推动科技普及，组织标准化生产

合作经济组织聘请专业技术人员作为常年技术顾问，举办学习培训会。大部分组织提供免费培训，培训内容主要是动植物疫病防治技术和生产技术。合作社利用集中的资金进行新技术、新品种试验，试验成功后在成员中推广，通过合作社的推广，大部分组织都实现了标准化生产。

3. 统一组织销售，降低农户市场风险

收购和销售产品是合作社的中心环节，也是农户参加合作社的最初动力。因此，建立稳固的购销关系，是合作社成功的关键。大部分合作社和成员之间有比较密切的销售关系，产品的销售范围以跨省跨县为主。合作社通过保价收购，降低了农户的市场风险。保价收购就是当市场价格高于保护价时，按市价收购，如果价格低于市场价，按保护价格收购。保价收购通过两种方式进行，一是订单收购，即合作社（或者企业通过合作社）与农户签订购销订单，订单中规定最低价格；二是设立风险基金，当市场价格下滑幅度较大时，利用风险基金确定最低收购价格。部分合作社还对产品进行统一加工、统一包装、统一商标出售，增强产品的竞争力。

4. 提供信贷支持，解决农户资金紧缺问题

部分合作社为成员提供信贷服务，解决农户的资金紧缺问题。主要有两种信贷服务方式：一是合作社直接向农户提供借款；二是合作社为成员担保从外部机构如信用社、银行等取得贷款。

（三）农民合作社的发展现状

1. 农民合作社数量快速增加

近年来，在国家和地方政策引导和农业、科技、财政、供销、民政、工商等有关部门扶植下，合作社得以迅速发展，合作内容已覆盖粮食、蔬菜、林果、畜禽、水产品等多个产业和储藏、运销、加工、技术、信息服务等环节，合作社的数量也不断增加。截至 2013 年 12 月底，全国登记注册的专业合作、股份合作等农民合作社达 98.24 万多家，出资总额 1.89 万亿元，实际入社农户 7 412 万户，约占农户总数的 28.5%。农机合作社达到 4.1 万家，入社成员 152 万户，经营土地面积 1.2 亿亩，服务农户 4 500 多万户，完成作业服务总面积 7.5 亿亩，约占全国农机化作业总面积的 13%。农民用水合作组织达到 8.08 万个，林业专业合作社达到 4.16 万家，供销合作社系统领办的合作社达 9.3 万家。

2. 合作形式日益多样

合作形式的多样化主要表现在：①合作机制的多样化。不仅有劳动的联合，也有交易的联合，甚至资本的联合；既有产品和技术的联合，还有土地等生产要素的联合。合作机制不断被创新和扬弃。②盈余分配的多样化。既有按股分红的方式，也有按交易额分红返还的方式，还有相当一部分农民合作组织没有收入，同时存在农民合作组织只提取公积金和公益金不对农民进行利润返还的情形。③组织形式的多样化。既有松散型的专业协会，也有紧密型的专业合作社；既有农民牵头兴办的合作组织，也有涉农部门、基层政府兴办的合作组织，还有龙头企业等经济实体兴办的合作组织，呈现出主体多元、模式多样、机制灵活的发展趋势。

3. 合作社能力逐步提升

越来越多的农业合作社逐步从生产领域的合作，开始向品牌、流通、加工等经营领域发展，形成专业化布局、社会化服务、企业化管理、一体化经营的生产经营体系格局。组织内部的分工更加科学合理，经营手段也日趋现代化，合作的效益也越来越好。同时，农业生产合作组织逐渐重视品牌效应与标准化建设。一部分合作社已做到统一使用商标，统一供种供苗，统一生产或安全质量标准，并被认定为无公害基地或绿色食品、有机食品。截至 2012 年底，约 5 万家农民合作社注册了商标，3 万多家通过了无公害、绿色、有机等产品质量认证，各类示范社已突破 10 万多家。2012 年专业合作社为成员提供购销服务产品总值达 7 228 亿元，当年可分配盈余 625 亿元，社均 9.07 万元。

4. 合作组织间的联合有所发展

21 世纪以来，合作组织与合作组织、合作组织与企业以及合作组织与个体专业户之间联合日益增加。例如，2004 年 4 月 27 日，在温铁军教授的倡导和发动下，河南兰考南马庄等来自 5 个省的 7 个农民合作社共同发起成立了全国首家农民合作联社，即国仁绿色联盟；同年 9 月，兰考县又成立了南马庄农民生产合作联社；在农业大省湖南，2007 年 9 月 6 日成立了全国首家种粮合作社隆平米业种粮专业合作社，该社由 9

家基层种粮专业社组成；2008年3月19日，全国首家棉花专业合作社联合社湖北银丰棉花专业合作社在武汉成立。到2012年底，全国各类联合社已达5600多个。总体来看，合作组织的联合发展，既有同类业务合作社的联合，也有不同类型合作社的联合；既有横向的联合，也有纵向的联合；既有开放式的联合，也有封闭式的联合；既有对内开展基层社的业务指导、对外代表基层社维权的社团型的联合会，也有组织基层社共同开展经营业务的企业型的联合社，这些联合化的组织，有利于各成员之间的相互配合、资源共享、互利互惠，有助于解决单个组织不能解决的问题，进一步推动了农业生产合作组织的发展。

三、农民专业合作社发展中的问题及趋势

（一）农民合作社面临的问题

1. 规模总体偏小，对接市场能力有限

虽然在政策扶持下，近几年合作社在规模和质量上都有很大提升，但总体来看，合作社的注册资本、经营规模、带动社员数量等仍然规模偏小，能直接从事加工、销售的还是少数，竞争实力总体上还比较弱，多数合作社对政府依赖度较高。在市场对接方面，部分合作社难以实现"农超对接"，大部分合作社仍然以解决初级农产品销售为主要目的，没有实现生产、加工、销售一体化经营，没有形成自身的产业链，产业化程度低。

2. 内部制度不健全，运行不规范

大多数合作社在初期多是由当地"能人"和村干部发起的，合作社虽然设立了成员代表大会、理事会、监事会，但合作社的实际治理权集中于少数人手中，一般成员很少参与管理。资本集中化现象比较突出，核心成员出资额占绝大比例，也导致管理权力的日益集中化。部分合作社产权模糊、权责不清、收益分配机制不完善；有的合作社民主管理、民主监督机制不够健全，自我发展、自我约束、自我保护的作用难以充分发挥；有的合作社和社员之间利益关系松散，没有建立"利益均沾，风险共担"的合作机制；还有许多合作社没有专业的财务管理人员，财务管理不规范等。

3. 合作社发展受到资金制约

合作社的资金来源主要由三部分构成：一是社员入社缴纳的资格金，包括会费和股金；二是服务收入和营销利润；三是外来投资和捐助。随着农业结构调整的深入和农业产业化经营的不断发展，合作社的生产规模日益扩大，对资金的需求量大幅度增加。但由于农业生产本身具有较大的系统风险，农村金融机构对合作社的贷款往往趋于保守，资金短缺已成为合作社发展壮大的瓶颈，严重影响了合作社的发展规模和深度。

4. 扶持政策有待完善

目前，虽然各地出台了许多支持合作社发展的政策措施，但贷款融资难、加工用地难、人才引进难仍是当前制约合作社发展的突出难题。此外，税务设计存在缺陷，使合

作社在办理税务登记和组织机构代码上存在困难，相关税收优惠政策在有些地区的落实也不到位。

（二）农民合作社的发展趋势

1. 从横向合作向纵向合作深化

所谓横向合作，就是相同生产类型或从事相同农业生产环节的农民之间的联合，以增强其市场谈判力，并起到分散农户之间互助和生产设施规模利用的作用。然而，随着市场经济的发展，农业产业链不断延伸，农户若只从事农业生产环节将得不到产业链中其他环节的利润，于是出现了以产业上下游主体间合作为表现形式的纵向合作。实践中，纵向合作发展有两种主要形式，一种是与现有的生产资料供应商和营销商进行合作，形成类似"龙头企业+合作社+农户"的模式；另一种是由农民合作社自己创办该产业的上下游实体，直接与消费者进行联结，有效减少中间环节的费用。

2. 从单一功能向多种功能拓展

早期的农业技术协会只提供农业技术服务，其后农民专业合作社逐步从生产领域的合作，开始向品牌、流通、加工等经营领域发展，现在农资采购、新技术选择、信息获取、产品分级、包装加工、运输营销以及品牌化经营等活动已经全部由合作社统一经营和服务。此外，随着农业产业化和农村市场化进程的加速，农户资金需求也日益增加，专业合作基础上的资金互助也在许多地方悄然兴起，农民专业合作社的金融服务功能与日俱增。而且，由于功能的拓展，专业合作社开始越来越多地承担社会化服务功能，与村集体经济和村集体土地流转的关系也越来越密切，对农村发展的影响开始逐渐加强。此外，除了经济功能以外，农民专业合作社的文化功能、政治功能也在逐步显现。

3. 从传统合作向新型合作演变

与传统合作社以销售初级农产品为主有所不同，"新一代"合作社以创造农产品附加值为主要战略。新一代合作社多由大户或龙头企业牵头，在合作中引入股权因素，体现"比例原则"，在社员资格、社员退出权、农产品交易、利润分配等方面与传统合作社均有很大不同。新一代合作社的社员资格倾向于不开放，社员股权也可交易，合作社与社员之间的商业化交易、与非社员和非成员企业的交易增多，利润作为惠顾额返利分配给社员，而且管理日趋专业。

4. 从百花齐放向产业分化过渡

《农民专业合作社法》颁布后，合作社数量迅速增加，截至 2013 年底，全国合作社数量已达到 98.24 万家，涉及种植、养殖、农机、林业、植保、技术信息、手工编织、农家乐等农村各个产业，业务活动内容涉及农资供应、农技推广、土肥植保、加工、储藏和销售等各个环节，呈现出百花齐放之势。与此同时，一些以优势产业和特色产品为办社依托，紧紧围绕特色优势农产品区域布局规划和当地主导产业、特色产品而培育发展出来的农民专业合作社，更能带动当地农民调整农业结构，以优势产业和特色产品来增强合作社参与市场竞争和盈利的能力。

本章小结

1. 合作社是人们在自助、民主、平等、公平及共同体意识的原则下结成的组织，也是弱小经营者在市场经济条件下，以自由和竞争为基础而结成的自我保护组织。合作社的原则经过多次修改，对公平的追求成为近年来的主流。

2. 农业合作社起源较早，经过几个世纪的发展，逐渐在各国形成了不同的类型和组织模式。虽然各国情况不同，但农业合作社作为农业现代化与产业化的有效载体和组织手段的地位是一致的。

3. 从民国时期到现在，我国农村合作经济组织的发展经历了六个阶段。目前合作经济组织不断壮大，合作形式逐渐多样，但面临着资金、管理等方面的制约，抵御市场风险、生产风险的能力也较弱。

本章习题

1. 简述合作社成立的理由。
2. 合作社有哪些基本原则？
3. 农业合作社的类型与特点有哪些？
4. 我国农民合作社发展存在哪些障碍？

第六章

农业企业经营

第一节 农业企业的概念与职能

一、农业企业的界定与分类

农业企业是指从事农、林、牧、副、渔业等生产经营活动,具有较高的商品率,实行自主经营、独立经济核算,具有法人资格的营利性的经济组织。传统意义上的农业企业,是指以动植物和微生物为劳动对象,以土地为基本生产资料,通过人工培育和饲养动植物,以获得人类必需消费品的生产经营企业。现代农业企业则包括与农业产前、产中、产后有关的所有企业,也可以称为涉农企业或农业关联企业。凡是直接或间接为农业生产服务的企业,都可认为是农业企业。

农业企业可以根据不同的标准进行分类,按照资产所有制性质可以分为国有农业企业、集体农业企业、私营农业企业、股份制农业企业;按照生产产品的类型可以分为种植业企业、林业(园艺)企业、畜牧业企业、水产企业、农产品加工企业;按照产业链的范围可以分为初级农产品生产企业、农产品加工企业、农工商一体化企业;按照大农业的范围可以分为农产品生产企业、农产品经营企业、农产品加工企业、农业服务企业。

随着我国经济体制改革的深化,农业企业的具体形式也逐渐呈现出多样化、综合化、高级化的发展趋势。近年来,一些具有资金实力的城市工商业、乡镇工业企业、私营企业和外资企业,正在抓住我国农业转型时机向农业投资,创办"农业科技园区""农业公司""工厂化农业企业""公司制农场"等新型农业企业。很多地区在发展农业产业化经营的同时,大力兴办各种类型的专业化种植场、养殖场以及场办工业、场办商业或其他第三产业,为我国农业企业的现代化发展开拓了新天地。

二、农业企业的职能

农业企业的职能,是指农业企业在社会经济活动中所产生的功能或发挥的作用。同其他类型企业一样,农业企业既具有企业的共性职能,又具有农业企业的特殊职能。

(一)农业企业的一般职能

1. 组织生产力的职能

农业企业根据市场需求,把握企业发展方向,调整生产结构,规划生产布局,制定各种劳动定额、技术定额及生产操作规程;依照农业生产过程的季节性、顺序性等特点,配置和合理利用企业的经营资源,如劳动力、土地、机器设备、物质资料等,生产适销对路的产品,以及处理人与物的关系。

2. 调节生产关系的职能

农业企业必须正确处理生产经营活动中所发生的人与人之间的关系,以调动人的积极性,包括企业内部的产权关系、分配关系,所有者、经营者与劳动者之间的责、权、利关系,与企业外部的协作关系、契约合同关系、商品交换关系、债权与债务关系,以及与政府之间的经济关系等。

(二)农业企业的特殊职能

农业的特点决定了农业企业有别于其他类型的企业,具有特殊的职能。

1. 为社会提供基本的物质资料

一是生活食用品,如粮、棉、油、蔬菜、水果等直接食用的农副产品;二是生产加工用品,如各种可供生产加工的农副产品等初级原料,这是其他企业所不能替代的职能。

2. 保护自然生态环境

作为以生物有机体为劳动对象的农业企业,其不仅要利用生物界、自然界生产各种产品,以满足社会物质需求,而且要依据系统内外环境的生态条件和经济条件,适时增加物质和能量的投入,实行集约化经营和科学化管理,不断改善农业生态环境,形成一个有利于农业生产稳定发展的生态基础和资源基础,使农业企业内部与外部系统协调统一。

3. 提高农民组织化程度

我国改革开放以来的实践证明,要解决小农户与大市场之间的矛盾,一个有效途径就是将分散的农户组织起来,将家庭经营的市场交易整合到合作社或农业企业的交易系统中来,通过合作社或农业企业把农民组织起来参与市场竞争;或者通过农业产业化经营形式,如"公司+合作社+农户""公司+基地+农户"等形式组织农民进入市场;又或者以各种形式的农业(科技)园区企业化经营将农民组织起来。

三、农业企业的特征与发展趋势

现代农业企业是指广泛应用现代农业科学技术和科学管理方法,实行农业规模经营和产业化经营的新型企业。现代农业企业的发展，极大地提高了农业劳动生产率、土地生产率和农产品商品率，使农业生产力水平达到了一个新的高度。

（一）现代农业企业的特征

现代农业企业的特征具体表现在以下几点。

1. 农业企业生产立体化

对于传统生产的平面型、结构单一的农业企业而言，农业企业的立体化是指在单位面积上更多利用动植物和微生物的特征及其对外部条件的不同要求，通过种植业、养殖业和加工业的有机结合，建立多个物种共栖、资源多级利用的农业生态系统。

立体农业企业生产，从层次看，垂直空间的多层配置，空间的主体结构和平面结构有机组合，在空中、地面（水面）、地下（水下）形成错落有致的不同层次，即不同空间高度、地层深度都有不同生物活动着；从加工程度看，表现为不同水平的技术并存，如传统技术、先进技术、新兴技术、尖端技术等多种技术交替使用，在同一时间内，种养、加工、储运等技术相互交织；从能量转化看，有传统利用模式，有二次、三次利用模式，有多次利用模式和循环利用模式；从资源利用看，包括对生物资源在内的自然资源的充分利用，对副产品、有机废物和生物能的循环利用。

立体农业生产企业多项目、多层次地有效利用各种自然资源，不仅能取得更多的物质生产量和经济效益，同时又有利于生态平衡，使农业企业的生产经营处于良性循环之中。因此，它已成为世界各国所寻求的农业企业的主要形式。

2. 农业企业经营综合化

对于经营规模小且分散的农户家庭、个体经营单位而言，综合化农业企业生产规模较大，社会化程度较高，采用先进生产技术，有较高的劳动生产率和商品率，如农工商联合企业、农业产业化龙头企业、农业科技园区等。其有两个特点：一是农业科技与经济社会综合协调发展，并以经济为纽带，把农业科学技术、经济、社会三者统一起来；二是农业生产的产前、产中、产后的纵向综合。农业已经突破了一般意义上所含的农、林、牧、渔各业。因此，农业企业还应包括为农业提供生产资料的产前企业和农产品储运、加工、销售等农业的产后企业，以及农业商业、农业科研等企业。

3. 农业企业发展外向化

农业企业外向化就是以国际市场需求为导向，以企业效益最大化为目的，组织供应、生产、加工、销售等经营活动。外向型农业企业与其他农业企业相比，有着以下不同内涵：一是外向型农业企业是农业生产力发展到一定阶段的产物，以企业效益最大化为目的，以国际市场为导向，以产品品质好和技术密集程度高为标志；二是外向型农业企业以发达的商品经济为前提，以销定产，以市场需求来确定科研和技术开发的方向；三是外向型农业企业突破了传统的生产型和部门分割的管理体系，形成了贸工农一体化的经营机制；四是外向型农业企业的经营战略发生了根本性的转变，即由内向型转为外向型经营，农业企业将充分利用国内和国外两种资源、两个市场，以及现代化管理技能，从事跨国的工商活动。可见，现代农业企业是一个开放型的投入-产出系统。加入 WTO 以后，我国参与经济全球化的程度不断加深，在关税水平大大降低的情况下，农业企业的开放性和国际化程度也必须进一步加强。

（二）农业企业的发展趋势

1. 集约化

由于我国人口基数庞大，人均耕地面积仅为世界平均水平的 1/4。为了充分满足社会日益增长的农畜产品需求，不断提高土地利用率和生产率，劳动、技术、知识等集约化经营已成为一种趋势。这也是现代农业生产系统的开放性和高产出的必然要求。

2. 工程化

工程化就是采用现代化的农业工程技术设施改革农业生产条件，尽量满足农作物和畜禽生产对环境条件的需要，具体包括农田水利设施、农业机械、日光温棚、农田林网、畜禽棚舍、养殖机械的采用等。

3. 生态化

生态化就是根据生态学原理，将传统农业的精华和现代农业科学技术有机结合起来，力求提高农业生产系统内部食物链上各营养级的物质和能量转化效率，尽可能多地把生物学产量转化成经济学产量，包括因地制宜、不同生物生态位置的组合，自然资源时间节律的充分利用，食物链的加环增值、增效和减耗，等等。

4. 智能化

智能化就是充分利用电子计算机和互联网技术等人工智能技术和现代化控制技术，实现农业生产管理科学化、精确化、自动化和高效化。目前，人工智能已在农业生产上广泛使用，如农作物产量遥感预测，病虫害防治，人工智能日光温室，土壤测土配方施肥，农产品分级、加工及包装，等等。

5. 绿色化

绿色化就是农业生产过程及农畜产品本身做到无污染、无公害、无残留，具体包括化肥和高效残留农药的控制及合理使用，病虫害生物防治，无激素饲料添加剂的使用，畜禽疫病防治，畜禽排泄物的循环利用及除臭，农畜产品无病菌、无药残，等等。

6. 高效化

高效化是农业企业经营追求的永恒目标，通过高效生产项目的选择、资源及产品的合理配置、先进技术的引进、科学的管理、成功的市场营销等有效措施，实现低成本、高效益目标。

7. 经营国际化

农业企业经营管理必须面向国际市场，围绕提高核心竞争力、自有产品的国际市场占有率和赢得并维持竞争优势来展开。在经济全球化背景下，农业企业的经营国际化将进一步加快。

第二节 农业企业的经营战略与经营环境

一、农业企业的战略目标

企业战略目标是企业战略思想和经营宗旨的具体化,反映企业的自我定位和发展方向。它涉及企业整体发展及其达到的水平,比近期经营目标更强调长远性和方向性。企业战略目标一般包括以下内容。

1. 获利能力

利润是企业生存和发展的基本条件,又是市场目标的必然结果和衡量经营效益的重要尺度。任何企业长期经营能力的大小都取决于其获得的利润数量。因此,获利能力是以营利为目的的企业长期目标中不可缺少的部分。其衡量指标有利润额、投资利润率、资本收益率、销售利润率,以及职工的工资、奖金和集体福利水平等。

2. 生产能力

生产能力是企业获利能力的保证。一般可以用每单位投入量所生产的产品或提供的服务量来衡量。在单位产出量不变的情况下,成本的降低意味着利润的增加。所以,也可以用成本降低目标来表示。

3. 竞争地位

衡量企业是否成功的标志之一是企业在市场上的相对地位。大企业常用竞争地位目标来衡量自身发展和获利的相对能力。其衡量指标主要是市场占有率或总销售量。市场占有率,是指企业某种产品的销售量占该种产品市场总销售量的百分比,它是反映企业市场竞争能力的主要指标。一般来说,随着市场占有率的提高销售收入也随之增加。

4. 人力资源开发目标

企业的发展在很大程度上依赖于员工的素质。企业注重对企业各类人员的培训,为职工提供良好的发展机会,既可以提高员工的积极性,又有利于企业综合素质的提高。因此,人力资源开发应作为现代企业长期发展的目标之一。其衡量指标有战略期内企业培训人数及培训费用、技术人员在全体员工中的比例增长、各种技术职称的比例增长、员工技术水平的提高、人员流动率等。

5. 技术改进与发展目标

企业制定战略目标时,必须从现在行业中的实际技术水平出发,预先确定自己在未来战略期内应达到的技术水平。其衡量指标有企业投入研究开发的资金量或应完成的开发和创新项目数、新产品开发费用占销售额的百分比、新产品获利的能力等。

6. 财务状况

企业财务状况是企业经营实力的重要表现,其衡量指标有资本结构、现金流量、营运资本等。

7. 企业建设与发展

企业发展必须适应内外环境变化，因此企业应制定战略期建设与发展目标，具体指标有年产量增长速度，企业生产规模、生产能力、生产用面积的扩大以及生产自动化、数控化、计算机水平的提高等。

8. 社会责任与贡献

现代企业已不再是单纯追求利润的营利性组织，其越来越注重树立良好的信誉形象、对用户和社会的责任以及对国家的贡献，衡量指标有提供商品的质量与数量、缴纳的各种税款、承担的有关社会负担和环境保护责任等。

事实上，并不是所有的企业都涉及这些目标领域，企业可以根据自己的业务特点和环境条件，有选择地利用相关指标。

二、农业企业的战略选择

（一）企业总体战略的选择

1. 稳定型战略

一般来说，稳定型战略适用于以下情况：一是企业所面临的外部环境较为稳定，而企业感到自己是成功的；二是企业最高领导出于规避风险的考虑而对企业现行的战略进行重大调整；三是企业实力较弱，且满足于以往的经营业绩，希望继续保持与过去大体相同的业绩和目标；四是企业经营者感到对新产品或新市场缺乏足够的认识和必要的准备；五是企业不适用于多元化或一体化扩张。

2. 发展型战略

一般来说，发展型战略适用于以下情况：一是扩张能使企业获得更大的社会效益，如扩大企业的社会影响力、受到政府的重视等；二是希望获得规模经济效益，提高企业的市场竞争地位；三是当外部环境存在的新的发展机会与企业的内部条件基本吻合时，企业一般会采取扩张战略；四是企业已在同行业经营领域处于优势地位；五是当企业所在行业发生剧烈变化，为了保证企业在变动中不至于处于被动地位。

3. 紧缩型战略

一般来说，紧缩型战略适用于以下情况：一是企业以前执行的战略失败，要立即采取新的扩张战略又缺乏资金和其他资源，只有通过紧缩而重新积蓄力量；二是企业处境困难，市场占有率下降，利润在减少，且又缺乏足够的力量予以扭转；三是外部环境中存在着较大的威胁因素，如普遍性的经济萧条、市场需求不足、银根紧缩，或是遇到强大的竞争对手，而企业内部条件又不足以对抗这些威胁；四是本行业所处环境已无发展机会，而其他行业却能发挥自己的优势，准备通过紧缩现有业务，进入新的业务。

（二）企业经营战略的选择

1. 低成本战略

低成本战略主要用于以下情况：企业生产同类产品的产量规模大，成本降低具有很大潜力；企业面临强大的竞争对手，要保持与扩大市场占有率；为了防止更多的竞争者渗入同类产品的销售市场，而构筑较高的进入壁垒；当企业面临较多的替代品竞争时；等等。

2. 差异化战略

差异化战略主要用于以下情况：企业在同行业中具有垄断地位；企业的信誉与市场地位较稳固；企业为谋求较高的边际收益时；等等。

3. 集中战略

集中战略既适用于某些大型企业的专项产品开发，又适用于实力不够雄厚、在整个市场上不占优势而只能拥有局部优势的中小型企业。

（三）企业职能战略的选择

企业的职能部门很多，包括市场营销、产品生产、研究开发、财务管理等各个方面，而每个职能部门都有着各自的特定功能。因此，企业职能战略选择的总体原则是，在总体战略方向和经营战略范围内，结合具体职能部门的要求，进行综合评价和选择。

企业三种经营战略的比较如表6-1所示。

表6-1 企业三种经营战略的比较

类型	技术、资源要求	组织要求
低成本战略	大量资本投入	严格的成本控制
	较高的生产技术	严密的组织责任制度
	易于生产的产品设计	可量化的激励制度
	低成本的销售渠道	严格的劳动管理
差异化战略	强有力的营销能力	对产品的研究开发、生产营销等职能活动的协调能力强
	较高的生产技术	
	丰富的创造能力和学习能力	以量化测定和激励代替主观测定
	在质量和技术上的领先地位	能营造吸引人才的环境
	善于吸取别人的适用技术	
	各方面的协调能力强	
集中战略	能集中上述两种战略技术和资源于特殊的目标和市场领域	能集中上述两种战略组织要求于特殊的目标和市场领域

三、农业企业的经营环境

企业经营环境是指对企业经营与发展产生直接或间接影响的各种外部条件。任何企业的生产经营活动，都在一定的环境条件下进行，而且各种环境因素总在不断变化。环境因素的变化，有时会给企业带来发展机遇，有时也会给企业的生存和发展造成威胁。因此，企业必须经常关注其经营环境的变化，并据此制定或调整经营战略和目标。

（一）农业企业的经营环境

企业经营环境是一个多因素、多层次且不断变化的系统，主要包括经济环境、自然环境、技术环境、政策法律环境、社会文化环境和国际环境等。

1. 经济环境

经济环境主要包括经济制度、经济发展水平、市场供求和市场竞争状况等方面。企业作为经济组织，其行为受到经济环境的直接影响。因此，经济环境是影响企业生存、发展和制定经营战略的首要因素。

2. 自然环境

自然环境的变化，会给企业造成一定的威胁或提供一定的市场机会。20世纪中期以来，人类在创造物质财富的同时，也造成了资源短缺、环境污染和生态破坏等一系列环境问题。1980年联合会正式提出可持续发展的概念，1994年我国正式实施可持续发展战略。环境保护与绿色消费已成为21世纪企业经营观念的主流。农业企业是直接以动植物生产、加工为经营对象的企业，自然环境因素更是其经营决策必须首先考虑的问题。

3. 技术环境

在知识经济时代，技术环境是企业经营决策重点关注的方面。首先，新技术是一种"创造性的毁灭力量"。每一种技术都会给某些企业创造新的市场机会，同时对另一些企业造成威胁、冲击甚至使其被淘汰。例如，电子技术、网络技术的飞速发展对农业企业的传统管理模式将形成巨大冲击。其次，新技术革命将改变农业企业的生产方式与经营规模。例如，电子通信技术与分子生物技术的广泛应用，使设施农业、生态农业、休闲农业的发展方兴未艾。最后，新技术革命影响着零售商业结构和人们的购买习惯，农业企业必须面对"从田间到餐桌"的新型市场分销体系的挑战。

4. 政策法律环境

国际经济政策和农业政策对农业生产和农业企业的经营方向具有指导性的意义。相关法律法规更是保证企业经营活动和经营行为规范运行的基础。因此，政策法律环境直接或间接地影响着企业经营战略的制定和具体经营策略的实施。

5. 社会文化环境

社会文化环境是指一定的社会条件下形成的价值观念、宗教信仰、风俗习惯、教育水平、行为方式等。价值观念、宗教信仰、风俗习惯、教育水平等都会影响人们的消费行为。因此，企业在制定经营战略时必须考虑社会文化因素的影响，及时调整产品结构和营销策略，以适应日益多样化的市场需求。

6. 国际环境

在经济全球化的发展态势下，国内外市场的整合使得我国农业进入开放的系统之中，在更大范围内实施对外开放。一方面，扩大开放的国内农产品市场为外商来华投资创造了更多的机会，也为国内农业企业到海外投资创造了条件；另一方面，农业企业也面临着更加激烈的国内外市场竞争环境。

(二) 企业经营环境分析

1. PEST 分析法

英国学者格里·约翰逊（Gerry Johnson）和凯万·斯科尔斯（Kevan Scholes）在其著作《公司战略教程》中，将企业经营环境概括为政治法律（political）、经济（economic）、社会（social）和技术（technological）四个方面，故其环境分析法被称为 PEST 分析法。这种方法主要是对企业的过去、现在和将来的经营环境进行时间序列分析。首先，分析上述四个方面因素在过去对企业产生了哪些影响以及影响程度，从中找出关键性因素；其次，分析这些关键性因素在当前对企业及其竞争对手的影响程度；最后，在确认关键影响因素的基础上，进一步分析其对企业未来发展的影响程度以及变化趋势，据此确立企业的经营战略。

2. SWOT 分析法

SWOT 是优势（strength）、劣势（weakness）、机遇（opportunities）和挑战（threats）的英文缩写。SWOT 分析法，主要是分析经营环境中的关键性影响因素，确认企业当前的优势和劣势，认识外部环境变化所能够提供的机遇和企业可能面临的挑战。优势是指企业较之竞争对手在某些方面所具有的不可匹敌、不可模仿的独特能力；劣势是指企业较之竞争对手在某些方面的缺点和不足。机遇和挑战分析，是将外部环境变化趋势中对该企业有战略性影响的因素，尽可能地逐一罗列出来，然后判断这些因素出现的可能概率，以确定企业面临的机遇和挑战及其程度。

3. 波特模型

波特模型是 1979 年哈佛大学教授迈克尔·波特（Michael Porter）提出的，对企业战略制定产生了全球性的深远影响。他认为影响企业经营战略形成的因素有政治、经济、法律、科技、文化等方面，影响企业营利能力或竞争能力的关键性因素有五种：行业内现有竞争者的威胁（herivalry among competing sellers）、潜在竞争者的威胁（potential new entrants）、替代产品或服务的威胁（heat of substitute product）、供应商的讨价还价能力（suppliers bargaining power）、顾客的讨价还价能力（buyer bargaining power），如图 6-1 所示。

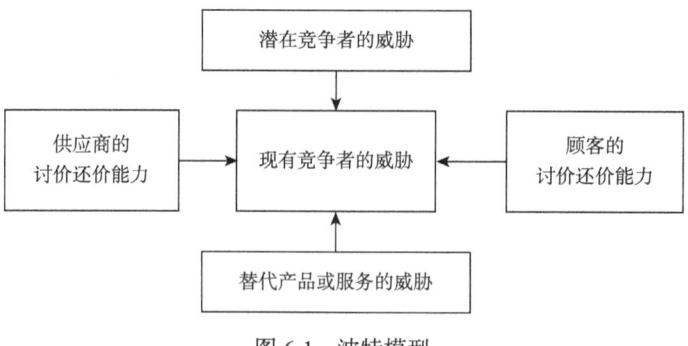

图 6-1　波特模型

第三节 农业龙头企业的发展

所谓农业产业化龙头企业，是指在农业产业化经营系统中，依托农副产品生产基地建立的、规模较大、辐射带动作用较强，具有引导生产、深化加工、开拓市场、延长链条、增加农产品附加值等综合功能，与基地农户形成风险共担、利益均沾的产加销、一条龙、贸工农一体化利益机制和经营机制的农副产品加工流通企业。农业产业化龙头企业作为一个重要的新型农业经营主体，既具有企业的本质，又具有自身的典型特征。农业产业化龙头企业既是新型农业经营主体的重要组成部分，也是企业经营的重要主体，在构建新型农业经营体系中发挥着重要的引领作用。

一、农业龙头企业的作用

农业龙头企业的鲜明特点与"三农"息息相关、紧密相连，其在农业产业这个链条中具有"龙头"地位，是新形势下农民增收的有效组织者。在解决"三农"问题、促进农村经济发展中，龙头企业的地位日益显著，作用越来越突出。

（一）龙头企业具有市场开拓功能

龙头企业通过提高市场预测、市场决策、市场营销和市场竞争能力的手段，来达到开发吸引客户群体，满足客户需求，提高产品市场占有率的目的。龙头企业要带动农业产业链的各个环节，是进入市场的领跑者。龙头企业凭借自身经济实力强、规模大、信息灵、产品优、销售体系健全等方面的优势，可以开拓、扩大和占领国内外更大的市场，而市场的开拓又可以为产业规模的进一步扩张奠定坚实的基础。

（二）龙头企业是连接农户与市场的桥梁

千千万万小规模分散经营的农户，通过龙头企业提高了社会化和组织化程度，实现了与千变万化的国内外大市场的连接，增强了抗御自然风险和市场风险的能力。龙头企业凭借信息灵通的优势，可以通过国内外的市场需求信息，引导生产基地和农户调整生产结构和产品结构，多生产适销对路的农副产品。龙头企业还凭借自己较强的经济实力和技术水平，从互惠互利的原则出发，对自己所依赖的生产原料基地进行适当的扶持和服务。

（三）龙头企业具有技术创新和产品增值功能

龙头企业凭借自己的技术优势和先进设备，可以持续开发应用新知识、新技术和新工艺，优化生产要素组合，不断更新生产方式，推出新的产品，提供新的服务，以实现对农副产品的深度加工、系列开发和多次转化增值。

（四）龙头企业是农业产业化的支柱

龙头企业在农业产业化经营中起着至关重要的作用，居于核心地位，它是农业产业化经营系统的组织者、带动者、市场开拓者和技术创新主体。龙头企业的增值能力、市场竞争力、管理水平和创新能力，将直接关系到农业产业化经营的方向、进度乃至成败。龙头企业的生产经营规模和水平，决定着整个农业产业化链的规模和水平。龙头企业的建设是农业产业化发展的关键。

二、农业龙头企业的发展历程

农业产业化和龙头企业发端于20世纪80年代中后期，经过了近30年的发展历程。在这一过程中，农业产业化和龙头企业及政策环境都在不断发展和变化着，总体而言，大致可以分为四个阶段。

（一）自发探索阶段

20世纪80年代中期，经济发展较快的东部地区和大城市郊区出现了"贸工农一体化""产加销一条龙"的新的经营方式。其最常见的做法是，企业根据市场需求与农户签订合同，建立农副产品生产基地，提供配套服务并扶持生产，以保证原料供应，将农副产品加工后销往国内外市场；农户则按照合同要求进行生产，并按时定量地将农产品交售给龙头企业。这一时期是农业产业化的初创时期，政府对产业化经营的龙头企业还没有相应的政策，龙头企业处于自发的发展状态。从区域分布来看，龙头企业主要集中于东部沿海地区和大城市郊区，从行业分布来看，主要是畜禽养殖和加工行业。据农业部统计，1992年畜牧业系统的龙头企业就有2 000多家。

专栏6-1

山东诸城外贸公司

山东省诸城市外贸公司是一家较早实行一体化经营的公司。该公司从1975年开始进行肉鸡加工出口，但经营状况一直不太理想。从1985年开始，公司先后组织6个考察团赴美国、日本、德国、泰国等地考察。在充分论证的基础上，决定借鉴泰国正大集团先进的生产管理经验，实行贸工农一体化、产供销一条龙经营。公司从美国引进"爱拔益加"良种鸡和先进孵化设备，建起种鸡繁育场；引进饲料加工设备和配方，建起饲料加工厂；按照出口标准，改造扩建了加工冷储设施，并与日本客商建立了较为稳固的贸易关系；帮助农民建起育肥鸡饲养基地，由公司提供"四到门、三赊销、两公平、一结算"的系列化服务。实行贸工农一体化之后，公司与农民结成了利益共同体，养鸡户可以放心大胆地养鸡，公司可以获得稳定的货源，既增强了公司信誉，又开拓了国际市场。1991年出口分割鸡1万多吨，占全国肉鸡对日本出口总量的三分之一，创汇2 000多万美元。

资料来源：中国农业产业化发展报告. 北京：中国农业出版社，2008

（二）政策推动阶段

1995年3月，《农民日报》发表了《产业化是农村改革和发展的方向》一文，并提出"产业化是农村改革自家庭联产承包责任制以来又一次飞跃"。同年2月，《人民日报》在报道山东潍坊经验的同时，配发了"论农业产业化"的社论。至此，农业产业化的思想在全国广泛传播，引起了广大实际工作者和理论界的关注，并得到中央决策者和农业部的充分肯定。1996年农业部成立农业产业化领导小组，1997年党的十五大报告提出，积极发展农业产业化经营，形成生产、加工、销售有机结合和相互促进的机制，推进农业向商品化、专业化、现代化转变。1998年10月党的十五届三中全会对农业产业化做出了充分肯定并指出："农村出现的产业化经营，不受部门、地区和所有制的限制，把农产品的生产、加工、销售等环节连成一体，形成有机结合、相互促进的组织形式和经营机制。"《中共中央关于农业和农村工作若干重大问题的决定》提出，发展农业产业化经营，关键是培育具有市场开拓能力、能进行农产品深度加工、为农民提供服务和带动农民发展商品生产的"龙头企业"。

为推进农业产业化发展，20世纪90年代末召开了由农业部牵头，国家发展与改革委员会、财政部、商务部、人民银行、国家税务总局、中国证监会、全国供销总社参会的全国农业产业化联席会议，建立了齐抓共管的工作协调机制。这个时期农业产业化经营进入了有规可循的阶段，并形成了"公司+农户""公司+合作社+农户"等较为典型的订单农业发展模式。受市场需求和政策激励的双重影响，这一时期的农业产业化经营蓬勃发展，1996~2000年，产业化经营组织数量年均增长53.1%，带动农户数量年均增长31.1%，来自产业化经营的户均收入年增长56.5%。

专栏 6-2

农业产业化经营的温氏模式

广东温氏食品集团有限公司是一家涵盖养殖、食品加工、农牧设备、房地产开发、实业投资等几大产业的大型现代化、信息化的农牧公司。其前身是创立于1983年的新兴县勒竹养鸡场，其探索发展了"公司+农户"的温氏模式并取得了巨大成功。2013年，集团上市肉鸡8.48亿只、肉猪1 013万头、肉鸭1 472万只，总销售收入352亿元。

温氏模式的特点是通过"公司+农户"的生产合作方式，将分散的农户组织连接成为温氏集团的终端生产者。首先，农户自愿申请入户后，公司指派人员上门指导鸡舍建设，然后双方签订合同，公司为农户建立信息化档案并设立专用账户、农户按照每只鸡3~5元的标准缴纳合作保证金，在指定时间领取鸡苗、饲料及药物等，在合同规定的时间里，公司对农户进行技术指导，及时收购达到公司饲养日龄的成鸡，在扣除鸡苗、饲料、药物等物料成本费后按照公司与农户1∶1的分配比例兑付现金。

温氏模式获得巨大成功的经验有以下几点：第一，构建了多元主体共同参与的利益共同体。通过分担固定资产投资和生产成本支出、签署保价协议、制定最低限价收购和二次分配机制等，温氏集团在大量吸收运用民间资金的同时，将农户和自己结成风险共担、利益共享的紧密联合体。通过员工持股计划将员工利益与公司发展协同起来。通过维护公司与客户、公司与竞争者之间的良好关系，维护了良好的市场秩序，为公司发展创造了良好的外部环境。第二。打造了科学的组织架构。在"公司+农户"基本组织架构之上，不断创新组织形式，实施一体化公司经营方式，通过扁平化组织结构的推行，调动了区域一体化公司的积极性，提高了公司的市场竞争力。第三，专注农业一体化经营。温氏集团坚持以农业产业化经营为发展目标，以养殖业为主导产业，使自身的竞争力不断得到巩固和增强。

资料来源：胡晓云，黄连贵. 模式制胜——中国农业产业化龙头企业群像解析. 杭州：浙江大学出版社，2013

（三）快速发展阶段

21世纪以来，我国农产品由供不应求进入供求基本平衡、丰年有余的新阶段。为了适应农业结构战略性调整提出的新要求和加入世界贸易组织后面临的新形势，中央加大了推进农业产业化的力度。在2001年11月27日召开的中央经济工作会议上，江泽民同志强调指出："农业产业化经营，是促进农业结构战略性调整的重要途径，是通过产加销结合，使广大农民普遍受益的经营形式，要作为农业和农村经济工作中一件带全局性、方向性的大事来抓。"党的十六大要求积极推进农业产业化经营，提高农民进入市场的组织化程度和农业综合效益。党的十七大强调，支持农业产业化经营和龙头企业发展。党的十七届三中全会决定提出，发展农业产业化经营，促进农产品加工业结构升级，扶持壮大龙头企业，培育知名品牌。这一阶段，中央一号文件连续强调农业产业化和龙头企业发展，各级各部门不断完善扶持政策，积极推动组织模式创新，全面提升农业产业化经营水平。2012年3月，国务院下发《关于支持农业产业化龙头企业发展的意见》，对龙头企业各项优惠政策给予集成。到2012年，全国龙头企业达10万多家，其中国家级重点龙头企业1 200多家，省级重点龙头企业11 000多家，涌现出大批资产实力强、市场潜力大、技术设备先进、经营效益好、带动农户和生产基地面宽的企业集团。

（四）转型发展阶段

2012年以来我国经济步入了以中低速、高质量为特征的新常态，在这种背景下，龙头企业也将面临新的挑战：一是经济增速下降，社会总需求增速也相应下降，对龙头企业开拓市场产生不利影响；二是集团消费减少，国内消费市场结构重构，对龙头企业开发产品和市场定位提出挑战；三是资源环境约束越来越大，外延式、粗放型发展方式迫切需要转型升级。因此，新常态下龙头企业的发展速度将会减慢，必须加强技术改造和升级，加大信息化对产业发展的支撑力度。

三、农业龙头企业的发展现状与趋势

(一)农业龙头企业的发展现状

1. 组织数量增加、效益提升

近年来,龙头企业从少到多、由小及大,得到了较为快速的发展。据农业部产业化办公室统计,2004~2013年,龙头企业数量由4.97万家增加到12.34万家,年均增长10.63%;固定资产总额由6 365.03亿元增加到35 835.53亿元,年均增长21.17%。随着龙头企业数量和规模的扩大,龙头企业生产经营效益也呈不断上升趋势。2004~2013年,龙头企业销售总收入由14 260.54亿元增加到78 579.96亿元,年均增长20.88%;净利润总量由900亿元增加到5 158.62亿元,年均增长21.41%;出口创汇由207.92亿元增加到555.91亿元,年均增长11.55%;上缴税金由481.86亿元增加到2 628.51亿元,年均增长20.74%。

此外,龙头企业的平均规模也不断扩大。2004~2013年,平均每个龙头企业的固定资产额由1 280万元增加到2 904万元,销售收入由2 869万元增加到6 369万元,净利润由181万元增加到418万元,年平均增长率分别为9.53%、9.27%、9.75%,保持了较快的增长势头。随着龙头企业的发展壮大,各地都涌现出了一些大型、特大型的龙头企业集团,并呈现不断增多的态势,销售收入超10亿元、30亿元、50亿元、100亿元的龙头企业数量均呈上升趋势。

2. 覆盖产业以种养为主、兼顾其他

在各类龙头企业中,以从事种植和养殖及其加工业的龙头企业为主,占总数的80%以上。2013年,种植业龙头企业占总数的53.6%,销售收入占54.02%;畜牧业龙头企业占总数的24.73%,销售收入占25.31%;水产业龙头企业占总数的6.05%,销售收入占4.81%;林业龙头企业占总数的8.29%,销售收入占5.23%;其他行业的龙头企业占总数的7.33%,销售收入占10.62%。

3. 基地建设投入增加、规模扩大

基地建设是龙头企业获得稳定原料的基础。近年来,龙头企业普遍重视基地建设,包括自建基地、订单基地,有的龙头企业还跨地区建设生产基地。一方面,龙头企业的基地投入在快速增加,2007~2013年,龙头企业对原料基地的投入由640.9亿元增加到3 858.1亿元,增长了5倍以上。从基地的投入结构来看,主要是基础设施建设投入,此外还包括农民培训投入、生产资料垫付支出等。另一方面,伴随着基地投入的增加,基地规模也在逐步扩大,2013年底龙头企业辐射带动种植业生产基地约占全国农作物播种面积的六成;带动畜禽饲养量超过全国畜禽饲养量的近七成;带动养殖水面超过全国的八成;龙头企业主要农产品原料采购总额达到3.41万亿元。可见,以龙头企业为主的农业产业化经营组织已成为农业生产和农产品市场供给的重要主体,对保障国家粮食安全和农产品有效供给发挥了积极作用。

4. 带动农民就业和增收

龙头企业通过订单、合作、入股等多种形式，带动农民从事农业产业化经营，同时为农户提供农资供应、技术指导、产品购销、仓储物流等服务，吸纳农民就业，与农民共享产业化发展成果。2013年龙头企业带动农户数达6 671万户，带动基地农户增收总额2 447亿元，农户户均增收近3 700元；龙头企业职工人数2 404.72万人，龙头企业工资福利总支出0.52万亿元，职工年收入2.16万元。在带动农民增收的结构中，按合同价收购比按市场价收购向农民支付的差价占农民增收的主要部分，其次为工资报酬、股份返还、土地租金等。

（二）农业龙头企业存在的问题

1. 利益联结关系仍然比较松散

产品购销合同仍是龙头企业和农户的主要利益联结方式，以技术、服务、资金、资产作为利益联结纽带的紧密型产业化利益联结方式还不多，通过契约和约定的简单联结方式仍然占较高比例。还有相当大比例的农户与产业化组织没有签订比较规范的订单，与龙头企业只是通过市场交易进行联结。此外，由于农民分散性的特征，目前农户在与龙头企业对接过程中仍处于弱势，缺乏谈判能力，在利益分享中处于不利地位。

2. 企业营利水平不高

近年来，龙头企业用工成本持续增加，远快于销售收入的增长速度。尤其是地处中西部农村地区的龙头企业，"招不到、留不住、工价高"等用工问题更为突出。加上土地租金持续上涨，国内市场竞争进一步加剧，龙头企业的利润率呈下滑趋势。与此同时，国内外农产品价格倒挂，粮、棉、油主要农产品价格高于国外，进一步加大了龙头企业的生产经营压力。

3. 土地、资金、技术等要素制约

龙头企业在发展过程中，还面临着比较严重的土地、资金、技术等方面的制约。由于农产品加工业的税收比较有限，龙头企业在用地上非常困难。受企业实力和抵押物不足的限制，龙头企业在金融机构融资也比较困难，特别是在农产品集中收购时期。此外，随着国家对资源、环境和质量安全的高度重视，一些龙头企业生产方式落后的问题也越发凸显。

（三）农业龙头企业的发展趋势

目前，农业产业化和龙头企业发展逐步由数量扩张向质量提升转变，由松散型利益联结向紧密型利益联结转变，由单个龙头企业带动向龙头企业集群带动转变，呈现出以下几个方面的发展趋势。

1. 由单个龙头企业引领向龙头企业集群引领转变

随着国内市场的迅速扩大，农业产业化组织的多元化，以及不同产业之间的协同整合，农业产业化经营的引领方式也发生了重要变化。国际金融危机的爆发、产业梯度转移等外部冲击打破了原有的市场格局，进一步推动龙头企业进行资源要素整合，一批产品质量高、具有自主品牌、综合实力强的企业脱颖而出，市场份额明显提高，影响力显著增强，逐步形成了起点高、规模大、竞争力和带动力强的大型龙头企业和企业集团。一些地方充分发挥利用资源和区位优势，推进龙头企业集群集聚，发展相关配套产业，形成了一批分工协作良好、组织化程度较高、辐射带动效果显著的产业集聚区。农业产业化的引领方式，由单个组织带动为主，发展为由不同组织的协同带动为主，并逐渐发展成产业集群引领。随着我国农业优势区域布局进一步发展、企业集团化集群化发展的内在动力不断加强，以及地方政府的大力推动，未来龙头企业进行资源整合、跨区经营、兼并重组、集团化集群化发展的趋势也会越来越明显。

2. 由要素驱动向创新驱动转变

30年来农业产业化和龙头企业的发展，主要得益于市场容量的扩大和要素投入的增加，是一种基于外延扩张的发展方式。随着市场竞争的日趋激烈和产业融合程度的不断加深，从根本上提升产业竞争力成为更加重要的选择。在新的时期，农业产业化和龙头企业发展将由主要依靠要素驱动转向越来越多地依靠创新驱动，由要素扩张转向要素优化组合，由注重产品结构升级转向要素结构升级。通过引入现代科技和先进生产方式，农业产业化和龙头企业更加重视对新品种、新技术、新工艺、新理念等要素的投入，更加注重人力资本，更加注重资金管理方式，更加注重商业模式创新，从利用资源比较优势转向培育综合竞争优势，努力实现绝对优势或核心优势的新突破。

3. 由单一联结向融合发展转变

在传统农业产业化经营中，龙头企业和农户在产业链条上主要通过产品购销联结，利益关系相对松散，且相关主体履约意识不强，执行契约受到的约束也较少，以至于在一些情况下产业化发挥的作用并不突出。新时期农业产业化经营将着力突破单一产品联结的现状，从单向联结向融合发展转变。一是龙头企业和其他经营主体的联结纽带将趋向复合化和双向化。目前农业产业化经营联结纽带已拓展到产品以外，具体包括技术联结，服务联结以及土地、资金、技术、劳动力等带来的产权联结等多种纽带复合型联结，利益联结关系更加紧密。二是龙头企业和家庭农场、农民合作社相互入股渗透、相互融合。农户、家庭农场、农民合作社以土地、劳动力等要素入股龙头企业，龙头企业以资金、技术入股家庭农场与合作社，各种经营主体相互渗透，由链条状联结向网状联结转变，形成利益共同体，融合发展、利益共享。

4. 由延伸产业链向提升价值链转变

从农业产业化经营组织发展实践来看，延伸产业链可以做大组织，而提升价值链可以做强组织。越来越多的龙头企业已经由延伸产业链向提升价值链转变，注重将价值链管理应用到产业链的各个环节，注重各主体合理分享价值增值，注重节约各环节间的交易成本、提高交易效率。总体来看，产业链一体化程度会越来越高，价值链各主体的利益关系会越来越密切，生产效率和交易效率会越来越高，消费者体验越来越友好。农业产业化和龙头企业将从外延扩张向内生发展转变，从技术创新向价值创新转变，通过有效实施蓝海战略，实现真正有竞争力、可持续的发展。

5. 由适应市场需求向引导市场需求转变

当前，我国居民生活消费水平快速提高，食品消费结构不断升级，给产业化经营引导市场需求提供了机遇。产业化经营和龙头企业可以通过信息化、电子化、互联网、直销专供等营销手段，来引导和满足日益差异化、特色化的市场需求，实现市场细分，拓展需求的空间。同时，产业化经营和龙头企业还可以创新消费理念，创造消费概念，优化消费方式，积极引导消费者的绿色消费、健康消费、功能消费，引领市场需求的转变。

本章小结

1. 现代农业企业是指广泛应用现代农业科学技术和科学管理方法，实行农业规模经营和产业化经营的新型企业，具有生产立体化、经营综合化、发展外向化的特征和集约化、工程化、生态化、智能化、绿色化、高效化、经营国际化的发展趋势。

2. 农业企业的战略目标包括获利能力、生产能力、竞争地位、人力资源开发目标、技术改进与发展目标、财务状况、企业建设与发展、社会责任与贡献。农业企业的经营环境是一个多因素、多层次且不断变化的系统，主要包括经济环境、自然环境、技术环境、政策法律环境、社会文化环境和国际环境等。

3. 农业产业化龙头企业，是指在农业产业化经营系统中，依托农副产品生产基地建立的，规模较大、辐射带动作用较强，具有引导生产、深化加工、开拓市场、延长链条、增加农产品附加值等综合功能，与基地农户形成风险共担、利益均沾的产加销、一条龙、贸工农一体化利益机制和经营机制的农副产品加工流通企业。它具有市场开拓、连接农户与市场、技术创新和产品增值、农业产业化支柱等作用。

本章习题

1. 简述农业企业的主要职能。
2. 农业企业有哪些战略选择？
3. 农业龙头企业的发展存在哪些障碍？

第三编　经营要素与方式

第七章

农业经营的要素条件

第一节 农地的内涵、特征与利用

土地是人类一切物质财富生产都必不可少的基础,是由陆地、水域以及与之相联系的土壤、岩石、地貌、气候、水文、植被等组成的一个自然综合体。土地分类的标准很多,按照地形可以分为山地、高原、盆地、平原和丘陵;按照土地的用途可以分为农用地(以下简称农地)、建设用地和未利用地;按照土壤性质可以分为砂土、壤土和黏土。

一、农地的内涵与特征

(一)农地的内涵与作用

农地是指直接用于农业生产的土地,其中,用于农作物栽培管理并以获得农产品为目的的土地称为耕地,而主要用于生产肥料、动物饲料的草场或用于家畜放牧的土地称为牧草地。在世界上的大多数国家,农地作为人类食物生产的基础,既是私有财产也是社会财产。因此,法律上关于农地所有权和使用权规定的差异,以及关于农地利用的各种制度政策,都对一国的农业发展影响巨大。

由于农业是直接利用植物、动物的生命力和太阳能进行生产的部门,因此,土地作为农业经营中最基本的要素,既是农业劳动的对象,又是农业生产的手段,在从农作物播种、农作物培育到农产品产出这一系列的生产过程中,都发挥着重要的作用。

1. 农地是农作物生长发育的基础

土地不仅支撑着农作物的根部,为农作物提供生长发育的基本场所,而且土地可以保持水分和养分,为农作物的生长发育提供必需的营养。此外,土地中蕴含的各种微生物的活动状况对农作物的生长发育也具有较大的影响。虽然近年来农业技术的进步带来了利用营养液栽培作物的方法,使农业可以在一定程度上脱离土地的束缚,但还不能运用于大规模的农作物生产和牧草生产。而且,利用土地生产农作物和牧草的成本较低。因此,土地仍然是农作物生长发育的基础,是农业生产最基本的生产资料。

2. 农地是农业再生产的必要条件

在其他生产部门中（采掘业除外），土地只作为地基、立足点和活动场所，而在农业中，土地则不仅是一个立足点和活动场所，而且还以其自身的物理性质、化学性质、生物学性质和气候条件，直接参与农业再生产过程。因此，农地作为农业经营的基础和农业再生产的必要条件，其面积、位置（气候条件与市场距离等）以及土壤的性质等都对农业技术的采用及农业经营的成果产生巨大的影响。

（二）农地的基本特征

农地作为农业经营的基本要素，与其他要素相比，具有一些显著的特点，这些特点对农业经营具有十分重要的意义。

1. 农地的数量有限

土地既然是天赋的自然资源，其数量是一定的，也就是说土地是没有办法由人类的力量来增加的，所以它是不能再生的资源。尽管地球上发生地变，如火山爆发、地震、河川改道，或是以人力填海造地、开闭运河，甚至通过劳动改良土壤、改变土地的利用状况等，也只能改变土地的形态和质量，而无法增加土地的总数量。因此，土地具有稀缺性的特征，是一种十分珍贵、数量有限的农业经营要素。此外，随着工业化和城市化的发展，不仅原本有限的耕地被不断占用，而且还面临着土壤侵蚀、自然灾害、工业污染、化肥农药污染、沙化等各种威胁，土地质量逐渐下降，土地肥力逐步退化。地球上1.48亿平方千米的陆地中大约有3 100万平方千米是可耕地，但目前可耕地面积正以每年10万平方千米的速度流失。

2. 农地具有永久性

其他生产资料如机器设备等，在使用过程中无论怎样爱惜，都会逐渐磨损、陈旧，最后报废。但土地则不然，土地具有永久性特征。作为农业经营要素的土地，虽然会受到干旱、洪水、大风、暴雨、海潮等自然力的影响，导致土地沙化、流失、盐碱化等，或由于人类不适当的开垦、乱伐，不合理的种植制度和灌溉，农药、化肥使用不当等，引起土地沙化、土壤侵蚀、土壤盐碱化、土壤肥力下降、土壤污染等，但全部消灭土壤却是根本做不到的。只要维护得法，或予以改良，其土壤肥力或生产能力不仅可以得到恢复，甚至会不断提高。

3. 农地的位置具有固定性

农地不能像其他要素那样可以随意移动，一旦形成，其位置就相对固定。由于纬度的差异、地形的错综复杂和地貌的类型多样，以及水源、温度、气候的不同，处于不同位置的农地性质存在很大区别，经济价值也存在着极大的差异。由于土地位置不可移动，因而对土地的投资，与土地一经结合就不能再分离。因此，既要根据需要和可能对土地加以合理的改造，同时又必须注意适应各地区土地的自然条件和经济条件，因地制宜地进行利用。

（三）土地肥力及其影响因素

在植物生活的全过程中，土壤具有供应植物正常生长发育所需的养分、水分和协调空气、热量的能力，这种能力称为土壤肥力（soil fertility）。根据肥力产生的主要原因，可将其分为自然肥力（natural fertility）和人工肥力（anthropogenic fertility）。自然肥力是由自然产生并受到自然因素制约的肥力，是土质、气候、生物、地形和时间等自然因素在土壤形成过程中综合影响的结果，它与人类劳动无关，是自然历史过程中的产物。人工肥力是在原来自然肥力的基础上，通过人类的劳动（耕作、施肥、改良土壤等措施）给予土地的肥力。自然肥力和人工肥力相互融合形成土地的潜在肥力。这种潜在肥力可以不断提高，并随着农业科学技术的进步和应用而转化为有效的经济肥力。

土壤中的许多因素直接或间接地影响土壤肥力的某一方面或所有方面，这些因素可以归纳如下。

1. 养分因素

养分因素是指土壤中养分贮量的强度因素和容量因素，主要取决于土壤矿物质及有机质的数量和组成。就世界范围而言，多数矿质土壤中的氮、磷、钾三要素的含量分别是 0.02%~0.5%、0.01%~0.2% 和 0.2%~3.3%。中国一般农田的养分含量为氮 0.03%~0.35%、磷 0.01%~0.15%、钾 0.25%~2.7%。土壤向植物提供养分的能力并不直接决定于土壤中养分的贮量，而是决定于养分有效性的高低。而土壤养分的有效性则取决于能进入土壤溶液中的固相养分元素的数量以及土壤养分到达植物根系表面的状况，包括植物根系对养分的截获、养分的质流和扩散三方面状况的影响。

2. 物理因素

物理因素是指土壤的质地、结构状况、孔隙度、水分和温度状况等。它们影响土壤的含氧量、氧化还原性和通气状况，从而影响土壤中养分的转化速率和存在状态、土壤水分的性质和运行规律以及植物根系的生长力和生理活动。物理因素对土壤中水、肥、气、热各个方面的变化有明显的制约作用。

3. 化学因素

化学因素是指土壤的酸碱度、阳离子吸附及交换性能、土壤还原性物质、土壤含盐量，以及其他有毒物质的含量等。它们直接影响植物的生长和土壤养分的转化、释放及有效性。一般而言，在极端酸、碱环境，有大量可溶性盐类存在或大量还原性物质及其他有毒物质存在的情况下，大多数作物都难以正常生长和获得高产。土壤酸度通常与土壤养分的有效性之间有一定相关关系，如土壤磷素在 pH[①] 为 6 时有效性最高，当介质 pH 值低于或高于 6 时，其有效性明显下降。

[①] pH 值是衡量水体酸碱度的一个值，范围在 0~14，pH<7 为酸性，越小酸性越强，pH=7 为中性，pH>7 为碱性，越大碱性越强。一般的作物比较适合于弱酸性土壤（pH 值在 6~6.5）。

4. 生物因素

生物因素是指土壤中的微生物及其生理活性。它们对土壤氮、磷、硫等营养元素的转化和有效性具有明显影响，主要表现在：①促进土壤有机质的矿化作用，增加土壤中有效氮、磷、硫的含量；②进行腐殖质的合成，增加土壤有机质的含量，提高土壤的保水保肥性能；③进行生物固氮，增加土壤中有效氮的来源。

二、我国的土壤分布及农地利用现状

（一）我国的土壤类型及分布

土壤由矿物质、有机物质、水、空气和生物组成，能够为植物生长提供大部分的生命必需元素，是一种不可再生的自然资源，也是农业生产的基本载体。由于生物气候条件的作用，热量带和植被带呈现有规律的更替，土壤类型也发生相应的更替，呈现有规律的分布。

（1）砖红壤（latosol）：呈强酸性，pH值为4.3~5.5，分布于雷州半岛、海南岛、云南南部及台湾南部热带丘陵地区，是橡胶的主要产区，也可种植香蕉、菠萝、咖啡、油棕、剑麻等热带经济作物。农作物可一年三熟。

（2）赤红壤（latosolic red soil）：呈酸性，pH值为5.0左右，分布于福建、台湾、广东、广西等省（自治区）南部及云南中南部的南亚热带地区，适宜种植亚热带、热带经济作物和林木。

（3）红壤（red soil）：呈酸性，pH值为5.0~6.0，分布于江西、湖南、浙江三省的大部分，云南、广东、广西、福建、台湾等省（自治区）的北部，以及贵州、四川、安徽、江苏等省的南部，适宜发展多种经营。

（4）黄壤（yellow soil）：呈酸性，pH值为4.5~5.5，以四川、贵州两省为主，在云南、广东、广西、海南、福建、台湾、湖南、湖北、江西、浙江、安徽等省（自治区）也有相当面积分布，适宜发展林业和经济作物。

（5）黄棕壤（yellow-brown soil）：呈酸性至弱酸性，pH值为5.0~6.5，分布于陕西南部、河南西南部、江苏、安徽长江两侧及浙江北部山地丘陵，江西、湖北海拔1 000~1 800米的中山上部，以及四川、云南、贵州、广西等省（自治区）海拔1 000~2 700米的中山区，适宜发展用材林和经济林。

（6）黄褐土（yellow-cinnamon soil）：呈弱酸性至弱碱性，pH值为5.5~7.5，分布于江苏和安徽两省中部，江西、浙江和湖北三省北部及河南南部的低丘岗地。适宜发展桑园、桃园、种植木本绿肥、紫穗槐或造林。

（7）棕壤（brown soil）：呈弱酸性，pH值为5.0~7.0，分布于辽东半岛、山东半岛、河北东部，适宜种植多种旱作物和果树。

（8）褐土（cinnamon soil）：呈中性至弱碱性，pH值为6.5~8.0，分布于陕西关中、山西东南部、河北东北部、山东泰山、沂山西北部山前地区、河南西部，适宜发展林业。

（9）潮土（fluvo-aquic soil）：呈中性至碱性，pH 值为 7.0~8.5，主要分布于黄淮海平原，在长江中下游平原也有分布，适宜发展粮棉油等大宗农作物。

（10）黑土（phaeozem, black soil）：呈弱酸性，pH 值为 5.5~6.5，主要分布于黑龙江、吉林两省中部的松嫩平原和三江平原，适宜种植粮食作物。

（11）黑钙土：呈中性至碱性，pH 值为 6.5~8.5，主要分布于黑龙江、吉林两省西部，并延伸到河北燕山北麓，在内蒙古阴山的垂直带也有分布，适宜农林牧全面发展。

（12）盐土（solonchak）：呈强碱性，pH>9.0，零星分布于黄淮海平原、松嫩平原、辽河平原、内蒙古高原东部以及沿海诸省的滨海地带，仅能生长些盐生植物或耐盐性强的植物。

（13）碱土（solonetz）：呈强碱性，pH>9.0，主要分布于东北松辽平原、内蒙古东部、甘肃、宁夏和新疆，仅能生长些耐碱性强的植物。

（二）我国农地的利用现状

1. 农地总量丰富，但人均占有量低

我国现有耕地面积为 12 171.6 万公顷（18.26 亿亩），园地面积为 1 180 万公顷（1.77 亿亩），林地面积为 23 606.67 万公顷（35.41 亿亩），牧草地面积为 26 180 万公顷（39.27 亿亩），其他农地面积为 2 546.67 万公顷（3.82 亿亩）。但由于我国人口总数庞大，特别是农业人口数量巨大，因此，人均农地占有量十分有限。目前，世界人均耕地 0.37 公顷，人均草地为 0.76 公顷，而我国人均耕地仅为 0.09 公顷，人均草地为 0.35 公顷，只达到世界平均数的 24.3%和 46%。发达国家 1 公顷耕地负担 1.8 人，发展中国家负担 4 人，我国则需负担 8 人，人地矛盾十分突出。

2. 耕地后备资源贫乏，开发难度较大

我国耕地开垦历史悠久，大部分宜于耕作的土地均已开垦利用，可利用尚未利用的土地数量十分有限，而且大多质量差，开发难度大。统计资料表明，我国的荒地资源中宜于开垦的可耕地只有 3 535 万公顷。此外，由于我国地形错综复杂，地貌类型多样，从海拔 500 米以下的东部广大平原、丘陵，到西部海拔 1 000 米以上的山地、高原和盆地，在全国国土总面积中，沙漠占 7.4%，戈壁占 5.9%，石质裸岩占 4.8%，冰川与永久积雪占 0.5%，加上居民点、道路占用的 8.3%，全国不能供农林牧业利用的土地占全国土地面积的 26.9%。因此，近期内扩大耕地面积十分困难。

3. 土壤退化严重，土地质量下降

我国大部分耕地的土壤有机质含量低、土壤耕作层薄。近年来一些地区对耕地投入减少，重用轻养，造成了地力的进一步衰退，而且由于超载放牧，滥砍森林，我国有四分之一的草场退化，水土流失和荒漠化的面积不断扩大，从 2005~2008 年中国科学院、中国水利部及中国工程院合作进行的"中国水土流失与生态安全综合科学考察"的报告结果来看，我国水土流失面积已超过 350 万平方千米，占到我国陆地面积的 30%以上。此外，工业化及乡镇企业"三废"污染的耕地已达 1 000 万公顷，农药、化肥和除草剂

的大量使用也造成了土壤板结、酸化、养分失调、保肥保水性能下降等问题。

4. 土地分布不平衡，土地利用的区域差异大

我国东部地区集中了全国人口的93%，占有全国耕地的90%，林地的88%，水域的72%；西部地区虽占有全国土地面积的52.1%，但其中难以利用的土地占全国总数的77%。全国62%的耕地分布在淮河流域及其以北地区，但该地区水资源只占全国的20%；长江流域及其以南地区水资源占全国的80%以上，但耕地只占全国的30%。我国土地资源的地区分布不均，不仅增加了开发利用的难度，还在全国性的资源分配中，极大地制约了资源匮乏地区的发展。

5. 土地开发程度较高，但利用粗放

由于长期以来我国只重视粮食生产而轻视林、牧、渔业生产，造成了种植业、林业、畜牧业、渔业结构不合理，使许多土地资源不能得到合理利用，产出率低下。目前，我国耕地复种指数（multicropping index）虽然高于世界平均水平，但耕地生产率和发达国家相比差距较大，一些主要品种的单产仍低于世界平均水平，而每亩耕地的收益更是偏低。林地利用率低主要表现为林地面积小和森林覆盖率低。草地利用率低主要是优质牧草地比重小，而且植被稀疏，产草量低，草场建设速度慢，人工和改良草场远低于世界发达国家水平。水域利用率低主要表现在，全国120万公顷的可养殖池塘中，已利用面积仅占75%。

三、农地的改良与充分利用

土地属于不可再生的资源，其开发受到生态环境和技术水平的双重制约。为了保证农业的有效运行和可持续发展，一方面，需要在宏观层面上通过政府干预来规范非农占用、减少污染，同时通过财政支持来加强农业基本建设；另一方面，需要微观层面上的农业经营主体不断对土地进行改良，提高土地肥力，同时，充分合理地利用土地，努力增加单位面积土地的产量和产值。

（一）农地改良

农地改良主要是运用相应的农业技术，排除或抑制影响农作物生长和引起土壤退化等不利因素，改善土壤性状、提高土壤肥力，为农作物创造良好的土壤环境。

1. 水利与工程土壤改良

水利土壤改良主要是建立农田排水、灌溉系统，改善土壤水分状况，防止沼泽地盐碱化；工程土壤改良主要是指运用平整土地、兴修梯田、引洪漫淤等工程措施改良土壤条件。

其中，灌溉是用人工设施将水输送到农地，补充土壤水分，改善作物生长发育条件。在特定情况下，灌溉还可以减少霜冻危害，改善土壤耕作性能，稀释土壤盐分，改善田间小气候。排水是排除农地上多余的水分，以改善地区或土壤的水分状况，防止作物受

害，还可改良土壤结构，便利田间操作，延长作物生长季节，提高地温及土壤通气，加大作物根层的深度及为作物提供更多的养料。

2. 生物土壤改良

生物土壤改良主要是通过施用有机肥来增加土壤有机质和养分含量，改良土壤性状，提高土壤肥力。有机肥含有大量生物物质、动植物残体、排泄物、生物废物等，施用有机肥不仅能为农作物提供全面的营养，而且其肥效长，可以增加和更新土壤有机质，促进微生物繁殖，改善土壤的理化性质和生物活性。有机肥根据其来源和制作方法，可以分为以下几种。

（1）堆肥：是以各类秸秆、落叶、青草、动植物残体、人畜粪便为原料，与少量泥土混合堆积而成的一种有机肥料。

（2）沤肥：沤肥所用原料与堆肥基本相同，只是在淹水条件下进行发酵。

（3）厩肥：是指猪、牛、马、羊、鸡、鸭等畜禽的粪尿与秸秆垫料堆沤制成的肥料。

（4）沼气肥：是在密封的沼气池中，有机物腐解产生沼气后的副产物，包括沼气液和残渣。

（5）绿肥：是利用栽培或野生的绿色植物体作肥料，如豆科的绿豆、蚕豆、草木樨、田菁、苜蓿、苕子等，非豆科绿肥有黑麦草、肥田萝卜、小葵子、满江红、水葫芦、水花生等。

（6）作物秸秆：农作物秸秆是重要的有机肥之一，作物秸秆含有作物所必需的营养元素氮、磷、钾、钙、硫等，在适宜条件下通过土壤微生物的作用，这些元素经过矿化再回到土壤中，被作物吸收利用。

（7）饼肥：是指菜籽饼、棉籽饼、豆饼、芝麻饼、蓖麻饼、茶籽饼等。

（8）泥肥：是指未经污染的河泥、塘泥、沟泥、港泥、湖泥等。

3. 耕作土壤改良

耕作土壤改良是指改进耕作方法，改良土壤条件，主要采用以下办法。

（1）深耕：深耕能够加深活土层，疏松熟化土壤，改善土壤的透气性，增强土壤养分的分解，促进土壤肥力的提高，增加土壤蓄水能力，有利于茎叶生长和根系向深层发展，从而提高产量。深耕的时间以秋冬季节地冻前最适宜，目的是使土壤有较长的熟化过程，如果没条件冬翻，来年春天必须及早深耕。此外，深耕宜在晴天进行，以免由于土壤湿度过大而造成泥土紧实和结构破坏。深耕的有效方式是分层深翻、不乱土层，做到熟土在上，生土在下，如表层是黏土，下层是沙土，可以上下翻转，改造土壤。

（2）轮作：通常情况下，如果植物从土壤中吸收酸类，就会使土壤逐渐碱化，相反，如果植物从土壤中吸收碱质，久而久之就会使土壤变为酸性。同一作物在同一块土地上连续播种称为连作。连作会引发特定的病原微生物增加、特定养分不足以及土壤酸碱度失衡等，从而导致病虫害的发生和农作物减产。为此，具有悠久农业耕作历史的我国很早就形成了轮作制度，并流传着"庄稼怕重茬"的谚语。轮作是指在一定年限内，同一块田地上按照预定的顺序，有计划地轮换种植不同的作物。不同的作物进行轮作的年限存在一定的差异，如菠菜、大葱、大豆等作物通常为一年以上，黄瓜、马铃薯、花生等作物通常为两年以上，西红柿、四季豆、辣椒、山芋等作物通常为三年以上，西瓜、茄子、牛蒡、豌豆、白菜等作物通常为五年以上。水田一般没有连作危害，因而水稻可以持续播种多年。

4. 化学土壤改良

化学土壤改良主要是指施用化肥（chemical fertilizer）和各种土壤改良剂等提高土壤肥力、改善土壤结构。化肥种类很多，在生产上常用的主要有以下几种。

（1）氮肥。氮是蛋白质构成的主要元素，蛋白质是细胞原生质组成中的基本物质。氮肥增施能促进蛋白质和叶绿素的形成，使叶色深绿，叶面积增大，促进碳的同化，有利于产量增加、品质改善。在生产上经常使用的氮素化肥有硫酸铵（硫铵）、碳酸氢铵（碳铵）和尿素。

（2）磷肥。磷是形成细胞核蛋白、卵磷脂等不可缺少的元素。磷元素能加速细胞分裂，促使根系和地上部加快生长，促进花芽分化、提早成熟，提高果实品质。在生产上常用的磷肥有过磷酸钙和重过磷酸钙（重钙）。

（3）钾肥。钾元素的营养功效可以提高光合作用的强度，促进作物体内淀粉和糖的形成，增强作物的抗逆性和抗病能力，还能提高作物对氮的吸收利用。在生产上常用的钾肥有氯化钾和硫酸钾。

（4）复合肥料。复合肥料是指在成分中同时含有氮、磷、钾三要素或只含其中任何两种元素的化学肥料。它具有养分含量高，副成分少，养分释放均匀，肥效稳而长，便于贮存和施用等优点，主要有磷酸铵、氮磷钾复合肥和磷酸二氢钾。

对于土壤酸碱度不平衡的情况，除了以上提到的轮作方式外，还可以采用化学改良剂。对碱性土壤一般使用石膏、磷石膏、亚硫酸钙、硫酸亚铁、硫黄等，以钙离子交换出土壤胶体表面的钠离子，降低土壤的 pH 值；对酸性土壤一般使用碳酸钠、硝石灰等；对于重金属污染土壤，主要是采取生物措施和改良措施将土壤中的重金属萃取出来，富集并搬运到植物的可收割部分或向受污染的土壤投放改良剂，使重金属发生氧化、还原、沉淀、吸附、抑制和拮抗作用。

（二）农地的充分利用

由于农地面积有限，农作物生长又容易受到病虫害的侵袭，因此，必须充分利用土地，提高农地利用效率。农地的充分利用除了减少闲置、防止撂荒以外，还可以通过在同一块田地上一年内连续种植两熟或多熟作物的复种方式来达到。由于各地的土壤、气候、灌溉条件和农业技术推广程度不同，作物的复种程度也存在较大差异，通常以复种指数作为量度的指标。复种指数是指一年内农作物的总播种面积与耕地面积之比，用百分数表示，是反映耕地利用程度的重要指标。

复种主要应用于生长季节较长、降水较多（或灌溉）的暖温带、亚热带或热带，特别是人多地少的地区，主要作用是提高土地和光能的利用率，以便在有限的土地面积上，通过延长光能、热量的利用时间，使绿色植物合成更多的有机物质，提高作物单位面积的年总产量，让地面的覆盖增加，减少土壤的水蚀和风蚀。由于不同作物对土壤有机质和养分的积累与消耗能力不同,对土壤性质的影响也不同,因此,复种既可以提高各种作物对土壤肥力的有效利用,又可以将一部分残余的根、茎、叶补充到土壤中,增加土壤的有机质含量,改善土壤的养分状况。

复种的方式除了在当年收获一季作物后再种一季乃至两季作物(如北方采用的小麦-玉米两作复种,南方采用的小麦-早稻-晚稻三作复种等)外,还包括以下三种方式。

1. 间种

间种是将两种或两种以上生长期相近的作物,在同一块田块上通过隔株、隔行或隔畦同期栽培,以提高土地利用率的种植方式。由于间种时不同作物之间也常存在着对阳光、水分、养分等的激烈竞争,因此,间种往往是高棵作物与矮棵作物搭配,如玉米间种大豆或蔬菜、玉米间种谷子、黄烟间种花生、红薯间种大豆或绿豆、果树间种粮食作物等,由于高矮相间,通风透光好,可以增加对阳光的截取与吸收,充分利用光能和二氧化碳,提高单位面积产量。

2. 混种

混种是将两种或两种以上生长期相近的作物,按照一定的比例混合种在同一块田地上,以提高光能和土地的利用率的种植方式。混种以北方旱地粮食和油料作物生产应用较多,如小麦与豌豆混种、高粱与黑豆混种、大豆与芝麻混种、棉花与芝麻或豆类混种等。由于混种会造成作物群体内部互相争夺光照和水、肥,而且田间管理不便,不适合高产栽培的要求,故采用这种种植方式的农场面积近年已逐渐减少。

3. 套种

套种是在同一块田地上,在前一季作物的生长后期,将后一季作物播种或栽植在前一季作物的株间、行间或畦间,以充分利用空间、时间和地力来提高土地生产率的种植方式。根据套种作物生育期的差别采取错期播种法,使不同作物吸肥吸水高峰期错开,减缓种间竞争,合理利用资源,缓和用工矛盾和避免旱涝或低温灾害。套种的主要方式有小麦套玉米或再套甘薯或大白菜;麦、油菜或蚕豆套棉花;水稻套紫云英和水稻套甘蔗、黄麻、甘薯等。

专栏 7-1

大棚高效复种技术

用大棚进行草莓、甜瓜、小白菜高效复种,平均亩产草莓 1 400 千克、甜瓜 2 000 千克、小白菜 2 500 千克,每亩效益达 1.6 万元左右。在草莓收获后种植甜瓜和小白菜,可以充分发挥塑料大棚冬春季保温、夏秋季避雨的作用,提高大棚周年利用率,增加种植效益。

草莓选用适合早熟促成栽培的丰香品种。每亩基施腐熟农家肥 2 000 千克、钙镁磷肥 50 千克、三元复合肥 50 千克,整地做高畦,畦宽 45 厘米、高 25 厘米,沟宽 45 厘米。9 月上中旬,选择有 6~7 片展开叶、根茎粗 1 厘米以上、根系发达的壮苗于阴天或晴天傍晚定植。每畦定植两行，行距20厘米、株距18~20厘米，每亩栽7 400~8 000株。10月25日前后，畦面覆盖黑色地膜，膜下铺设滴灌软管。11月上旬气温下降至15℃时及时扣棚膜。

草莓果实发育适温为18℃~25℃，白天棚温保持在25℃~28℃，夜间保持在5℃以上，出现30℃以上高温及时通风降温。棚内相对湿度保持在60%~70%。及时去除老叶、残叶、病叶和抽发的葡匐茎，减少养分消耗。花期采取棚内放蜂辅助授粉，可以提高坐果率，减少畸形果。疏除高级分枝上的小花和小果、畸形果、病虫果。果实膨大期重施肥，一般每亩追施三元复合肥10~15千克，每期果实采完后及时追肥，不能施含氯的肥料。

资料来源：中国财经网. http://finance.china.com.cn/roll/20151021/3392488.shtml, 2015-10-21

第二节 农业资金的构成与使用

一、农业资金的内涵与特征

农业资金是指国家、个人或社会其他部门投入农业领域的各种货币资金、实物资本和无形资产，以及在农业生产经营过程中形成的各种流动资产、固定资产和其他资产的总和。农业资金按照其存在的形式可以分为固定资产和流动资金。

固定资产是指农业生产经营单位所拥有的在生产经营中长期使用，并在使用过程中基本保持其原有形态，其价格按其磨损程度逐步转移到生产物中去的主要劳动资料、物质资料和生活福利设备。其按照经济用途可分为生产性和非生产性固定资产。农业生产性固定资产主要包括生产用房屋及建筑物、水利设备、役畜及产品畜、大中型铁木农具、农林牧渔业机械（包括拖拉机、机引农具、机动船、机动插秧机、机动收割机、机动扬场机、挖坑机、植树机、饲料粉碎机、机动剪毛机、机动挤奶器、渔用机动船、抽水机、农用泵等）和其他生产性固定资产（指非机械设备）。农业非生产性固定资产主要包括非生产用房屋及建筑物、其他非生产性固定资产。

流动资金是指用于购置种子、饲料、肥料、农药以及其他原材料等的资金。其特点是原有的实物形态在经历一次生产过程即消失，全部价值转移到新产品中。此外，流动资金还包括尚处于生产过程中的在产品在流通过程中的各种流通资金以及用于支付劳动报酬的消费资金。

由于农业具有一些不同于其他产业的特征，因此，农业资金与其他产业的资金相比，除了具有一般资金的特征（流动性、多功能性、收益性）外，也具有一定的特殊性。

1. 低收益性

一方面，由于农产品的需求弹性较小而供给又受到土地面积、技术水平和自然条件等因素的制约，因此，农业生产规模不会像其他产业那样无限扩大；另一方面，农产品价格远低于其他产品，利润空间较小。这就决定了农业资金的投入所能带来的收益远低于其他产业投资的收益。

2. 周期长，周转速度慢

由于农业生产的对象是有机生命体，其培育的过程必须按照固定的程序进行，而且农业生产要经过众多环节，每一个环节都有自然的顺序和固定的期限。因此，不像其他产业那样容易缩短生产周期和改变生产顺序。这就决定了农业资金投入后必须经过较长的时间才能够逐渐回收，资金周转速度也比其他产业慢得多。

3. 季节性强，风险大

由于农业生产受到土地面积和气候条件的制约，季节性较强，因此，农业资金的投入也具有较强的季节性。此外，农业生产不仅受自然条件变化和病虫害的影响，而且还受市场价格波动的影响，因此，农业资金投入后的收益具有较大的不稳定性和风险性。

4. 使用分散，占用零星

由于农业在产前、产中、产后过程中包括了土地改良、生产资料购买、育苗、播种、移栽、施肥、除草、收获、分选、运输、销售等众多环节，每个环节都涉及农业资金，因此，农业资金的使用不仅分散，而且在各环节中的占用比较零星。

5. 政策性较强

农业既是国民经济的基础产业，又具有社会效益和生态效益，因此一直是各国宏观调控的重点。在工业化发展初期，各国都采取以农补工的战略，农业资金严重受到剥夺。进入工业化后期，由于工业生产率的快速增长和农业比较优势的急剧下降，农业保护逐渐成为农业政策的重点，各国也开始采取以工补农的发展战略，农业资金中政府补贴和政策性贷款的比例不断增加。

二、农业资金的分类

（一）按照来源分类

1. 农户自有资金

农户的自有资金主要来自家庭收入，包括家庭经营收入、工资性收入、财产性收入和转移性收入。然而，由于农户的生产和消费是在同一个单位内进行的，因此，农户的家庭收入并非全部用于农业投资，而是有相当大的比例用于生活消费。农户自有资金主要用于农业生产资料的购买，其中种植业主要用于化肥、农药、农膜、种子、农用柴油等生产资料的购买，畜牧业主要用于仔畜和饲料的购买和防疫、雇工的支出。

2. 各种借入资金

借入资金主要来源于正规金融机构和民间金融，正规金融机构包括农村商业银行（信用社）、农业银行、农业发展银行、邮储银行、股份制商业银行、贷款公司和农村资金互助社；民间金融包括民间借贷、各种会合、摇会、台会，以及私人钱庄、基金会、储金会等。借入资金除了与自有资金相同的用途外，还用于购置农机具和养殖设备等固定资产。

3. 财政支农资金

财政支农资金主要是中央和地方财政用于农业的投资，包括基本建设投资、农村税费改革转移支付、缓解县乡财政困难转移支付、农产品政策性补助和各项农业补贴。其中，与农业直接相关的主要是农业补贴，包括粮食直补、农资综合直补、粮食最低收购价补贴、良种补贴、农机购置补贴和奶牛良种补贴。财政支农资金用途十分广泛，包括大江大河治理及农田水利改造、国家粮食安全储备、农业结构调整、农业科技创新、农村教育、卫生、医疗、养老、扶贫等一系列内容。

4. 其他各种投资

其他各种投资主要是农业企业为了发展农产品生产基地而投入农业生产和农产品流通领域的资金。此外，随着经济开放和资本的国际流动，来自国外的资本逐渐成为农业资金的一个新来源。国外农业资金一是来自于国际经济组织的资金，如联合国、世界银行等；二是来自政府间的援助或农业投资项目；三是国外的金融机构、公司或个人进行的农业投资。

（二）按照服务对象分类

1. 农业生产资金

农业生产资金主要是指直接用于购买农业生产资料所需的资金或在农业生产过程中消耗的各种资金，包括购买农业生产设备等固定资产的资金，购买农药、化肥、种子、仔畜、饲料等消耗性生产资料的资金，生产过程中支付的水电费、机耕费、收割费、防疫费以及其他维护费用所需的资金和生产过程中支付的人工费用，等等。

2. 农产品销售资金

农产品销售资金是指农产品在销售过程中周转使用的流动资金或消耗的销售费用支出。具体来说，包括农产品销售过程中的收获后用于维护、存储、运输和市场交易等的农业资金。农产品的销售资金是农产品市场价值实现的重要保证。

3. 农业基础设施资金

农业基础设施资金是用于修建农田水利设施、农田改造、农村道路、电力通信线路及其他农业生产所需基础设施的资金。农业基础设施资金是农业基础设施建设、维护、更新的基本保障，也是农业生产、销售和其他农业经营活动的基础。

4. 农业科研及推广资金

农业科研及推广资金是用于农业科学技术研究、农业技术中间试验、农业技术示范推广、农业技术服务等的资金。农业的发展离不开农业科技进步，而农业科研推广资金就是保证农业科学研究、技术进步、技术推广应用的基础。

5. 农业公共服务资金

农业公共服务资金是指用于农业公共信息、农业气象、农业教育、农业管理等公共服务项目的资金。由于农村公共服务在经济上的外部性，往往会导致其在市场经济中的私人供给不足或无效率。通过政府、集体或个人集资等方式提供的农业公共服务资金是保证农业公共服务有效提供的基础前提。

（三）按照投入领域的性质分类

1. 用于农业私人产品的农业资金

用于农业私人产品的农业资金是指农业投资主体投入具有排他性和竞争性的农产品生产的资金。由于私人产品投资的竞争性和排他性，在市场经济中完全可以由经营者个人来提供，并由经营者按照市场情况和自身条件进行最优配置。

2. 用于农业公共产品的农业资金

用于农业公共产品的农业资金是指农业投资主体投入具有非排他性、非竞争性的农业基础设施、农业公共服务等领域的农业资金。由于公共产品的特点，其会造成私人供给的低效率或无效率，因此，一般用于农业公共产品的资金应当由政府提供。

三、我国农业投资的现状

（一）国家财政投资

国家财政投资是指中央和地方政府对农业、林业、水利、气象等进行基本建设和更新改造，在农业生产服务的科研、教育、科技推广等方面的资金投入，以及在农村救济、农业补贴等方面的投资。

在改革开放前的计划经济时期，我国农业投资主要来自国家财政拨款和集体资金，数据显示，国家财政支农资金从"一五"时期的 99.6 亿元增加到"五五"时期的 693.6 亿元，对农业资金总投入的稳定和增长发挥了十分重要的作用。改革开放以后，农村经济和投资体制发生了极大的变化。一方面，国家财政支农资金总额不断提高，特别是 2004 年以来，围绕中央一号文件的主题，从促进农民增加收入、提高农业综合生产能力、推进社会主义新农村建设、发展现代农业、加强农业基础设施建设等方面，一系列强农惠农的财政政策陆续实施，中央财政支农力度持续加大。另一方面，随着投资主体多元化格局的形成，国家投资在整个农业投资领域中的地位逐渐弱化，虽然国家财政支农资金总额有了较大幅度的提高，但农业支出占国家财政支出的比例并没有增加，反而呈现出徘徊下降的趋势。统计数据显示，财政支农占财政总支出的比重从 1978 年的 13.4%，逐渐下降到了 2012 年的 9.8%，如图 7-1 所示。

此外，国家财政对农业发展的间接支持多于直接支持，如基本建设中用于大江大河治理的支出并非源于农业和农村发展的目标，农业事业费和科技三项等支出也主要是通过拨款来支持农业事业单位为农民提供科技示范、病虫疫病防治服务和培训指导等，对农业经营主体的直接补贴所占比重较低，因而财政支出的效果十分有限。

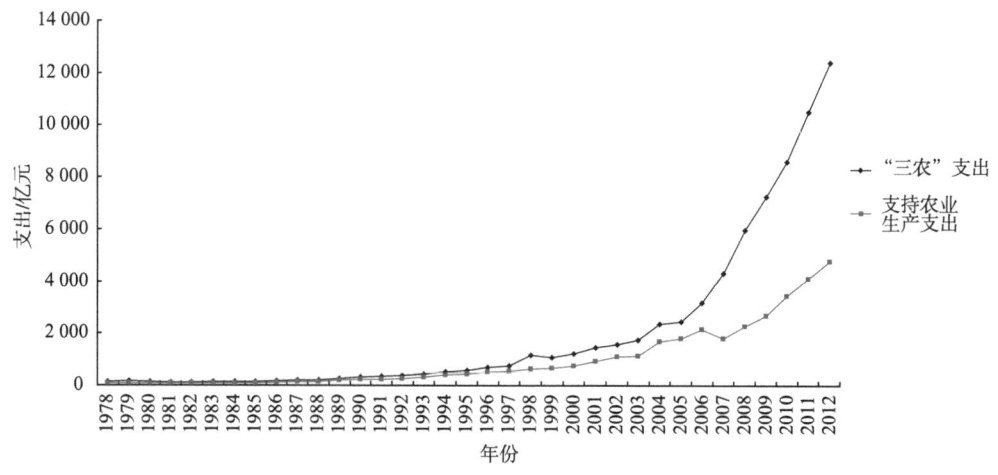

图 7-1 国家财政用于农业的支出

(二) 农业贷款

随着商品经济的不断发展,农业经营对资金的需求也日益旺盛。然而,由于农业比较利益低下,通过农业经营来积累再生产资金相对困难,国家财政对农业的投入虽然发挥了一定的作用,但与农业发展的实际需要相比仍然不够。因此,农业贷款将逐渐成为农业经营的主要资金来源。

从纵向比较来看,中华人民共和国成立以来,正规金融机构中的涉农贷款金额呈直线上升的趋势,从"一五"时期的82.1亿元人民币增加到"十五"时期的42 380亿元(表 7-1),涉农贷款的绝对量有了极大的增长,但从相对量来看,农业贷款占全部金融机构贷款的比重除了1956~1957年、1963~1967年、1989~1993年略高外,其他年份的比重都较低。

表 7-1 农业贷款额及占比

年份	农业贷款/亿元	占贷款总额的比例/%
"一五"时期	82.1	7.9
"二五"时期	281.1	7.5
"调整"时期	220.5	12.3
"三五"时期	409.4	9.3
"四五"时期	303.4	4.8
"五五"时期	616.9	6.5
"六五"时期	1 418.1	7.0
"七五"时期	6 438.4	10.9
"八五"时期	14 372.3	8.4
"九五"时期	19 359.3	4.7
"十五"时期	42 380.0	5.5

资料来源:历年《中国统计年鉴》

2006年12月20日中国银行业监督管理委员会发布《关于调整放宽农村地区银行

业金融机构准入政策 更好地支持社会主义新农村建设的意见》后，不仅原有涉农金融机构的网点不断增加，村镇银行、贷款公司和资金互助社三类新型农村金融机构也如雨后春笋般蓬勃发展。据银行业监督管理委员会统计，截至2015年12月末，批准开业的全国农村金融机构共计3 676家，其中农村合作金融机构（农村商业银行、农村合作银行、农村信用社）共计2 303家，新型农村金融机构（村镇银行、贷款公司、农村资金互助社）共计1 373家。

中国人民银行发布的《中国农村金融服务报告（2014）》数据显示，截至2014年末，全部金融机构本外币农村（县及县以下）贷款余额19.4万亿元，占各项贷款余额比重23.2%，较2007年末增长285.8%，7年间平均年增速为21.7%；农户贷款余额5.4万亿元，占各项贷款余额比重6.4%，较2007年末增长299.9%，7年间平均年增速22.0%；农、林、牧、渔业贷款余额3.3万亿元，占各项贷款余额比重4.0%，较2007年末增长121.8%，7年间平均年增速为12.5%；全口径涉农贷款23.6万亿元，占各项贷款余额比重28.1%，涉农贷款较2007年末增长285.9%，7年间平均年增速为21.7%。

（三）农户投资

从农村居民购置生产性固定资产来看，人均支出由1990年的20.1元增加到了2012年的267.8元，增长了92.5%。其中，购置农林牧渔业机械的支出从1990年的6.6元/人增加到2012年的113.9元/人，增长了94.2%。

从家庭经营费支出来看（表7-2），2015年农户人均投入农业经营为2 716.9元，比1985年增加2 606.2元，增加24.5倍。其中，种植业投入人均为1 506.6元，比1985年增加1 447元，增加25.3倍；林业投入人均为32.3元，比1985年增加31.3元；牧业投入人均为1 078.0元，比1985年增加1 029.6元；渔业投入人均为100元，比1985年增加98.1元。

表7-2 农村居民家庭经营费支出（单位：元/人）

年份	农业经营支出	种植业支出	林业支出	牧业支出	渔业支出
1985	110.7	59.6	1.0	48.4	1.9
1990	223.4	130.4	1.0	88.9	3.1
1995	575.6	321.5	2.5	242.4	9.2
2000	571.7	315.8	4.3	234.6	16.9
2005	1 058.3	540.9	7.2	476.9	33.3
...	...	...	...	...	...
2010	1 685.4	914.4	12.0	706.8	52.2
2015	2 716.9	1 506.6	32.3	1 078.0	100.0

资料来源：历年《中国农村住户调查年鉴》

农业经营投入增加，一方面是农户购买生产资料的数量有所增加，另一方面是农户购买化肥、种子、农药、饲料、仔畜等生产资料价格上涨，致使农户购买以上几种生产资料支出增加，导致农业经营投入总额增加。

第三节 农业劳动力与经营者能力

一、农业劳动力的内涵与特征

（一）农业劳动力的内涵

农业劳动力是指能够参加和从事农业生产的劳动力数量和质量的总和。数量是指农村中已达到劳动年龄和虽未达到年龄或已超过劳动年龄但可以经常参加农业劳动的人数。目前我国从事第一产业的人口为 31 444 万人，占乡村就业人口的 66%，占全部就业人口的 40.8%。据不完全统计，18~28 岁农村人口中，从事农业生产的人数占此年龄段农村人口总数不足 20%；29~38 岁农村人口中，从事农业生产的人数占此年龄段农村人口总数不足 35%；39~48 岁农村人口中，从事农业生产的人数占此年龄段的农村人口总数达 80%，此年龄段的农村人口是目前主要的农业劳动力。

农业劳动力质量是指劳动者的体力强弱、智力水平、技术熟练程度、文化教育水平等方面的状况。我国农业劳动力的体力主要通过男、女和整劳动力、半辅助劳动力进行区别划分，其中，整劳动力指 18 周岁到 50 周岁男子，18 周岁到 45 周岁女子；半劳动力指 16 周岁到 17 周岁、51 周岁到 60 周岁男子，16 周岁到 17 周岁、46 周岁到 55 周岁女子，同时具有劳动能力的人。虽然在劳动年龄之内，但已丧失劳动能力的人，不应算为劳动力；超过劳动年龄，但能经常参加劳动，计入半劳动力。劳动力的文化水平用受教育程度来表示，目前我国的农业劳动力的教育程度分别为不识字或识字很少的占 6.8%，小学程度占 27.2%，初中程度占 52.2%，高中程度占 10.3%，中专程度占 2.4%，大专及以上占 1.1%。

农业劳动力数量的变动，是自然和社会因素共同作用的结果。自然因素有农业人口的自然增长情况、达到或超过劳动年龄的人数、劳动力的自然减员。社会因素是指国民经济发展速度和国家所采取的有关政策措施，如劳动力在国民经济各部门之间的分配比例的变化、人口政策及其实施状况、农业经营方式的变化、产业结构调整等，都会影响劳动力的数量变化。

农业劳动力的质量状况，取决于农村教育的普及状况、农业科学技术的发展状况以及专业化水平的劳动熟练程度。随着社会生产力的发展，劳动力的体力因素逐渐被劳动力的智力因素所替代，劳动者的科学文化水平和技术熟练程度逐渐成为衡量农业劳动力质量的主要指标。

（二）农业劳动的特征

农业劳动不仅具有明显的周期性和季节性，而且作业内容复杂连贯，因而农业劳动不同于其他部门的劳动，具有其特殊性。

1. 农业劳动时间具有明显的季节性

在农业生产中，人们必须按照生产对象本身的自然生长规律要求，在不同阶段及时投入劳动，否则就会影响生产。这就造成了不同季节劳动项目、劳动量、劳动的紧张程度的巨大差异，产生了农业劳动季节性的特点。如何使农业劳动力得到充分而均衡地利用，既保证农忙季节的需要，又使农闲季节的劳动力不必无谓地闲置，成为农业劳动力利用中的一个重要问题。社会发展的需要和其他产业提供的就业空间解决了这一问题，即农业劳动力的兼业化，也即农忙季节时从事农业生产，农闲季节时从事其他产业。

2. 农业劳动场所分散，劳动内容多样

农业不仅包括种植业、林业、畜牧业和渔业等生产部门，而且包括农副产品加工业以及涉及一切农业生产资料供应的产前部门和包括农副产品流通、运销的产后部门，每个部门都需要占用大量的劳动力。此外，同一部门中又包含不同的品种，每个品种的生产周期都不尽相同，而且受土地规模和地理位置的制约。因此，农业劳动不仅场所分散，而且劳动内容多种多样。如何使农业劳动力的体力和智力有效地结合，并形成合理的分工协作，是提高劳动效率的一个重要问题。目前，各种合作社的形成和发展为解决这一问题提供了有效的途径。

3. 农业劳动周期长，劳动效益具有差异性

由于农业生产的对象是有机生命体，其培育的过程必须按照固定的程序进行，这就决定了劳动过程及不同劳动形态（即流动形态和物化形态）的转化，是一个具有长期性的再生产过程。因此，农业劳动投入后不能立即形成农产品的最终物质成果，而且在较长的转化过程中，由于受到动植物生长发育规律的影响和自然条件、市场波动等因素的制约，不同品种间、不同部门间的劳动效益表现出明显的差异性。要明确劳动效益，除了需要计算劳动投入的时间和强度以外，还要计算劳动生产率和人均劳动的投入产出。

二、农业劳动力的利用效率

为了更加合理有效地利用农业劳动力，一方面要提高现有劳动力的利用效率，另一方面要改善现有劳动状况，降低劳动强度，保持劳动力的体力并提高劳动力的素质。

（一）农业劳动力的利用效率

农业劳动力利用率是指已利用的农业劳动力与农业劳动力资源的比例，是反映农业劳动力资源利用程度的指标，通常可以用以下指标来衡量：

（1）实际参加农业劳动的劳动力数量与农业劳动力总量的比率；

（2）农业劳动者实际参加农业劳动的时间占应参加劳动时间的比重；

（3）每天纯劳动时间占每天标准劳动时间的比重。

农业劳动生产率是衡量农业劳动者生产效率的指标,一般用单位时间内所生产的农产品数量(或产值)来表示,或用生产单位农产品(或产值)所消耗的劳动时间表示。一个国家、地区、农业企业的农业社会劳动生产率,往往用每个农业劳动力年产农产品数量(或产值)来衡量。农业劳动生产率的增长意味着生产单位农产品所消耗的活劳动和物化劳动的节约,或者在单位时间内生产的农产品的增多。在投入农业的总劳动量既定的条件下,农业劳动生产率愈高,农产品总量或产值愈高。随着技术的进步和生产力的发展,生产单位农产品所消耗的活劳动和物化劳动的总量将不断降低,其中消耗的活劳动所占比重减少,消耗的物化劳动所占比重增加,这是农业劳动生产率变动的一般趋势。

$$劳动生产率 = \frac{农产品数量(或产值)}{农业劳动力总数或劳动力数 \times 劳动时间}$$

影响农业劳动生产率的主要因素有农业劳动者生产技术水平、劳动熟练程度、劳动态度和精神状况,农业生产的技术装备状况和农业生产过程的机械化水平,农业科学研究成果在农业生产中的应用情况,农业劳动组织形式和农业生产经营单位的管理水平,土壤的肥沃程度,农业气候状况,以及影响农业生产的其他自然条件,等等。

从表 7-3 可以看出,自 1952 年到 1980 年的近 30 年间,我国的农业劳动生产率虽然持续增长,但增长速度极为缓慢;20 世纪 80 年代以后,我国的农业劳动生产率整体增长速度较快,特别是油料作物、鲜蛋和水产品的农业劳动生产率分别增长了 283.3%、462.7% 和 987.7%。然而,我国的农业就业人口占总人口的比重较大,致使农业劳动人均耕地面积远低于世界平均水平,这直接影响了农业技术和机械化的发展,加上长期以来生产要素的二元化市场和农业财政支持力度较弱,农业劳动生产率不仅相对于国民经济中其他行业的劳动生产率来说较低,而且相对于世界上其他国家农业劳动生产率来说也处于较低的水平。世界银行数据显示:在 2010 年世界及 128 个国家和地区的农业发展比较中,中国的劳动生产率(每个农业劳动者的农业增加值,农业增加值为按 2000 年不变价计算的美元数)为 544.96 美元/人,在 128 个国家和地区中排在第 103 位,是世界平均水平的 0.513 倍、日本水平的 0.013 倍和美国水平的 0.011 倍。

表 7-3 我国农业劳动生产率的增长(单位:千克/人)

年份	粮食	棉花	油料	糖料
1952	947	7.5	24.2	—
1955	1 001	8.3	26.3	—
1960	862	6.4	11.7	—
1965	842	9.1	15.7	—
1970	874	8.3	13.7	—
1975	970	8.1	15.4	—
1980	1 106	9.3	26.5	98.9
1985	1 221	13.4	50.8	194.9
1990	1 325	13.4	47.9	219.4
1995	1 435	14.7	69.2	244.2

续表

年份	粮食	棉花	油料	糖料
2000	1 407	13.4	89.9	232.4
2005	1 598	18.9	101.6	312.1
2010	1 960	21.4	115.9	430.7
2012	2 168	25.1	126.4	495.9

资料来源：历年《中国统计年鉴》

（二）农业劳动的时间与强度

农业劳动时间包括家庭成员的劳动时间和雇用工人的劳动时间。其中，家庭成员的劳动时间又包括两个部分：一是参加农业劳动的每个农业劳动力每天的农业劳动时间和全年农业劳动时间的总和；二是非农业劳动力在农忙季节或其他时间参与农业劳动的时间。农业劳动力每个工作日的长短、全年劳动的工作日的多少，都受气候条件、经营类型和品种、农业劳动手段、家庭劳动力数量等因素的影响。

农业劳动时间=家族成员劳动时间+雇用劳动时间

农业劳动强度是指劳动的繁重和紧张强度。劳动时肌肉活动的能量消耗因劳动强度的不同而有差别。因此，劳动强度往往以单位时间内能量消耗的大小来评价和衡量。在其他劳动条件不变的情况下，同一时间内能量消耗越大，劳动强度也就越大。根据 GB3869—83《体力劳动强度分级》标准规定，体力劳动强度根据劳动强度指数分为Ⅰ、Ⅱ、Ⅲ、Ⅳ四级（即劳动强度指数分别小于15、在15和20之间、在20和25之间、大于25）。劳动强度指数=各该工种的平均劳动时间率×3+平均能量代谢率×7，其中，平均劳动时间率=一个工作日内净劳动时间/工作日总时间；能量代谢率是将某工种一个劳动日内各种活动与休息加以归类，测定各类活动与休息的能量消耗值，并分别乘以从事各该类活动与休息的总时间，合计求得全工作日总能量消耗，再除以工作日总时间，以千焦耳/（分·米^2）来表示。

国际上劳动强度一般采用能量消耗率（relative metabolic rate，RMR）指标来表示，计算公式如下：

$$农业劳动强度(\text{RMR}) = \frac{劳动时的代谢量(W) - 安静时的代谢量(R)}{基础代谢量(B)}$$

其中，基础代谢量是指维持生命所必需的能量消耗，通常男子的基础代谢量为1卡路里/分钟，女子为0.8卡路里/分钟，那么，男女每天的基础代谢量就分别为1 440卡路里和1 152卡路里。

以表7-4为例，在白菜收获季节，丈夫一天的劳动消耗总量为1 965卡路里，妻子一天的劳动消耗总量为1 898.5卡路里，均超过了标准劳动消耗水平（从事普通劳动时的消耗量分别为男子1 900卡路里/天，女子1 800卡路里/天）。通过计算两人的能量消耗率可以得出，丈夫的总消耗率为17.4，劳动消耗率为14.6，均略高于平均总消耗率17和劳动消耗率14.5，而妻子由于从事家务劳动的时间较长，总消耗率为19.9，劳动消耗率为16.3，均明显高于平均总消耗率和劳动消耗率。由于农忙期的农业劳动强度较大，因此，为了确保家庭劳动力的健康，应设法减少劳动时间或考虑用机械、雇工来进行适当的替代。否则，长期的超强度劳动会导致家庭劳动力的健康受损，甚至产生各种慢性病，如腰椎键盘突出、颈椎骨质增生、关节炎和高血压等。

表 7-4　白菜收获季节的劳动状况

生活内容		RMB	A 家族			
			丈夫 38 岁		妻子 36 岁	
			时间/分	消耗能量/卡路里	时间/分	消耗能量/卡路里
农作业	作业准备	1.5	10	27	10	21.6
	田间往返	0.5	30	51	30	40.9
	收获	2.2	240	816	180	489.6
	搬运	5.2	90	558	30	144.0
	装袋称量	2.1	135	445.5	135	356.4
	作业后收拾	1.5	25	67.5	25	54.0
	中间休息	0.2	30	42	30	33.5
进食及饭后休息		0.4	50	80	50	64.0
家务劳动		1.5	—	—	360	792.0
睡眠		0.81	420	378	390	273.0
其他		0.6	180	324	100	140.0
余暇		0.5	230	391	100	136.0
日合计		17.0	1 440	3 180	1 440	2 545.0

资料来源：农户调查数据

（三）农业劳动力的合理利用

由于农业劳动的特殊性，要合理有效地利用农业劳动力，必须提高劳动生产率并降低劳动强度，主要途径有以下几个方面。

（1）可以引进大型的高性能农业机械或设备，提高机械设备的利用面积，或雇用机耕户来进行作业，这样可以在短时间内进行大量的集中作业，缩短农业劳动的时间并降低农忙季节的劳动负荷。

（2）可以由同质的几户成员一起组成合理的作业组织，通过分工协作，更加有效地利用各个年龄段的农业劳动力，提高劳动生产效率。

（3）尽量使农业劳动在一年中平均化，如将春季播种秋季收获的水稻作物与夏季冬季面临劳动高峰的露地蔬菜相结合，使一年中各季节的劳动投入相对平均，从而降低劳动强度。

（4）可以通过参加集团活动或合作组织，来缩小农户间的技术差异，提高整体技术水平。此外，农户间还可以交换信息和生产生活经验，改善整体的生活质量。

（5）利用农闲季节学习新的农业技术，了解市场流通情况和价格变动情况，对目前的农业经营状况进行分析和评价，以便对下一年度的经营计划进行适当的调整。

三、经营者能力的培养

（一）经营者能力的内涵

由于农业经营是一种长期持续的过程，并且具有很强的组织性。因此，经营者不仅要有明确的目标，而且还要制订关于作物及品种选择、生产要素组合和提高收入等方面的具体计划并保证其顺利实施。这就要求经营者必须具备一定的组织管理能力，这种能力主要表现在三个方面，即为实现经营目标而进行合理的计划（plan）、对计划实施（do）、对经营成果进行分析和评价（see）。当然，对计划实施的过程中，还要求经营者必须具备作物栽培或家畜饲养方面的技能和必要的生产管理能力。虽然不同的经营者可以拥有不同的经营目标，但是经营者能力与经营成果大小的相关性已经被许多的研究证实，经营者能力作为土地、劳动力和资本以外的第四要素也越来越受到各国政府部门和学术界的重视，发达国家还因此根据本国的实际情况，通过出台法律法规与奖励政策、设立专门管理机构、投入足够经费等措施，为培养农业发展后续人才和提高农业经营者能力，而开展各种形式的教育与培训。

那么，何谓经营者能力？以往的众多学者在论及经营者能力的重要性时，也从不同角度对经营者能力的内涵进行了一系列探讨，如 Stogdill 从领导者的角度列举了作为统帅的一些基本特征：独创力（originality）、人望（popularity）、社交性（sociability）、判断力（judgment）、积极性（aggressiveness）、优越性（desire to excel）、幽默（humor）、活跃度（liveliness）、协调性（cooperativeness）、运动能力（athletic ability）等；Taylor 从人性资质的角度列举了成功经营者的条件：有健康的体魄，对农业的熟练度、洞察力、判断力、自制心、集中力，对时间的计划性、指导性、协调性，对工作的诚实度，对工作的兴趣，正直、勇气、忍耐力，等等；木村伸男（2004）则从农业经营的阶段性增长角度对经营者能力进行了划分，即在"不连续的经营革新"阶段，直观力、洞察力、决断力比较重要，而在"日常的经营管理"中，业务执行力、计数感觉、指导力、责任感比较重要。

如上所述，关于经营者能力存在诸多学说，简单归纳起来，经营者能力是指经营者在一定的外部条件下，有效地利用内部各种资源，使纯收益最大化、经营成本最小化的能力，包括经营管理能力、技术吸收能力、组织形成能力、资源调配管理能力、信息与知识收集及分析能力、资金调配能力等。作为成功的经营者应具备以下一些条件：①先见性——对未来趋势的预见力；②合理性——能够进行科学、理性地判断；③分析力——对数据和信息进行客观的分析；④计划性——对未来的构想和目标设定；⑤战略性——为实现目标选择确切的方法；⑥实施力——为实现目标进行战略实施；⑦领导力——带领组织运营的统帅力；⑧除此之外，还有信念、伦理观、热忱、自信、勇气等。

（二）经营者能力的培养

经营者能力的培养实质上也是一种人力资本投资的过程，这一过程主要为农业职业教育和培训。早在 19 世纪，专门从事农业教育的学校就开始在欧美各国出现，进入 20 世纪以后，中等农业教育正式从农业教育中分离出来，专门从事农民农业学历教育，二战以后，随着农业现代化的发展，各发达国家更加充分地认识到了经营者能力的重要性，并逐渐形成了三种具有代表性的培养模式。

1. 以高等农业教育为主的北美模式

美国的农业教育主要由各州的农学院负责，对象一般为青年学生和准备务农的青壮年农民。19 世纪上半叶，美国的农业学历教育基本上以小学毕业生为对象，教育程度为初中；19 世纪下半叶至 20 世纪 50 年代，则以招收初中毕业生为主，受教育程度相当于高中；20 世纪 60 年代以后，美国农业学历教育开始向高等化发展。在公立学校内开展的农业教育主要包括：①辅助职业教育（supervised occupation education，SOE），主要教授有关生产管理和农业投融资方面的技巧；②FFA（future farmers of America，即美国未来农民）培训，目的是帮助农民培养创业能力、领导能力及团队合作能力，为青壮年农民建立自信，拓宽其在农业领域的就业渠道；③辅助农业经验（supervised agricultural experiences，SAE），是学生将课堂学到的农业生产经营等技能应用到自家农场或当地社区、企业，教师进行家访并进行指导的方式；④课堂指导，全国有 3 500 所中学开设农业职业教育课，约有 1/3 的高中学生进修。美国农业教育的对象不仅是从事农业生产的人，而且还有产前、产中、产后的从业人员，其主要目的是培养农民对市场变化趋势和市场需求的反应能力，提高其竞争和创造能力。此外，早期政府和培训机构还在农村举办农民继续教育班，向成年农民传授新的技术知识，但随着农业学历教育的高等化和普及化，美国却不再进行长期系统的农民培训工作，仅有的一些短期培训也融合到了农业推广中。

2. 以职业资格证书制为主的西欧模式

法国规定农民必须接受职业教育，取得合格证书后才能取得经营农业的资格，并享受国家的农业补贴和优惠贷款。法国农民教育培训的主管部门是农业部，教育部只负责农业教育文凭与国家基本文凭的对等协调和宏观管理工作。法国农民教育分三个部分：中等农业职业技术教育的任务是培养具有独立经营能力的农业经营者或具有某项专门技术的农业工人；高等农业教育（即高中后教育）主要包括 2 年制的高等农业技术教育、4~5 年的工程师教育和 6~8 年的研究生教育；农民职业教育面向农民，短期培训一般为 20~120 小时，目的是丰富农业生产者的知识，长期培训一般在 120 小时以上，目的是使没有受过农业教育的农民获得经营农业所必需的基础知识，使有农业生产经验并受过一定农业教育的农民，进一步提高专业知识和经营管理水平。除普通农林学校外，法国农民教育还要进行农业机械，农产品加工销售、畜牧良种保护和发展、牧马、国土整治、环境保护、森林维护、农业管理、农业服务、农业旅游等方面的专业知识教育培训。

德国农民教育的目标是培养新型农业从业人员，为现代农业提供后备力量，提高就业人员的职业技术能力，并推广传播农业的实用新技术。根据德国的《联邦职业教育法》，农业就业者在正式进入工作岗位之前必须经过不少于 3 年的正规职业教育，上岗之后，在农场还有 3 年学徒期，学徒期必须按规定参加职业培训，出徒前要参加行业统一的资格考试。只有拿到绿色证书才能被允许独立经营农场。此外，德国农民培训是农业实践和理论教学紧密结合的"双轨制"，随着年级的提高，理论教学比重下降，农场中实践和学校中实际操作的课程比重逐渐增加。这种模式在农业职业教育中收到了良好的效果，不但保证了学生应用现代农业技术的操作能力，也保证这些未来的农民始终了解农场在生产和经营中的主要需求和面临的问题。

3. 以培养应用型农业人才为主的东亚模式

日本农业教育由国家统筹规划，政府农业部门与相关部门分工指导和协作，以教育系统为主体，农业改良普及事业系统予以配合。目前，日本农业教育已形成五个层次，由高到低依次为大学本科教育、农业大学校教育、农业高等学校教育、就农准备校教育和农业指导士教育。大学本科教育一般通过综合性大学农学部和高等农业院校来完成，培养目标是造就农业高科技人才和教学人员，毕业生一般不直接从事农业生产和经营；农业大学校教育相当于中国农业大专和中专教育，培训对象是新进的就农者；农业高等学校教育相当于中国农业职业高中，其培训对象是初中毕业生，培养目标是培养应用型农业人才，是青年农民培训的重要渠道之一；就农准备校教育是对城市在职人员、失业人员或大学毕业生进行农业技术知识转岗培训；农业指导士教育在培训之后还需要到当地具备农业指导士资格的农民家中接受指导和研修。日本不仅对农民进行农业专门知识教育，还进行国外农业政策、农业经营管理、农产品销售以及农、牧、渔生产技术、农产品储藏加工技术的传授。

韩国农业教育以农业技术推广指导机构和民间团体为主，近几年才逐步建立了农业专门学校。20世纪60年代以来，韩国的农业教育形成了4H教育、农渔民后继者教育和专业农民教育三个层次。4H教育的目标是使农民具有聪明的头脑（head）、健康的心理（heart）、健康的身体（health）和较强的动手能力（hand）；农渔民后继者教育是专门针对农业后备劳动者的技术教育，目的在于通过培养青年农民从事农业的技术和能力，来缓解由于农业劳动者老龄化给农业带来的压力，并优化农村劳动者的文化知识结构；专业农民教育是在后继者教育的基础上开展的更高层次的农民教育，重点培养和扶持具有较高产业化经营管理水平、具备国际市场竞争力的专业种养大户。

（三）我国新型农民培训现状

进入21世纪以来，农业结构转变和农业外部环境的变化对我国农业的可持续发展提出了更高的要求，为了适应农业现代化的发展，提高农民科技文化素质已迫在眉睫。为此，农业部制定了《2003—2010年全国新型农民科技培训规划》，目的是培养一大批觉悟高、懂科技、善经营，能从事专业化生产和产业化经营的新型农民，具体包括以下几类培训工程。

1. 绿色证书工程

"绿色证书"培训是我国农民科技培训的一项基本制度，主要是按农业生产岗位规范要求对广大农民开展培训，培养骨干农民。2003~2005年培训600万人；2006~2010年再培训1 000万人。

2. 跨世纪青年农民科技培训工程

该工程由农业部、财政部和团中央共同组织实施,主要是对农村优秀青年开展以科技为主的综合性培训,培养农村致富带头人和建设社会主义新农村的中坚力量。2003~2005年培训300万人;2006~2010年再培训500万人。

3. 新型农民创业培植工程

该工程主要是从参加前两大工程培训的学员中,选拔能开展规模化生产和具有创业能力的优秀学员,通过政策引导、信息服务、创业资金扶持和后援技术支持,将其培植成规模化和专业化生产经营的农场主和农民企业家。2003~2005年培植农民3万人;2006~2010年再培植7万人。

4. 农村富余劳动力转移就业培训工程

该工程主要是对农村富余劳动力转移就业进行引导性和示范性培训,提高农民进城务工的就业素质和技能,促进农村富余劳动力合理有序流动。2003~2005年培训300万人;2006~2010年再培训1 000万人。

5. 农业远程培训工程

"农业远程培训工程"主要是运用现代教育手段,加大传播覆盖面,快捷有效地向广大农民提供技术、信息和咨询服务,使农业科技成果迅速走进千家万户。2003~2010年,农业远程培训计划开发培训课程400门,录制广播电视节目4 000小时,编译少数民族语言广播电视节目800小时,向全国播出100 000小时,向农民发送农业科技光盘1 000万张。同时,继续加大"农业科技电波入户计划"实施力度,在2010年,全国90%以上的县实现电波入户。

6. 建设农民科技教育培训体系

有效整合农业科技教育资源,利用农业广播电视学校体系或农业科技教育培训机构,建立并完善以农业部农民科技教育培训中心为龙头,以各级农业科技教育培训中心为骨干,以高中等农业院校、科研院所和农业技术推广机构为依托,以企业与民间科技服务组织为补充,以县、乡、村农业技术推广服务体系和各类培训机构为基础的,从中央到省、市、县、乡相互衔接、上下贯通的农民科技教育培训体系,为实施五大培训"工程"提供保障。重点加强农业部农民科技教育培训中心和县、乡农民科技教育培训基地的建设。选择农民科技教育培训工作基础较好的500个县、2 000个乡(镇)进行示范。

2012年中央一号文件聚焦农业科技,着力解决农业生产力发展问题,明确提出大力培育新型职业农民;2013年中央一号文件突出农业经营体制机制创新,着力完善农业生产关系,进一步强调加强农业职业教育和职业培训。2017年1月农业部发布的《"十三五"全国新型职业农民培育发展规划》指出,中央和地方财政支持实施新型职业农民培育工程,开展整省、整市和整县示范推进,逐步实现所有农业县市区全覆盖。据统计,目前全国新型职业农民为1 272万人,比2010年增长了55%。预计到2020年,全国新型职业农民总量超过2 000万人。大批新型职业农民活跃在农业生产经营一线,正在成为现代农业建设的主导力量。

本章小结

1. 农地是指直接用于农业生产的土地。为了保证农业的有效运行和可持续发展，一方面，需要在宏观层面上通过政府干预来规范非农占用和减少污染，同时通过财政支持来加强农业基本建设；另一方面，需要微观层面上的农业经营主体不断对土地进行改良，提高土地肥力，同时，充分合理地利用土地，努力增加单位面积土地上的产量和产值。

2. 农业资金是国家、个人或社会其他部门投入农业领域的各种货币资金、实物资本和无形资产，以及在农业生产经营过程中形成的各种流动资产、固定资产和其他资产的总和。

3. 农业劳动力是指能够参加和从事农业生产的劳动力数量和质量的总和。数量是指农村中已达到劳动年龄和虽未达到年龄或已超过劳动年龄但可以经常参加农业劳动的人数；质量则是指劳动者的体力强弱、智力水平、技术熟练程度、文化教育水平等方面的状况。

4. 经营者能力是指经营者在一定的外部条件下，有效地利用内部各种资源，使纯收益最大化、经营成本最小化的能力，包括经营管理能力、技术吸收能力、组织形成能力、资源调配管理能力、信息与知识收集及分析能力、资金调配能力等。

本章习题

1. 农地有哪些特征？如何有效地利用现有的农地？
2. 农业资金的主要来源有哪些？如何提高农业资金的利用效率？
3. 衡量农业劳动力利用效率的指标有哪些？

第八章

农业经营规模与集约度

第一节 经营规模的内涵与规模理论

一、农业经营规模的内涵与衡量指标

(一) 农业经营规模的内涵

农业经营规模虽然作为一个衡量经营程度的重要概念被广泛使用,但是其真正的内涵与衡量指标却十分模糊。由于农业经营的规模首先取决于土地资源的可利用数量和范围,而且土地作为最基本的农业生产资料,也是其他生产要素配置的基础。因此,在许多论述中都将经营规模等同于土地规模。然而,现代农业经营学中所谓的规模,实际上是一个包含集约度概念的经营规模,它不仅取决于土地受容力的大小,而且还受技术条件、资金市场、经营者能力、经营方式等因素的制约。

农业经营规模是指农业生产单位(农户、农业企业或农业组织)投入生产经营的要素及产出所形成的生产能力。它包括两个方面的含义:一是农业生产单位占据空间的大小以及投入生产经营规模的数量和质量;二是农业生产单位生产成果的大小。从整体上来看,由于一切生产活动都是一个投入和产出的过程,所以农业生产单位的经营规模可以分为投入规模与产出规模。以投入要素(如土地、劳动力、资本及管理)的数量来衡量的规模称为投入规模,以产出量(如产量、产值及收入)来衡量的规模称为产出规模。

投入规模可以分为土地规模、劳动力规模、资本规模和管理规模,产出规模可以分为产量规模、产值规模及收入规模,它们组成了农业生产单位的经营规模系统,如图 8-1 所示。土地规模是指农业生产单位拥有土地或耕地面积的大小,包括种植面积、草地面积、畜舍面积、大棚和温室的占地面积;劳动力规模是指农业生产单位劳动力的数量和质量,包括投入的劳动力数量和劳动时间;资本规模是指农业生产单位固定资产投入和流动资金的使用总额;管理规模是指农业生产单位进行生产决策、协调、控制的规模,表现为管理的层次、管理人员的素质以及管理工具的数量和质量。以农业生产单位产出

的实物、产值及收入衡量的农业生产单位的经营规模分别称为产量规模、产值规模及收入规模。

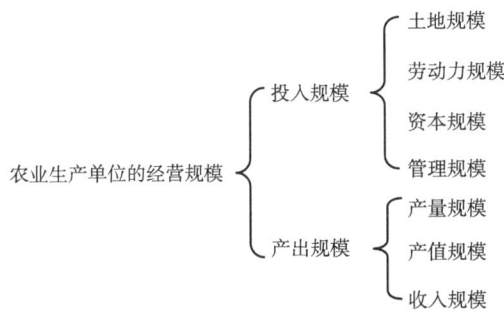

图 8-1 农业生产单位的经营规模

（二）农业经营规模的衡量指标

美国农业经营学者 Efferson J.N.曾在其著作（*Principle of Farm Management*，1953 年）中列举了衡量农业经营规模的指标主要有农场面积（acres in the farm）、耕地面积（acres used for crops）、作物播种总面积（total crop acres）、主要作物面积（acres of the most important crops）、主要家畜头数（average number of important livestocks）、机械设备等劳动手段的数量（average number of workstocks）、换算劳动力（man-equivalent）、总收入（总产值）（total receipts）、总家畜单位（total animal units）、生产家畜单位（productive animal units）、生产者劳动单位（productive man work units）。

以上列举的各指标是考虑到同一经营类型或不同经营类型之间都可以进行比较而确定的。其中，总家畜单位减去生产家畜单位就得到役畜的投入单位，而生产者劳动单位是指进行作物栽培或家畜饲养时，进行经营管理所必需的劳动量的合计。

与此相对应，由德国农业经营学者 H. Steinhauser 等编著的农业经营学教科书 *Einführung in die Landwirtschaftliche Betriebslchre* 中，对衡量农业经营规模的指标进行了如下区分：①投入的固定生产要素量，包括土地利用面积、投入资产量、家畜饲养头数、劳动力拥有单位。②投入的生产要素价值，包括固定生产要素的价值、农业经营费用合计。③经营成果，包括农业粗收益、农业纯收益、利润。

事实上，衡量农业经营规模的指标会随着农业生产力状况的变化而不同。通常在粗放经营的条件下，主要用耕地面积或作物面积等衡量农业生产单位经营规模是合适的；而在集约经营的条件下，则宜用关键性生产经营要素的投入规模或产出规模来衡量。在一般情况下是根据研究目的的要求，以农业生产单位经营规模系统中的某一指标或综合指标来衡量农业生产单位的经营规模。

二、经营规模理论的演变

关于农业经营规模的确定是近现代农业发展过程中一直争论的话题，由此也形成了几类具有代表性的学说。一类是以德国经济学家考茨基（Kautsky）和 Eduard David 为代表的大小规模优劣比较理论，关注的焦点主要是资本主义经济下的农民分层，即农业生产是维持小农经济还是向资本主义大生产发展；另一类是以美国经济学家 Taylor，和 Black 为代表的适度规模理论，关注的焦点主要是在一定的自然条件、市场条件和技术条件下，土地、资本、劳动和经营管理的适度结合比例。后者在 20 世纪 40 年代中期得到了进一步的发展，并经 Tintner 和 Brownlee、Tintner 等运用道格拉斯生产函数对各种要素的投入产出关系（input-output relationship）进行了计量分析。

虽然早在 1770 年，英国古典农业经济学家 A. Young 就在其适度比例学说中，以英国当时的租赁农场——资本主义农业企业为对象，提出为了获得尽可能大的收益，必须使农场内部各部门之间及生产经营手段之间保持适当的比例，但由于其针对的主要是大规模农场，因而一直被归为大农论者。还有众所周知的马克思和恩格斯，也是大农业生产优越论者。另外的一些学者，如德国的 W. G. F. Roscher 在其论著《国民经济体系》中，将农业经营的规模分为大、中、小三个层次，并对过小和过大农场进行具体定义。虽然其所指的经营规模是一个包括经营原理和经营方式在内的综合概念，但其关注的主要还是社会阶层的分类。

人物介绍 8-1

卡尔·考茨基（Karl Johann Kautsky，1854~1938）

德国和国际工人运动理论家，第二国际机会主义派别领袖之一。1875 年 1 月加入奥地利社会民主党。次年与 W. 李卜克内西和 A. 倍倍尔建立联系。1877 年加入德国社会主义工人党（后为德国社会民主党）。1880 年应聘到瑞士苏黎世，为德国社会民主党党员、改良主义者 K. 赫希伯格的助手，出版《社会科学和社会政治年鉴》。1881 年 3 月被派往伦敦会见 K. 马克思和 F. 恩格斯，从此由激进的民主主义逐步转向马克思主义。1882 年秋，筹备创办德国社会民主党的理论刊物《新时代》，考茨基任主编。1885 年迁居伦敦，研究政治经济学和历史。19 世纪 80~90 年代，发表著作对马克思的《资本论》和唯物史观以及党的纲领做了通俗的论述，曾得到恩格斯首肯。1895 年恩格斯逝世后，考茨基被认为是第二国际的主要理论代表，他曾出版过《土地问题》等马克思主义著作。1905~1910 年编辑出版被认为是《资本论》第四卷的《剩余价值学说史》。

资料来源：百度百科，http://baike.baidu.com/item/卡尔·考茨基

阿瑟·杨格（Arthur Young，1741~1820）

18 世纪英国农业经济学家，1763 年起从事农业经营，1784 年创办《农业年刊》，并为主要撰稿人。1793 年任英国政府农业局的首任局长，直到逝世。

他是英国农业革命的先驱，对农业的研究涉及许多方面，1767 年起考察英国、法国等地的农村，并根据当地的农业状况写了一系列的游记，如《爱尔兰游记》（1780 年）、《法兰西旅游》（1792 年）等，发表了大量农业近代化方面的著作。他提倡条播、马拉

犁；认为英国诺福克轮作制度是合理的，利用种植块根作物可减少土地休闲；认为生产手段的合理配合是农业经营中重要的原则，由此提出大经营胜于小经营的理论。他对农业革命理论的宣传和解释，对其他国家农业革命的兴起起了促进作用。

资料来源：MBA智库百科，http://wiki.mbalib.com/wiki/阿瑟·杨格

（一）大规模经营优势说

这一学说的基本依据是农业也可以像工业那样进行大规模经营，产生规模经济效益，提高生产率水平，因此，主张大规模经营的人认为，其优越性主要表现在以下几个方面：

（1）可以通过大规模的批量生产、批量销售来提高总的纯收益；

（2）可以提高大型机械、设备以及排水灌溉设施的利用率，在其生产能力允许的范围内，随着产量的扩大，单位产量所分摊的成本也会降低；

（3）通过使用大型机械，可以实现有效的技术分工，从而提高劳动生产率；

（4）由于生产资料和农产品的交易量较大，因此，在购买和销售方面具有一定的优势，而且交易成本较低；

（5）大规模经营更容易获得商业和信用上的利益，比较容易融资。

随着工业化和市场经济的发展，各国农业经营规模都出现了逐步扩大的趋势。其结果是加速了农业现代化，促进了现代技术要素的投入，实现了农业的高速增长，也显著提高了农民的收入水平。但经营规模扩大也容易引发以下问题：

（1）由于农产品的产量增长迅速，容易导致生产过剩，引起农产品价格下跌；

（2）大规模经营在生产方式上容易粗放化，从而导致土地肥沃度下降；

（3）扩大经营规模容易引起过度投资，从而导致负债；

（4）大规模经营容易导致作物或家畜的培育环境变差，经营管理难以细化，从而引起农产品质量下降；

（5）大规模经营的农场一般采用雇工经营或集体经营方式，不仅存在激励和约束机制问题，而且缺乏必要的灵活性，并且随着农场雇工人数的增加或集体成员数量的增加，管理成本也要相应地增加。

（二）小规模经营优势说

这一学说的基本依据是农业的小规模经营能够最大限度地发挥家庭经营组织的优势。因此，主张小规模经营的人认为，其优越性主要表现在以下几个方面。

（1）在以生物资源为基础的农业生产中，家庭劳动力比雇佣劳动力更能发挥主观能动性，并根据瞬息万变的自然因素和市场环境调整农业微观决策，及时有效地安排农业生产，而且不需要像对雇佣劳动力那样的指导和监督，管理成本较小。因此，由家庭劳动力来从事小规模生产时，单位面积和单位家畜的纯收益都较大。

（2）家庭劳动力具有利益目标的认同感，因此会爱护农机具和生产设施，也会尽量减少自给性物资的利用，从而减少各种现金支出，降低农业经营成本。

（3）实行小面积栽培或小规模饲养，作物或家畜的培育环境较好，经营管理也较

细致，因此，可以生产出高品质的农产品。

然而，小规模经营通常会面临以下两个问题：

（1）小规模分散经营必然带来生产资料购买和农产品销售时的交易成本增加，从而使农产品的总经营成本提高；

（2）小规模经营承担风险的能力较弱，一般是风险的规避者。

（三）适度规模说

这一学说认为，不需要在大规模和小规模之间任选其一，对于特定的作物或经营组织来说，一定存在一个可以使纯收益（或农业收入）最大化的理想规模，即适度规模。所谓适度规模，是指在一定的技术、经济条件下，投入的各种生产要素能够相互协调、组合最佳并且充分利用，以取得最大经济效益的农业经营规模。

图8-2显示了随着经营规模扩大所带来的农产品平均成本的变化趋势，可以看出，经营规模在不断扩大的初期，农产品的平均成本呈不断下降的趋势，但到达某一点后，随着经营规模的扩大，农产品的平均成本开始呈现上升趋势。而这一临界点就是可以使纯收益最大化的理想经营规模。

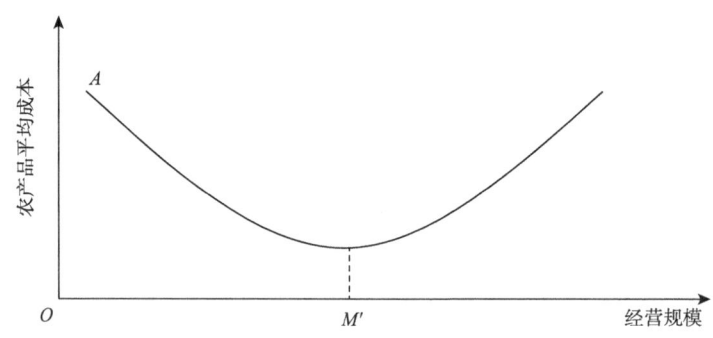

图 8-2　经营规模与农产品平均成本之间的关系

判断与评价经营规模是否适度，不仅要考虑到许多自然与经济因素，而且随着时间的推移，各种条件在发生变化，规模的适应性也必然随之变化，呈现出一种动态性。

三、适度经营规模的特征与衡量指标

（一）适度经营规模的特征

适度规模没有一个固定值，它由于各国的自然资源、技术水平、种养品种等的不同而不同。因此，在确定适度规模时，必须考虑到它的一些具体特征。

1. 地区性特征

由于各个国家（或地区）的自然条件和经济发展水平存在较大差异，因此，土地资源的稀缺程度和农业技术的类型决定着适度经营规模的数量级。从世界范围来看，美国、加拿大等土地资源丰富且机械化程度较高的国家，农业的适度经营规模处于较大的数量级上，而日本、韩国等土地资源相对匮乏并以改良品种为主的国家，农业的适度经营规模处于较小的数量级上。中国的情况也是如此，土地资源丰富的东北地区，与人多地少的江南稻区相比，适度经营规模肯定要大几个数量级。

2. 动态性特征

农业经营规模的适度值是多种自然因素和经济条件综合作用的结果，随着时间的推移和各种条件的变化，适度值也必然会随之变化而呈现出动态性。以经济发展为例，随着工业化水平的不断提高、农业劳动力的大量转移和农业机械化的逐步实现，农业经营规模的适度值也将逐渐增大。

3. 层次性特征

农业机械、农业劳动力等生产力要素的数量和质量不同，以及农业经营组织形式不同的单位，具有各不相同的农业适度经营规模。这一特征要求在具体确定某一区域、某一生产经营单位的适度经营规模时，除了考虑它与其他区域或其他生产经营单位的共性特征之外，还必须考察其生产力要素层次的特殊性和农业经营形式的特殊性。

4. 适应性特征

经营项目不同的经营单位具有不同的适度经营规模。例如，经营蔬菜的农户的适度经营规模一般要小于种植大宗农产品的农户的适度经营规模；即使是同样种植大宗农作物，由于作物种类不同，其适度经营规模也仍然会有较大的差异。因此，在确定生产经营单位的适度规模时，必须根据不同的经营项目及经营条件进行调整。

（二）适度经营规模的衡量指标

1. 直接指标

一般而言，直接指标包括土地规模、劳动力规模和资本规模三个指标。对于种植业经营来说，土地规模主要是指耕地及草地的面积；对于畜产经营来说，土地规模还包括饲养家畜的头数；对于设施园艺来说，土地规模是指大棚和温室的面积。劳动力规模是指从事农业生产的人数和投入的劳动时间；资本规模是指投入机械、设施、家畜、果树等土地以外的生产要素的固定资本和在生产经营过程中用于购买种子、肥料、农药、饲料等生产资料的流动资金。以上述三种指标为基础来确定适度规模时，还必须兼顾最佳经济效益目标，即一定时期内取得最大收益的规模和长期平均成本曲线处于最低点的规模。

2. 间接指标

间接指标包括耕作面积或饲养头数等经营要素的利用情况和农产品销售额等经营要素的利用效果。土地的利用效果包括作物的种类、耕作体系、栽培方法等是否能够提高土地生产率，以及单位面积土地上投入的各种物质成本是否能够达到最低；资本的利用效果主要是指建筑物和设施等固定资产的利用率情况，以及流动资金的周转情况；劳动力的利用效果主要是指劳动生产率是否提高，以及劳动强度是否合理。经营要素的利用效果还包括农产品产量、销售额、农业粗收益、农业纯收益等。

不论是直接指标还是间接指标，适度经营规模都必须满足以下三个条件：

（1）农业经营规模必须与土地、农业劳动力资源状况（农村第二、第三产业发展水平和农业劳动力转移的程度）、农业部门的物质技术装备程度（如农业技术水平、资本的有机构成、资金拥有量等）、农业生产社会化服务水平及农业经营者的素质等相适应；

（2）农业经营必须能够充分利用自然资源和经济资源，实现诸生产要素的最佳组合和充分利用；

（3）农业经营必须能够实现经济效益、社会效益及生态效益的规模效益最大化。

第二节　经营规模与集约度

一、粗放经营与集约经营

（一）粗放经营与集约经营的含义

集约与粗放是相对的概念，两者是相比较而存在的。这组概念最早是李嘉图（David Ricardo）在探讨地租理论时提出来的，称为"粗放经营产生的地租"和"集约经营产生的集约地租"，最初用于土地利用方式的划分，之后逐渐应用到畜牧业乃至工业等许多经济生活领域。

粗放经营是在较低的技术水平下，农户仅为了维持自然资源的生产力，投入较少的劳动和资本，对土地进行浅耕粗作，实行广种薄收的一种农业经营方式。在粗放经营中，机器设备等先进的生产手段和农业科学技术没有广泛运用，甚至没有应用，通常是通过土地数量的投入和土壤的自然肥力来增加农业总产量，其主要的生产要素是劳动力和土地。

集约经营是通过采用先进的农业技术措施、技术装备和管理方法，在一定的耕地面积上尽可能多地投入生产资料和劳动力，并改善经营方法，对土地进行精耕细作，以求在一定面积的土地上获得高产出和高收入的一种农业经营方式。集约是相对粗放而言的，实现集约化，是以提高农业生产效益（社会效益和经济效益）为目的的，在增加生产要素投入的前提下，对经营诸要素进行重组，它能够从单位面积的土地上获得更多的农产品，提高土地利用率和土地生产率，增加农业经营的经济效益，用最小的成本获得最大的投资回报。社会对农产品需要量的不断增加和耕地的有限性决定了农业发展必须走集约化道路。同时，生产力水平的不断提高及科学技术的不断进步，为提高农业的集约化水平创造了条件。由粗放经营向集约经营转化、由低水平集约向高度密集型集约发展，是农业生产发展的客观规律，也是农业发展的必然趋势。

根据资源投入结构的不同，集约经营又可分为劳动集约和资本集约两种基本类型。投放较多活劳动的称为劳动集约，它表示一定面积的土地投入总额中，活劳动所占比重较大；投入较多生产资料的称为资本集约，它表示一定面积的土地投入总额中，物化劳动所占比重较大。随着社会生产力的发展，劳动集约为主的农业将逐步向资本集约的农业发展。而且，随着科学技术的不断进步，资本集约的农业也将越来越不仅仅表现为物化劳动量的追加，而是表现为新技术的密集使用，因此，这种资本集约的农业又称为技术密集型农业。

（二）两种经营方式的形成

从农业生产的历史来看，其基本趋势总是由粗放经营向集约经营的方向发展。在农业发展初期，由于人口数量较少，生产力水平较低，土地辽阔，可开垦的土地面积又很充足，人地之间的矛盾不突出。为了满足人口增加带来的对农产品需求的增加，人类必须开垦并耕种更多的土地，广种薄收，粗放经营，农业的发展主要表现为人类整个生产规模的扩大。这是因为当时存在着大量的未开垦土地，而同时又由于社会生产力水平低下，农业耕作技术落后，小农经济的力量单薄，农业生产主要依靠自然力，集约经营的效果不如扩大耕地面积。那时，在人多地少并主要依靠提高单产来扩大生产规模的国家，也有比较集约的农业经营，但这些国家也只能发展成为以投入大量活劳动为特征的精耕细作型又称劳动密集型农业。这种经营方式，只能是依靠不惜浪费其家庭成员的劳动和牺牲其牲畜体质的方法，在十分有限的程度上实行集约经营。其不仅经济效果极低，而且往往导致土壤肥力和其他生产条件的破坏。

在资本主义发展的初期，农业开始转向集约经营，但由于当时能够投入农业的资本数量还比较少，而可以利用的耕地相对来说仍然比较多，同时有利于集约经营的科学技术还没有大量出现。因此，当时的耕作大都采用比较粗放的方法。随着人口的进一步增加，可耕的荒地日益减少，扩大耕地面积遇到了越来越多的困难，土地资源稀缺性日渐突出，其制约作用越来越强时，农业生产的发展只能通过在单位面积土地上投入更多的劳动和资本，以此来提高单产并增加总产出，实现由粗放经营向集约经营转变。

在工业不是很发达的条件下，由于工业无法向农业提供大量的物质技术装备，而人口大量增加使农业劳动力十分充裕，农业劳动力尚不能大量向城市转移，必须依靠增加农业劳动投入来扩大农业产出，从而出现了以劳动集约为主的集约方式。随着资本主义工业的发展和农业劳动力的逐渐减少，一方面资本积累的增多使追加投资有了物质条件；另一方面，农业科学技术的进步使农业生产开始大量采用农业机械，施用化肥、农药等，既提高了农业生产效率，又增加了农业产出。这种方式下，农业集约经营成为农业发展的主要途径，农业生产规模的扩大也主要表现为集约型规模扩张。随着现代工业的发展和农业技术装备水平的提高，在单位面积土地上投入的生产资料日益增多，而投入的活劳动量则相对下降甚至绝对下降，集约经营类型就从劳动集约转向资本集约。

因而从20世纪以来，特别是在第二次世界大战以后，集约经营成了资本主义国家土地利用的主要方式。并且，无论是集约化水平，还是集约化的经济效果都有了很大提高。

二、集约度与适度规模

(一)集约度的概念

所谓农业经营的集约度,是指投入在单位土地面积上的劳动量和资本量,或者说在单位土地面积上所投入的成本。集约度能综合反映经营期间单位面积土地上投入的各种物质成本(化肥、农药、种子、机械、基础设施等)、劳力成本及其资本利息,它是衡量土地集约或粗放程度的一种综合指标。其计算公式如下:

$$集约度 = \frac{生产物资成本 + 劳动力成本 + 经营资本利息}{经营的土地面积}$$

其中,生产物资成本包括种子或仔畜、肥料或饲料、农药或防疫、燃料等其他物资投入所需的流动资金和机械、设备等固定资产的折旧,以及财务、销售、管理等费用;劳动力成本包括家庭用工折价和雇工费用。或简化为

$$集约度 = \frac{经营资本}{经营的土地面积}$$

其中,经营资本是指机械、设备、家畜、劳动和其他生产资料等土地以外的生产要素投入的折算价格。

反映集约经营程度或水平的指标有:①单项指标。单项指标包括单位面积耕地或农用地摊得的农具和机器的台数(或机械马力数)、电费(或耗电量)、肥料费(或施用量)、种子费(或种子量)、农药费(或农药量)、牲畜头数和人工费(或劳动量)等。②综合指标。综合指标包括单位面积耕地或农用地摊得的占用资金额、固定资产额、生产成本费、生产资料费等。反映集约经营经济效果的指标有单位面积耕地或农用地上所获得的产量、产值、增加值和纯收入,以及单位投资所获得的产量、产值、增加值或纯收入等。

德国著名的农业经营学家布林克曼和艾瑞保(F. Aereboe)认为,究竟采取集约经营还是粗放经营,应根据经济状况、技术条件、自然环境、社会发展水平来决定。他们认为,集约度受到多种因素的影响而处于不断的变动中,这些因素包括以下几种。

(1)农场的交通位置。土地的位置尤其是相对于中心市场位置的远近,直接影响到土地经营集约度。例如,城市土地人口集中,从事工商业建设,建筑物要向高空发展,是高度的集约性利用,又如城郊农地,交通方便,用于生产含水分高、易腐易变质的蔬菜、花卉、蛋、奶产品,要求投入资金、劳力都多,集约度高,效益也高。通常距离市场越近的农场越容易获取生产资料和生活资料,交易成本越低,农产品销售越容易。因此,越会在土地上增加投资,以生产更多的商品农产品。此外,技术发展促使交通运输发展,信息传递加快,则空间距离缩短,运输费用下降,时间上速度更快,供需信息更加快捷,则农地利用位置差别越小。在自然经济条件下,农业生产的自给比重大,商品交换范围狭小,交通对其影响不大。在商品率提高的市场经济条件下,交通与农业的集约度关系密切。城市近郊农业生产成本低,农产品价格高、收益大,资金积累容易,有

利于增加投入和提高集约度；而远离城市的农业，运费高，产品保鲜困难，支出大、收益小，积累能力低，难以高度集约。

（2）农场的自然状况。其包括土壤肥力、水源、地貌、气候、植被、动物分布等。自然特征较为优良的土地生产潜力大、集约度高，即农场更容易向肥沃的优良土地上增加投资，以取得更多的单位面积产量，提高投资的经济效益。

（3）经济发展水平。原始社会土地公有，可以自由利用土地，但经营十分粗放，土地生产率极低。奴隶社会和封建社会，生产力有了进步，集约度和产量均有所提高。可是，大量土地被官府、贵族、地主占有，劳动者与土地分离，难以合理利用土地。进入资本主义社会，随着商品经济的发展和科学技术的进步，农业普遍采用机器，资本投入量增加，单位面积产量增长较快。经济发展必然引起人口的增加和消费水平的提高，因而对农产品的需求量增多；经济发展将带来现代工业技术在农业中的运用，因而会引起对农业投入的增加。

（4）技术进步情况。农业技术进步，需要增加投资，提高集约度。工业技术进步增加了农业对自然界的控制、适应和改造能力，并在肥料、病虫害防治、饲料等方面提供了新产品，不但节约大量劳动力，还将大量增产。农业生物技术的发展，由于对自然界的物质循环和能量转化的重复利用，经济效益更高。农业技术包括劳动节约型技术和土地节约型技术，劳动节约型技术主要是通过农业机械化程度的提高来提高农业劳动生产率，土地节约型技术主要是通过良种开发、化肥推广等来提高土地生产率。农业技术的不断进步将带来劳动节约型技术和土地节约型技术的广泛应用，从而提高农业劳动生产率和土地生产率。

（5）农业经营者的经营能力。经营者的能力主要表现为经营的计划和决策能力，资金充足、经验丰富的农业经营者可以克服各种不利的条件来提高收益，经营管理者对集约经营的态度也严重影响着土地经营集约度，因此也被称为农业经营的第四要素。

（二）经营规模与集约度的关系

农业经营规模与集约度的关系，可以通过农业经营的生产率和收益率的提高来说明，如式（8-1）所示：

$$G/K = (G/C) \cdot (C/K) \quad (8\text{-}1)$$

其中，G 代表利润；K 代表投入的固定生产要素。由于在同一亩地上进行土地改良时一年一作和一年两作所需的设备完全不同，劳动力的投入也存在着青年与老年等的质量差异，因此，必须进行价值换算。

首先，如果 K 代表资本投入额的话，那么 G/K 就为资本利润率；如果 K 只代表固定生产要素的投入总和，那么 G/K 就为固定资本利润率，即经营目标为收益率。

其次，G/C 为利润与总成本的比率，一般表示生产效率即生产率；也可以表示为 $G/C=(R-C)/C=(R/C)-1$。其中，R 为总产值；R/C 为生产效率。生产效率越高则 G/C 越大。

最后，C/K 代表资本的利用率，如果 K 只代表固定生产要素的投入总和，那么 C/K

就为固定资本的利用率。

农业经营中经常使用集约度的概念，由于土地对农业经营的重要作用，因而农业经营的集约度往往意味着土地利用的程度。如果将 K 设定为土地面积或土地价值的话，那么对一定规模的土地利用所产生的费用就可以看作集约度。然而，现实中的 K 还包括资本装备和劳动力，因此公式（8-1）可以写为

$$G/K = (R/C - 1) \cdot (C/K) \quad (8-2)$$

也即收益率=生产率×固定资本利用率，这就意味着要提高收益率就必须对生产率和资本利用率进行调整。

首先，要提高生产率。为了使 R/C 尽可能增大，就需要扩大经营规模。大型机械的使用虽然增加了机械的使用成本，但却可以大幅度减少劳动成本和其他成本，从而使总成本 C 下降，甚至使利润 R 增加。因此，一般情况下 R/C 的增加有赖于 K 的增加。

然后，K 的增加自然会对利润率 G/K 和资本利用率 C/K 产生影响。工业生产中一般将 C/K 作为前提条件。因此，如果假设随着 K 的增加，资本利用率 C/K 可以保持适度，那么企业只需努力提高生产率即可。然而，对于土地利用型的农业生产来说，要使机械、劳动力和土地等固定要素像工业那样保持不变却很困难。而且，规模扩大一般也伴随着固定成本的部分增加。因此，农业经营需要解决两个问题：第一，如何在规模扩大的同时，提高生产率；第二，在一定的规模上，如何提高生产要素的利用程度以接近最适度利用。而现实中的多数农业经营，不是未充分利用生产要素，就是生产要素投入过剩。只有在规模扩大的同时，使生产要素达到最适度的利用状态，才是积极而合理的农业经营。

对于土地利用型的农业，要使固定资本达到最适度利用状态，有两个基本方法：一是设施机械等的共同利用，如水稻与小麦相结合的经营，水稻是夏季作物，小麦是冬季作物，因此在土地利用上不存在竞争关系（competitive relationship），而且在劳动力、拖拉机、脱粒机、烘干机等机械方面都可以共同利用；二是经营的复合化，如水稻与奶牛相结合的复合经营，稻草可以用作奶牛的粗饲料，米糠、碎米等不能有效利用的中间产物，也可用来充当奶牛的饲料。而奶牛所产生的粪尿，则可以用于水稻施肥。可见，经营方式与经营规模的大小密切相关。

（三）适度集约与适度规模

要判断集约度是否合理，主要看在一定的经营规模上，集约度与适度集约之间的距离。由于不同的规模下存在着不同的集约度，因此，要判断集约度是否合理，就需要与这一规模上的适度集约度进行比较。如图 8-3 所示，纵轴表示一定规模下的产量，横轴表示一定规模下的成本。如果集约度指标选择一定规模下投入的成本，那么，适度集约度就为平均生产率（Y/X）达到最高点时的成本投入点 A_1。然而，A_1 未必是利润最大化下的集约度，利润最大点下的集约度应该是边际成本与边际生产率相一致的 A_2 点，称为最有利的集约度。

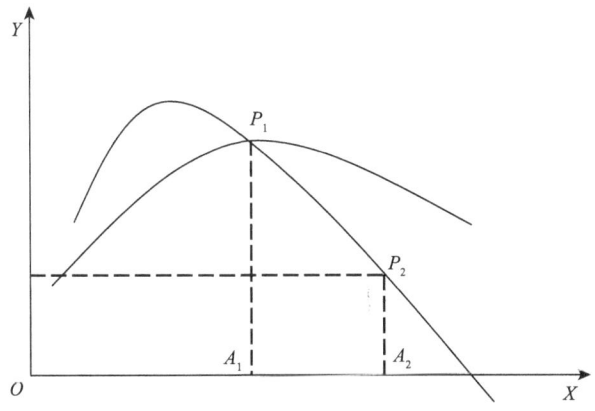

图 8-3 适度集约度与最有利集约度（一）

如果是完全竞争的市场，那么 A_2 会逐渐向 A_1 移动，最有利的集约度消失，只能实现 A_1 点上的适度集约度。如果不能实现最有力的集约度，就只能选择实现适度集约度。

适度规模是指在各种规模下都能实现适度集约，并且随着规模的变化平均生产率达到最高的规模。如图 8-4 所示，在规模逐渐扩大的 Ⅰ、Ⅱ、Ⅲ、Ⅳ、Ⅴ 中，Ⅲ 的规模为适度规模。

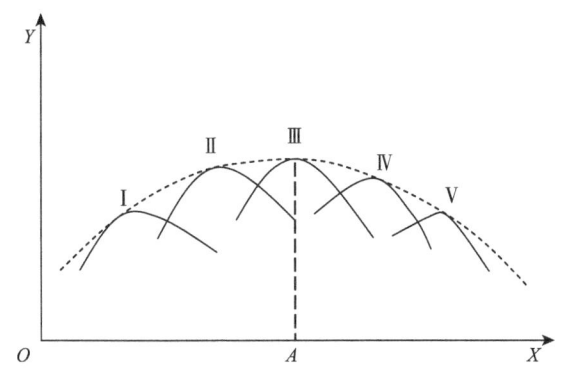

图 8-4 适度集约度与最有利集约度（二）

通常规模的变化用长期成本曲线来表示，为了说明规模变化与集约度变化之间的对应关系，横轴用成本表示。

规模的连续扩大与集约度的关系如图 8-5 所示，Ⅰ、Ⅱ、Ⅲ 分别代表不同规模下的平均生产曲线，其各自的适度规模分别为 OA、OB 和 OC。如果从规模 Ⅰ 扩大到规模 Ⅱ，那么集约度将不能到达规模 Ⅱ 的适度集约度 OB，只能停止在 OB'，此时规模扩大的效果完全没有。从规模 Ⅱ 扩大到规模 Ⅲ 时也同样，集约度将不能到达规模 Ⅲ 的适度集约度 OC，只能停止在 OC'，扩大规模只有负效果。随着适度集约度的不断实现，规模也在连续不断地变化，并最终到达适度规模点。

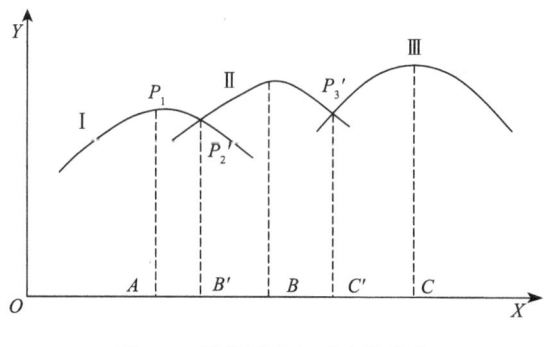

图 8-5 规模扩大与适度集约度

第三节 经营规模与经营效率

一、经营规模与土地产出率

土地产出率是指单位面积的土地上可以生产出的农产品数量，也就是通常所说的农产品的单产水平。理论分析和农业经济活动的实践都证明，土地产出率与土地经营规模之间基本上是反向关系，即在农业经济活动中投入的劳动、资本等其他要素总量不变的情况下，如果土地经营规模小，在单位面积上投入的劳动和资本多，土地产出率就会提高，此即农业集约式经营。而土地经营规模越大，分摊到单位面积土地上的劳动和资本的数量就会减少，从而土地产出率就低，此即农业粗放式经营。从农业发展的历史来看，其演进过程一般为从粗放式向集约式的转变。在人类社会初期，土地辽阔，人地之间的矛盾不突出，为了满足人口增加所产生的对农产品需求总量的增加，往往就选取粗放式经营方式，开垦和耕种更多的土地，广种薄收。当然也可以设想此时通过提高农作物单产水平来增加其总量，但是所必需的一个前提条件是农业技术的进步，而在 20 世纪中叶以前人类社会漫长的岁月中，农业技术进步非常缓慢，不足以为提高农作物单产水平提供支持。

农业技术进步缓慢的原因则在于它本身也有一个投入与产出的比较，即经济效益问题，农业生产者在决定到底是通过发展农业科技来提高农作物单产水平并最终提高农作物总量，还是通过扩大农作物播种面积来最终提高农作物总量时，往往更倾向于后者，因为此时还有大量荒地可以去开垦，土地的稀缺性还不突出，土地制约作用还不那么强烈，通过这种方式增加农作物总量似乎更经济、更现实。当荒地告罄，土地资源稀缺性日渐突出，制约作用越来越强时，农业经济活动就只能由粗放式向集约式转变，通过在单位面积土地上投入更多的劳动和资本来提高其单产并达到增加总产量的目的。这个转变必须有农业科技进步的配合与支持，如施用化肥、农药，选育优良品种，采用塑料薄膜等技术。否则，单纯投入更多的劳动和其他物质资本并不能保证土地单产的提高，甚至会走向反面，导致减产。例如，给不抗倒伏的小麦、水稻品种施用过多的氮肥有可能导致其倒伏减产。因此，20世纪中叶以来，正是由于人地矛盾越来越突出，为提高农作物单产水平，才推动了此间农业科技进步的飞速发展，从国外的"绿色革命"到我国杂交育种水稻、小麦、玉米、棉花等技术的研发成功和大面积推大，其根源即在于此，并且成效卓著。根据世界银行对肯尼亚不同规模农场的对比研究，发现规模在0.5公顷以下的农场的单产水平是规模在8公顷以上农场的19倍，如果该国农场规模缩小10%，产量就要增加7%。印度、巴西、美国及我国的实践都证明了这一点。

可见，如果用土地产出率指标来测量农业效率，则小规模的土地经营往往更有利于提高农业效率，大规模的土地经营反倒不利于提高农业效率。

二、经营规模与劳动生产率

劳动是农业经济活动的另一要素，劳动生产率也可以作为测定农业效率的重要指标。农业劳动生产率的表示有两种方法：一是用每个农业劳动力在单位时间内（通常为一年）所生产的农产品数量来表示，二者是正比关系；另一种是用单位农产品中所包含的劳动时间来表示，二者是反比关系。

劳动生产率与土地经营规模之间的关系是：在一定限度内，二者是正向关系，即扩大土地经营规模可以提高劳动生产率，缩小土地经营规模则会降低劳动生产率。但是，超过这个限度之后，土地经营规模的扩大并不能提高劳动生产率，当然也不会导致劳动生产率的下降。这个拐点就是每个劳动力可以耕种的最大面积土地，而它也取决于农业科技水平的高低，其中主要是农业机械化水平的高低。当土地经营规模在这个拐点之内时，劳动力与土地两种要素之间的配置比例关系不合理，劳动力作用得不到充分发挥，此时如果扩大土地经营规模，就会改善两种要素之间的配置比例，使劳动力作用得以充分发挥，从而提高劳动生产率。但是，当土地经营规模达到这个拐点之后，它与劳动力之间的配置比例已经达到最优化，此时如果继续扩大土地经营规模，劳动者力不能及，就会造成这部分土地的闲置，"种了别人田，荒了自己地"，因而并不能提高劳动生产率。事实上，劳动者会理性地决定土地经营规模，既然超过拐点之后继续扩大土地经营规模并不能有效提高劳动生产率，他们就会把土地经营规模控制在这个拐点上。

可见，如果用劳动生产率指标来测量农业效率，则它与土地经营规模之间的关系基本上是一种正向关系。

三、经营规模与资本效率

资本是农业经济活动中的又一个要素，它实际上是市场经济条件下其他各种要素的统一表现形式，它的物化形式是劳动力和农业机械等物质资本。因此，也可以用资本效率来测量农业效率。

资本的本质是价值增值，追求利润最大化，资本效率的大小主要用利润量的大小和利润率的高低来表示。利润总量取决于一定量的资本所生产的农作物总量和单位农产品中包含的利润，等于二者的乘积。为了实现利润最大化，既要增加农产品总量，更要降低单位农产品成本，提高其利润含量。在资本投入量一定的情况下，农作物总量和土地经营规模之间的关系是，在一定限度之内，二者是正向关系，此时，资本多而土地少，二者之间配置比例不合理，造成部分资本的闲置与浪费，如果扩大土地经营规模，就可以改善二者之间关系，充分发挥资本作用，增加农作物总量。但是，超过这个限度，资本作用已经得到充分发挥，继续扩大土地经营规模，资本就力有不及，造成这部分土地的闲置和浪费，因而并不能增加农作物总量。单位农产品中所包含的利润量和土地经营规模之间的关系，同样有一个限度，在这个限度之内，二者也是正向关系，扩大土地经营规模会降低成本，增加利润。因此，在这个限度内，为了提高资本效率，就必须扩大土地经营规模。当然，达到这个限度之后，资本作用已经得到充分发挥，也就很难再通过扩大土地经营规模来增加农作物总量和降低单位产品成本以增加利润，提高资本效率。事实上，农业投资者也会理性地决定土地经营规模，把它控制在这个拐点上。

可见，资本效率与土地经营规模之间基本上也是一种正向关系，在一定限度之内，扩大土地经营规模有利于提高资本效率。

四、土地产出率、劳动生产率和资本效率的关系

以上分别分析了土地、劳动、资本三种农业生产要素效率与土地经营规模之间的关系，在现实经济活动中，它们往往结合在一起发挥作用，互相影响，其中不乏互相促进的一面，但也有互相矛盾的一面。因此，为了选择一个合适的土地经营规模，提高农业效率，有必要把它们放在一起，进行综合分析。土地产出率与劳动生产率的关系是，在一定的土地经营规模内，如果通过采用先进的科学技术来提高土地产出率，如选用优良品种、采用更先进的耕作方法来提高农作物单产水平，则土地产出率的提高同时伴随着劳动生产率的提高，二者之间并无矛盾和冲突。但是往往也有以下这种情况，在科学技术并无进步的情况下，通过在单位面积上投入更多劳动，进行精耕细作，来提高农作物单产水平。此时，土地产出率就与劳动生产率是相悖的，土地产出率的提高却伴随着劳动生产率的下降，甚至使劳动的边际生产率为零。例如，前面提到的根据世界银行对肯尼亚的调查，如果全国农场规模缩小10%，产量就要增加7%，但劳动力用量却要增加8%。可见，劳动用量的增加大于产量的增加幅度，劳动生产率是下降的。在这种情况下，为了提高劳动生产率，就必须扩大土地经营规模，但这是从集约式经营向粗放式经营的转变，土地产出率则会下降。

土地产出率与资本效率的关系类似于它与劳动生产率的关系，即在一定的土地经营规模内，如果通过采用先进的科学技术来提高农作物单产水平和总产量，而并不增加资本的投入和总成本，则土地产出率的提高必然会提高资本效率，获得更多利润。但是，如果土地产出率的提高是依靠投入更多的资本来实现的，则土地产出的提高必然伴随着农产品总成本的增加，由于土地收益递减规律的作用，单位农产品成本往往会增加，利润则会减少，资本效率则是下降的，当边际成本等于市场价格时，利润为零。当边际成

本进一步大于市场价格时，就会发生亏本，资本效率为负。此时，为了增加农作物总量，提高资本效率，就要扩大土地经营规模，但这往往会导致土地产出率下降。

劳动生产率与资本效率之间的关系比较简单明了，它们之间是一种正向关系，劳动生产率越高，单位农产品成本就越低，利润就会增加，从而资本效率就会提高。反之，则相反。劳动生产率和资本效率与土地经营规模之间基本上都是正向关系，为了提高二者效率，必须扩大土地经营规模。

五、我国农业经营效率与经营规模的确定

既然应用不同的指标测量农业经营效率会有不同的结果，那么应该选用何种指标呢？这种选择与经济体制和农业发展水平相关。

在计划经济体制下，农业发展水平不高，农产品长期供不应求，国家对农业发展所确定的主要任务和目标是增加农产品总量，甚至到了不计成本、不讲效益的地步。在耕地资源日渐减少的情况下，这个目标只能通过提高农作物单产水平来实现，也就是追求土地产出率的提高。而且，计划经济体制忽视和抹杀了农户和生产队的经济利益，农产品价格由国家决定，长期低于价值，以此为工业化提供资本积累。在这种背景下，农业劳动生产率和资本效率指标都没有受到应有的重视。

党的十一届三中全会后，我国在农村实行家庭承包经营制，承认和尊重农户的经济利益，农业发展水平迅速提高，农产品的商品率和市场化水平也相应提高。于是，农户在农业经济活动中客观上要求进行经济核算，以收抵支，并有营利。特别是1992年以后，我国明确提出要发展市场经济，市场经济的本质就是优化资源配置，提高资源配置效率，以尽可能少的资源耗费获得尽可能多的净收益，即盈利。2001年底，我国正式加入世贸组织，农产品贸易同样也要按国际规则进行，其成本核算目标已经不仅仅控制在国内市场价格之下，更要控制在国际市场价格之下。这样，过去那种片面追求土地产出率，不计成本、不讲效益的做法就很难继续下去。1995年后，由于国内农产品市场价格持续大幅度下跌，种田亏本成为全国普遍现象，在全国各地产生的"撂荒""弃耕"现象就是对市场经济下农民进行经济核算的最好诠释和证明。加入世界贸易组织之后，我国农业之所以会遭受严重冲击，其原因既在于我国农产品品种、质量不高，更重要的还在于农产品成本过高，小麦、玉米、大豆、油菜籽等主要农产品成本普遍高出国际市场50%左右。一旦我国农产品市场对外开放，发达国家的优质、廉价农产品进入我国市场，不仅城镇居民选择购买外国农产品，使本国农产品失去国内市场，甚至有可能连农民自己消费的农产品也要购买外国产品，犹如近代外国优质廉价的纺织品进入我国后最终淘汰了我国农民长期自给自足的土织布一样。这是关系我国农业、农民和农村前途命运的大事。

所以，我国不应该再选用土地产出率，而应该选用劳动生产率和资本效率指标来测量我国的农业效率和竞争力。如果用土地产出率指标进行比较，我国并不低于世界平均水平和一些发达国家，如1997年，我国粮食亩产水平为300千克，全世界平均为198千克，加拿大为186千克，澳大利亚为131千克。然而我国农产品为什么在国际市

场上缺乏竞争力呢？主要原因在于劳动生产率太低。同样是 1997 年，我国平均每个农业人口所生产的粮食为 560 千克，而全世界平均为 804 千克，加拿大是 7 307 千克，澳大利亚是 35 685 千克。美国、法国等发达国家的农业劳动生产率是我国的几十倍，甚至上百倍。在我国国内农产品价格高于国际市场的情况下，农民仍然亏本，每亩地收入在 200 元左右。

我国农业劳动生产率和资本效率之所以太低，根本原因在于农业超小规模经营，全国平均每个农户的经营规模仅为 7~8 亩地，在东部沿海及南方一些省份，甚至不到 2 亩地，而发达国家即使家庭农场的规模，一般也在 200 亩地以上，更有一些是达到数千亩地的大农场。因此，为了提高我国农业效率，必须进一步完善家庭承包经营制，通过土地使用权流转，变超小规模经营为适度规模经营。

本章小结

1. 农业经营规模包括两方面的含义：一是农业生产单位占据空间的大小以及投入要素的数量和质量；二是农业生产单位生产成果的大小。关于农业经营规模的确定一直是近现代争论的话题，由此也形成了几类具有代表性的学说。

2. 农业经营需要解决两个问题，第一，如何在规模扩大的同时，提高生产率；第二，在一定的规模上，如何提高生产要素的利用程度以接近最适度利用。因此，只有在规模扩大的同时，使生产要素达到最适度的利用状态，才是积极而合理的农业经营。

3. 农业经营的集约度能综合反映经营期间单位面积土地上投入的各种物质成本、劳力成本及其资本利息，它是衡量土地集约或粗放程度的一种综合指标。

本章习题

1. 简述农业经营规模的内涵与衡量指标。
2. 简述集约经营与粗放经营、集约度的概念。
3. 经营规模与集约度存在何种关系？

第九章

经营品种与经营方式

第一节 作物与畜种的选择

一、农作物与畜种的分类

农作物主要分为大田作物和园艺作物,其中,大田作物包括粮食作物、工业原料作物、饲料及绿肥作物、药用作物,园艺作物包括果树、蔬菜和观赏植物,具体分类如下。

1. 粮食作物

粮食作物包括谷类、豆类和薯类。谷类主要有水稻、小麦、玉米、大麦、高粱、燕麦、黑麦等;豆类主要有大豆、蚕豆、豌豆、绿豆、小豆等;薯类主要有甘薯、马铃薯、木薯、豆薯、芋类等。

2. 工业原料作物

工业原料作物包括纤维作物、油料作物、糖料作物、嗜好作物和特用作物。纤维作物主要有棉花、麻类等;油料作物主要有油菜、花生、芝麻、向日葵、胡麻、油茶、油棕、油椰等;糖料作物主要有甘蔗、甜菜等;嗜好作物主要有茶叶、烟草、咖啡、可可等;特用作物主要有桑、橡胶、香料和编织原料等。

3. 饲料及绿肥作物

饲料及绿肥作物主要有苜蓿、黑麦草、高羊茅、紫云英、三叶草、草木樨、苕子、田菁、柽麻、绿萍等。

4. 药用作物

药用作物主要有黄连、贝母、天麻、人参、白术、白芍、枸杞、甘草、半夏、红花、百合、何首乌、菊花、甜菊叶、五味子、茯苓等。

5. 果树

果树的种类很多,包括落叶果树类和常绿果树类。落叶果树类主要有苹果、梨、山楂、木瓜、桃、梅、李、杏、樱桃、核桃、栗子、榛子、银杏、无花果、石榴、葡萄、猕猴桃、草莓、柿子、枣、酸枣等；常绿果树类主要有柑橘、橙、柠檬、柚子、阳桃、莲雾、番石榴、枇杷、荔枝、龙眼、橄榄、杨梅、枣椰、腰果、椰子、槟榔、香榧、榴梿等。

6. 蔬菜

蔬菜的种类很多，包括根菜类、白菜类、茄果类、瓜类、豆类、葱蒜类、薯芋类、绿叶类、水生类、多年生蔬菜和食用菌类蔬菜。根菜类主要有萝卜、胡萝卜、牛蒡等；白菜类主要有白菜、荠菜、甘蓝等；茄果类主要有番茄、茄子、辣椒等；瓜类主要有黄瓜、南瓜、西葫芦、冬瓜、丝瓜、佛手瓜、苦瓜等；豆类主要有豇豆、毛豆、扁豆、豌豆、蚕豆等；葱蒜类主要有洋葱、大葱、大蒜、韭菜、蒜薹、韭薹等；薯芋类主要有马铃薯、姜、山芋、山药等；绿叶类主要有芹菜、莴苣、菠菜、苋菜等；水生类主要有莲藕、茭白、慈姑、菱角、水芹；多年生蔬菜主要有竹笋、金针菜、芦笋、百合、香椿等；食用菌类主要有蘑菇、草菇、香菇、木耳、银耳等。

7. 观赏植物

观赏植物主要包括各种露地花卉、温室花卉、木本花卉、观赏树木和草坪植物，种类繁多，在此不一一列举。

畜种主要分为家畜和家禽，家畜包括猪、马、牛、羊、驴、骡等，家禽包括鸡、鸭、鹅等，有时也包括特种养殖，如养蜂和养蚕。

二、影响作物选择的因素

在农业经营的过程中，作物的选择是十分重要的一项内容。而选择何种作物，则主要受以下因素的影响。

1. 自然状况

各种作物对于自然状况，如地形、土壤、雨量、温度、湿度、日照及生长季节等的适应性不同。以气候论，如水稻性喜高温多湿，小麦则喜寒冷干燥。任何经营主体所选择生产的作物，都必须适应当地的自然状况，以期获得良好的生产结果，否则，长期的高产量就难以实现。当然，由于农产品价格等原因，有时也会生产不适应当地自然状况的作物，但多数为短期行为。

2. 生产要素

农业经营要素的相对数量多少，也会影响作物的选择。一般而言，凡土地面积大而劳动力和资本缺乏的经营主体，多选择每单位面积需要劳动力和资金较少，而毛收益也较小的粗放作物（extensive crops）。相反，土地面积小而劳动力和资本充足的经营主体，多选择每单位面积需要劳动力和资金较多，而毛收益也较大的集约作物（intensive crops）。

3. 市场

如果经营主体以生产商品性作物为主，则必须考虑农产品的运销。凡体积大且新鲜易腐烂的作物，如蔬菜、瓜果等，因运费关系不宜远销，大多就地出售。而谷物类等体积小且耐储藏的作物，则可以远销。因此，前者多生产于人口相对密集的城市附近，而后者则生产于远离人口中心的地区。杜能所描述的农业生产布局，即杜能圈（zones of Thünen）就是对此的最好证明。

4. 饲料需要

作物与牲畜在整个农业生产上存在着密切的相互关系。通常牲畜的饲料有很大一部分依赖自给，因而经营主体选择作物时，要考虑该作物是否和所饲养的牲畜相适应。例如，美国中部的农民为饲养肉用猪，多种植玉米作为饲料，台湾的农民用甘薯作为喂猪的主要饲料之一，因而一般的台湾养猪户会种植甘薯。

5. 生产费用、劳动力、动力及机械

首先，生产作物所需的土地与劳动力等费用，往往因所在地与市场的距离远近而存在差异。即使距离市场较近地区的自然状况适于生产某种作物，但由于土地与劳动力费用较高，反而很难与距离市场较远、不宜生产该种作物的地区相竞争。因此，经营主体在选择作物时，常考虑生产费用的高低。

然后，经营主体本身能供给劳动力的多少，以及当地是否易于雇工，也会影响作物的选择。劳动力充足并易于雇工的地区，经营主体多选择劳动密集型作物。有无动力及机械，以及所需机械的种类，也会影响作物的选择。

6. 病虫害

作物的病虫害因地区与作物种类而不同。例如，甲地区经常发生影响某种作物的病虫害，则甲地区的经营主体在选择作物时，应当避免该作物的种植，选择种植其他作物，以免因病虫害遭受损失。

7. 农业政策

政府的农业政策，如结构调整、种植补贴及退耕还林等，都会影响农民对作物的选择。例如，甲地区适合种植 A、B 两种作物，其中 A 作物为政府奖励或补贴的作物，而 B 则没有奖励或补贴，那么农民会选择 A 作物。

三、影响畜种选择的因素

在农业经营的过程中，畜种选择也是十分重要的一项内容。而畜种选择，则主要受以下因素的影响。

1. 饲料生产

如果该地区种植的玉米比其他饲料种植量大，或玉米购买相对容易，则适宜选择养猪，因为生猪需要大量的玉米喂养。如果该地区多产秸秆、秕壳、荚皮、秧藤等副产品，且土地不宜种植作物，则选择饲养以放牧为主的牛、羊、驴或马。如果该地区饲料很少，大部分饲料需要购买，且所需费用较高，则饲养家禽为宜。

2. 劳动力与牲畜种类

劳动力比饲料过剩的地区，应饲养需要劳动力较多的牲畜，如乳牛和家禽等。反之，饲料过剩而劳动力缺乏的地区，应饲养需要大量饲料的牲畜，如肉牛和生猪等。

如果某一养殖户的劳动力与饲料的比例和当地其他养殖户不同，即使饲料比例高于劳动力，该养殖户仍应饲养需要大量劳动力的牲畜，因为将多余的饲料出售给邻近的养殖户，比饲养需要大量饲料的牲畜有利。

如果作物与牲畜存在劳动力的竞争关系，则影响牲畜的选择。农忙时需要特别照顾的牲畜，农民宜弃之不养或减少饲养头数，以免作物与牲畜争夺劳动力。

3. 经营规模与牲畜种类

凡需要劳动力较多的牲畜，如乳牛和家禽，一般小规模饲养容易成功。而不需要周密照顾的牲畜，如肉牛和生猪等，大规模饲养较为有利。需要周密照顾的牲畜虽然以小规模饲养为宜，但也适合大规模经营，因为大规模饲养可以指定专人负责，并且可以降低平均成本，也可获利。

4. 畜舍与牲畜种类

各种牲畜所需的畜舍种类、大小及费用各不相同，如猪舍的费用往往低于其他畜舍，乳牛舍所需的建筑费用较大，禽舍费用相对于其他畜舍费用也较大，仅次于牛舍。养殖户有时会根据畜舍所需费用的大小，来决定饲养牲畜的种类。

5. 气候与牲畜种类

气候可以影响饲料作物的生产，而各种牲畜所需的饲料又不同，因此，气候间接地影响了牲畜饲养的种类。此外，有时气候也直接影响牲畜，如骡子比马更能适应炎热的地区，故在热带地区养马不如养骡子；乳牛宜饲养于凉爽地区，而不适应热带地区，因为炎热的地区对牧草生长不利，且多病虫害；生猪虽然能适应各种气候，但非常寒冷的地区的气候会影响生猪生产小猪的胎数，一年只能生育一胎。

6. 资金与牲畜种类

经营主体所拥有的资金充足与否，会影响牲畜饲养的种类。一般而言，养牛所需资金比养猪和家禽多，且饲养周期较长，因而，必须资金充足才有能力饲养如牛之类的大家畜，否则以养猪和家禽为宜。

从事肥育的养殖户需要一笔款项用于购买幼畜，由于金额较大，非农户自有资金所能负担，因而需要向金融机构贷款。农户能否融资，金额、利率及期限是否合适等，也会影响肥育牲畜的种类和数量。

7. 个人喜好与经验

农户个人对各种牲畜的喜好不同，也会影响饲养牲畜的种类。例如，农户对乳牛特别喜欢，则可能选择饲养该种牲畜；农户及雇工对某种牲畜的饲养特别富有经验，则可以多饲养。

8. 市场需要与牲畜种类

饲养牲畜的目的在于销售获利，市场对于各种牲畜的需要不同，也就影响了牲畜饲养的种类。例如，欧美各国的人普遍需要牛奶和牛肉，因而一般的农场多以饲养乳牛和肉牛为主；我国大部分地区的人以食用猪肉为主，因而养猪农户较多。

9. 风险与牲畜种类

风险包括饲养风险和市场风险。例如，近年来禽流感的发生，使家禽饲养时常受到重创，许多家禽养殖户缩小养殖规模或改变养殖种类；而猪肉价格上涨吸引了很多农户养猪或扩大原来的养猪规模。

第二节 我国作物与畜种的分布

一、主要粮食作物及其分布

我国粮食作物的构成比较复杂，而且不同地域的种类也有较大差异，但主要作物仍然大体类似，有稻谷、小麦、玉米、高粱、谷子和薯类等。

（一）稻谷的分布

我国种植稻谷有着悠久的历史，是世界上产稻谷最多的国家。稻谷按其对土壤、水分的适应性大小，可以分为旱稻和水稻两类。我国主要是水稻，旱稻种植极少。水稻按品种可以分为籼稻、粳稻和糯稻；按成熟期可以分为早稻、中稻和晚稻。水稻在我国分布很广，除了个别高寒或干旱地区，从北纬18.5°的海南岛到北纬52°的黑龙江呼玛县，从东部的台湾到西部的新疆都有分布。水稻的分布广而不均，南方多而集中，北方少而分散，但大致可以分为两大产区。

1. 南方稻谷集中产区

秦岭—淮河以南，青藏高原以东的广大地区，水稻面积占全国95%左右。按地区差异，又可分为三个区。

（1）华南双季籼稻区，包括南岭以南的广东、广西、福建、海南和台湾五省（自治区）。该区属于热带和亚热带湿润区，水、热资源丰富，生长期长，复种指数大，是我国以籼稻为主的双季稻产区。海南等低纬度地区有三季稻的栽培。

（2）长江流域单、双季稻区，包括南岭以北、秦岭—淮河以南的江苏、浙江、安徽、江西、湖北、湖南、重庆、四川、上海等省、市和豫南、陕南等地区。该区地处亚热带，热量比较丰富，土壤肥沃，降水丰沛，河网湖泊密布，灌溉方便，历年来水稻种植面积和产量均占全国2/3左右，是我国最大的水稻产区。该区水稻种植以长江三角洲、里下河平原、皖中平原、鄱阳湖平原、赣中丘陵、洞庭湖平原、湘中丘陵、江汉平原以及成都平原等最为集中。长江以南地区大多种植双季稻，长江以北地区大多实行单季稻与其他农作物轮作。籼稻和粳稻均有分布。

（3）云贵高原水稻区，地形复杂，气候垂直变化显著，水稻品种也有垂直分布的特点，海拔2 000米左右地区多种植籼稻，海拔1 500米左右地区是粳、籼稻交错区，海拔1 200米以下种植籼稻。该区以单季稻为主。

2. 北方稻谷分散产区

秦岭—淮河以北的广大地区属单季粳稻分散产区。稻谷播种面积占全国稻谷总播种面积的5%左右，具有大分散、小集中的特点。主要分布在以下三个水源较充足的地区：东北地区水稻主要集中在吉林的延吉、松花江和辽河沿岸；华北主要集中于河北、山东、河南三省及安徽北部的河流两岸及低洼地区；西北主要分布在汾渭平原、河套平原、银川平原和河西走廊、新疆的一些绿洲地区。北方稻谷分散产区的水稻以一季粳稻为主，稻米质量较好。

（二）小麦的分布

小麦是我国仅次于稻谷的第二大粮食作物。我国也是小麦栽培历史最悠久的国家之一，约有4 500年的小麦栽培历史。在我国平均粮食消费构成中，小麦约占1/4以上，其中北方居民的消费比重要高得多。小麦是温带性旱地作物，品种较多，耐旱、适应性强，我国大部分地区适宜种植小麦。小麦可分为春小麦和冬小麦两大类，我国冬小麦分布面积最大，约占小麦播种面积的80%以上。

1. 春小麦区

春小麦在春季播种，夏、秋季收获，生长期为80~120天，是一年一熟制作物。我国春小麦占全国小麦总产量的10%以上，主要分布于中温带的东北平原、河套平原、宁夏平原、新疆和青藏高原等地，其中黑龙江、内蒙古、甘肃和新疆为主要产区。

2. 冬小麦区

冬小麦在秋季播种，次年夏季收获，生长期较长，南方为120天左右，北方为270天，西南地势较高地区一般为330天以上。北方冬小麦主要分布在长城以南、六盘山以东、秦岭—淮河以北的各地区，包括山东、河南、河北、山西、陕西等，是我国最大的小麦生产区和消费区，该区小麦的播种面积和产量均占全国的2/3以上，有我国的"麦仓"之称。南方冬麦区分布在秦岭—淮河以南、横断山以东地区，安徽、江苏、四川和湖北等省为集中产区，大部分为棉麦和稻麦两熟制。该区居民以稻米为主食，故小麦商品率较高。

（三）玉米的分布

玉米属高产作物，经济价值较高，是我国最主要的杂粮，在粮食作物中仅次于水稻、小麦，居第三位。我国玉米产量仅次于美国，居世界第二位。玉米是喜温作物，品种有早熟、中熟、晚熟三类，生长期80~140天。玉米在我国分布较广，主要有北方的春播玉米、黄淮海平原的夏播玉米和南方山地丘陵的玉米，其中黄淮海平原是中国主要的玉米产区。目前，我国专用玉米优势区域重点为东北—内蒙古专用玉米优势区和黄淮海专用玉米优势区。

（四）其他粮食作物的分布

1. 高粱

高粱具有抗旱、耐涝、耐盐碱、适应性强的特性，所以在我国北方干旱地区、涝洼及盐碱地区多有种植。高粱在我国分布很广，以东北平原最为集中，其次为黄河中下游和淮北平原一带。

2. 谷子

谷子是我国传统粮食作物。谷子具有较强的抗旱能力，所需水量少，对土壤要求不严格，生长期较短。谷子容易储藏，适宜做储备粮，营养价值较高，主要分布在淮河以北至黑龙江的克山地区。

3. 薯类

我国薯类以甘薯为主，其次是马铃薯。甘薯主要分布在北纬 42°以南地区，以黄河中下游地区、长江中下游地区、四川盆地和珠江流域为主要产区，其中四川和山东甘薯产量最大。马铃薯主要集中在东北北部、内蒙古西部、山西和河北北部，以及四川北部地势较高、气候较凉爽地区，以东北、内蒙古产量最多。

（五）主要商品粮基地

商品粮基地，是指在一定生产条件下，以产粮为主，并能够稳定地提供数量较多的商品粮的农业地区。我国商品粮基地，大致可划分为四种类型。

1. 南方高产商品粮基地

该基地包括长江三角洲、江汉平原、鄱阳湖平原、洞庭湖平原、珠江三角洲、成都平原。这些地区人多地少，但自然条件优越，劳动力充足，精耕细作，集约化水平高，粮食单产和商品率较高，每年提供的商品粮占全国各基地商品粮总量的 60%以上，是我国重要的商品粮基地。

2. 东北低产商品粮基地

该基地包括三江平原和松嫩平原，土地辽阔，土质肥沃，人少地多，粗放经营，粮食单产水平低，但总产量高，粮食商品率高达 35%，每年能提供 20%的商品粮，是我国发展潜力最大的商品粮基地。

3. 西北干旱区商品粮基地

该基地包括河西走廊、河套平原和银川平原，气候干旱，历来依靠河流灌溉发展农业生产，是我国旱涝保收的商品粮基地。

4. 淮河平原商品粮基地

该商品粮基地地跨江苏、山东、河南、安徽四省。虽然单产不高，但粮食商品率较高,能为国家提供相当数量的商品粮。

二、主要经济作物及其分布

经济作物又称技术作物,是轻工业的主要原料和人民生活吃、穿、用的农作物。经济作物的种类繁多,可分为纤维作物、油料作物、糖料作物、水果和其他经济作物。

(一)纤维作物

纤维作物是纺织工业的重要原料,主要有棉花、麻类和蚕茧等。

1. 棉花

棉花喜湿、喜光,生长期一般为150~200天。棉花是重要的经济作物,其种植面积居经济作物之首,约占经济作物播种面积的1/3。棉花是纺织工业的重要原料,国防、化工、医药等工业也离不开棉花,棉秆可造纸,棉籽可榨油,棉籽饼是优质饲料,所以棉花生产在国家建设和人民生活等方面都有重要意义。我国棉花产地分布广泛,按照自然条件、栽培管理水平和种植的历史条件,可将全国划分为三个主要棉区。

(1)黄河流域棉区。

该区包括秦岭—淮河以北、长城以南、六盘山以东的山东、河北、河南、山西、陕西、北京及天津七省(直辖市)。棉花产量以山东、河南、河北三省最多。该区植棉历史悠久,自然条件优越,区内地势平坦,秋雨少,日照充足,有利于棉花的生长,成为我国最大的棉花产区,其种植面积占全国棉田面积的1/2。

(2)长江流域棉区。

该区包括上海、浙江、江苏、安徽、江西、湖南、湖北等省(直辖市),湖北、江苏两省产量最多。该区植棉历史悠久,技术水平较高,劳动力充足,区内纺织业发达,运输条件便利,是全国棉花单产和商品率最高的棉区,也是我国第二大产棉区。但该区秋天雨多,湿度大,日照较少,影响棉花吐絮,棉花质量不如黄河流域棉区。

(3)西北内陆棉区。

该区包括新疆和甘肃河西走廊地区。该区地处干旱地区,降水少,光照条件优越,温差大,病虫害少,棉花品质好,是我国第三大产棉区,也是我国优质长绒棉产区。

2. 麻类

麻类是一种古老的纤维作物。我国是世界上主要产麻国之一,也是麻类品种最多的国家,主要品种有黄麻、红麻、苎麻、亚麻等。

(1)黄麻。黄麻喜温湿多雨,要求土壤深厚肥沃,主要分布于广东、广西和浙江等地。黄麻纤维吸湿性强,结构疏松,是织麻袋的优质材料。

(2)红麻。红麻是从国外引进的品种,对气候、土壤适应性较强,用途与黄麻类似,分布十分广泛,南自广东、北到辽宁、东起浙江、西达新疆都有栽培。

(3)苎麻。苎麻是我国的特产,有"中国草"之称,性喜温湿,是多年生的宿根作物，主要产于江南各省，以湖南、湖北、四川、江西等省产量最多。

（4）亚麻。亚麻主要产于东北，以黑龙江产量最多，集中于哈尔滨附近；其次是吉林，集中于延边地区。

3. 蚕茧

我国是世界上养蚕最早的国家，已有4 000多年的养蚕历史，素有"东方丝国"之称。

（1）桑蚕茧。我国有三大桑蚕茧基地，即太湖流域、四川盆地和珠江三角洲，其中太湖流域为我国最大的桑蚕茧基地。

（2）柞蚕茧。我国柞蚕茧也有三大产地，即辽东半岛、山东半岛和豫西山地，其中辽宁省产量最多。

（二）油料作物

油料作物品种繁多，主要有花生、油菜籽、芝麻、胡麻、大豆、向日葵等。我国油料作物的种植面积在经济作物中居首位，是世界上油料作物种植最多的国家。

1. 花生

在各种油料作物中，花生的单产高，含油率高，是喜温耐瘠作物，对土壤要求不严，以排水良好的沙质土壤为最好。花生生产分布广泛，除西藏、青海外全国各地都有种植，主要集中在山东、广东、河南、河北、江苏、安徽、广西、辽宁、四川、福建等省（自治区），其中山东的花生产量居全国首位，其次是广东。目前，全国花生种植主要集中在两个地区：一是渤海湾周围的丘陵地区及沿河沙土地区，该地区是我国最大的花生生产基地和出口基地；二是华南福建、广东、广西、台湾等地的丘陵及沿海地区。

2. 油菜

油菜是我国播种面积最大，地区分布最广的油料作物，种子含油量为33%~50%。油菜是喜凉作物，对热量要求不高，对土壤要求不严。根据播种期的不同，可分为春、冬油菜，春、冬油菜分布的界线，相当于春、冬小麦的分界线而略偏南。我国以种植冬油菜为主，长江流域是全国冬油菜最大产区，其中四川省的播种面积和产量均居全国之首，其次为安徽、江苏、浙江、湖北、湖南、贵州等省。春油菜主要集中于东北、西北北部地区。

3. 芝麻

我国是世界上生产芝麻最多的国家之一。芝麻是一种含油率很高的优质油料作物。我国芝麻分布广泛，主要分布在河南、湖北、安徽、山东等省，其中河南省产量居全国首位。

4. 大豆

我国是大豆的故乡，早在5 000年前，大豆就扎根于华夏沃土，中世纪以后，大豆经阿拉伯传入西方。美国大面积种植大豆只有70年余的历史，却一跃成为世界头号大豆生产国，2000年大豆产量达7 500万吨，占全球大豆总产量的50%，而我国成为世界第一大豆进口国，国产大豆常年产量在1 200万吨左右，而2015年我国大豆进口量突破

8 000万吨。

大豆既是粮食作物，又是油料作物，同时也是副食品的重要原料，营养价值高，因而大豆在农业中具有特殊的地位。大豆是喜温作物，生长旺季需要高温，收获季节以干燥为宜，很适宜在我国北方温带地区栽培。我国大豆分布广泛，以东北松辽平原和华北的黄淮平原最为集中。松辽平原是我国最主要的大豆生产基地，大豆种植主要集中于松花江、辽河沿岸和哈大线沿线。其中，哈尔滨、辽源、长春被称作我国大豆的"三大仓库"，该地区的大豆单产和商品率居全国之首。

5. 向日葵

向日葵是一种出油率和营养价值都很高而又高产的油料作物，分布范围很广。东北、西北、华北、吉林、辽宁、内蒙古等，为向日葵油商品生产基地，其中内蒙古向日葵产量最高。

（三）糖料作物

糖料作物主要包括甘蔗和甜菜，以甘蔗为主。甘蔗主要分布在南方沿海各省区，甜菜主要分布在北方各省区，所以有"南蔗北菜"的特点。

1. 甘蔗

甘蔗是我国制糖的主要原料，在食糖中蔗糖占90%。甘蔗具有喜高温、喜湿、喜肥的特性，生长期长。我国甘蔗主要分布在热带、亚热带地区，包括台湾、广西、广东、云南、福建和海南等11个省（自治区）。但是我国甘蔗单产低、含糖率低，大力提高单产和含糖率是今后的发展方向。

2. 甜菜

甜菜喜温凉气候，有耐寒、耐旱、耐碱等特性。我国甜菜主要分布在北纬40°以北各省区，包括华北、东北、西北地区，其中以中温带为主的东北地区种植最多，占全国甜菜种植总面积的65%。我国的甜菜生产基地主要在黑龙江松嫩平原西部、吉林西部、内蒙古河套地区和新疆玛纳斯地区。

（四）其他经济作物

其他经济作物种类繁多，这里仅介绍烟草和茶叶。

1. 烟草

烟草原产于南美洲，按初加工的方法不同，分为烤烟和晒烟两种，我国以烤烟为主。烟草具有喜温、喜光、好肥、怕旱、怕涝等特点，生长期间对热量、水分、土壤、肥料等条件要求高。我国烟草分布很广，河南、山东、云南、甘肃、湖南五省是我国重要的烤烟产地。其中河南是我国最大的烤烟产区，其产量占全国的1/3，主要分布在许昌、南阳、周口和驻马店等地。山东烤烟主要分布在潍县到淄博的胶济铁路沿线，以昌潍地区的益都、临朐两地最为集中。云南的烤烟质量最好，分布在曲靖、玉溪、昭通等地。

2. 茶叶

我国是茶叶原产地,已有 2 000 多年的种茶历史。明清时期,茶叶就成为我国重要的出口物资,曾长期独占世界市场。后来茶叶生产遭到严重破坏,1949 年年产仅 4.1 万吨。中华人民共和国成立后,我国茶叶生产恢复和发展很快,1996 年茶叶产量达 59 万吨,仅次于印度,居世界第二位。我国茶区辽阔,主要分布在秦岭—淮河以南的广大山地和丘陵地带。浙江、湖南、安徽、四川、福建五省茶叶产量最多,是我国著名的五大产茶省,其次是云南、广东、湖北等省。

三、我国畜牧业的分布

畜牧业生产是畜群繁殖过程和饲草料生长过程的结合,因此,畜牧业具有深加工性质,发展畜牧业是改善农业结构、提高人民生活水平的重要战略措施。

（一）畜牧业生产类型

我国畜牧业生产一般以东北松嫩平原西部—辽河中上游—阴山山脉—鄂尔多斯高原东缘—祁连山脉—青藏高原东缘为界,此线以西以北为牧区,以东以南为农区。

1. 牧区畜牧业

该区包括内蒙古、新疆、青海、西藏、四川、甘肃、宁夏的部分地区,是我国目前主要的畜牧业基地。该区以放牧为主,牛、马、羊、骆驼为其主要牲畜,天然草场分布广,草地资源丰富,含有丰富的营养物质,为放养牲畜提供了天然饲料。西藏、内蒙古部分地区依水草而牧的粗放游牧业,自给性强,商品率低,如今放牧方式已有改革,畜产品商品率逐渐提高;新疆及内蒙古部分地区的比较集约化的牧业,实行分区轮牧和围栏放牧,以毛皮生产为主,商品率高,是我国毛皮的主要产地。

2. 农区畜牧业

农区畜牧业位于我国东南部,分布于我国以耕作业为主的广大地区。该区面积占全国的 48%,耕地占全国的 92%,人口占全国的近 97%,牧畜总头数占全国 80%以上,大大超过牧区。该区以耕作业为主,畜牧业处从属地位,但畜牧业生产在全国畜牧业中仍占有重要地位,是我国以猪禽为主的重要畜产品生产基地。经营方式以舍饲家畜为主,畜牧业品种齐全,猪、牛、羊、马、骡、驴及各种家禽都有,其中养猪最为普遍。

3. 城郊畜牧业

随着城市、工矿区的发展和人口数量的增加及人们物质生活水平的不断提高,城市居民对肉、奶、禽蛋等畜产品的需求量越来越大。为解决人民生活中肉、奶、禽蛋的供应问题,城市和工矿区附近建立起城郊型畜牧业基地,并朝着集中、大型、专业化方向发展。

（二）主要畜牧业基地

1. 大兴安岭两侧肉、乳和毛皮生产基地

该区包括黑龙江与吉林两省西部，内蒙古东三盟（呼伦贝尔、哲里木、昭乌达）及锡林郭勒盟东部，是我国成片分布质量最好的天然草场，是发展牛、细毛羊、肥羔羊、马的良好牧场。该区牲畜主要品种有三河牛、三河马、黑白花奶牛、细毛羊等，是全国重要的肉、乳和毛皮生产基地。

2. 新疆北部细毛羊、肉用羊和养马生产基地

新疆北部细羊毛、肉用羊和养马生产基地是我国荒漠草原发展畜牧业条件较好的地区，是阿尔泰山和天山垂直带天然草场地带，新疆细毛羊、阿勒泰肥臀羊、伊犁马、伊犁牛等优良品种都分布在这里。

3. 青藏高原东南部牛羊肉、乳、毛生产基地

该地区地形复杂，植被类型多样，高山和亚高山草甸是主要的天然牧场，目前牲畜以绵羊、山羊、牦牛和马等各种畜力为主，数量较多。

4. 华北和西北农牧业交错地区牛羊肉、毛生产基地

该区自然条件较好，为畜牧业的发展提供了良好的水、草，适宜于发展细毛羊和肉牛养殖。

5. 以农区猪、禽、牛为主的肉蛋奶生产基地

该区包括长江流域主要盆地及平原、珠江三角洲、山东、河南等地区，是我国猪禽生产的集中地区，也是调出猪肉和蛋类的主要地区。

第三节 农业经营方式的选择

农业经营方式反映的是农业生产经营的具体方法和形式，它着力于对农业生产力特点方面的概括，目的在于提高农业生产力。由于各国的自然资源、技术水平、社会经济发展情况以及文化背景的差异，当今世界形成了各种不同的农业经营方式。

一、单一经营与复合经营

单一经营与复合经营是一组相对的概念，早期的农业经济学者 G. M. 福斯特根据农业经营的部门和销售收入来源，将单一经营与复合经营进行了以下区分：①只经营一种农产品，并且农业收入也来源于这种农产品时，称为单一（专业化）经营（specialized farming）；②存在一个主干农产品，并且农业收入也来源于这种农产品，但同时存在几个辅助部门对经营发挥间接作用，也即其本身并无收益，但它可以使主干农产品的收益增加或稳定时，称为准单一（半专业化）经营（semi-specialized farming）；③收入来源虽然以主干农产品为主，但其他辅助部门也直接产生收入，并能够增加经营主体的总收益时，称为准复合（半多种）经营（semi-diversified farming）；④多个生产部门同时存在，并且每种农产品都是农业收入的重要来源时，称为复合（多种）经营（diversified farming）。

然而，随着土地利用方式和外部经济环境的变化，准单一经营逐渐被合并在复合经营的范围内，关于两种经营方式的区分在各国的农林统计中也有了进一步的规定。按照目前的定义，单一经营是在一个经营组织中只存在一个主要的生产部门，培育同一类作物或饲养同一种家畜，主要生产部门的销售收入占总收入的比例达到80%以上的一种农业经营方式。复合经营（diversified farming, mixed farming, multi-cropping）是在一个经营组织中同时存在多个不同的生产部门，利用共同的土地、设备及劳动力，培育不同的作物或饲养不同的家畜，各部门之间可以形成内部循环，但各生产部门的销售收入占总收入的比例均不足80%的一种农业经营方式。

复合经营和单一经营的优缺点比较见表9-1。实际上，复合经营和单一经营的优缺点受社会经济条件的影响较大，并且随着经营规模的扩大，表现得更加明显。

表9-1 复合经营与单一经营的比较

项目		复合经营	单一经营
生产资源的利用	土地	土地的集约利用	土地的单一粗放利用
		土地可整年利用	土地难以整年利用
		地力的维持与增进	土地退化，病虫害严重
		耕作复杂、不统一	耕作单一、统一
		以多品种扩大总产量	品种单一，总产量少
		可减轻固定成本负担	固定成本由单一品种负担
		可减轻地租、利息负担	地租、利息由单一品种负担
	劳动力	劳动力的整年使用	季节性强，难以整年劳作
		作业复杂、不连续	作业简单、连续、高效
		作物与部门间的劳动分工	作业内容的劳动分工
		个人能力易发挥	个人能力难以发挥
	资本	资本利用多样化	大型机械化
		资本共同利用	资本集中利用
		资本高效利用	资本利用率低
		作物间折旧费分散，负担小	单一作物折旧费负担大
生产技术的利用		需多种技术，难以全面掌握	技术引进与熟练掌握
			容易发挥效率
中间产物的利用		有效利用，节约成本	未利用，需要处理费
最终产物的利用		小规模，少量生产	大规模，多量生产
		规格、标准不统一	容易规格化、标准化

续表

项目	复合经营	单一经营
对应自然变化	风险分散，保险作用大	风险较大
对应需求、价格	安定性强	不安定
	可随时调整	无法随时调整
经营整体	经营的独立性强	需要经营主体间的联动
	收支整年循环	收支单一
	可通过组织化对应不利状况	需要合作保险

由于单一经营只需要引进一类机械，这样不仅可以提高劳动者的技术熟练程度，而且投资额不大；同时，单一经营可以通过引进机械和设备，扩大生产规模，达到批量生产、批量销售的目的。因此，大规模的农业生产比较倾向于单一经营，如奶牛专业户或水稻的单一经营等。但规模化的单一经营也存在着许多问题，如连年生产与化肥的大量使用造成了土地恶化、高密度的饲养导致了家畜饲养环境的恶化等；另外，单一经营在面对自然灾害及经济条件变化时风险较大，劳动力和土地的利用率也都较低。

与单一经营相比，复合经营最主要的目的是适应农业生产的季节性特点，因为一种作物的生产不能持续 365 天，只有通过多个部门的组合，才能使土地、劳动力和资金得到最大限度的有效利用。复合经营建立在土地、劳动力、机械设备和中间生产物共享的基础上，不仅单位面积上的总产量和总收益较高，而且总产量的提高还可以使地租负担或其他土地费用分散到各种作物中，从而使作物的单位生产成本降低。此外，复合经营比较容易应对各种自然灾害及经济条件的变化，降低经营风险；各生产部门的产品由于收获季节不同，可以使经营过程中的资金流动加快，收支整年循环；种植业与畜牧业的结合也有利于提高土地的肥力，其副产品可以相互利用形成内部的良性循环。但复合经营在推行机械化时的投资额较大，而且由于经营品种多样，要求掌握各种生产技术并应对各种复杂的作业，难度较大。

二、部门间的关系与边际替代率

农业经营部门之间的结合，主要是由部门之间的共享、互补和竞争关系造成的，这些关系的作用十分复杂，但也是形成复合经营的依据。

1. 部门间的共享关系

就水稻与小麦相结合的复合经营来说，水稻是夏季作物，小麦是冬季作物，因此在土地利用上不存在竞争关系，而且在劳动力、拖拉机、脱粒机、烘干机等机械方面都可以共同利用，因此这两个部门之间是共享关系（cooperative relationship）。由于水稻和小麦竞争不大，所以尽管小麦价格便宜，农户也不会舍弃小麦。如果小麦栽培面积较多，容易造成农忙期的劳动高峰激化，那么可以把播种期和收获期不尽相同的小麦与啤酒麦搭配起来，或者重新安排高效能的机械体系代替现有的劳动手段，从而削弱农忙期的劳动高峰。

2. 部门间的互补关系

就水稻与奶牛相结合的复合经营来说,稻草可以用作奶牛的粗饲料,米糠、碎米等不能有效利用的中间产物,也可用来充做奶牛的饲料;而奶牛所产生的粪尿,则可以用于水稻施肥。因此,这两个部门之间的关系是互补关系(complementary relationship)。但就劳动手段来说,水稻与奶牛生产所需的劳动力和机械则不能共同利用,而且在农忙期,两个部门对劳动力的利用是冲突的,因此,在互补关系的背后还隐藏着竞争关系。

3. 部门间的竞争关系

当一个经营主体中同时存在几个不同的生产部门时,经营者必须努力使各个部门都得到最大限度的发展,从而获得尽可能多的收益。然而,由于劳动力和资本的有限性,经营者必然扩大经营成果较好的部门而缩小经营成果较差的部门,从这一点上来说,各生产部门之间都存在竞争关系。如果是季节相近的作物或需要利用共同的设施和副产品的动物,则竞争关系将十分激烈。例如,旱田作物中的西红柿和卷心菜,由于种植季节相同,就存在着对土地、机械和劳动力的激烈竞争关系;家畜中的肉牛和奶牛,在利用畜舍和米麦等副产品,以及所需劳动力等方面也存在着激烈的竞争关系。

要理解复合经营还需要了解一个十分重要的概念,即边际替代率。以下将以两种具有竞争关系的作物为例,来说明其进行复合经营时的资源配置情况。如表9-2所示,如果将10个单位的资源全部投入 Y_1 的生产中,那么可以获得55个单位的产量,若将其全部投入 Y_2 中,则可以获得40.4个单位的产量,由此可以得出10个单位资源下两种作物的生产可能性曲线(production-possibility frontier,PPF)。如果将9个单位的资源投入 Y_1,而将1个单位的资源投入 Y_2,那么 Y_1 的产量为54,而 Y_2 的产量为10,即 $\Delta y_1 = -1$,$\Delta y_2 = 10$;如果将8个单位的资源投入 Y_1,而将2个单位的资源投入 Y_2,那么 Y_1 的产量为52,而 Y_2 的产量为16.7,即 $\Delta y_1 = -2$,$\Delta y_2 = 6.7$。依次类推,直到 Y_1 的资源投入量减少到1个单位,而将9个单位的资源投入 Y_2,那么 Y_1 的产量为10,而 Y_2 的产量为38.6,即 $\Delta y_1 = -9$,$\Delta y_2 = 2$。边际替代率实际上显示的就是一种作物的产量增加与另一种作物产量减少之间的关系,通常用 $\Delta y_1 / \Delta y_2$ 来表示。

表9-2 两种具有竞争关系的作物的生产函数和边际替代率

资源投入量	Y_1 总产量	Δy_1 边际产量	Y_2 总产量	Δy_2 边际产量	$\Delta y_1 / \Delta y_2$
0	0.0		0.0		
1	10.0	10.0	10.0	10.0	-0.1
2	19.0	9.0	16.7	6.7	-0.3
3	27.0	8.0	21.7	5.0	-0.6
4	34.0	7.0	25.7	4.0	-1.0
5	40.0	6.0	29.0	3.3	-1.5
6	45.0	5.0	31.9	2.9	-2.8
7	49.0	4.0	34.4	2.5	-3.6
8	52.0	3.0	36.6	2.2	-4.5
9	54.0	2.0	38.6	2.0	-4.5
10	55.0	1.0	40.4	1.8	

通常情况下，一个经营主体所拥有的资源在一定时期内是有限的，因此，在进行复合经营时，如何将有限的资源合理配置于不同的生产部门至关重要。如上所述，要在生产可能性曲线上找到两种作物的最佳组合，就必须考虑两种作物的单位价格之比，即 P_2Y_2/P_1Y_1，当两者的比率所形成的价格约束线与生产可能性曲线相交时，$\Delta y_1/\Delta y_2 = P_2Y_2/P_1Y_1$，此时的切点为最佳组合点（图9-1）。

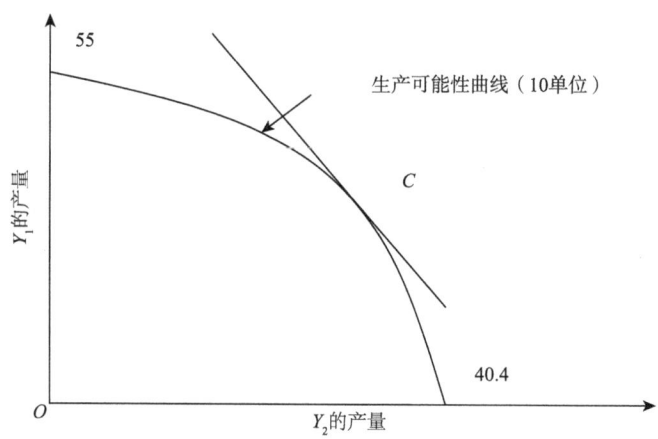

图 9-1　两种具有竞争关系的作物的生产可能性曲线

表9-2和图9-1显示一般情况下边际产量（marginal product）递减的生产可能性曲线，如果边际产量递增，则生产可能性曲线就是一条凹形曲线；如果边际产量不变，则生产可能性曲线就是一条直线。

三、复合化程度的测量

对于农业经营主体的复合化程度的测量（measuring diversification）主要有以下几种方法。

（一）收入来源

将经营主体的收入来源（source of receipts）列表，即可表示农业经营的复合化程度。在列表时，可以将收入来源分为普通作物、园艺作物、特用作物、牲畜、畜产品及其他类收入，或为简化起见，只将超过一定金额的各种收入列入表中。例如，某一经营主体的收入来源为牲畜、畜产品、普通作物及园艺作物，且每类收入额都在1 000元以上，而另一经营主体的收入来源只有普通作物和牲畜，且每类收入额都在1 000元以上，那么，前者的复合化程度就比后者高两倍。

（二）不同生产业务的现金收入比

对于一、二类主要生产业务的现金收入占现金总收入较大部分的经营主体而言，则其主要生产业务与其他生产业务的现金收入各占现金总收入的百分比，即不同生产业务的现金收入比（proportion of cash receipts from different sources）就足以显示该经营主体与同一地区其他经营主体之间复合化程度的差别。在一些地区，如果单一的作物或牲畜收入占极大比重，那么，该主要作物或牲畜的收入占总收入的比率，就代表了复合化的程度。如果经营主体的总收入中有80%来自奶酪生产，则其复合化程度就低于同地区中总收入中有60%来自奶酪生产的其他经营主体。

（三）每单位土地面积上的人工投入

用经营主体投入的总人工数（或总劳动时间）除以总的经营面积，就得到平均每公顷上投入的人工数（productive man work units per hectare）（或劳动时间）。其数额的大小用于测度该经营主体的集约化及复合化的程度，因为通常集约化程度较高的经营主体，其复合化的程度也较高。

（四）生产业务数目

如果经营主体的所有生产业务都同等重要，那么生产业务的多少，即生产业务数目（the number of enterprises）可作为测度该经营主体复合化程度的指标。

（五）复合化指数

上述四种方法只能使我们知道经营主体复合化的大概情况。为了精确地测度其复合化的程度，可以运用数学方法来计算复合化指数（diversity index）。计算公式如下：

$$复合比指数\ D.I. = 1 / \{(x_1/X)^2 + (x_2/X)^2 + \cdots + (x_n/X)^2\} = 1/\sum(x_i/X)^2$$

如表9-3所示，首先计算出经营主体中各种收入占总收入的比例，然后计算各比例的平方总和，最后用1除以这一平方和，所得结果即为复合化指数，即

$$复合化指数\ D.I. = 1/0.431\ 3 = 2.318$$

如果复合化指数等于1，则表示其为单一经营；如果复合化指数大于1，则表示其为复合经营。同时根据复合化指数的大小，可以判断其经营的复合化程度。

表9-3　复合化指数

生产业务	收入 x/元	占总收入的比例（x/X）	占总收入比例的平方（x/X）^{2}
棉花	2 400	0.282	0.079 7
烟草	5 000	0.588	0.346 0
玉米	100	0.012	0.000 1
生猪	350	0.041	0.001 7
家禽	150	0.018	0.000 3
乳品	500	0.059	0.003 5
合计	8 500	1.000	0.431 3

四、影响农业经营方式的因素

农业经营方式既有不同的判断标准，又因各国自然资源、技术水平、社会经济发展

情况以及文化背景的不同而存在差异。因此，农业经营方式的形成受到以下几类因素的影响。

（一）自然环境因素

自然环境因素包括土地和气候。其中，土地包括土地数量、土壤与地形；气候包括降水量、湿度和温度。

1. 土地数量

土地作为最基本的农业生产资料，在各地是有质和量的差异的。土地数量的多少是和人口多少相对而言的，在土地数量一定时，人口稠密地区的土地就显得少，而人口稀少的地区土地就显得多。土地的数量导致了对土地的劳动投入和土地利用上的差异，在人多地少的地区，往往对土地投入的较多，对土地的利用较充分，因而大多采用集约经营。同时，由于经营主体所能利用的土地面积有限，为了应对各种自然灾害及经济条件的变化，规避各种经营风险，往往倾向于复合经营。在人少地多的地方，则往往对土地投入较少，土地的闲置也较多，因而大多采用粗放经营。如果有足够多的土地可以用于扩大规模，那么，为了节约成本和劳动力的投入，并实现规模经济效益，则往往倾向于单一经营。当然，经营方式的不同也会导致土地质量的差异，集约经营是通过土地改良来提高土地肥力，粗放经营则通过土地休闲来恢复土地肥力。

2. 土壤

土壤结构、土壤深度、土壤反应、有机质含量、土壤肥力及排灌等，都会影响农业经营方式。各种作物所需的土质各不相同，如水稻适合黏土或壤土，必须表土黏重并富有腐殖质，心土稍硬且渗透性适中。我国南部地区多黏重土壤，因而适于水稻生长并形成了稻作区。

3. 地形

地形是指土地的等高线或坡度，是否为丘陵或平原等。土地坡度影响农业机械的使用种类，土壤冲刷程度左右作物的选择。例如，美国生长于平原的玉米可用大型机械耕种、收获，而倾斜的坡地则用于放牧或生产不需要集约耕作的作物。我国由于存在大量剩余劳动力，可以在坡地上构筑梯田以减少地形的阻碍，因而受地形的影响不大。

4. 降水量

由于各种作物所需要的雨水和需要雨水的时期不同，因此各地年降雨量的多寡与分布情况决定了各地生长的作物种类也存在着一定的差异。例如，我国陆地的雨雪量由东南向西北渐次递减，直至广大的沙漠地区而止，因此形成了南部潮湿多雨、北部干旱的格局。由于水稻性喜潮湿，故盛产于南方，小麦和玉米喜干旱则产于北方。

5. 湿度

各地湿度不同，不仅影响作物的种类，而且影响其生长过程。以水稻而言，湿度不仅影响其叶面水分蒸发的速度，间接影响养分与水分的吸收及有机物的输送，而且影响其生长与开花期。如果在发育期内空气过于干燥，则分蘖受阻，秆短穗小，产量锐减；

若过分潮湿,则妨碍叶面水分蒸发,植物体内有机物质运行缓慢,易使茎叶软弱倒伏,也易产生病虫害。但从抽穗期到成熟期,水稻开始开花授粉,则以干燥气候为宜。

6. 温度

温度不仅决定生长作物的种类,而且可以左右一年内生长作物的次序。例如,水稻的生长发育要求最低温度在 10°C 以上,抽穗开花要求温度在 22°C 以上,因而水稻主要集中在华中和华南地区。

(二)社会经济因素

农业经营方式,不仅受自然因素的影响,而且为人为的经济或社会因素所左右。经济因素包括价格、运输、机械设备、市场、劳动力、资本和科技;社会因素包括租赁制度、立法及习俗等。

1. 价格

经营主体所生产的作物或牲畜能够获利多少,主要取决于农产品的价格和生产要素的价格(即生产成本)。因此,农业经营方式常伴随市场价格而变化。例如,某地区可以生产甲乙两种作物,若甲作物的价格高于乙作物,则经营主体会选择生产甲作物,以追求利润最大化。同样,生产要素的价格变化,也可以左右农业经营方式。例如,某地区人工工资提高,则经营主体会考虑用机械替代劳动力,而且将原来的劳动集约型经营改为资本集约型经营。

2. 运输

在运输条件不发达的情况下,远离市场的农业地区,难以生产易腐烂且体积大或价值小的农产品,如新鲜蔬菜、牛奶及牧草等,因为不能运销到中心市场,所以这些农产品只能由中心市场附近的地区生产。随着公路和铁路的兴建,以及运输设施的改进,农产品的运输日益便捷、迅速且费用降低,因而,远离市场的农业地区,也可以生产易腐烂等过去不利于生产的产品,改变各地原来的经营方式。

3. 机械设备

农业机械化的实现,得以节省大量的劳动力,尤其是联合收割机的问世,使原来处于坡地或小面积的农场,难以与处于平地或大面积的农场相竞争,只能放弃生产谷物类作物,代之以放牧或种植果树等,从而使处于平地的农场可以扩大经营规模。由于大多数农业机械的价值较高,需要大量投资,因此,原来劳动集约型的经营会逐渐转变为资本集约型。

4. 市场

由于人口的不断增加,在过去 100 年间,乡镇或数千人的小城市已逐渐发展为现代都市。都市的逐渐形成和增加,形成了对农产品的大量需要,使奶制品、家禽及蔬菜、水果等,在接近人口密集区的地区大量生产,谷物与牲畜则在远离市场的地区扩大生产,以适应需要。而且市场需要的改变,使农产品的生产随之改变,并影响若干地区的农业经营方式。

5. 劳动力

即使在高度机械化的情况下，仍需要劳动力的投入，因此，劳动力的季节需要、当地劳动力来源是否丰富及工资的高低等，往往影响农业经营方式。例如，生产季节相同的作物，就会引生竞用劳动力的现象，使经营者只得选择其一，并以其他不存在劳动力竞用的作物将其替代，以求一年中均衡使用劳动力。又如，某地区原来生产劳动集约型作物，随着工资的不断提高，会被其他需要劳动力较少的作物替代。

6. 资本

农户所有的资金或可以融通的资金数额，足以影响经营规模、作物种类及其集约程度。凡缺乏资本的农户，往往从事小规模经营，并生产需要资金较少而生长期较短的作物。反之，资金充足的农户，则可以从事大规模经营，并生产、饲养需要资金较多而生长期较长的作物或牲畜。此外，融资的难易也足以影响农业经营方式。我国的大多数农民不但缺乏自有资金，而且融资较为困难，因此，以劳动集约型的小规模经营为主。而美国的农民资金充足，且易于融资，因此可以大量投资形成高度机械化的大规模农业经营。

7. 科技

农业技术水平是决定各国采取何种农业经营方式的重要因素。农业技术进步是指在发展农业生产中，不断地使用生产效率更高的先进科学技术代替生产效率低下的落后技术。科学技术是促进农业发展，特别是实现农业现代化的最重要条件之一。农业技术进步的具体内容概括起来包括以下几个相互联系的重要方面：农业生产技术措施的进步、农业生产手段和其他农业生产物质条件的进步、农业管理技术的进步、农业生产劳动者与管理者的科学技术知识和劳动技能与管理技能的进步。只有实现了农业技术的进步，才能改革农业落后的经营方式，使粗放性经营向集约型经营转变，实现现代化的农业经营，提高农业的发展水平。

同时，农业技术进步的类型也决定各国采取何种农业经营方式，如美国人少地多，且较早地完成了农业劳动力向其他产业的转移，因此，为了不断扩大经营规模，提高劳动生产率，主要采用劳动节约型技术，农业比较倾向于利用大型机械化进行单一经营；而日本资源贫乏，人多地少，扩大经营规模比较困难，因此，为了提高土地生产率，主要采用资源节约型技术，通过良种开发、化肥推广和进行复合经营等方法来提高农业发展水平。

8. 租赁制度

一般而言，租赁农场的农业经营不及自耕农场集约，但其面积较大。此外，缴纳实物地租的农场，因受其缴纳的实物制约，往往经营方式较为固定；而缴纳现金地租的农场，因不受其缴纳的实物制约，往往经营方式较为多变，能够适应自然和经济的变动。

9. 立法

立法对农业的作用极大。例如，关税法可以阻止他国农产品进口，以辅助本国农业生产，同时，他国的关税壁垒也足以阻止本国农产品的出口。又如，农产品价格补贴与生产限制等立法，都极大地影响农业生产，美国对玉米、棉花、小麦及牧草等产区给予价格补贴，同时限制其生产面积，结果减少了上述作物在各地区的生产面积，而其他地区经过相当时期后，上述作物的生产面积增加，并形成了限制地区与非限制地区的新竞争。

10. 习俗

一个地方的农业经营方式，往往受当地习俗所影响。例如，某地区为稻作经营地区，积习相沿，始终以生产水稻为主。这是因为当地农民积累了多年的生产经验，也证明了根据当地的自然与经济条件，种植水稻最为有利。当然，有时经济条件发生变化，该种方式趋于不利状态，但由于农民的保守观念，以及本人与其他雇工都精于该作物生产，农民多不愿改变其经营方式。此外，农民的饮食习惯也能影响农业经营方式。例如，水稻地区的农民以稻米为主食，即使种植其他作物比水稻更有利，他们也会继续种植水稻以求稻米自给。有时农民从某一农区迁至其他农区，由于习惯于种植过去所种的作物，或不知如何生产过去未种植的作物，因而仍种植原来经营地区的作物，即便该作物不适于在该地区生产。

本章小结

1. 单一经营是指在一个经营组织中只存在一个主要的生产部门，培育同一类作物或饲养同一种家畜，主要生产部门的销售收入占总收入的比例达到 80% 以上；复合经营是指在一个经营组织中同时存在多个不同的生产部门，利用共同的土地、设备及劳动力，培育不同的作物或饲养不同的家畜，各部门之间可以形成内部循环，但各生产部门的销售收入占总收入的比例均不足 80%。

2. 影响农业经营方式的因素有自然环境因素和社会经济因素。自然环境因素包括土地和气候，其中，土地包括土地数量、土壤与地形；气候包括雨量、湿度和温度。社会经济因素中，经济因素包括价格、运输、机械设备、市场、劳动力、资本和科技；社会因素包括租赁制度、立法及习俗等。

本章习题

1. 影响作物品种选择的因素有哪些？
2. 简述单一经营与复合经营的区别及各自的优缺点。
3. 如何计算复合化指数？

第四编　农业经营分析

第十章

农业记账与经营分析

第一节 农业记账的意义、原则与内容

一、农业记账的意义

农业记账是以货币的形式,记录和核算农业生产经营的过程及结果,并提供必要的经营信息的一种方法。它以货币的形式表现,货币作为主要衡量尺度,同时也兼用实物进行衡量。其根据相关原始记录资料,通过填制凭证、登记账簿,编制相关的报表等方式,全面、系统、完整地记录农业生产经营活动和财务情况,并对生产经营活动进行分析,以便总结生产经营经验,发现问题,控制生产经营活动,提高经营效益。因此有必要对农业经营的建账、记账和算账进行清楚的认识,并了解农业经营记账的方式以及各自的优缺点,从而更好地对农业经营活动有较为全面、连续以及系统的核算。农业记账同时能够及时地反映农业经营的实际情况,发挥记账算账对农业经营活动的改善和促进作用。

(一)是农业经营的重要环节

农业记账可以准确、全面和综合地反映生产经营活动的全过程,是农业经营过程中十分重要的环节之一。在市场经济条件下,随着农业经营主体逐步向商品化、专业化和经营方式多样化过渡,农业记账已成为管理生产必不可少的手段。农业经营者通过记账算账,可以了解经营过程中各项资金的来源、各项开支及其用途,了解经营活动的各种劳动成果的数量,做到心中有数;可以掌握同国家、集体和金融、保险等部门,以及个人的各种经济往来,以区分债权债务,合理地支配各种资金;通过对有关账簿记录进行分类、汇总、计算和分析,合理计算各种经营项目的经济效益,分析各经营项目在全部收益中所占比重,为今后安排生产提供可靠的依据。由此可见,农业记账不仅有利于培养农户善于经营和管理的能力,也是提高生产经营水平的有力工具和有效途径。

（二）为经营核算和分析奠定基础

农业经营的核算和分析，由取得和保存的凭证、记账内容来进行严密而科学的计算和分析，而农业记账则是准确核算和分析的必要前提，是提供有用经营信息的重要凭据。特别是面对日趋激烈的市场竞争和不断波动的价格，经营主体必须随时调整经营项目与方向。而完整的农业记账，可以将这个农业经营的静态和动态情况，如资产负债、收支情况、作物与牲畜的生产及每年的经营成果的变化、农产品价格变化及生产资料价格变化等进行详细记录，对于比较历年的经营情况、了解经营过程中的问题、有效地利用现有资源、分析和改善经营结构与各经营项目之间的关系、增加生产和提高工作效率，以及进行经营预测和决策，都具有重要意义。

（三）为农业政策的制定提供参考

农业政策的制定与农业的发展密切相关。因此，在制定农业政策之前必须有各方面的精确数据和资料，而农业记账则是最可靠的数据之一。农业记账可以向国家提供必要准确的统计数字，便于国家掌握农业生产经营状况、农产品成本资料、农民负担和收益状况等，制定相应的农村经济政策，更好地领导和扶持农户进行生产经营。

二、农业记账的原则

由于一般农户的生产经营活动相对较为简单，因此，很多人没有记账的习惯或不知道正确的记账方法。也有部分农民采用以下几种记账方法：①不设账簿，以本代账。即把日常经济往来记录在一个笔记本上，内容无具体的分类，同时只是记录经济往来收支。这种方法简单，但其仅仅是一种备忘录，难以进行分类、汇总和分析。②以票证代账，即把外购的生产资料、固定资产，以及其出售各种产品物资的发票等装订成册，作为核算其经营过程和经营成果的依据。同以本代账相比，这种方法内容具体，而且有分类，较易查询和翻阅。但同时也存在一些缺点，一方面这种方法不便于归类汇总和分析，另一方面容易遗漏发票，特别是对那些无发票的交易活动，则很难做到全面准确地核算。③设置流水账，即将日常的经营活动按照时间顺序连续记录。这种记账的内容较全面，但是因为不能清楚分类反映经营活动而容易造成核算不准确。

为了解决以上问题，农业记账需要遵循以下几个原则。

（一）力求简化

由于农民文化程度相对较低且工作忙碌，而其业务范围又不足以专门雇用一人来做记录，因而农业记账必须由经营主在每天工作结束后进行，在这种情况下，所有记录都应力求简易，否则会使农民望而生畏，索性一直不记。就一般而言，宜采用单式记账法或简易记账法。

（二）精确完整

一切记录应力求系统精确，以便作为进一步分析的依据，否则就失去了可靠性和有用性，徒然浪费时间与精力。所谓精确，就是将农业经营的一切静态和动态情况，按照当时的实际情形每天加以记录。所谓系统，就是要包括资产负债、作物与牲畜的生产、收支情况、劳动投入、肥料与饲料的投入以及各品种的经营面积和地块分布等内容。

（三）详细分析

经营主应在年终时，对每年的农业记账内容进行详细分析，以期了解经营状况和成果，便于下一年度进行相应的改善。分析的内容包括：①经营收益；②劳动收益；③资本所得；④家庭收入；⑤经营规模；⑥作物与牲畜的生产效率；⑦投资报酬率；⑧劳动效率；⑨农机具效率；⑩每单位土地面积报酬。

三、农业记账的内容

农业记账的内容因农业经营方式不同而异，一般而言，可大体分为资产账、负债账、收支账、劳动账、生产账、肥料与饲料账以及经营地图等。

（一）资产账

资产账是农业记账中最有用的一种，包括各种固定资产，如土地、房屋、建筑物及农地改良设施、农机具、运输设备等；各种流动资产，如动物、植物、种子、农药、肥料、劳动品、现金和存款、各种应收及暂付款等。其在一年中分为期初和期末，期初和期末的具体日期，可由各经营者按照生产情形自行决定。

（二）负债账

负债账包括农户在经营过程中向银行、信用社、国家、单位、集体、个人等借入的各种资金以及各种应付及暂未收款的金额，同样在一年中分为期初和期末。

（三）收支账

收支记账是指对农户每天的收入和支出进行记录，一般不列入非农收支。农业经营收入包括作物及其副产品出售、家畜或家禽产品出售、农产品加工品出售、留作家用的农产品，以及对外提供运输、服务等劳务所获得的各项收入。农业经营支出包括劳动费、饲料费、肥料费、种苗费、家畜家禽费、加工原料费、农药费、能源费、销售费、农业负债利息、修理费、土地改良费、小农具费、土地租赁费及其他杂费。

（四）劳动账

劳动记账是指对于农业经营中投入的家庭劳动力和雇工，将每天所使用的人工数量、工资、工作部门、工作类别以及完成的工作等，进行详细记录。使用机械者，应将机械种类及时数一并记录。

（五）生产账

生产记账的目的在于详细记录作物与牲畜的生产情形。作物生产记录包括作物的名称、品种、种植面积、种植地块、产量及产值、收获日期及种植经过；牲畜记录包括家畜与家禽的名称、品种、数量、饲养日期及出售或家用的情况。

（六）肥料与饲料账

肥料与饲料是农业生产的重要物料，使用数量较大，应有详细的记录。肥料与饲料账包括肥料与饲料的名称、来源、购买及投入日期、数量、价值及其使用经过等。

（七）经营地图

经营地图除了要标示建筑物和田块的位置和面积，还应标示各田块的号码、地形、面积、土壤类型、土壤改良经过以及种植作物的情况等。

第二节 农业记账的方法

一、单式记账法

单式记账法，简明适用，易学易懂，一般农户采用这种记账方法来记录、反映经营收入、经营支出及经营成果，同时反映农户和外部的各种经济往来。记账的格式主要有以下几种。

1. 农户基本情况表

农民基本情况表主要记录农户家庭人员构成和土地基本情况，如表 10-1 和表 10-2 所示。

表 10-1 农户构成情况

称谓	姓名	性别	年龄	担任农业劳动种类	农外职业	备注
户主						
关系人						

表 10-2　农用地情况

地目	期初						期末						增减比较					
	租入		自有		合计		租入		自有		合计		租入		自有		合计	
	面积	价值	面积	价值	面积	价值	面积	价值	面积	价值	面积	价值	面积	价值	面积	价值	面积	价值
总计																		

2. 固定资产账

固定资产账是用来登记农户构建、自产的生产经营用固定资产增加或减少情况的账簿。固定资产标准一般规定为：使用年限在一年以上，单项价值较大的劳动资料。不符合固定资产标准的可列入当年的生产经营开支。鉴于农户经营实际情况，单价价值可结合实际自行确定，一般来说农户的生产经营用房屋建筑物、机械农机具、运输设备、产畜和役畜等可列为固定资产，如表 10-3 和表 10-4 所示。

表 10-3　农用建筑及土地改良设施

名称	建筑年月	材料	面积	价值	耐用年数	年折旧	已使用年数	期初价值	期末价值
合计									

表 10-4　农机具情况

种类	名称	数量	购买日期	使用年限	每年折旧	购买价格	已使用年数	期初价值	期末价值
合计									

3. 农业生产账

农业生产账主要记录农业生产的具体情况，如表 10-5 和表 10-6 所示。

表 10-5　动物生产记录

名称	期初						期末						增减比较		
	数量	年龄	每头均重	总重量	单价	总价值	数量	年龄	每头均重	总重量	单价	总价值	数量	总重量	总价值
合计															

表 10-6　植物生产记录

名称	种植年月	期初				期末				增减比较		
		面积	产量	单价	总价值	面积	产量	单价	总价值	面积	产量	价值
合计												

4. 现金账

现金账登记的对象是农户现金和银行存款的收付事项，如表 10-7 所示。

表 10-7　现金账

类别	摘要	期初		期末		增减比较	
		数量	金额	数量	金额	数量	金额
合计							

5. 农业负债账

农业负债账主要记录农业经营过程中产生的负债情况，如表 10-8 所示。

表 10-8　农业负债账

种类	摘要	期初金额	期末金额	增减比较
合计				

6. 经营收入账

经营收入账主要用来记录和反映在经营过程中，从事各经营项目所获取的产品（如粮食、畜禽、瓜果、蔬菜、工业品等）以及提供对外运输、劳务等所获得收入，如表 10-9 所示。

表 10-9　经营收入账

日期	名称	摘要	数量	单价	金额
合计					

7. 农业支出账

农业支出账是用来记录和反映生产和经营过程中，各项经营项目所发生的各项支出，如表 10-10 所示。

表 10-10 农业支出账

日期	名称	摘要	数量	单价	金额

合计

在进行记账时，各栏登记方法可参考"经营收入账"。这里需要注意的是：自产的粮食、饲料、草料等用作种子、畜牧业属于自产自用，应按实际使用的数量和合理的价格，折算成金额作为支出；固定资产折旧费应该按一定的折旧方法合理地计提列作当年的经营支出；家庭生活费用支出可不在该账记录。

8. 劳动力投入账

主要反映家庭用工及雇工的劳动投入时间和核算工资的情况，如表 10-11 所示。

表 10-11 劳动力投入账

日期	摘要	雇工		家庭人工	
		时间	工资	时间	工资

合计

9. 肥料及饲料账

主要是记录肥料及饲料的购买和自给的数量与金额等情况，如表 10-12 所示。

表 10-12 肥料及饲料账

日期	名称	摘要	数量及价值						使用经过
			购买			自给			
			数量	单价	金额	数量	单价	金额	

合计

二、复式记账法

复式记账是对每一项经济业务，都要用相等的金额在相互联系的两个或两个以上账户进行登记的记账方法。例如，用现金 350 元购买种子，一方面要登记现金减少了 350 元，另一方面还要登记材料物资即种子增加了 350 元，说明这个事项引起资金从"现金"来、到"原材料"去的过程。

由此可见，采用复式记账法，需要设置完整的账户体系，对每笔经济业务都要做双重记录。复式记账法不仅可以了解每一笔经济业务的来龙去脉，还可以在把全部的经济业务都相互联系地登记入账以后，通过账户之间的相互关系进行核对检查，以确定账户记录的真实准确性。因此，复式记账法的优点在于：①对于每一项经济业务，都在两个或两个以上相互联系的账户中进行记录，不仅可以了解每一项经济业务的来龙去脉，而且在全部经济业务都登记入账以后，可以通过账户记录全面、系统地反映经济业务的过程和结果。②由于每项经济业务发生后，都是以相当的金额在有关账户中进行记录，因而可据此进行试算平衡，以检查账户记录是否正确。

（一）复式记账法的种类及原则

主要有借贷记账法、增减记账法、收付记账法三种。在增减记账法中，记账符号为"增""减"二字；在借贷记账法下，记账符号为"借""贷"二字；在收付记账法下记账符号为"收""付"二字。其中，借贷记账法是世界各国一直普遍采用的方法，目前已经成为一种国际惯例，其基本原则如下。

1. 等式基础

会计恒等式反映了会计对象的具体内容——会计基本要素（资产、负债和所有者权益）之间的数量关系，指明了资产的归属关系：

$$资产=负债+所有者权益$$

会计恒等式作为客观存在的必然经济现象，是复式记账的基础。公式中的资产一般是指农户的各种固定资产、现金存款、材料物资和他人欠款等；负债一般是指农户所承担的债务，如银行信用社借款、向其他单位和个人借款、欠他人款项等；所有者权益一般是指农户进行生产经营时所垫付的自有资金，以及所形成的积累。

2. 类型导向

千变万化的经济业务对会计等式的影响只有两种：一是引起等式等号两边会计要素同时发生变化，也就是同增或同减；二是影响等式等号某一边会计要素发生变化，这种经济业务不会改变资金总额，也就是等号一边等额地有增有减。而复式记账法对第一类经济业务，要对等式两边相关联的两个或两个以上账户记同增或同减，对第二类经济业务，则应在等式一边相关联的两个或两个以上账户中等额地记有增有减。记账方向取决于具体经济业务类型。可用一句话概括，就是"有借必有贷，借贷必相等"。

3. 平衡检验

通过复式记账法对每笔经济业务进行双重等额记录，在定期汇总的全部账户的数据必然会保持会计恒等式的平衡关系。复式记账法失算平衡检验的方法有两种，发生额平衡法和余额平衡法。期末没有通过平衡检验，说明账户余额记录肯定是有问题的。

（二）复式记账法的内容

1. 会计科目

在现实的经济业务中，可以将生产经营业务划分为若干类别，分类后的名称叫做科目。一般农户记账科目分以下几类。

（1）资产类。其是指由过去的交易、事项形成的并由农户拥有或控制的，预期会给农户带来经济利益的资源，包括现金及存款、应收款、产品物资、畜禽、固定资产等。

（2）负债类。其是指过去的交易、事项形成的现时的义务。履行该义务预期会导致经济利益流出，包括借款、应付款以及农机具等的折旧。

（3）所有者权益类。其是指农户所享有的经济利益，其金额为资产减去负债后的余额，如农户资本、收益。

（4）损益类。其是指农户一定时期的生产经营活动所获得的经验成果，包括经营收入、经营支出。

科目又有总分类科目和明细分类科目之分，二者反映的经济业务的详细程度有所差别。例如，"经营收入"科目可看作是总分类科目，它提供的经济指标较粗，只能反映全部的经营收入指标，若要想了解农业收入，乃至小麦、玉米等经营收入，只能借助于明细分类科目。二者关系如图10-1所示。

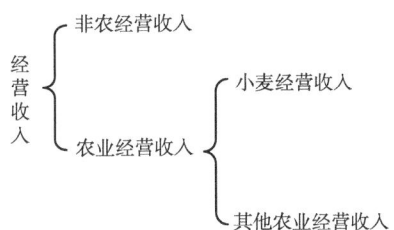

（总分类科目）　（明细分类科目）

图 10-1　会计科目图

在设置科目时，必须考虑经营规模、经营特点、管理要求，以及核算水平等因素。因此，农户记账在设置科目时，既要全面完整、又要考虑现实条件的制约，为此设置以下科目供参考使用。在使用时，可根据实际增加或合并一些科目，还应根据实际设置明细科目。

2. 会计账户

会计科目在一定格式的账页上开设，便形成了账户。账户的名称和科目的名称是一致的，但是不同的账户有一定的结构，通常简化为"T形账户"，如图10-2所示。

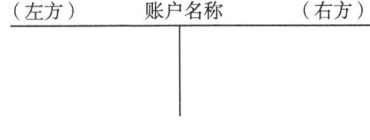

图 10-2　T 形账户

账户所登记的本期增加额合计称为本期增加发生额；账户所登记的本期减少额合计称为本期减少发生额。两者统称为本期发生额。上期期末余额，即为本期期初余额，本期期末余额即为下期期初余额。在这里"期"可指年度、季度，也可是月份。上述各指标关系为

期末余额=期初余额+本期增加发生额-本期减少发生额

账户的开设应与会计科目的设置相适应，会计科目分为总分类科目和明细分类科目，会计账户也相应地分为总分类账户和明细分类账户。总分类账户所属的各明细分类账户的余额总计应与总分类账户余额相等。因此，总分类账户是明细分类账户的统御账户，它对明细分类账户起着控制作用；明细分类账户则是总分类账户的从属账户，它对总分类账户起着辅助和补充作用。两者结合起来，既能概括地又能详细地反映同一经济业务事项的核算内容，所以在记账时，总分类账户和明细分类账户总是平行登记的。

平行登记是对所发生的每项经济业务事项，都以会计凭证为依据，一方面记入有关总分类账户，另一方面记入有关总分类账户所属明细分类账户的方法。总分类账户和明细分类账户平行登记要求做到所依据会计凭证相同、借贷方向相同、所属会计期间相同、记入总分类账户的金额与记入其所属的明细分类账户的合计金额相等。

3. 钱物收付记账法和增减记账法

虽然借贷记账法已经成为主流，但鉴于大部分农业生产经营活动相对于工业要更简单和直观，所以往往财务收付记账法和增减记账法更加适用。在此，对其做简单的介绍。

（1）钱物收付记账法。

钱物收付记账法是以钱物为记账主体，收进钱物计收，付出钱物记付，即各种经济往来均以钱物收付为基础。钱物收付记账法的账户分为三类：①钱物结存类账户，简称钱物类账户，如现金及存款、产品物资、固定资产、畜禽等。②钱物收入类账户，简称收入类账户，如经营收入、借款、应付款、农户资本等。③钱物付出类账户，简称付出类账户，如经营支出、应收款等。各类钱物收付记账法的账户结构如表10-13和表10-14所示。

表10-13 钱物结存类及钱物收入类账户结构

收方	钱物结存类及钱物收入类账户	付方
期初余额	×××	
增加金额	×××	减少金额	×××
本期发生额	×××	本期发生额	×××
期末余额	×××		

期末收方余额=期初收方余额+本期收方发生额-本期付方发生额

表10-14 钱物付出类账户结构

收方	钱物付出类账户	付方
减少金额	×××	期初余额	×××
		增加金额	×××
本期发生额	×××	本期发生额	×××
		期末余额	×××

期末付方余额=期初付方余额+本期付方发生额-本期收方发生额

在对各项经济业务进行记账时，按其与钱物收付的关系可分为：①收进钱物业务。这类业务一方面要反映钱物的增加，应在有关钱物类账户中记"收"，另一方面要反映钱物收入的来源，应在有关收付类账户也记"收"，即收进钱物记"同收"。②付出钱物业务。这类业务要反映钱物的减少，应在有关的钱物类账户中记"付"，另一方面要反映钱物付出的用途，应在有关收付类账户中也记"付"，即付出钱物记"同付"。③钱物互变业务。这类业务包括钱变物，物变钱，钱变钱，物变物等。由于只涉及钱物类账户，应记"有收有付"。④不涉及钱物的转账业务，这类业务既没有收入钱物，也没有付出钱物，因而一方面计收付类账户的收方，另一方面计收付类账户的付方，即应计"有收有付"。

总之，对所有经济业务可归纳为两条记账规则，即收入或付出钱物的业务，记同收或同付；不涉及钱物的转账业务，记有收有付。

现对钱物收付记账法的记账规则举例说明如下。

例 10-1：购入柴油机一台，价款 2 000 元，款未付。

这类业务属于收进钱物业务。一方面钱物类账户"固定资产"增加应计收方，另一方面钱物收入类账户"应付款"也增加应计收方，依据记账规则为"同收"。账务处理为

    收：固定资产   2 000
    收：应付款   2 000

例 10-2：以现金 5 000 元归还信用社借款。

这类业务属于付出钱物业务。一方面钱物类账务"现金及存款"减少记付方，另一方面钱物收入类账户"借款"减少，也应计付方，依据记账规则为"同付"，账务处理为

    付：现金及存款   5 000
    付：借款   5 000

例 10-3：向信用社借款 1 000 元，偿还前欠供销社款项。

这类业务属于不涉及钱物的转账业务。一方面钱物收入类账户"借款"增加记收方，另一方面钱物收入类账户"应付款"减少记付方，依据记账规则为"有收有付"。账务处理为

    收：借款   1 000
    付：应付款   1 000

例 10-4：向某种子公司购进种子一批，价款 200 元，以现金支付。

这类业务属于钱物互变业务。一方面钱物类账户"产品物资"增加记收方，另一方面钱物类账户"现金及存款"减少记付方，依据记账规则为"有收有付"。账务处理为

    收：产品物资   200
    付：现金及存款   200

依据上述记账规则填制凭证、登记账簿后，为确保记账正确性，需进行试算平衡。钱物收付记账法试算平衡公式有以下两种。

余额试算平衡公式：

  收入类账户的收方余额合计 - 付出类账户的付方余额合计
   =结存类账户的收方余额合计

发生额试算平衡公式：

收付类账户收方发生额合计－收付类账户付方发生额合计
=钱物类账户收方发生额合计－钱物类账户付方发生额合计

（2）增减记账法。

增减记账法是以"增""减"作为记账符号，来反映农户经营资金变动的一种方法。运用增减记账法，需要将全部账户分为固定的两类，即资金运用类和资金来源类。资金运用类账户主要有现金及存款、应收款、产品物资、畜禽、固定资产、经营资产等；资金来源类账户主要有借款、折旧、应付款、农户资本、收益等。所有账户的结构均分为"增""减"两方，左为增方，右为减方。无论哪种账户，增加金额记增方，减少金额记减方，账户余额均在增方。增减记账法账户结构如表10-15所示。

表10-15 增减记账法账户结构

增	账户名称	减	
期初余额	×××		
增加金额	×××	减少金额	××××
本期发生额	×××	本期发生额	×××
期末余额	×××		

期末余额=起初余额+本期增方发生额－本期减方发生额

增减记账法的记账规则为：凡涉及资金来源类和资金运用类两类账户的经济业务，记同增或同减；凡只涉及资金运用类或资金来源类之中一类账户的经济业务，记有增有减。简言之，"两类账户变动，同增同减；同类账户变动，有增有减"。

依据以上记账规则，具体运用如下。

例10-5：购入柴油机一台，价款2 000元，款未付。

柴油机作为固定资产属于资金占有类科目，应付款属于资金来源类，此类业务属于两类账户同时增加，应做账务处理为

    增：固定资产 2 000
    增：应付款   2 000

例10-6：以现金5 000元归还信用社借款。

现金属于自身占用类科目，借款属于资金来源类科目。此类业务属于两类账户同时减少，应做账务处理为

    减：现金及存款 5 000
    减：借款   5 000

例10-7：向信用社借款1 000元，偿还前欠供销社的款项。

借款与应付款同属资金来源类科目，此类业务属于资金来源类科目内部有增有减，即借款增加，应付款减少，应做账务处理为

    增：借款   1 000
    减：应付款   1 000

例10-8：向某种子公司购入种子，价款200元，现金支付。

种子作为产品物资与现金同属于资金占有类科目，此类业务属资金占用类科目内部有增有减，即产品物资增加，现金减少，应做账务处理为

增：产品物资　　　　200

减：现金　　　　　　200

增减记账法要求账簿平衡，账簿记录正确与否，可通过试算进行判断。试算平衡公式为

资金运用类各账户期末余额之和=资金来源类各项户期末余额之和

4. 借贷记账法

（1）借贷记账法的记账符号和账户结构。

借贷记账法是以"借"和"贷"作为记账符号，以"有借必有贷，借贷必相等"为记账规则，来记录和反映经济业无增减变动情况的一种复式记账法。

在运用借贷记账法时，必须注意，"借"和"贷"二字纯粹是记账符号，没有借款和贷款或增加和减少等实际意义。"借"的最初含义是"人欠"，表示借贷资本家带出的款项，即"应收账款"；"贷"最初的含义是"欠人"，表示借贷资本家吸收的存款，即"应付账款"，对某一个账户而言，究竟哪方记增加，哪方记减少，取决于这个账户的性质，取决于它是资产类、负债类、资本类还是损益类账户。凡是资产类账户一律借方登记增加额，贷方登记减少额；凡是权益类账户，一律贷方登记增加额，借方登记减少额。在借贷记账法下，各类账户的结构分别如下。

资产（成本）类账户结构如表 10-16 所示，账户的借方用来登记资产（成本）的增加额，贷方登记资产（成本）的减少额。因为资产（成本）的减少额不会大于其期初余额和本期增加额之和，所以该类账户期末若有余额，必在借方。公式如下：

借方期末余额=借方期初余额+本期借方发生额合计数-本期贷方发生额合计数

表 10-16　资产（成本）类账户结构

借方	资产（成本）类账户		贷方
期初余额	×××		
本期增加发生额	×××	本期减少发生额	×××
本期发生额合计	×××	本期发生额合计	×××
期末余额	×××		

负债及所有者权益类账户结构如表 10-17 所示，与资产（成本）类账户恰好相反，账户的借方用来登记负债或者所有者权益的减少额，贷方登记负债或者所有者权益的增加额。因为负债或者所有者权益的减少额必小于其期初余额和本期增加额之和，所以该类账户期末若有余额，必在贷方。公式如下：

贷方期末余额=贷方期初余额+本期贷方发生额合计数-本期借方发生额合计数

表 10-17　负债及所有者权益类账户结构

借方	负债及所有者权益类账户		贷方
		期初余额	×××
本期减少发生额	×××	本期增加发生额	×××
本期发生额合计	×××	本期发生额合计	×××
		期末余额	×××

收入类账户结构如表 10-18 所示，与负债及所有者权益类账户类似，账户的借方用来登记收入的减少（转销）额，贷方登记收入的增加额。而贷方登记的收入增加额要在每个会计期间通过借方转出，所以这类账户没有期末余额。

表 10-18　收入类账户结构

借方	收入类账户		贷方
本期减少发生额	×××	本期增加发生额	×××
……		……	
本期发生额合计	×××	本期发生额合计	×××
……		……	

费用类账户结构如表 10-19 所示，与资产类账户类似，因为企业发生的费用在抵消收入前，完全可视为企业的一种资产。账户的借方用来登记增加额，贷方登记收入的减少额。而登记的费用增加额要在每个会计期间通过贷方转出，所以这类账户也没有期末余额。

表 10-19　费用类账户结构

借方	费用类账户		贷方
本期增加发生额	×××	本期减少发生额	×××
……		……	
本期发生额合计	×××	本期发生额合计	×××
……		……	

综上所述，借贷记账法账户结构有以下规律：资产、费用及成本类账户，若有期初期末余额，一般在借方，发生额表现为"借"增"贷"减；负债、资本及收入成果类账户，若有期初、期末余额，一般在贷方，发生额表现为"借"减"贷"增。

（2）借贷记账法的记账规则。

在借贷记账法下，发生的经济业务应以相同的金额记入两个或两个以上有关账户，其记账规则可概括为"有借必有贷，借贷必相等"。在运用借贷记账法时，应按照以下步骤：首先，应对经济业务的内容分类，确定运用哪些账户；其次，确定这些账户的内容是增加，还是减少，数额是多少；最后，根据账户的借贷结构规律和账户性质，确定是记借方还是记贷方、每个有关账户记多少数额。现在以实例说明以上规则。

例 10-9：购入拖拉机一台，价款 3 500 元，款未付。

柴油机作为固定资产属于资产类账户，增加应计借方；应付款属于负债类账户，增加应计贷方。应做账务处理为

借：固定资产　　3 500
贷：应付款　　　3 500

例 10-10：以资金 5 000 元归还信用社借款。

现金属于资产类账户，减少应计贷方；借款属于负债类账户，减少应计借方。应做账务处理为

借：借款　　　　5 000
贷：现金　　　　5 000

例 10-11：向信用社借款 10 000 元，偿还前欠供销社款项。

借款和应付款都属于负债类账户，此类业务属于负债业务内部有增有减，即借款增加，而应付款减少，根据负债类账户记账规则借减贷增，应作账务处理为

借：应付款　　　10 000
贷：借款　　　　10 000

例 10-12：向某物资公司购进种子一批，价款 600 元，以现金支付。

种子作为产品物资属于资产类账户，现金也属于资产类账户，此类业务属资产业务内部有增有减，即产品物资增加，现金减少，根据资产类账户借增贷减的记账规则，应做账务处理为

借：产品物资　　600
贷：现金　　　　600

例 10-13：出售农户自产梨，收入 1 200 元，款项存银行。

出售农产品获得的收入属于收入成果类账户，现金存银行属于资产类账户，根据记账规则，应做账务处理为

借：现金及存款　1 200
贷：经营收入　　1 200

例 10-14：以银行存款支付经营副业的原料价款 2 900 元。

银行存款属于资产类账户，减少应计贷方，原料作为经营支出属于费用成本类账户，增加应计借方，应做账务处理为

借：经营支出　　2 900
贷：现金及存款　2 900

运用借贷记账法时，为了检查记账是否正确，也需要进行试算平衡。其试算平衡方法主要有以下两种。

（1）发生额试算平衡，用公式表示为

全部账户的借方发生额合计数=全部账户的贷方发生额合计数

（2）余额试算平衡，用公式表示为

全部账户的借方余额合计数=全部账户的贷方余额合计数

第三节 成本核算与经营现状分析

一、固定资产的清查、核算与折旧

(一) 固定资产清查

完整的清查应于每个农业年度的始末各进行一次。农业经营年度常因地区和经营方式的不同而不同,如小麦地区与水稻地区的农业年度不同,作物生产与牲畜生产的农业年度不同。为了清查的简便和精确,应选择大多数农产品已运销、同时生产资料已用尽的时期,即期初或期末。

1. 土地的清查

将地目或名称如旱田、果园、建筑用地、灌溉地、沟渠或晒场等的面积,逐一查明并按照自有和租入分别记录,然后按照收益评价法计算其各自的价值。计算公式为

第 n 年的土地折价 $V=$ 每年纯收益 $a/$ 市场利率 r

2. 农用建筑及土地改良设施清查

将农用建筑如住宅、仓库、畜舍、堆肥舍等,或土地改良设施如灌溉排水工程及防风设施等的名称一一记录,然后将年月、所用材料、占地面积、耐用年数及价值等分别查明记录。

3. 农机具清查

凡列入固定资产的农机具,一般是指一定价值以上的大农机具。为了便于清查,可将大农机具分类,如分为耕耘机具、收获机具、调制机具、搬运机具及杂机具类,再一一清查记录,并将名称、数量、购买日期、耐用年数及价值等分别记录。

(二) 固定资产核算

为了提高农业资金的使用效率,首先要减少非生产性固定资产和闲置固定资产的比例,否则会造成大量资金长期垫付在某些不必要的固定资产上,难以有效地投入农业再生产;其次是对现有固定资产的使用效率和折旧进行核算,以便加速固定资金的周转。评价固定资产使用效率的指标主要有以下几个:

$$固定资产闲置率 = \frac{某时期闲置固定资产额}{某时期全部固定资产额} \times 100\%$$

$$非生产性固定资产占用率 = \frac{某时期非生产性固定资产额}{某时期全部固定资产额} \times 100\%$$

$$固定资产使用率 = \frac{每年固定资产使用总天数}{365天} \times 100\%$$

$$固定资产产值率 = \frac{全年总产值}{年均固定资产总值} \times 100\%$$

$$固定资产利润率 = \frac{全年总利润}{年均固定资产总值} \times 100\%$$

(三)固定资产折旧

折旧的计算方法有以下几种。

1. 直线折旧法

用直线折旧法(straight-line method)计算固定资产的折旧,方法简便。计算方法为用建筑物或农机具的原价除以预计使用年限,或用原价减去残值后除以预计使用年限。例如,某农机具购买价格为1 250元,预计可以使用10年,残值为50元,则用前一种方法计算可得折旧费为125元,用后一种方法计算可得折旧费为120元。实际上,由于残值微小,所以通常采用前一种方法来计算折旧。

2. 递减余值折旧法

递减余值折旧法(diminishing balance method)是指将设备等现值每年减去一定的百分比。上述的农机具,第一年期初价值为1 250元,如每年减去20%,则第一年的折旧费为250元,期末价值为1 000元,第二年折旧费为200元,期末价值为800元,以此类推。用一定比率递减余值折旧,最初数年的折旧额比较大,其后逐渐减小,但最后一年仍有残值,不能与原价金额相等。

3. 递减分数折旧法

如果想将折旧额多分配在期初数年,少分配于最后数年,则可以采用递减分数折旧法(reducing fraction method),以避免使用期内折旧费与原价不平衡的缺点,且可以事先规定残值。该方法:首先,用固定资产原价(V_a)减去残值(V_n),得到折旧额总数(W),即 $W=V_a-V_n$;其次,计算各年折旧额在总折旧额中的占比,如某农机具预计可使用10年,则基准为10+9+8+7+6+5+4+3+2+1=55,即整个耐用期限内的折旧分为55单位,其第一年的折旧额占总折旧额的10/55,第二年为9/55,以此类推,直到最后一年(第十年)占总折旧额的1/55;最后,计算各年的实际折旧额。

假设某农机具原价为600元,残值为50元,可使用10年。那么总折旧额 $W=600-50=550$ 元,其第一年折旧额为 $550\times(10/55)=100$ 元;第二年为 $550\times(9/55)=90$ 元;直至第十年为 $550\times(1/55)=10$ 元。此方法也可通过以下公式来计算任何一年的折旧额:

$$D_n = [2W \cdot (n-a-1)]/[n \cdot (n+1)]$$

其中,W 为总折旧额;D 为折旧额;a 为特定的任何一年;n 为耐用年数。

由此,上例中第十年的折旧额代入公式为

$$D_{10} = [2\times 550 \times (10-10+1)]/[10\times(10+1)] = 1100/110 = 10(元)$$

二、农业经营的成本核算

(一)农业经营的成本构成

农业经营的成本主要包括农业生产过程中投入的各种中间要素及服务所带来的直接成本、用于管理和销售等方面的间接成本、劳动力投入所带来的人工成本和土地投入所带来的土地成本。

由于农业经营的品种与方式不同,为了便于成本核算,通常按照年度对不同类型的农业经营进行单位成本核算。

1. 种植业经营的成本构成

1)直接成本

直接成本包括种子费、化肥费、农家肥费、农药费、农膜费、租赁作业费(包括机械作业费、排灌费和畜力费)、燃料动力费、技术服务费、工具材料费、修理维护费和其他直接费用。

2)间接成本

间接成本包括固定资产折旧、保险费、管理费、财务费和销售费。

3)人工成本

人工成本包括家庭用工折价(家庭用工折价=家庭用工天数×劳动日工价)和雇工费用(雇工费用=雇工天数×雇工工价)。

4)土地成本

土地成本包括流转地租金和自营地折租。

具体的种植业经营成本构成见表10-20。

表10-20 粮食作物产品平均成本(单位:元/亩)

费用	稻谷	小麦	玉米	费用	稻谷	小麦	玉米
直接费用	450.19	409.67	355.24	工具材料费	5.98	3.35	3.08
种子费	54.24	63.97	55.24	修理维护费	2.10	1.46	1.12
化肥费	120.84	145.93	130.49	其他直接费用	0.02	—	—
农家肥费	7.78	13.19	11.21	间接费用	19.61	9.36	9.56
农药费	50.19	17.48	15.02	固定资产折旧	7.43	3.59	2.80
农膜费	4.46	—	4.69	保险费	8.30	4.41	5.20
租赁作业费	201.30	163.61	133.74	管理费	2.47	0.33	0.88
机械作业费	170.54	126.60	105.11	财务费	0.01	0.04	0.03
排灌费	20.65	34.53	21.69	销售费	1.40	0.99	0.65
畜力费	10.11	2.48	6.94	人工成本	500.67	364.77	474.68
燃料动力费	3.28	0.68	0.64	家庭用工折价	442.31	353.70	446.40
技术服务费	—	—	0.01	雇工费用	58.36	11.07	28.28

续表

费用	稻谷	小麦	玉米	费用	稻谷	小麦	玉米
土地成本	206.08	181.33	224.41				
流转地租金	52.23	21.10	24.04				
自营地折租	153.85	160.23	200.37				

资料来源：《2015年全国农产品成本收益资料汇编》

2. 养殖业经营的成本构成

1）直接成本

直接成本包括仔畜费、精饲料费、青粗饲料费、饲料加工费、水费、燃料动力费（包括电费、煤费和其他燃料动力费）、医疗防疫费、死亡损失费、技术服务费、工具材料费、修理维护费和其他直接费用。

2）间接成本

间接成本包括固定资产折旧、保险费、管理费、财务费和销售费。

3）人工成本

人工成本包括家庭用工折价（=家庭用工天数×劳动日工价）和雇工费用（=雇工天数×雇工工价）。

4）土地成本

土地成本包括流转地租金和自营地折租（由于数值过小，数表10-21中不分别计这两项数值）。

具体的养殖业经营成本构成见表10-21。

表10-21 畜产养殖产品平均成本（单位：元/头）

费用	散养生猪	规模生猪	费用	散养生猪	规模生猪
直接费用	1 335.13	1 400.58	间接费用	10.24	20.43
仔畜费	361.24	406.35	固定资产折旧	8.28	13.09
精饲料费	887.55	938.19	保险费	0.22	1.86
青粗饲料费	37.29	4.51	管理费	0.05	2.46
饲料加工费	6.62	2.71	财务费	0.01	1.05
水费	2.14	2.55	销售费	1.68	1.97
燃料动力费	6.49	6.10	人工成本	498.26	168.46
电费	2.69	4.56	家庭用工折价	498.26	120.53
煤费	1.61	1.39	雇工费用	—	47.93
其他燃料动力费	2.19	0.15	土地成本	0.37	2.67
医疗防疫费	15.82	19.88			
死亡损失费	11.53	13.25			
技术服务费	0.02	0.53			
工具材料费	3.20	2.69			
修理维护费	2.00	2.76			
其他直接费用	1.23	1.06			

资料来源：《2015年全国农产品成本收益资料汇编》

（二）成本核算的方法

1. 一年生农作物的成本核算方法

一年生农作物是指生长期不超过一年的农作物，如小麦、水稻等。这些农作物的成本计算期与生长周期一致，即在产品收获月份计算产品的成本。

主产品成本的计算公式如下：

$$主产品总成本 = 生产总成本 - 副产品价值$$
$$主产品单位成本 = 主产品总成本/主产品总产量$$
$$单位面积成本 = 生产总成本/播种面积$$

2. 多年生农作物的成本核算方法

多年生农作物有两种情况：一是连续培养几年而一次收获，如人参；二是连年培育连年获得产品，如甘蔗。

一次收获的多年生农作物，各年累计的生产费用应全部由其成本对象负担。其计算公式如下：

$$一次收获的多年生农作物主产品单位成本$$
$$= （截至收获月份的历年累计费用 - 副产品价值）/主产品总产量$$

多次收获的多年生农作物，未提供产品前的累计费用，视为待摊费用处理，按预计可提供产量的比例，摊入投产后各年生产产品成本。其计算公式如下：

$$多次收获的多年生农作物主产品单位成本$$
$$= （往年费用本年摊销额 + 本年全部费用 - 副产品价值）/本年主产品总产量$$

3. 间种、套种、混种作物的成本核算方法

间种、套种、混种是指在同一块土地上种植两种以上的作物。其所发生的费用凡是能划清属某种作物的，应相接记入该作物的成本；凡不能划清属某种作物的共同费用，可按各种作物所占播种面积的比例进行分配。播种面积可按实际占用面积计算，也可按亩定额播种量折算。其计算公式如下：

$$某作物的播种面积 = 该作物实际播种量/该作物每亩定额播种量$$
$$某作物应分配的费用 = （共同性费用/各种作物播种总面积之和）$$
$$\times 该作物播种面积$$

$$某作物主产品单位成本 = （本年直接记入的费用 + 分配的共同性费用$$
$$- 副产品价值）/该作物主产品总产量$$

三、农业经营现状分析

农业经营过程中经常出现各种各样的问题，为了知道问题所在和如何解决，首先需要正确了解农业经营的经营结构，其次要分析核心问题所在，最后要弄清如何改善各个部门的运行机制。农业经营的效果分析就是分析现状、查找问题的过程。

（一）简单的经营现状分析

当以农业收入作为主要经营目标时，可以计算以下指标，并通过对各年度指标的比较，找出问题所在。

（1）农业纯收入=农业毛收入（或产值）-农业经营成本（或经营费）

（2）农业毛收入=主产品总销售量×销售单价

总销售量=播种面积×单位面积产量-自家消费量（或总销售量=出栏头数×每头产量-自家消费量）

（3）农业经营成本=直接成本+间接成本+人工折价+土地成本

（二）详细的经营分析指标

为了进一步分析农业经营的现状以及要素投入的实际效果，可以借助以下的一系列指标。

1. 经营成果与效率指标

农业收益率=（农业纯收入/农业毛收入）×100%

农业经营成本率=（农业经营成本/农业毛收入）×100%

亩均农业毛收入=农业毛收入/播种面积

每头农业毛收入=农业毛收入/出栏头数

亩均农业纯收入=农业纯收入/播种面积

每头农业纯收入=农业纯收入/出栏头数

人均农业纯收入=农业纯收入/劳动力人数

2. 生产要素利用状况指标

耕地面积=自家耕地+流转入耕地

农业劳动时间=家族劳动时间+雇用劳动时间

农业资本=固定资本+流动资本

机械、设施利用率=每台机械年利用时间/耕地面积×100%

3. 资本装备指标

固定资本装备率=农业固定资本额/农业劳动时间×100%

农机具资本比率=农机具资本额/农业固定资本额×100%

4. 集约度指标

劳动集约度=农业劳动时间/经营耕地面积

农业固定资本集约度=农业固定资本额/经营耕地面积

5. 生产率指标

劳动生产率=农产品销售量（额）/农业劳动人数（时间）×100%

土地生产率=农产品销售量（额）/播种面积×100%

固定资本生产率=农产品销售额/农业固定资本额×100%

6. 技术指标

单位面积产量=农产品总产量/农作物播种面积

单位畜产品产量=畜产品总产量/出栏头数

单位面积经营费=农业经营费/农作物播种面积

每头家畜饲料费=总饲料费/饲养头数

人均播种面积=总播种面积/劳动人数

人均饲养头数=总饲养头数/劳动人数

(三) 比较分析方法

将经营指标值与经营条件相同地区的农户平均值进行比较，画出温度计图，标明地区平均值和个人的经营指标值，如图 10-3 所示。

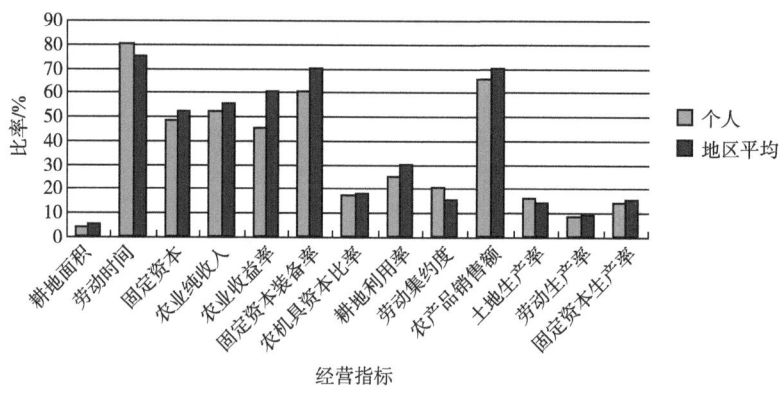

图 10-3 经营效果的温度计图

从图 10-3 可以看出，除了个别指标以外，多数反映经营成果的指标值都低于同一地区农户的平均值，说明目前的经营状况有待于进一步改善，可以考虑通过适当扩大耕地规模和增加固定资产投入，来提高农业经营效率。

本章小结

1. 农业记账是以货币的形式，记录和核算农业生产经营的过程及结果，并提供必要的经营信息的一种方法；全面、系统、完整地记录农业生产经营活动和财务情况，并对生产经营活动进行分析，以便总结生产经营经验，发现问题，控制生产经营活动，提高经营效益。

2. 本章首先介绍了农业记账的意义、原则和内容，其次用一系列表格来具体反映单式记账法和复式记账法，最后讲解了固定资产清查与折旧的计算方法，以及如何依据记账的内容对农业经营的成本和收益进行分析，发现经营过程中的问题并明确改善的方向。

本章习题

1. 什么是农业经营记账？为什么要进行农业经营记账？
2. 什么是复式记账法？其原则有哪些？
3. 某农户拥有 5 亩耕地，上年种植 3 亩豆角和 2 亩西红柿，亩均产量分别为 1 000 千克和 2 500 千克，市场售价分别为 1.6 元/千克和 2.4 元/千克，肥料主要投入化肥。由于今年化肥价格上涨，农户改投了农家肥，并将豆角和西红柿的种植面积调整为 2 亩和 3 亩。请根据《全国农产品成本收益汇编》给出的蔬菜成本明细表，分别计算上年和今年两种蔬菜各自的销售额、经营成本、纯收入和收益率，并简要分析其收入变化的原因。

第十一章

农业经营的投入产出

第一节 农业经营中的基本法则

一、报酬法则

当两种(或两种以上)生产要素相互配合生产某种产品时,若一种要素的数量固定不变(固定要素,如土地),而另一种要素的数量不断变化(可变要素,如肥料),那么,每增加一个单位可变要素所带来的产量变化,称为边际产量或边际报酬(marginal returns)。

(一)报酬不变

报酬不变(constant returns)是指每增加一个单位的可变要素所带来的产量的变化相等,即边际产量相等。例如,在1公顷的土地上分别投入1个、2个、3个单位的可变要素来生产某种作物,其总产量分别为20个、40个、60个单位,如图11-1所示,横轴代表可变要素的投入量,纵轴代表产品产量,Y_p代表总产量线。可以看出,每增加一个单位的可变要素投入,所带来的产量变化都是20个单位,这表示可变要素的报酬不变,因此总产量线为一条直线。

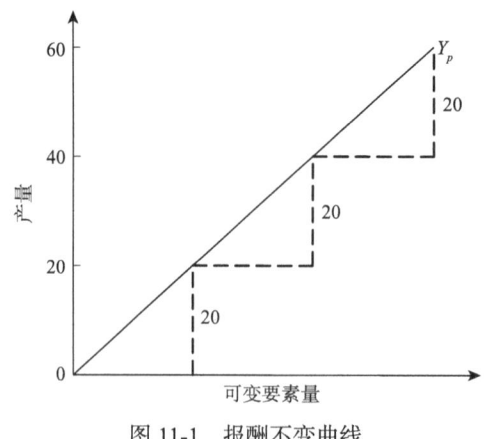

图 11-1 报酬不变曲线

(二)报酬递减

报酬递减(diminishing returns)是指每增加一个单位的可变要素所带来的产量的增加量逐次递减,即边际产量递减。例如,在1公顷的土地上分别投入1个、2个、3个、4个单位的可变要素来生产某种作物,其总产量分别为25个、45个、60个、70个单位,如图11-2所示,当投入第1个单位的可变要素时,总产量增加25个单位,投入第2个单位的可变要素时,总产量增加20个单位,继续投入第3个、4个单位的可变要素,总产量则分别增加15个、10个单位,这表示可变要素的报酬递减,因此总产量线为一条凸向X轴的曲线。

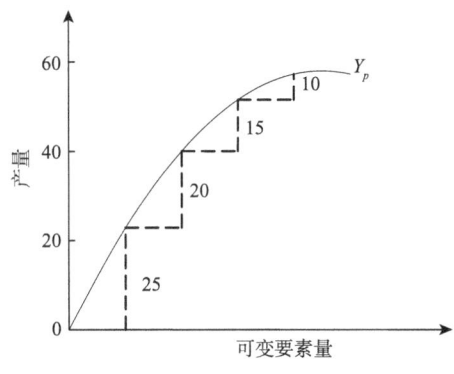

图 11-2 报酬递减曲线

(三)报酬递增

报酬递增(increasing returns)是指每增加一个单位的可变要素所带来的产量的增加量逐次递增,即边际产量递增。例如,在1公顷的土地上分别投入1个、2个、3个、4个单位的可变要素来生产某种作物,其总产量分别为10个、25个、45个、70个单位,如图11-3所示,当投入第1个单位的可变要素时,总产量增加10个单位,投入第2个单位的可变要素时,总产量增加15个单位,继续投入第3个、4个单位的可变要素,总产量则分别增加20个、25个单位,这表示可变要素的报酬递增,因此总产量线为一条凹向X轴的曲线。

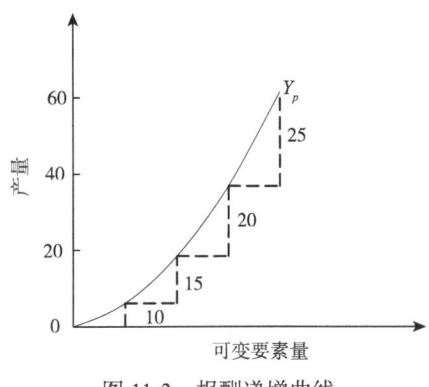

图 11-3 报酬递增曲线

(四)报酬递增与递减

报酬递增与递减(increasing-diminishing returns)是前两种的混合,这种情况最为常见。例如,在1公顷的土地上分别投入1个、2个、3个、4个、5个、6个单位的可变要素来生产某种作物,其总产量分别为5个、15个、30个、43个、53个、58个单位,如图11-4所示,当投入第1个单位的可变要素时,总产量增加5个单位,投入第2个单位的可变要素时,总产量增加10个单位,继续投入第3个、4个、5个、6个单位的可变要素,总产量则分别增加15个、13个、10个、5个单位,这表示可变要素的报酬在前期递增,但从投入第4个单位的可变要素开始报酬逐渐递减,如果可变要素的投入超过第6个单位,则总产量开始减少。

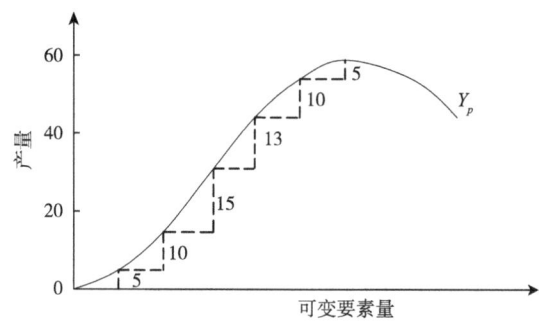

图11-4 报酬递增与递减曲线

二、替代法则

(一)生产要素之间的替代

生产者为了节约成本提高收益,往往使用相对廉价的要素来替代(factor-factor substitution)较为昂贵的要素。农业生产的各种要素之间有时也可以相互替代,如在肉牛的饲养过程中,既可以用富有蛋白质的饲料喂养,也可以将其放牧于草场;在作物的种植过程中,既可以使用化肥,也可以使用有机肥。对于农业经营者而言,要尽可能地降低投入成本,就必须考虑在不影响产品的质和量的前提下,如何选择可以相互替代的要素。

当有两种投入而只有一种产出时,可以用等产量曲线来进行描述。等产量曲线是具有同等产量的各种可能的投入组合曲线。不同的要素组合,可以得到各种相同或不同的产量,如图11-5所示。

1. 生产要素间的全部替代

如图11-6所示,X_1和X_2分别代表两个可变生产要素,分别投入1单位X_1或X_2均能生产6.5单位产品,分别投入2单位X_1或X_2,或投入1单位X_1加1单位X_2,都能生产12单位产品,以此类推。图11-6中小方格内的数字代表不同要素组合下的作物产量,尽管边际报酬呈递减趋势，但两个要素间可以自由替代，且存在一定的比率关系。

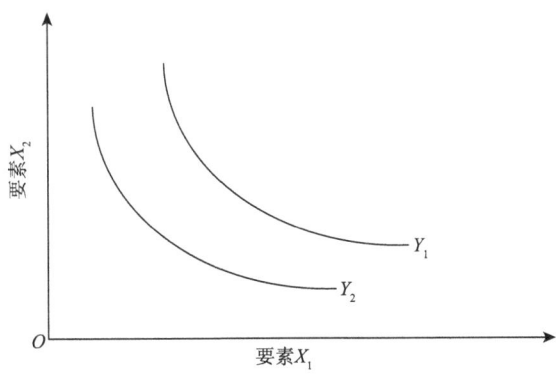

图 11-5 等产量曲线

产量（Y）

生产要素 (X_1)	6	24.0	24.5	23.0	22.5	20.0		
	5	22.5	24.0	24.5	23.0	22.5	20.0	
	4	20.0	22.5	24.0	24.5	23.0	22.5	20.0
	3	16.5	20.0	22.5	24.0	24.5	23.0	22.5
	2	12.0	16.5	20.0	22.5	24.0	24.5	23.0
	1	6.5	12.0	16.5	20.0	22.5	24.0	24.5
	0	0.0	6.5	12.0	16.5	20.0	22.5	24.0
		0	1	2	3	4	5	6
		生产要素（X_2）						

图 11-6 生产要素间的全部替代

2. 生产要素间的部分替代

不同生产要素间的相互替代都有一定的限度。例如，多用人工的劳动密集型农业可以替代部分土地，但只投入人工而不投入土地是无法生产的；机械可以替代部分人工，但却不能完全替代人工，因为任何机械，即使是全自动的农业机械，仍需要人工启动或操作。

如图 11-7 所示，如果没有要素 Z_1 参与生产，那么即使投入 6 单位 Z_2 也没有产品产出，反之亦然；这说明至少有 1 个单位 Z_1 或 Z_2 与若干个单位的 Z_2 或 Z_1 参与生产，才能产出产品。例如，对于作物生产而言，Z_1 代表肥料，Z_2 代表种子，那么，不论只投入其中哪一个都无法进行生产。图 11-7 中小方格内的数字代表不同要素组合下的作物产量，尽管边际报酬呈递减趋势，但两个要素间的替代率并非一个常数，而是逐渐递减的。

（二）生产要素的替代率

在某一等产量曲线的合理使用范围内，若要保持产量不变，增加一种要素 X_1 的投入量，可以减少另外一种要素 X_2 的投入量。通常情况下，X_1 和 X_2 变化量的比值称作生产要素的替代率（factor substitution rate）。

					产量(Y)			
			$Y=12$	$Y=24$		$Y=36$		
生产要素 (Z_1)	6	0	20.6	29.0	35.6	41.2	45.9	50.5
	5	0	19.1	26.9	33.0	38.2	42.6	46.8
	4	0	17.4	24.5	30.1	34.8	38.8	42.6
	3	0	15.5	21.9	26.1	31.0	34.6	38.0
	2	0	13.2	18.6	22.8	26.4	29.4	33.2
	1	0	10.0	14.1	17.3	20.0	22.3	24.5
	0	0	0	0	0	0	0	0
		0	1	2	3	4	5	6
					生产要素(Z_2)			

图 11-7 生产要素间的部分替代

1. 常数替代率

如图 11-6 所示，若想获得 12 个单位的产品，则可以将 X_1 和 X_2 用下列几种不同的组合来投入生产：①2 个单位的 X_1 和 0 个单位的 X_2；②1 个单位的 X_1 和 1 个单位的 X_2；③2 个单位的 X_2 和 0 个单位的 X_1。同样，要获得 16.5 个单位或 22.5 个单位的产品，也可以有各种不同的 X_1 和 X_2 组合。图中的虚线代表同样产量下所投入的 X_1 和 X_2 两个要素的不同组合。很明显，两个要素可以相互替代，虽然产量随着要素投入的增加而递减，但要素之间的替代率为一个常数，即每增加 n 单位 X_1 就减少 n 单位 X_2，因此，两个要素之间的替代率为 1。当然，常数替代率（constant substitution rate）属于比较极端的例子，在农业生产的投入要素中并不常见。

2. 递减替代率

生产要素间的递减替代率（diminishing rate of substitution）在农业中较为普遍。表 11-1 显示了生产 8 500 千克牛奶所要投入的牧草和谷物类饲料的各种组合，如第 1、2 列所示，如果将牧草从 5 000 千克增加到 5 500 千克，则谷类由 6 154 千克减为 5 454 千克，即牧草增加 500 千克，可减少谷物类 700 千克。当牧草从 5 500 千克增加到 6 000 千克，谷物类由 5 454 千克减少为 4 892 千克，即牧草增加 500 千克，可减少谷物类 562 千克。以此类推。由此可以计算出第 3 列所示的谷物类与牧草的替代率由 1.4 减至 1.12，即最初时 1 公斤牧草可以替代 1.4 千克谷物，其后就递减为 1.12 千克、0.94 千克、0.79 千克、0.67 千克……直到 0.25 千克。

表 11-1 生产 8 500 千克牛奶所需的牧草与谷类

牧草/千克	谷类/千克	谷类/牧草替代率
5 000	6 154	
5 500	5 454	1.40
6 000	4 892	1.12
6 500	4 423	0.94

续表

牧草/千克	谷类/千克	谷类/牧草替代率
7 000	4 029	0.79
7 500	3 694	0.67
8 000	3 406	0.58
8 500	3 156	0.50
9 000	2 937	0.44
9 500	2 744	0.39
10 000	2 572	0.34
10 500	2 419	0.31
11 000	2 281	0.28
11 500	2 157	0.25

三、边际收益均等与比较优势法则

（一）边际收益均等法则

由于农业经营中涉及的品种和业务较多，而人工、肥料等要素数量有限，因此，往往要将一定量的要素投入不同的产品或业务生产。当一定量的要素用于两种产品的生产时，由于可以对要素进行各种不同的分配，两产品的产量有多种可能的组合，这些可能的组合，即为生产的可能性。将不同的产量组合绘制成一条曲线，即为生产可能性曲线。生产可能性曲线又称等要素线，因为在这一条线上的任何一种产品组合，所需要的要素都是既定的。投入要素的总量越大，生产可能性曲线离原点越远，反之，离原点越近。

假定要生产两种作物，玉米和大豆，而只有 10 个单位的肥料，那么，如何将肥料有效地分配于两种作物才能获得最大收益呢？如表 11-2 所示，如果将肥料用于玉米，那么，投入第 1 个单位时，玉米纯收益为 70 元，投入第 2 个单位时，玉米纯收益为 130 元，以此类推，投入第 10 个单位时，玉米纯收益为 360 元，而边际纯收益则从 70 元逐渐递减到 5 元；如果将肥料用于大豆，那么，投入第 1 个单位时，大豆纯收益为 50 元，投入第 2 个单位时，大豆纯收益为 90 元，以此类推，投入第 10 个单位时，大豆纯收益为 176 元，而边际纯收益则从 50 元逐渐递减到 1 元。如果将 10 单位肥料中的 7 单位用于玉米，而将 3 单位用于大豆，则可以获得最大纯收益 450 元。即只有当两种作物的边际收益相等时，资源才能得到最充分的利用，也才能获得要素组合的最高收益。这就是边际收益均等法则（principle of equal marginal return）。

表 11-2 边际报酬均等实例

肥料投入单位数量	玉米		大豆	
	边际纯收益	累计	边际纯收益	累计
1	70	70	50	50
2	60	130	40	90
3	50	180	30	120

肥料投入	玉米		大豆	
单位数量	边际纯收益	累计	边际纯收益	累计
4	45	225	20	140
5	40	265	15	155
6	35	300	10	165
7	30	330	5	170
8	15	345	3	173
9	10	355	2	175
10	5	360	1	176

（二）比较优势法则

比较优势理论经过经济学家一系列的发展，已经普遍应用于各个领域。就农业而言，比较优势法则（principle of comparative advantage）的应用取决于地区间物资交换的难易程度。由于各地区的自然状况和经济状况存在较大的差异，当在生产一种或数种同样产量的农产品时，有些地区可以比其他地区投入更低的成本，因而具有比较优势，如图11-8所示，甲地区生产同样产量的某一作物时，明显比乙地区具有优势。

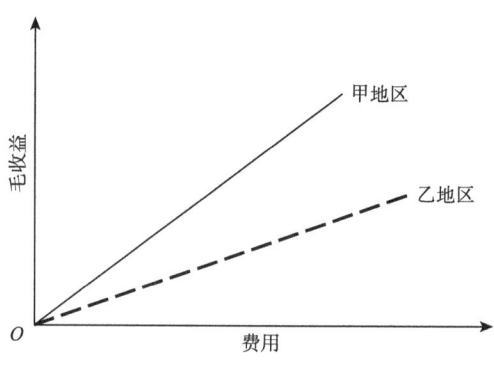

图 11-8　费用与毛收益的直线关系

比较优势通常受多种因素的影响，如关税、价格和补贴等，可以使过去不利于生产某类农产品的地区具备有利的生产条件。运输费用对比较优势的影响也很大，如果运输费用降低，那些远离市场的地区，就可以生产原来只有接近市场的地区才有优势生产的农产品；如果运输费用提高，则作用正好相反。此外，技术与需求的改变，也会改变各地区的生产方式，进而改变地区间的比较优势。

专栏 11-1

土地报酬递减理论

一、土地报酬递减理论的提出

最早注意到土地报酬递减现象的是17世纪中叶的威廉·配第，他发现一定面积土地的生产力有一个最大限度，超过这一限度后，土地生产物的数量就不可能随劳动的增加而增加了。

法国重农学派代表人物弗朗索瓦·魁奈（Francois Quesnay）在其《经济表的分析》（1766年）中指出了农业发展对人口增长的制约是指土地面积有限，追加劳动不能生产出与原来相同的产品，因而农产品无法满足人口增长的需求。

另外，亚当·斯密在其《国民财富的性质和原因的研究》一书中，专门分析了"社会进步对原生产物的不同影响"，并在对渔业生产发展的分析中表达了"报酬递减"的思想。

法国重农学派代表杜尔哥（A. R. J. Turgot）在《对于佩瑞韦先生关于间接税的评论》（1768年）中论述道：撒在一块天然肥沃土地上的种子，如果没有经过任何准备工作，这将是一种几乎完全损失的投资。如果添加一个劳动力，产品产量会提高；第二、第三个劳动力不是简单地使产品产量增加一倍或两倍，而是增加四倍或十倍。这样，产品产量增加的比例会大于投资增加的比例，直到产量增加与投资增加的比例达到最大限度为止，超过这点，如果继续增加投资，产量也会增加，但增加得较少，而且越来越少，直到土地肥力被耗尽，耕作技术也不再使土地生产能力提高时，投资增加就不会使产量有任何提高了。

二、土地报酬递减理论的传播和引用

马尔萨斯（T. R. Malthus）最早从三个角度阐述了"土地肥力递减规律"：按耕作进展的比例而增加的年产量，和以前的年平均增加额比较起来，必然是不断地减少下去的。另外，他还提出：当全部良田一亩接着一亩地被占完以后，作物产量的每年增加额必然要依靠所占有土地的改良。这笔土地总基金，从一切土壤的性质来说，非但不会递增，而且必然会逐步递减。因此扩大耕种面积和资本的大量增加只会带来较小比例的报酬。

威斯特（Edward West）在《论资本用于土地》中首次提出"土地收益递减规律"的概念，他认为，随着耕作的进步，农产品的增加变得愈加昂贵了，换言之，土地纯产品与总产品的比率是不断下降的。但是随着耕作的进步，总产品和纯产品必定会持续增加，但每份增量投资提供报酬的比例较少，结果，花费的资本越多，利润同资本的比例越小。

李嘉图的土地报酬递减理论与马尔萨斯和威斯特的基本观点大致相同：土地耕作次序从优到劣；同一土地上追加投入的报酬递减；农产品的生产日益困难。但在李嘉图的理论中土地肥力被视为土地生产能力增长的限制要素，而没有认定土地肥力自身在递减；虽然该理论把土地报酬递减作为地租产生的前提，但没有将土地报酬递减视为规律，而只是把它作为社会发展过程中的一种现象；相对于马尔萨斯和威斯特，李嘉图较强调技术进步的作用。

三、土地报酬递减理论的发展和完善

西尼尔在1836年把"农业技术不变"作为"土地报酬递减"的必要前提条件，认为"土地报酬递减"并不是必然发生的，只是在农业技术不变的情况下才存在的。然后，他还指出：土地所具有的优点是，将增益劳动使用于同一材料可以获得越来越多的产物；它的缺点是，产量增加对劳动增加的比率一般会逐渐降低；结果是优点敌不过缺点。另外，他还强调了农业技术进步的作用，认为当一国的资本和人口有所增加从而引起劳动力增长时，与这一增长同时存在的必然是农业技术的改进；这类改进必然足以抵消、甚至有可能胜过由地力递减所引起的缺陷。

阿尔弗雷德·马歇尔在其经济学的研究过程中，对"报酬递减"问题做了广泛而深入的探讨，其主要理论观点表现在以下几个方面：对报酬递减分析中投入量与产出量问题的研究；对报酬递减率和报酬递增率及其关系的研究；对报酬递减的原因及适用范围的研究；对报酬递减率和效用递减率的比较分析。

克拉克（J. B. Clark）提出了"边际劳动"和"边际生产力"等概念，归纳出对一切生产要素都具有普遍意义和广泛适用性的"生产率递减规律"，将报酬递减规律从农业领域推广到一般领域，并引入了"若干生产要素投入量保持不变"作为报酬递减规律发生作用的前提条件；在方法上更多地运用了边际分析方法，弥补了生产和分配理论中边际分析的不足。

布莱克（J. D. Black）发展和完善了报酬递减理论：系统提出并分析了各种生产要素组合的收益递减类型；准确地揭示了边际产量、总产量、平均产量三者的变动规律及其相互关系并以曲线的形式表达出来；从成本的新视角对收益递减规律进行了研究，以曲线形式描绘了单位产品的边际成本、平均可变成本、平均固定成本的变动规律及其相互关系；把收益递减理论的应用带回投入与产出的经济效益分析这一最终归宿。

资料来源：毕宝德. 土地经济学. 第五版. 北京：中国人民大学出版社，2006

第二节 要素投入与产出的关系

一、农业生产函数

任何经济活动，都需要投入一定的生产要素，并在一定的生产规模和一定的生产条件下进行。而生产粮食、蔬菜、水果及畜产品等的农业生产，需要投入的要素更多，除了空气中的二氧化碳、土壤中的水分和养分之外，还包括劳动力、种子、化肥、农药、农机具、动力等各种生产资料。通常在生产技术不变的情况下，产品的产出量与生产要素的投入量之间存在一定的关系，这种关系称为投入产出关系，可以用生产函数来表示。

生产函数是指在一定时期内，在技术水平不变的情况下，生产中所使用的各种生产要素的数量与所能生产的最大产量之间的关系。在一定的生产条件下，一定时期内某种产品的产出水平是受资源投入量制约的。例如，农作物产量随着灌溉量或施肥量的变化而变化，畜产品量随着饲料喂入量的变化而变化，等等。此外，生产函数反映的是在既定的生产技术条件下投入和产出之间的数量关系，如果技术条件改变，必然会产生新的生产函数，新的生产函数可能以相同的生产要素投入量进行生产，也可能以变化了的生产要素投入量进行生产。

当然，在进行投入产出分析时，通常假定只有一种要素可变，其余则视为固定要素，以期简化问题。虽然这种假设与实际不符，但可以解释为：随着施肥量的不同，劳动的投入量也将不同，这时可变要素为资本和劳动，但肥料施用量与所需劳动量之间存在一定的比例关系，如果在一公顷土地上施用 100 千克肥料需要一个小时的劳动，那么就可以将劳动与肥料合并为一个投入量，视为一个可变要素，并以肥料投入作为代表。

例如，在进行水稻生产时，假如施肥次数为五次，而每次的产量分别为 3 600 千克、4 800 千克、5 200 千克、5 200 千克和 4 400 千克，如图 11-9 所示。

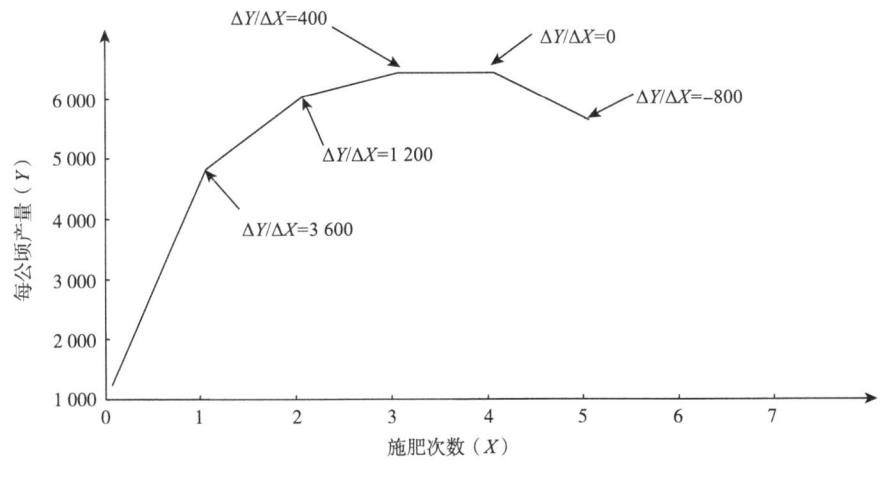

图 11-9 投入与产出的关系

那么上述要素的投入产出关系，就可以用公式 $Y=f(X)$ 来表示，其中，Y 为水稻产量，X 为可变生产要素，如施肥次数等。然而，现实中某种农产品的生产，绝非只投入一个可变要素而其他都是固定要素，如一般的作物生产，就需要投入种子、肥料、水分、劳动、机械与土地等要素，因此，生产函数比较确切的表达式为

$$Y=f(X_1, X_2, X_3, X_4, \cdots, X_n)$$

其中，Y 代表作物产量；X_i 则代表特定的生产要素，如 X_1 代表劳动，X_2 代表农机具或机械，X_3 代表种子肥料等生产资料，X_4 代表土地，以及其他要素一直到 X_n。由于式中的产量 Y 的变化是由 X_1，X_2，X_3，X_4，$\cdots$，X_n 的变化引起的，因此将 X_1，X_2，X_3，X_4，$\cdots$，X_n 称为自变量，而将 Y 称为因变量。

由 X_1，X_2，X_3，X_4，$\cdots$，X_n 代表的生产要素包括所有影响农业生产的因素，其中既有可控因素（如施肥量、用药量、播种量等），又有目前难以控制的因素（如阳光、降雨、气温等）；既有可以在生产过程中发生变化的因素（如劳动和资金），又有在既定生产过程中基本固定不变的因素（如土地、农场建筑物等）。因此，生产函数式也可以表示为

$$Y=f(X_1, X_2 \mid X_3, X_4)$$

上式的直线左边表示可变要素，右边表示固定要素。例如，小麦产量为 X_1、X_2、X_3、X_4 的函数，假定 X_1、X_2、X_3、X_4 分别代表劳动、资本、土地与管理，则前两者劳动与资本为可变要素，后两者土地与管理为固定要素。

上式所表示的，仅为生产某种农产品所需要的生产要素，却不包含生产要素之间的数量关系，为此，黑迪将柯布-道格拉斯生产函数应用于农业生产时，将函数式改为

$$W = aZ_1^i Z_2^j Z_3^k Z_4^l Z_5^m$$

其中，W 代表毛收益；a 代表常数；Z_1 代表土地；Z_2 代表劳动；Z_3 代表设备；Z_4 代表牲畜；Z_5 代表流动资金；而 i、j、k、l、m 则分别代表各生产要素的弹性系数，即每增减1%各生产要素的投入，总产量或总产值所增减的比率。如果各生产要素的弹性系数相加大于1，则表示每增加1%各生产要素的投入后，所增加的总产量或总产值大于1%，此为报酬递增；同理，各生产要素的弹性系数之和小于或等于 1，则表示报酬递减或报酬不变。用公式来表示即：$i+j+k+l+m>1$，则为报酬递增；$i+j+k+l+m<1$，则为报酬递减；$i+j+k+l+m=1$，则为报酬不变。

农业生产函数模型具有以下几个优点：①可以比较简练地描述经济变量之间的关系；②表述概念精确，可以使研究对象更加具体化、数量化和精确化；③可以引用（普遍适用的）数学定理；④一般可以同时处理多个经济变量。

二、生产函数的计量估计

计量分析为我们提供了利用一组经营者投入和产出信息来拟合生产函数的可能。只要我们假定每个生产经营者都在生产函数上生产（即每个经营者都是技术有效的），那么，我们就可以利用回归分析和假设检验来估计生产函数。虽然计量分析只能拟合线性模型，但可以通过函数变化把其他函数变成线性的。

如图 11-10 所示，假设我们利用生产函数 $\ln q = \beta_0 + x\beta$ 和投入产出拟合生产函数，那么计量模型为

$$\ln q_i = \beta_0 + x_i \beta_i + v_i$$

其中，q_i 表示因变量的第 i 个观察值；x_i 表示自变量向量的观察值；v_i 表示随机误差，用来代表未能被 x_i 解释的 q_i 的变动。

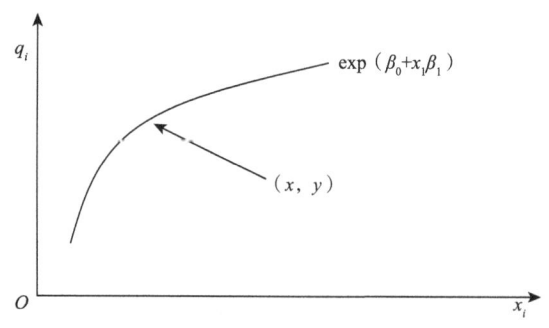

图 11-10 利用投入、产出估计生产函数

生产函数可以分为一种可变投入生产函数和多种可变投入生产函数。一种可变投入生产函数又称作短期生产函数，反映技术条件不变、固定投入（通常是资本）一定的情况下，可变投入与产出之间的关系。多种可变投入生产函数通常称为长期生产函数，反映两种或两种以上的投入都可以变动、甚至所有的投入都可以变动的情况下，投入与产出之间的关系。使用不同的函数形式会产生不同的模型，一些常用的函数形式如表 11-3 所示。在这些生产函数中没有最好的，只有最适合的，在实际应用中应该根据实际情况

选择合适的生产函数。

表 11-3　一些常用的生产函数

线性函数	$y = \beta_0 + \sum_{n=1}^{N} \beta_n x_n$
柯布-道格拉斯生产函数	$y = \beta_0 \prod_{n=1}^{N} x_n^{\beta_n}$
二次函数	$y = \beta_0 + \sum_{n=1}^{N} \beta_n x_n + \frac{1}{2} \sum_{n=1}^{N} \sum_{m=1}^{M} \beta_{nm} x_n x_m$
正规化二次函数	$y = \beta_0 + \sum_{n=1}^{N-1} \beta_n \left(\frac{x_n}{x_N}\right) + \frac{1}{2} \sum_{n=1}^{N-1} \sum_{m=1}^{M-1} \beta_{nm} \left(\frac{x_n}{x_N}\right)\left(\frac{x_n}{x_N}\right)$
超越对数生产函数	$y = \exp\left(\beta_0 + \sum_{n=1}^{N} \beta_n \ln x_n + \frac{1}{2} \sum_{n=1}^{N} \sum_{m=1}^{M} \beta_{nm} \ln x_n \ln x_m\right)$
广义里昂惕夫生产函数	$y = \sum_{n=1}^{N} \sum_{m=1}^{M} \beta_{nm} (x_n x_m)^{1/2}$
常数替代弹性	$y = \beta_0 \left(\sum_{n=1}^{N} \beta_n x_n^r\right)^{1/r}$

在生产函数的估计中，我们假定每个经营者都是技术有效的。因此无法根据估计出的生产函数来测算每一个经营者的技术效率。但我们可以通过生产函数来估计技术的变化。

随着时间的推移生产技术会发生变化，如果在模型中加入时间的变化，就可以用时间趋势来描述和解释技术进步。例如，下述模型都解释了技术变化。

线性函数模型：

$$y = \beta_0 + \theta t + \sum_{n=1}^{N} \beta_n x_n$$

柯布-道格拉斯生产函数模型：

$$\ln y = \beta_0 + \theta t + \sum_{n=1}^{N} \beta_n \ln x_n$$

超越对数生产函数模型：

$$\ln y = \beta_0 + \theta_1 t + \theta_2 t^2 + \sum_{n=1}^{N} \beta_n \ln x_n + \frac{1}{2} \sum_{n=1}^{N} \sum_{m=1}^{M} \beta_{nm} \ln x_n \ln x_m$$

其中，t 表示时间趋势；θ、θ_1、θ_2 表示要估计的未知参数。

如果以每个时期产出的增加比例来表示技术进步，那么以上三个模型的技术变化分别如下。

线性函数模型：

$$\frac{\partial \ln y}{\partial t} = \frac{\theta}{y}$$

柯布-道格拉斯生产函数模型：

$$\frac{\partial \ln y}{\partial t} = \theta$$

超越对数生产函数模型：

$$\frac{\partial \ln y}{\partial t} = \theta_1 + \theta_2 t$$

利用时间趋势来分析技术变化的不足需要预先设定时间变化函数。这种预先设定时间变化函数隐含着假定技术是按这种方式变化的。因此，在用时间趋势表示技术变化的时候需要考虑研究对象的技术变化趋势，选择与实际技术进步匹配的时间变化函数。

如果可以确定生产经营时的规模报酬不变，那么在用计量生产函数时可以假定规模报酬不变，并在回归分析中加入限制条件。例如，在柯布-道格拉斯生产函数中我们可以假定 $\sum_{n=1}^{N}\beta_n = 0$；在超越对数生产函数中可以假定 $\sum_{n=1}^{N}\beta_n = 0$ 和 $\sum_{i=1}^{N}\beta_{ij} = 0$，其中，$j = 1, 2, \cdots, N$。

回归分析的主要目的是通过样本回归推断总体。因此，样本数据是否合乎规格要求，决定着能否准确推断。估计生产函数基本线性回归模型所用的数据，有时间序列数据、截面数据或时序-截面数据之别。对样本容量大小的要求，也主要决定于建立模型的目的和用途，但一般要求样本容量应数倍于待估计参数的个数，各解释变量的观察值之间不能存在相互线性表达的关系。

三、平均产量、边际产量与总产量

（一）平均产量

平均产量（average product）是指可变要素或资源的平均生产力（average productivity），可以用 AP=Y/X 来表示，其中，Y 为总产量，X 为可变要素投入总量。

如表 11-4 所示，当可变要素投入 10 个单位时，总产量为 24 个单位，因此，每单位可变要素投入的平均产量为 2.4 个单位。当生产函数或投入产出曲线为直线时，平均产量为常数；若为报酬递减的生产函数，则平均产量将随可变要素投入的增加而不断递减；若为报酬递增的生产函数，则平均产量将随可变要素投入的增加而不断递增；若生产函数为报酬递增与递减者，则平均产量将随可变要素投入的增加，于初期递增，到达极限后递减。

表 11-4 要素投入与总产量、平均产量和边际产量的关系

（1）可变要素投入的总单位数（其他要素固定）	（2）增施的可变要素单位	（3）总产量（Y_p）	（4）增加的产量	（5）平均产量（AP）（投入每单位要素的产量）	（6）边际产量（MP）每增加一单位投入所增加的产量
0	0	0		0	
5	5	11	11	2.20	2.2
10	5	24	13	2.40	2.6
15	5	38	14	2.53	2.8
20	5	49	11	2.45	2.2
25	5	58	9	2.32	1.8
30	5	61	3	2.03	0.6
35	5	59	−2	1.69	−0.4
40	5	55	−4	1.37	−0.8

注：（5）为（3）/（1）的结果；（6）为（4）/（2）的结果

（二）边际产量

边际产量是指每增加一个单位可变要素的投入所带来的产出数量。边际产量是决定生产要素投入的重要指标，用总产量的变化与要素投入量的变化之比来表示，即 MP=$\Delta Y/\Delta X$，其中，ΔY 表示总产量的变化，ΔX 表示要素投入量的变化。

那么，如果可变要素的投入数量每次为 5 个单位或 10 个单位，那么该如何计算边际产量呢？计算方法为用所增加的产量除以所增加的可变要素数量，即可得出每单位可变要素的边际产量，如表 11-4 所示，第一个 5 单位可变要素投入，使产量增加了 11 单位，边际产量则为 2.2 单位。用这种方法计算得出的边际产量，为平均边际产量（average marginal product）。

（三）总产量、平均产量与边际产量的关系

总产量、平均产量与边际产量的关系可以用表 11-4 和图 11-11 来说明，该例子是一个兼具报酬递增与递减的生产函数。若生产函数为报酬递减者，则其总产量、平均产量与边际产量之间的关系，与表 11-4 和图 11-11 中所示的报酬递减部分相同；同样，总产量、平均产量与边际产量之间的关系为报酬递增者，则与表 11-4 和图 11-11 中所示的报酬递增部分相同。图 11-11 的横轴代表可变要素的投入量，纵轴代表生产量，并以 Y_p 代表总产量曲线，MP 代表边际产量曲线，AP 代表平均产量曲线。

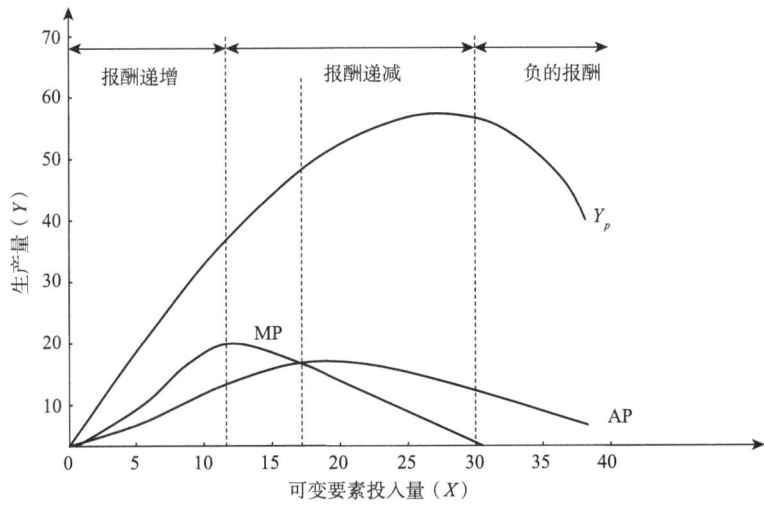

图 11-11　要素投入与总产量、平均产量和边际产量的关系

1. 边际产量与总产量

边际产量与总产量（marginal and total products）之间的关系因为边际产量为每增加一单位可变要素所增加的总产量，所以，若可变要素投入的边际产量递增，则总产量也递增。从图 11-11 来看，边际产量递增时，总产量曲线也呈现递增趋势。当边际产量达到极限时，总产量线也达到拐点，自此，总产量继续增加，但边际产量开始递减。当边际产量为零时，

总产量已达到极限（如图 11-11 中可变要素投入 30 个单位时）。当边际产量为负数时，总产量则开始减少（如图 11-11 或表 11-4 中投入要素大于 30 个单位时）。

2. 边际产量与平均产量

边际产量与平均产量（marginal and average products）之间也存在着重要的关系。当边际产量大于平均产量时，则可变要素的平均生产力递增；当边际产量小于平均产量时，则可变要素的平均生产力递减。从表 11-4 和图 11-11 来看，当边际产量曲线高于平均产量曲线时，平均产量曲线继续上升；当边际产量曲线与平均产量曲线相交时，平均产量达到最高点；当边际产量曲线低于平均产量曲线时，平均产量递减。

3. 产出弹性

产出弹性（elasticity of production）是指要素投入增加的百分比所带来的产量增加的百分比，通常用 EP 表示。EP=产量变化的百分比/要素投入变化的百分比，也可以用下式来表示：

$$EP = (\Delta Y/Y)/(\Delta X/X) \text{ 或 } (\Delta Y/Y)(X/\Delta X) \text{ 或 } (X/Y)(\Delta Y/\Delta X)$$

由于 AP=Y/X，而 MP=$\Delta Y/\Delta X$，所以产出弹性又可以表示为 MP/AP。利用表 11-1 的例子，可以计算不同要素投入水平下的产出弹性，如表 11-5 所示。

表 11-5 产出弹性的计算

可变要素投入（X）	总产量（Y_p）	平均产量（AP）	边际产量（MP）	产出弹性（EP）
0	0	0	0	0
5	11	2.20	2.2	1.000
10	24	2.40	2.6	1.083
15	38	2.53	2.8	1.107
20	49	2.45	2.2	0.898
25	58	2.32	1.8	0.776
30	61	2.03	0.6	0.296
35	59	1.69	−0.4	−0.237
40	55	1.37	−0.8	−0.584

如果 EP=1，则表示报酬不变，因为要素每增加 1%，产量也增加 1%，所以 EP=1 时，边际产量与平均产量相等。

如果 EP>1，则表示报酬递增，因为要素每增加 1%，产量的增加大于 1%，所以 EP>1 时，边际产量>平均产量。

如果 EP<1，则表示报酬递减，因为要素每增加 1%，产量的增加小于 1%，所以 EP<1 时，边际产量<平均产量。如果 EP<0，则表示报酬为负数。

第三节 要素配合的边际分析

一、农业生产的合理阶段

从上述农业生产的投入与产出关系可以得知,产量会随着要素投入的变化而变化。下面以产量与生产要素的关系为例,将农业生产划分为三个阶段,如图 11-12 所示。传统上往往将要素投入量与产量之间的关系划分为报酬递增、报酬递减与报酬负数三个阶段。

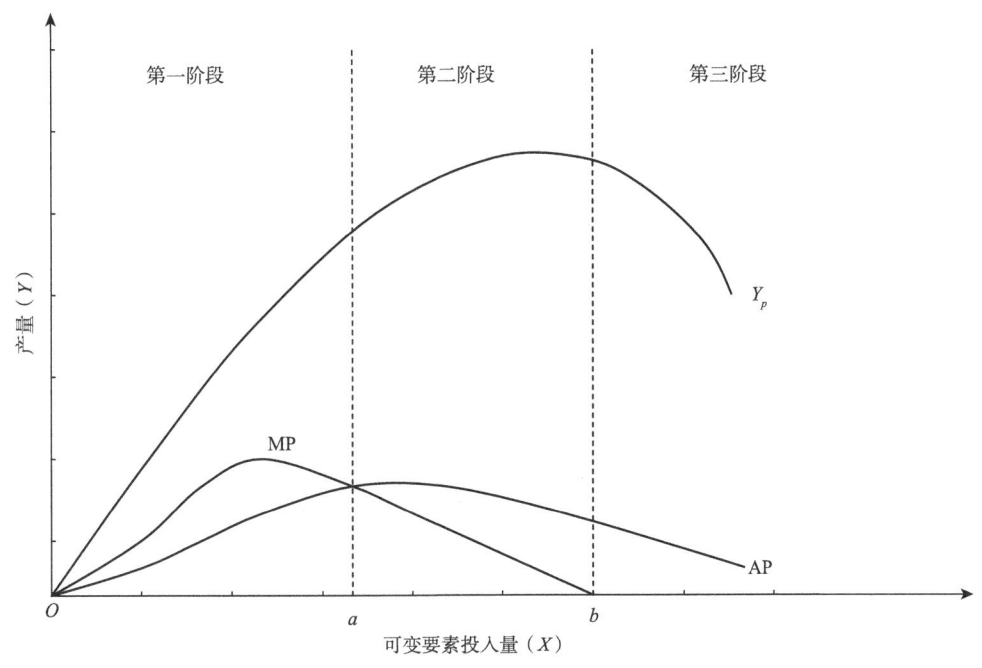

图 11-12 农业生产的三个阶段

(1)第一阶段。可变要素的投入量,自 0→a 为生产的第一阶段。在该阶段里,边际产量始终大于平均产量,并以最高平均产量点为终点,也即可变要素投入达到最大平均生产力的点。

(2)第二阶段。可变要素的投入量,自 a→b 为生产的第二阶段。在该阶段里,a 单位为可变要素的最高平均生产力点,而 b 单位则为固定要素的最大总产量点,即第二阶段始于每单位可变要素的最大生产力点,终于固定要素的最大产量点。

(3)第三阶段。可变要素投入量自 b 点开始为生产的第三阶段。在整个阶段中,边际产量均为负数,即该阶段边际产量小于 0,所以不但不能增加产量,反而会减少总产量。

如上所述,农业生产可分为三个阶段,那么,可变要素应投入哪个阶段才是合理的呢?

(1)第一生产阶段。可变要素的投入,若止于第一阶段内的任何单位,都为不经济的生产,因为只追求可变要素的最大平均产量,而不经济地利用固定要素,将导致对固定要素的浪费。因此在第一阶段里,农业经营者只要将固定要素与可变要素重新组合,就可以从等量的可变要素投入中,获得较多的农产品。即使可变要素的投入量存在一个最高限制,也可同样办理。

(2)第三生产阶段。可变要素投入第三阶段时,则为不合理的生产,因为投入可变要素的结果是减少总产量,所以,可以将投入该阶段的可变要素保留不用,或投入在其他固定要素上,以增加产量。由此可知,可变要素投入第三个生产阶段,虽然已充分利用固定要素,但却浪费了可变要素,因此是不合理的生产。

综上所述,在不合理的生产阶段,将生产要素重新组合分配,可以得到以下结果:①利用等量的生产要素,可以生产较多的农产品;②减少固定或可变要素的投入量,可以获得与减少前等量的农产品。

就农业生产而言,处于不合理阶段者屡见不鲜。

(1)生产停留于第一阶段者,如对某作物的施肥或作业较少,饲养牲畜的饲料未达到标准,或在大畜舍内饲养牲畜过少,等等。其未曾充分利用作为固定要素的土地、牲畜或畜舍。

(2)生产进入第三阶段者,如在一定面积的土地上种植作物过密,或在狭小的畜舍中饲养牲畜过多。就作为固定要素的土地或畜舍而言,虽然已充分利用,但会导致作物或牲畜不能良好生长,且易于发生病虫害,结果反而减少总产量。

(3)第二生产阶段里,所投入的每单位可变要素的边际产量,虽然逐渐减少但数量始终大于 0,即每单位可变要素的投入,仍可增加总产量。因此,可变要素的投入应以本阶段为范围,即以第二生产阶段为合理的生产阶段。

二、要素投入的边际

(一)要素的最佳投入量

根据上一节生产函数三阶段的分析,第二阶段是可变要素投入的合理区间。但哪一点是可变要素投入的最佳点,即什么水平的变动要素投入才能使生产者获得最佳的经济效益呢?

1. 价格比率等于边际产量

要素的最佳投入量是指获得最大利润时的要素投入量。根据经济学的理论,处于完全竞争状态下的农业生产,要获得最大利润,则要素投入必须满足以下条件,即生产要素与产品的价格比率=生产要素的边际产量。因此,在第二生产阶段中,可变要素应一直投入直到满足上述条件为止。

上述经济理论,可以用以下公式来表达:

$$P_X/P_Y=\Delta Y/\Delta X$$

其中，P_X 代表生产要素 X 的价格，P_Y 代表产品 Y 的价格，而 $\Delta Y/\Delta X$ 则表示每一单位 X 的投入所带来的产品 Y 的数量变化，也即每一单位可变要素 X 的边际产量。

上式还可以写为

$$(P_X)(\Delta X)=(P_Y)(\Delta Y)$$

该公式表示变更生产要素投入量以后的价值，等于变更产品数量后的价值。因此，关于第二生产阶段中可变要素投入多少单位的问题，就可以用上式来解决了。

如果 $(P_X)(\Delta X)<(P_Y)(\Delta Y)$，则表示可变要素投入的价值小于所得产品的价值，因此可以继续追加可变要素的投入，以增加利润。

如果 $(P_X)(\Delta X)>(P_Y)(\Delta Y)$，则表示可变要素投入的价值大于所得产品的价值，实属得不偿失，因此应减少可变要素的投入量。

如果 $(P_X)(\Delta X)=(P_Y)(\Delta Y)$，则表示可变要素投入的价值等于所得产品的价值，为最有利的生产，而可变要素的投入量也已到达极限。

2. 边际产值等于边际成本

可变要素的最佳投入量，除了运用上述价格比率与边际产量的关系决定以外，还可以用生产要素的边际产值与生产要素的边际成本来决定。

假设可变要素投入量的变化为一个单位，那么 $(P_X)(\Delta X)=(P_Y)(\Delta Y)$ 就可以写为 $(P_Y)(\Delta Y)=P_X$，表示生产要素的边际产值，等于生产要素的价格或边际成本，因此，该式也可写为 MVP=P_X 或 MVP/P_X=1。

由此可知，在完全竞争状态下，能获得最大利润的可变要素投入量，是在生产要素的边际产值与生产要素的边际成本相等之时的可变要素投入量。

为了进一步说明可变要素投入的边际，现将图 11-12 中的边际产量和平均产量各乘以产品价格，可得到生产要素的边际产值和平均产值，分别以图 11-13 中的 MVP 和 AVP 来表示，总产量曲线仍以 Y_p 来表示，以横线 P_X 表示每单位可变要素的价格或成本。由图可知，可变要素的最佳投入量为 C 单位，因为其边际产值与边际成本相等；如果要素投入量超过 C 单位，则边际成本将大于边际产值，得不偿失；如果要素投入量未达到 C 单位，则边际产值大于边际成本，继续追加可变要素的投入将有利可图。要素投入量达到 C 单位时，总产量可以达到 D 单位。

从对图 11-13 的分析中可以得出以下结论。

（1）如果产品价格不变，而生产要素 X 的价格发生涨跌时，要素投入量将产生以下变化：生产要素 X 的价格上涨，则投入于生产 Y 的要素量 X 减少；生产要素 X 的价格下跌，则投入于生产 Y 的要素量 X 增加。

（2）如果产品价格变动，而生产要素 X 的价格不变时，要素投入量将产生以下变化：产品价格上涨，则投入于生产 Y 的要素量 X 随之增加；产品价格下跌，则投入于生产 Y 的要素量 X 随之减少。

（3）因价格变化而改变可变要素投入量的范围，在第二生产阶段内，即 MVP<AVP 与 MVP>0 的范围内，而最佳投入量则为 MVP=P_X 或 MVP/P_X=1 时。

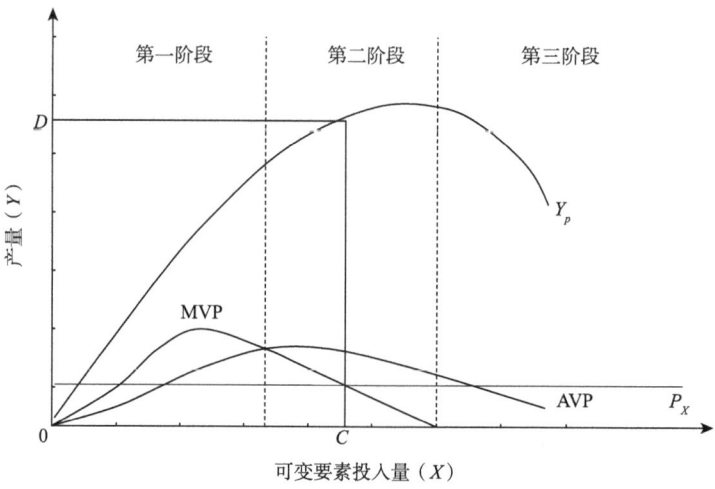

图 11-13　边际产值与可变要素价格的关系

（二）有限要素的合理分配

有限要素的合理分配是指应该如何将一定量的限制要素分配于同一产品的生产，从而获得最大的收益。

1. 边际产量最大法

边际产量最大法，是指把每单位的投入要素投放在边际产量最大的生产单位上，直至要素分配完毕，最终可达到要素的最佳分配。利用边际产量最大法进行要素最佳分配，仅适合于生产函数的第二阶段，即边际产量应处于递减趋势；若在生产函数的第一阶段，边际产量处于上升状态，此时边际产量最大法失效。

2. 边际产量相等法

边际产量相等法与边际产量最大法本质上是一回事，只是使用的条件不同。边际产量最大法仅能用于表格式的生产函数，而边际产量相等法主要用于连续的生产函数，即以数学模型表示的生产函数。在要素有限的条件下，只要使得各生产单位要素利用的边际产量相等，此时的要素分配便是最佳的。

例如，某农户现有 100 单位的磷肥，要把这有限的磷肥分配在两块土壤肥力不同的地块上生产小麦，那么每块地应各分配多少，才能获得最大的经济效益呢？已知磷肥的价格为 0.4 元，小麦的价格也是 0.4 元。通过试验，得到小麦和磷肥的生产函数，如表 11-6 所示。

表 11-6　不同土壤肥力地块的生产函数

要素投入单位	地块 A		地块 B	
	Y	MP	Y	MP
0	352.0		540.0	
20	413.0	3.050	568.9	1.445
40	464.0	2.550	591.4	1.125

续表

要素投入单位	地块 A		地块 B	
	Y	MP	Y	MP
60	504.7	2.035	607.5	0.805
80	535.4	1.535	617.5	0.485
100	556.1	1.035	620.5	0.165

利用表 11-6 中的数据，分别建立两个地块的生产函数

$$Y_A = 352 + 3.301X - 0.0126X^2$$
$$(Y_B = 540 + 1.605X - 0.008X^2)$$

根据上面的两个生产函数利用边际产量相等的原则进行要素分配。为了区别于不同地块上施用的磷肥，分别以 X_A 表示施用于 A 地块的磷肥量，X_B 表示施用于 B 地块的磷肥量，要素分配的最佳方案可用下列方程组求得

$$MP_A = MP_B（边际产量相等）$$
$$X_A + X_B = 100（磷肥总量为 100）$$

则

$$3.301 - 0.0252 \times X_A = 1.605 - 0.016 \times X_B$$
$$X_A + X_B = 100$$

解得

$$X_A = 80, \quad X_B = 20$$

也就是说，当 A 地块施用 80 单位的磷肥，B 地块施用 20 单位的磷肥时能够获取最大的经济效益。

三、多项变动要素的合理配合

在现实的农业生产中，任何一种产品的生产都需要投入多种要素，各种生产要素对产品的产量都有不同的影响。除此之外，要素与要素之间也存在着内在联系，往往会出现以下情况，当某种要素的投入量增大时，会影响其他要素对产品生产的作用。由于存在要素对产品、要素与要素的影响，因而在分析多种变动要素投入时，就不能只分析要素与产量的关系，还要分析要素与要素之间的相互影响关系。

（一）生产单项农产品的要素合理配合

在农业生产中，以两种或两种以上变动要素生产一种产品时，其要素组合大体上有以下三种情况：

（1）各种要素以一定的比例投入生产，要素间不存在替代关系；

（2）各种要素对产品的形成具有相同的作用，可以按固定的比例相互替代；

（3）由于各种要素在生产中的作用不同，它们以不同的配合比例投入生产，其经济效益会发生不同的变化。

前两种情况可以按一种要素的投入与产量的函数关系加以研究。因此，要素的合理组合重点研究和分析第三种情况。以两种要素的配合关系为例，其生产函数关系表达式为

$$Y = f(X_1, X_2, \cdots, X_n)$$

或写成：

$$Y = f(X_1, X_2)$$

例如，生产函数 $Y = 18X_1 - X_1^2 + 14X_2 - X_2^2$ 是一个具有两项变动要素的生产函数。柯布-道格拉斯生产函数也是一种最常用的两种要素投入的生产函数。

1. 生产曲面与等产量曲线

将生产函数 $Y = 18X_1 - X_1^2 + 14X_2 - X_2^2$ 以表格的形式反映出来（表 11-7），可以看出两种变动要素与单项产量的内在关系。当某一变动要素固定在任一水平时，产量随另一变动要素的不断增加而变化，变化趋势与单项变动要素完全一致；当两变动要素保持一定比例不断增加时，产量的变化趋势也与单项变动要素完全一致。

表 11-7　两种变动要素与产品产量

X_1	X_2										
	0	1	2	3	4	5	6	7	8	9	10
0	0	13	24	33	40	45	48	49	48	45	40
1	17	30	41	50	57	62	65	66	65	62	57
2	32	45	56	65	72	77	80	81	80	77	72
3	45	58	69	78	85	90	93	94	93	90	85
4	56	69	80	89	96	101	104	105	104	101	96
5	65	78	89	98	105	110	113	114	113	110	105
6	72	85	96	105	112	117	120	121	120	117	112
7	77	90	101	110	117	122	125	126	125	122	117
8	80	93	104	113	120	125	128	129	128	125	120
9	81	94	105	114	121	126	121	130	129	126	121
10	80	93	104	113	120	125	128	129	128	129	120

2. 要素边际替代率

在农业生产中，普遍存在着技术要素的相互替代关系，如粗饲料与精饲料、机械与劳力等。研究要素间的替代关系，在于寻求要素的最佳配合，以达到降低成本、提高经济效益的目的。

要素边际替代率是当产品数量不变时，要素间的增减比率。通常用 MRS（marginal rate of substitution，即边际替代率）表示。根据要素边际替代率的定义有

$$\text{MRS} = \frac{\Delta X_1}{\Delta X_2}$$

上式表示，每增加一单位 X_2 要素，X_1 要素的减少量。若 X_2 的变化量趋于 0，则要素边

际替代率为

$$\text{MRS} = \lim_{\Delta x_2 \to 0} \frac{\Delta X_1}{\Delta X_2} = \frac{\mathrm{d}X_1}{\mathrm{d}X_2}$$

其中，$\frac{\Delta X_1}{\Delta X_2}$ 称为要素平均边际替代率；$\frac{\mathrm{d}X_1}{\mathrm{d}X_2}$ 称为要素精确边际替代率。

平均边际替代率反映两种要素在某一区间的替换比率。其几何意义为等产量曲线上某一段的平均斜率，如图11-14所示 AB、BC、CD 线段。精确边际替代率表示等产量曲线上某点的切线斜率，如图11-15所示。

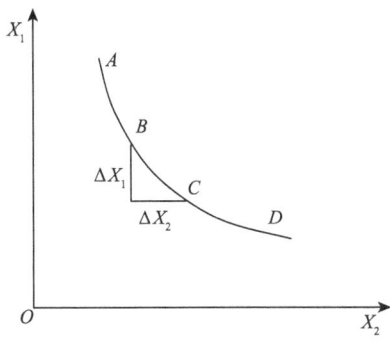

图11-14 平均边际替代率

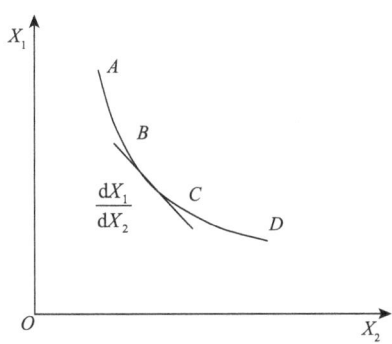

图11-15 精确边际替代率

3. 最低成本要素配合

生产一定量的产品，有多种要素配合，生产成本也不相同。研究要素利用的经济效益，就是在寻求有限要素条件下的最低成本要素组合。农业生产中的生产成本可以表示为

$$\text{TC} = P_{X_1} \cdot X_2 + P_{X_2} \cdot X_2 + \text{TFC}$$

其中，TC 为总成本；P_{X_1}、P_{X_2} 分别为要素 X_1、X_2 的产品的价格；TFC 为固定成本。

若以一定量费用 C_0 分别购置 X_1 和 X_2 要素，则 $C_0 = P_{X_1} \cdot X_2 + P_{X_2} \cdot X_2 + \text{TFC}$。此式表示在一定费用限制下的两种要素配合方程式，若生产成本不同，可以得到不同的等成本线（图11-16）。

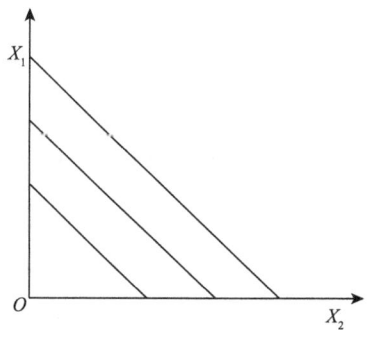

图 11-16 等成本线

等成本线具有以下三个性质：

(1) 等成本线离原点越远，表示总成本越大；

(2) 在一条等成本线上，表示可购买不同比例的两种要素的数量；

(3) 当要素价格一定时，各等成本线是互相平行的，斜率为 $-P_{X_1}/P_{X_2}$。

$$TC = P_{X_1} \cdot X_1 + P_{X_2} \cdot X_2 + TFC$$

若将等成本线与等产量线绘制在同一坐标图中（图 11-17）。如图 11-17 所示，在产量一定的条件下，要素组合的最低成本配合点是等成本线与等产量线的切点。此点上，要素边际代替率等于等成本线斜率，

$$\frac{\Delta X_1}{\Delta X_2} = -\frac{P_{X_2}}{P_{X_1}}$$

所以，要素最低成本配合的条件为

$$\text{MRS} = \frac{\Delta X_1}{\Delta X_2} = \frac{\text{MP} \cdot P_{X_2}}{\text{MP} \cdot P_{X_1}} = \frac{P_{X_2}}{P_{X_1}}$$

整理成

$$\frac{\text{MP} \cdot P_{X_1}}{P_{X_1}} = \frac{\text{MP} \cdot P_{X_2}}{P_{X_2}} = 常数$$

$$P_Y = \frac{P_{X_1}}{\partial_Y / \partial_{X_1}} = \frac{P_{X_2}}{\partial_Y / \partial_{X_2}}$$

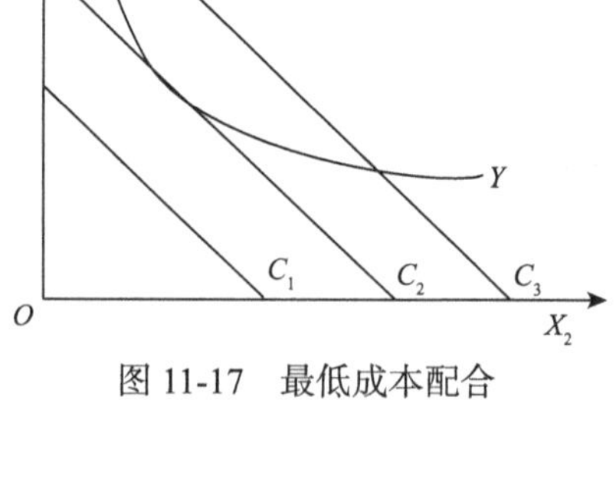

图 11-17 最低成本配合

（二）生产多种产品的要素配置

多种要素与多种产品之间的关系，要比单项产品和单项要素复杂得多，但是其基本原理是完全相同的，即尽可能地满足边际产值等于边际成本及其变化形式。

单项变动要素生产多种产品时，最大盈利原则为

$$\frac{(\mathrm{MVP})_{Y_1}}{P_X} = \frac{(\mathrm{MVP})_{Y_2}}{P_X} = \cdots = \frac{(\mathrm{MVP})_{Y_m}}{P_X} = 1$$

两项变动要素生产多种产品时，最大盈利原则为

$$\frac{(\mathrm{MVP}_{X_1})_{Y_1}}{P_{X_1}} = \frac{(\mathrm{MVP}_{X_1})_{Y_2}}{P_{X_1}} = \cdots = \frac{(\mathrm{MVP}_{X_1})_{Y_m}}{P_{X_1}} = 1$$

$$\frac{(\mathrm{MVP}_{X_2})_{Y_1}}{P_{X_2}} = \frac{(\mathrm{MVP}_{X_2})_{Y_2}}{P_{X_2}} = \cdots = \frac{(\mathrm{MVP}_{X_2})_{Y_m}}{P_{X_2}} = 1$$

多种变动要素生产多项产品时，最大盈利原则为

$$\frac{(\mathrm{MVP}_{X_1})_{Y_1}}{P_{X_1}} = \frac{(\mathrm{MVP}_{X_1})_{Y_2}}{P_{X_1}} = \cdots = \frac{(\mathrm{MVP}_{X_1})_{Y_m}}{P_{X_1}} = 1$$

$$\frac{(\mathrm{MVP}_{X_2})_{Y_1}}{P_{X_2}} = \frac{(\mathrm{MVP}_{X_2})_{Y_2}}{P_{X_2}} = \cdots = \frac{(\mathrm{MVP}_{X_2})_{Y_m}}{P_{X_2}} = 1$$

$$\cdots$$

$$\frac{(\mathrm{MVP}_{X_n})_{Y_1}}{P_{X_n}} = \frac{(\mathrm{MVP}_{X_n})_{Y_2}}{P_{X_n}} = \cdots = \frac{(\mathrm{MVP}_{X_n})_{Y_m}}{P_{X_n}} = 1$$

其中，$(\mathrm{MVP}_{X_i})_{Y_j}$ 表示第 j 项产品对第 i 项投入的边际产值。

本章小结

1. 农业经营过程中遵循几个基本经济法则，即报酬法则、替代法则、边际收益均等法则与比较优势法则。

2. 通常在生产技术不变的情况下，产品的产出量与生产要素的投入量之间存在一定的关系，这种关系称为投入产出关系，可以用生产函数来表示。农业生产函数可以用计量模型来拟合。

3. 当只有一种可变要素投入时，要获得最大利润，则要素投入必须满足以下条件：生产要素与产品的价格比率=生产要素的边际产量；或生产要素的边际产值=生产要素的价格或边际成本。

4. 当存在多种可变要素时，不能仅仅分析要素与产品产量的关系，而且还要分析要

素与要素之间的相互影响关系。

本章习题

1. 简述报酬递减法则的含义。
2. 平均产量、边际产量与总产量之间存在何种关系？
3. 可变要素在哪个阶段投入最合理？为什么？
4. 根据《全国农产品成本收益汇编》30年的数据，运用农业生产函数，分析各种要素投入对某种农产品产量（或产值）的影响。

第十二章

农户理论与农户模型

第一节 农户理论与农户模型的发展

一、农户理论的主要流派

早期的农户经济行为研究主要遵循"劳动消费均衡理论"和"利润最大化理论"两大理论,其后的理论和学说则以上述两大理论为基础,从不同的角度,对其批判、继承和补充,从而形成新的理论学说。

(一)劳动消费均衡理论

劳动消费均衡理论强调农户经济行为组织具有"家庭劳动农场"性质,农户经济行为遵循的是不同于资本主义经济的行为逻辑。该理论流派最具有代表性的人物是俄国著名农学家恰亚诺夫(A. V. Chayanov,1888~1939),他根据对俄国革命前小农的深入研究,在其著名作品《农民经济组织》(1925年)中指出小农经济行为不能以资本主义的学说来解释。小农农场基本上是一种家庭劳动式农场,它不雇用家庭外劳动力也很少雇出劳动力,有一定数量的土地可以利用,自身拥有生产资料,并且有时不得不将其部分劳动力用于非农经济活动;而资本主义的雇佣劳动农场制,主要依赖于雇佣劳动经营农场。不同的农场模式决定了农场经济运行机制的差异。

对于雇佣劳动农场而言,"经济核算采用利润最大化理论,即纯利润=总收入-原材料费用-工资,如果纯利润小于零,该农场就被认为是在亏本经营,如果投入农场的资本收益率高于国内通常的利息率,该农场才是营利的";其在劳动力的使用上,遵循的是"资本主义工资理论"——劳动生产率边际报酬理论,只有在边际劳动生产率大于市场工资的情况下,劳动力雇佣才有利可图。而"对农民劳动家庭农场来说,没有工资范畴,农民农场只是用所消耗劳动的实物单位来表示其劳动耗费",对特定劳动耗费的评价也并非遵循资本主义簿记式"工资"原则,而是"由农场的家庭在同劳动辛苦程度的主观评价进行比较之后,主观地认定是令人满意的或是差强人意的",而在决定劳动耗费的主观评价因素中,家庭需求满足程度是一个决定性指标,"在完全相同的水平上,对于同样客观表述的单位劳动收益,主观评价的不同主要取决于需求满足程度与劳动辛苦程度之间的基本均衡状况",如果基本均衡没能实现,即使是低水平的劳动报酬,家庭农场仍旧会投入劳力,如果平衡已经得到实现,只有非常高的劳动报酬才能刺激农民投入更多的劳动力。这就是恰亚诺夫关于"劳动消费均衡"的"劳动家庭经济活动"理论。

因此,恰亚诺夫指出:"资本主义经济单元的有利概念"同"家庭农场的有利概念"是完全不同的,"农民经济活动的动机不同于企业主"。按照恰亚诺夫的观点,处于前市场时代的小农经济有自己独特的运行机制,现代市场经济运行规律对其缺乏适用性;改造传统农业的途径在于让农户走"合作化道路"。

(二)利润最大化理论

利润最大化理论的基本观点是:传统社会的农民与现代资本主义社会的农场主,在经济行为上没有本质性差别,都遵循经济学的"利润最大化"原则。该理论最具代表性的人物是美国学者西奥多·舒尔茨。在其代表性著作《改造传统农业》(1964年)中,他反对从"文化差别"、"社会心理"和"社会结构"角度对传统农业进行分析;坚持传统农业是一个经济概念,应该从经济本身对农户经济行为进行分析。为了揭示传统农业的特征,他提出著名的"贫穷而又有效率"假设,并根据社会学家对危地马拉的帕那加撒尔和印度的塞纳普尔这两个传统农业社会经过调查所得的调查资料,证明"在传统农业中,生产要素配置效率低下的情况是比较少见的。"他还根据印度1918~1919年的流行性感冒引起的农业劳动力的减少造成农业生产下降的事实证明:那种认为"贫穷社会中部分农业劳动力的边际生产率为零的学说是一种错误的学说"。

舒尔茨通过对"贫穷而有效率"假设的实证分析指出,在"传统农业"(机械动力、化肥、生物技术投入以前)中,农民对资源做出了最佳运用,他们"首先是一个企业家、一个商人,总是在竭力寻求哪怕能赚到一个便士的途径",他们所进行的商业活动"都可以看作在一个非常发达的、倾向于完全竞争的市场条件下,由一个既是消费单位又是生产单位的居民所组织的货币经济",他们对资源配置的高效性甚至连"有能力的农场经营者"都不能相比。

最后,舒尔茨得出结论:传统农业的停滞主要在于传统生产要素的长期不变,因而改造传统农业的正确途径是提供给小农可以合理运用的现代生产因素,并对农民进行人力资本的投资。

该理论的另一个重要人物是赛谬尔·波普金(S. Popkin),他在舒尔茨分析模型的基础上,对"农户经济行为"的"理性"范畴进行延伸。在其代表作《理性的小农》(1979年)中,他提出中心假设——农民是理性的个人或家庭福利的最大化者,并指明"我所指的理性意味着,个人根据他们的偏好和价值观评估他们行为选择的后果,然后做出他认为能够最大化他的期望效用的选择。"在"经济理性"和"期望效用最大化"假设的基础上,波普金建立了一个用"公共选择理论"揭示农民社会和农民行为的解释模式。

(三)过密论学说

农户经济行为是应该采用"利润最大化"理论来解释,抑或是采用"家庭劳动农场结构"理论来解释?这个问题在学术界争论了相当长一段时间。美国学者黄宗智(1986)在对中国20世纪从30~70年代的农村经济状况进行分析的基础上提出了一种较为折中的理论。这种理论指出:中国的农户经济行为既受"家庭劳动结构"的限制,又部分受到"市场经济"的冲击,同时,农民所处的劣势社会阶层地位,对其经济行为也有一定程度的影响。所以,不能单纯用上述任何一种理论对中国农户的经济行为进行解释。

黄宗智从不同的理论视角对不同阶层的农户经济进行具体分析,指出对于"经营式农场",更适合于用舒尔茨的"利润最大化"理论解释,对于"家庭式农场"则更适合用恰亚诺夫的"劳动消费均衡"理论解释。对于恰亚诺夫提出的"劳动消费均衡"理论,黄宗智也提出了不同的见解:"小农家庭在边际报酬十分低的情况下继续投入劳动力,可能只是由于小农家庭没有相对于边际劳动投入的边际报酬概念,因为在他们心中,全年的劳动力投入和收成都是不可分割的整体。耕地不足带来的生存压力会导致这样的劳动投入达到非常高的水平,直至在逻辑上它的边际产品接近于零。"——这就是黄宗智著名的"总产出在以单位工作日边际报酬递减为代价的条件下扩展"的"过密化"学说。

最后,黄宗智指出,20世纪80年代以前中国乡村经济的停滞主要是"过密化"的结果,中国乡村的发展应该走"工业化"的"反过密化"的道路。

(四)风险厌恶理论

与上述理论不同,"风险厌恶理论"并非一种系统的、特有的农户经济行为理论;实际上,该理论主要是学者们运用"风险"与"不确定"条件下的"决策理论",是对农户经济行为进行研究的一种经济学视角。正如"利润最大化理论"那样,"风险厌恶理论"也假定农户是对期望目标最优化追求的经济单元,所不同的是,它考虑到了"风险"和"不确定"因素。

风险厌恶理论有"确定等价物"(certainty equivalence,CE)和期望货币值(expected money value,EMV)两个核心概念,前者类似于使风险选择能够在个人稳定偏好的范围中作为参照物比较的东西,后者是可供选择机会的平均期望值。风险厌恶理论的基本观点为:根据CE与EMV的比较,可以确定行动者的风险态度;当CE > EMV时,行为者为风险喜好者,当CE=EMV时,行为者为风险中立者,当CE < EMV时,行为者为风险厌恶者。风险喜好者决策行为的基本特征是,甘愿承担一定程度的风险损失以获取较高的期望效用,赌徒属于典型的风险喜好者;风险厌恶者的决策特征是,为了获取最低风险的效用,宁愿放弃哪怕是较低程度的风险收益;风险中立者的决策态度则介于两者之间。

在对农户行为的"风险厌恶"研究中,有两位学者不能不提——麦克尔·利普顿和詹姆斯·斯科特,他们将"风险厌恶理论"推到了极致。

麦克尔·利普顿在其著作《小农经济合理论》(1968年)中指出:风险厌恶是贫穷

小农的生存需要,因为如果他们不能负担从一个季节到下一个季节的家庭基本需求的话,这些处于绝对贫困边缘的小农将会被饿死。所以他们的经济行为遵循"生存法则"(survival algorithm),他们表现出的一些看似不合理的行为实质上是出于"灾难避免"的理性考虑。

詹姆斯·斯科特在对20世纪30年代东南亚农民的政治思想、行为研究中,基于农民的生存环境清楚明白地指出:"生存伦理"和"安全第一"才是农民社会行动的基本原则。他论证道:"由于生活在接近生存线的边缘,……农民家庭对于传统新古典经济学的收益最大化,几乎没有进行计算的机会;典型情况是农民耕作者力图避免可能毁灭自己的歉收,并不想通过冒险获得大成功、发横财。用决策语言来说,他的行为是不冒风险的,他要尽量缩小最大损失概率",正是"在大多数前资本主义的农业社会里,对食物短缺的恐惧,产生了'生存伦理'"的原则。

风险厌恶理论,因为将"风险"和"不确定"因素纳入农户经济行为的理论分析中,相较传统经济学的"效用最大化理论",更为客观,解释力也更强;但是,其风险关注的焦点是"市场风险",其对非市场风险的忽略,尤其是对社会结构性因素和社会保障缺失造成的风险因素的忽略,对农户经济行为的分析不能不说是一个极大的缺憾。

(五)"农场户"理论

该理论最初是用来解释这样一种违背常理的经验,即一种主要农产品的价格上升并没有带来本地农村部门市场剩余的显著增加。学者们在寻找对这个问题的理论解释的过程中,逐渐发展出将生产决策和消费决策联系起来的农场户经济模型。

事实上,农场户模型的发展主要得益于两种理论:恰亚诺夫的"劳动消费均衡理论"和贝克尔的"新家庭经济学"。前者的理论核心在于,农户经济活动组织的基础是家庭劳动农场,农户是一种集生产决策与消费决策于一体的经济单元。新家庭经济学的理论核心在于,把家庭成员的所有时间单元的价值(不论用于家务、工资性工作还是休闲等),都根据市场工资给以机会成本式的估价,家庭根据传统厂商理论的成本最小化原则组织生产决策,根据传统消费理论的效用最大化原则组织消费决策,通过时间、购买性商品(X-goods)与生计性消费品(Z-goods)的组合来实现家庭效用的最大化。通过"时间分配理论"和"生产消费一体化"这两个概念的结合,农场户模型得以建立。

在农场户模型的发展和完善中,经济学家巴纳姆(Barnum)和斯奎尔(Squire)在他们的名著《农场户模型:理论和实证》(1979年)中,提出了一个既包括生产者又包括消费者的完整农户模型,并把新家政学中的概念——Z商品(农户生产的直接用于消费的产品化服务)引入农场户模型中,同时,修改了恰亚诺夫关于不存在劳动力市场的假定。

不同于恰亚诺夫的理论假定,巴纳姆和斯奎尔模型明确假定:第一,劳动力市场的存在,即农场可以根据一个既定的市场工资雇进或者雇出劳动力;第二,农户可以有效接近的土地是固定的(至少在研究下的生产循环中是固定的);第三,"家务劳动"和休闲被同等视作满足家庭效用最大化的项目;第四,农户需要在消费家庭生产的产品与销售家庭产品以购买农场外生产产品之间做出选择;第五,不确定和风险下的行为忽略不计。基于上述假定,巴纳姆和斯奎尔根据对马来西亚穆达河山谷的农户经济行为的经验研究得出结论:市场工资的上升将引起总农场输出的下降、家庭提供的农场工作时间的上升、家庭雇佣劳动使用的下降和农场输出在家庭内消费比例的上升;家庭输出的市场价格的上升,将引起家庭输出的上升和总收入的上升,家庭自身消费的降低和市场供给的上升等。

娄(Lopez,1986)的研究基于南非边缘的一些非洲国家,这些国家的突出特征是存在高度发达的劳动力市场。他指出,他的模型不同于巴纳姆和斯奎尔模型的地方在于:首先,尽管劳动力市场存在,但是,在劳动力市场上,工资率因劳动的种类,尤其是性别而不同,这明显不同于巴纳姆和斯奎尔模型的单一市场工资率(single marketwage rate)假定;其次,本国土地使用制度的存在,即允许农户根据家庭规模弹性接近耕地(这相似于恰亚诺夫的耕地假设不同于巴纳姆和斯奎尔模型的固定耕地假设);再次,农户自己生产的食品的价格不同于市场购买的食品价格(这对照于巴纳姆和斯奎尔模型的固定食品价格假设);最后,家庭雇出劳动力是农场劳动配置的主要特征(对照于巴纳姆和斯奎尔模型的农户劳动以劳动雇入为主的特征)。娄的上述假定首先意味着"工资性工作比较优势"的存在。娄的模型由于增加了对农户面临形势的适应性,而被认为是微观经济学分析的一个更为有力的工具。

二、农户模型的发展

在发展中国家,农户是最主要的经济组织,其生产处于半自给与半商业化阶段。农户的生产、消费和劳动力供给除了受农户自身食物需求约束,受农户本身的资源限制(劳动力和资本)外,还受到社会经济环境和政府政策的干预。同时,农户的生产、消费和劳动力供给的决策又可对政府政策的实施效果以及宏观目标的实现产生很大影响。

因此,对于农户来说,它的生产、消费和劳动力供给等都是相互制约、相互促进的。这种决策间的相互关联性对政府政策的影响作用是不可忽视的。而传统经济学理论,如消费理论只能对随价格变化的某种商品的需求或供给做单项评价分析,用其对农户问题进行分析存在一定的局限性。这就使得利用农户模型的理论框架来分析农户的一系列复杂行为得到发展与应用。

农户模型是用来描述农户内部各种关系的一种与一般均衡经济理论原理相一致的经济模型。从传统意义上说,农户模型是用来分析农户的生产、消费和劳动力供给行为(即农户生产函数、消费函数和劳动力供给函数等)的模型,它将农户行为的相关变量数量化。一般来说,农户模型能够用来描述和分析以下三方面的政策问题:①政府政策对农户本身利益的影响;②政府政策对农户以外农村其他行业(部门)的"溢出效益"作用;③农业政策对整个宏观经济的影响,如价格政策对政府预算、就业以及外汇平衡等方面的影响作用。

从农户模型的发展历程看,按照对农户效用函数的假设逐渐放松过程和对农户家庭内部成员之间经济行为研究的逐步深入，农户模型可以分为两个阶段：第一阶段是假定农户家庭成员具有共同效用函数的单一模型（unitary model）阶段；第二阶段，则是假定农户家庭成员各自具有不同效用函数的集体模型（collective model）阶段。

（一）单一模型

1. 贝克尔经典模型

贝克尔（Becker, 1965）在恰亚诺夫理论的基础上创建了新农户经济学模型。该模型的前提假设条件是：家庭是基本的经济单位，农户的目标是追求自身利益最大化。贝克尔模型探讨了农户的生产决策、消费决策、劳动力供给决策三者之间的关系。其理论核心是把家庭成员的所有时间单元的价值（不论用于家务、工资性工作或休闲等），都根据市场工资给以机会成本式的估价，家庭再根据成本最小原则组织生产决策，根据效用最大原则制订消费计划，也即通过对家庭时间、购买性商品与生计性消费品的组合消费来实现家庭效用最大化。

2. 农场户模型

日本经济学家 Nakajima（1986）从技术上发展了这一理论并且将其用于分析更大范围的问题。他的主观均衡理论认为农户是一个农业企业、劳动力户和消费户的结合体，其行为准则是效用最大化；同时，他将传统 Hichsian 和 Marshalian 的原理都引入农户分析来对不同类型农户的均衡条件、稳定条件以及各种参数变化对农户行为影响做了系统分析。

其后，Barnum 和 Squire（1979）提出了一个既包括生产者又包括消费者的完整的农户模型，他们将新家政学中的某些概念引入农户模型，即在农户模型中加入 Z-商品（农户生产的消费品），并修改了恰亚诺夫的不存在劳动力市场的假定。而 Singh 等（1986）进一步发展了该模型，他们采用完整的农户模型来对农户经济行为进行分析，即在农户模型中包括了利润（禀赋）效应（profit effects），他们比较了不考虑利润效应条件下估计得出的农产品、非农产品和劳动力对价格和工资率的弹性。

3. 农户模型的进一步拓展

Pitt 和 Rosenzweig（1985）将农户模型进一步扩展，引入价格、健康和农户利润关系函数——健康生产函数。Iqbal（1986）在农户决策系统中引进了借贷、储蓄和投资等变量后，将农户模型扩展成包含两个生产周期的系统。也就是将农户模型由静态变为动态进行实证分析，其应用范围进一步扩大到将农户决策行为和效益与政府宏观政策（如贷款或利率政策）等联系起来。

20 世纪 70 年代以来，Gasson（1973）推动了农户和农民非经济目标行为决策理论的发展，他将农民行为决策中的目标、价值和农民非经济因素进行了分类，并把它们作为理性模型的一个补充部分。20 世纪 70 年代中期，社会心理学中出现理性行为理论（theory of reasoned action, TRA），Fishbein 和 Ajzen（1975）发展了该理论，第一次证明了行为与态度之间的联系。之后，Ajzen（1991）又对该理论模型进行了修改，使理论进一步完善形成计划行为理论（theory of planned behavior, TPB）。

（二）集体模型

单一模型依然是分析农户决策的基本理论框架，Samuelson（1956）的"一致同意"模型（consensus model）和 Becker（1981）的"利他主义"模型（altruist model）都为其提供了理论方面的支持，这一模型也解释了大部分的农户经济行为，并且被用来进行大量的政策分析。但在 20 世纪 80 年代以后，基于共同效用函数的假定不断受到来自理论和事实两方面的挑战。经济学家们将博弈理论引入农户家庭内部决策，因此出现了农户家庭成员具有不同效用函数的集体模型。

集体模型可以分为合作博弈模型（cooperative model）和非合作博弈模型（noncooperative model）。而合作博弈模型又可分为"离婚威胁"模型（divorce-threat model）和"分离半球"模型（separate-spheres models）两类，它们的共同特征是运用纳什议价理论（Nash bargaining theory）得到对应各自威胁点（threat point）的纳什公理解，它们的区别在于两者的威胁点含义和性质不同。非合作博弈模型继承了鲁宾斯坦运用战略性（strategic）方法建立起来的非合作议价理论，并讨论双方的保留效用在决定重复博弈的解时的作用。

1. 合作博弈模型

Marrlyn 和 Murray（1980）、McElroy 和 Horney（1981）最先用合作博弈模型中的纳什议价理论来模拟夫妻双方通过讨价还价决定各自的效用分配：与单个居民户相比，男女双方组成家庭并进行联合生产和分工会产生较多的剩余；为了实现这些潜在的收益，形成了"婚姻"这一有约束力的合同（binding agreements）。由合同产生的剩余分配必须建立在每一个成员的利益之上，并且反映内部协商的结果。如果双方都有完全自由的选择权，那么只要某一方在分配中的效用低于他在不合作情况下的效用，一致赞同的结果就无法达成，双方均只能获得婚姻以外的效用。

Chiappori（1988，1992）将农户家庭视作一群有着不同效用函数的人，而每个人的消费和劳动供给，在给定的市场工资率下将达到帕雷托有效配置。他指出，尽管个人处于家庭决策可分的预算约束下，个人在分享他们联合的非工资收入后，家庭决策仍然可以在此基础上被模型化。但是 Chiappori（1988，1992）早期的研究没有重视农户家庭生产的作用，因而可能导致对有关福利结论的严重曲解。后来 Apps 和 Rees（1997）、Fortin 和 Lacroix、Chiappori（1997）等又发展了他的工作，将农户家庭生产考虑进去，并对模型的一些具体问题给予讨论，从而丰富和拓展了该模型。

Notburga（1992）给出了一个两阶段的"离婚威胁"模型。他假定农户家庭进行两次效用分配讨价还价，由于将时间配置到家务劳动和市场劳动对人力资本积累将产生上述影响，这个模型的威胁点不再是外生给定的，而是由第一个阶段劳动供给决策内生决定的。也就是说第一阶段被市场雇佣不仅带来直接的收入，而且由于人力资本的积累和可交易性提高了第二阶段的威胁点，从而提高他在家庭谈判中的地位，实现更高的效用分配。所以劳动供给决策在这个模型中就是一个战略变量，这意味着家庭最优时间配置不仅要最大化家庭总产出，而且要考虑个人未来的谈判能力。Beblo（2000）将这一博弈模型扩展到三个阶段,即男女双方在相遇之前的第一阶段独立地对自己的人力资本投资进行决策。模型的结论为:考虑到人力资本投资的战略性作用,人们在第一阶段进行过度的人力资本投资是理性的行为,这为日益上涨的女性人力资本投资现象提供了额外的一种解释。

2. 非合作博弈模型

Lawrence(1994)运用鲁宾斯坦轮流出价模型分析农户家庭内部的决策,从而将非合作博弈战略性议价理论引入农户家庭经济行为分析。Lundberg 和 Pollak(1994)提出了家庭公共品自愿供给的无限重复博弈。其基本模型为丈夫和妻子在各自的收入预算约束下分别最大化各自贴现效用流的总和。决定他们效用水平的是独立的必须建立在每一个成员的利益之上,并且反映了内部协商的结果。如果双方都有完全自由的选择权,那么只要某一方在分配中的效用低于他在不合作情况下的效用,一致赞同的结果就无法实现,双方均只能获得婚姻以外的效用。

第二节 农户模型的原理

一、农户模型的基本原理

农户模型的主要特征是:①认为农户(household)是分析的中心,而不是个人(individual)。②把农户作为一个生产、消费、工作—闲暇决策的统一体。实际上这三种决策能够综合为一个如何分配时间、消费多少、生产多少产品的同时决策(simultaneous decision)的问题,这不同于以往分析农户行为时把生产和消费割裂开。如今,农户模型已成为分析农户行为,尤其是发展中国家农户行为的重要工具。

(一)分离性成立时的农户模型

1. 所有市场都完善时

一个关于农业家庭的标准模型包括家庭的效用方程,以及考虑了家庭运用所拥有资产进行生产的预算约束。首先,考察所有市场都完善时的情形。此时, 农户所面临的问题是

$$\text{Max } U=U(C, l) \quad \text{(效用函数)} \quad (12\text{-}1)$$

$$P_cC+wL^h+rA^h=P_FF(L, A)+wL^m+rA^m \quad \text{(现金约束)} \quad (12\text{-}2)$$

$$L=L^f+L^h \qquad A=A^f+A^h \quad \text{(要素约束)} \quad (12\text{-}3)$$

$$E^L=L^f+L^m+l \qquad E^A=A^f+A^m \quad \text{(禀赋约束)} \quad (12\text{-}4)$$

其中,C 为农户所选择的消费,l 为农户消费的闲暇,两者构成农户的基本效用函数。P_c 为消费品价格,w 为劳动力工资,L^h 为所雇佣的劳动力,r 为土地租价,A^h 为从市场租用的土地,因此式(12-2)左边的消费支出、雇佣劳动及租入土地的花费构成了农户

的总支出；P_F 为所生产的农产品价格，农户用生产函数 $F(L, A)$ 进行生产，L 为农业生产所用劳动力，A 为所耕种的土地面积（仅假设有两种生产投入完全是为了便于说明），L^m 为向市场提供的劳动力，A^m 为向市场出租的土地，因此式（12-2）右边的农地生产、劳务输出和出租土地获得的收入成了农户的总收入。L^h 和 L^f 为所雇佣的劳动力和家庭自用劳动力，两者构成农业生产的劳动力投入，A^h 和 A^f 为从市场租用的土地和家庭自有的土地，两者构成农业生产的土地投入，E^L 为农户的时间禀赋，由家庭农业劳动力、家庭向市场提供的劳动力和闲暇构成，E^A 为农户的土地禀赋，由家庭自有土地和向市场出租的土地构成。

若仅看式（12-1）~式（12-4），农户的生产决策似乎是一个生产和消费选择相互交织的问题。但继续将式（12-3）、式（12-4）代入式（12-2），农户效用最大化问题的约束条件变为

$$P_c C + wl = \Pi^* + wE^L + rE^A \tag{12-5}$$

其中

$$\Pi^* = \max P_F F(L, A) - wL - rA \tag{12-6}$$

式（12-6）是农地生产利润；式（12-5）被称为"完全收入"约束，即消费的价值不能超过家庭禀赋的价值与农地生产利润之和。

这时不难发现，农户的生产决策可以用一个简单的利润最大化条件式（12-6）来描述，而与其禀赋和偏好无关。这就是农户模型中所谓的"分离特性"（separability），即农户关于生产的决策与其关于消费的决策是分开的。也就是说，农户首先根据式（12-6）选择土地及劳动力来最大化其农地生产利润，再在完全收入约束条件式（12-5）下实现效用最大化。

2. 某些市场不完善时

即使某些市场不存在，分离特性依然可能成立。例如，假设不存在土地市场，那么 $A^h = A^m = 0$，$A = A^f = E^A$。为了简化，将消费品的价格单位化，即令 $P_c = 1$，这样，其他价格实际上是消费品的相对价格，这时的约束条件变为

$$C + wl = \Pi^*(E^A) + wE^L \tag{12-7}$$

其中

$$\Pi^*(E^A) = \max P_F F(L, E^A) - wL \tag{12-8}$$

效用最大化的一阶条件为

$$w = U_l / U_C \tag{12-9}$$

可见，农户的生产决策仍可用利润最大化条件式（12-8）来描述，分离性依然成立，见图12-1。图12-1是一个效用的收入闲暇决定图。横坐标是消费商品数量；纵坐标是劳动时间，对农户来讲，等于时间禀赋减去闲暇。由于没有土地市场，$P_F F(L, E^A)$ 是给定土地禀赋 E^A 时农户农地的收入。利润最大化决定了农户使用 L^* ［由式（12-8）给出］单位的劳动力进行农地生产，效用最大化点在农户的完全收入预算线［即式（12-7）所示］上取得，如图12-1中 A 点。由于劳动力市场是完善的，此时，农户农地外劳动投入为 $E^L - l^* - L^*$，由一阶条件式（12-9）可知，工资率（由于 $P_c = 1$，这里实际上是工资对消

费品价格的相对值）等于无差异曲线的边际替代率，即图 12-1 中 BA 线的斜率。显然，农户的决策过程仍然分为两步：首先最大化农地生产利润，然后在完全收入预算下实现效用最大化。

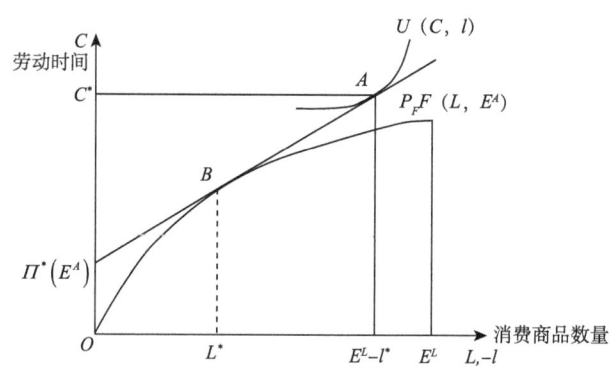

图 12-1　分离性成立时的农户模型

（二）分离性不成立时的农户模型

上述分离性成立的情形中，一个重要的假定就是存在劳动力市场，下面的分析表明，当没有土地市场且劳动力市场不完善时，分离性将不再成立。这里，劳动力市场不完善可以解释为存在劳动力市场配给或者寻找工作时的不完善信息。总之，从农户角度来说，意味着其无法获得意愿的农地外劳动时间。

同样假设 $P_c=1$，由于没有土地市场并且此时劳动力市场上存在约束，从而前述农户的约束条件为

$$C=P_FF(L, E^A) - wL^h+wL^m \tag{12-10}$$

其中

$$L^m \leqslant M \tag{12-11}$$

M 为农户要得到所挣工资可能花费的最多农地外工作时间。如果式（12-11）取严格不等式，意味着农户向外供给劳动的行为并不受影响，式（12-10）、式（12-11）与式（12-7）、式（12-8）等价，分离性依然成立。

但有些情况下，式（12-11）取等式，现实中表示农户无法找到一个具有意愿充足劳动时间的农地外工作。此时，$L^m=M$，$L^h=0$，$L=E^L-M-1$。农户的约束条件是

$$C=P_FF(L, E^A)+wM \tag{12-12}$$

效用最大化的一阶条件为

$$U_l-U_CP_FF_L=0 \tag{12-13}$$

分析图 12-2（a），靠外的坐标和图 12-1 一样，是农户生产消费的总情形，靠内的坐标显示了农户农地的生产情况（纵坐标是产出，横坐标是劳动力投入）。由于劳动力市场不完善，农户在劳动力市场上只能用 M 小时，挣得工资 wM。当土地规模为 E^A 时，农户的最大效用点将根据式（12-13）在式（12-12）所示的收入预算线（图 12-2（a）中 $OO'A$ 线）上 A 点取得，此时无差异曲线的边际替代率等于边际劳动产品相对价值。农

户花费在农地上的时间为 $L=L^f$,产出相当于 q^* 单位商品。故农户工作 $M+L^f$ 小时,消费 $c^*=wM+P_FF(L^f, E^A)$ 单位商品。此时,农户生产决策不再独立于消费决策,而是取决于其偏好及禀赋,分离特性不再成立。

作为对比,我们可同时画出若劳动力市场完善时农户的效用最大点,如图 12-2(b)所示的 G 点[方法与图 12-2(a)相同]。此时,农户的农地生产在 B 点所示位置进行。

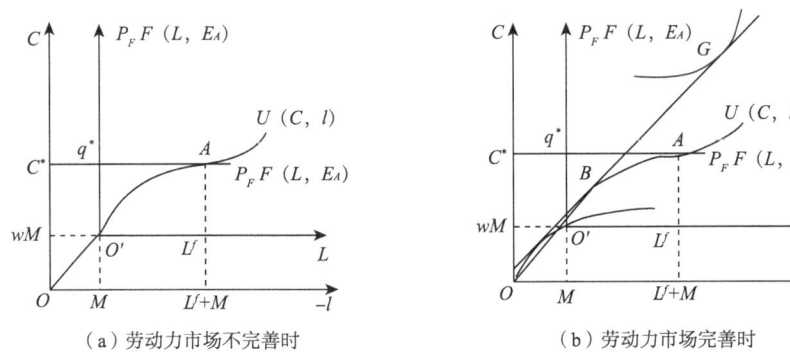

(a)劳动力市场不完善时　　　　　(b)劳动力市场完善时

图 12-2　分离性不成立时的农户模型

二、农户模型的估算与扩展

(一)农户模型估算中的方法问题

1. 估算方法问题

在运用农户模型进行实际估算时,有关的理论条件已经满足后还应对估算方法加以选择。这是由数据资料的统计性质决定的。假如农户模型是一个循环系统,在农户均衡条件下可以求出农产品供给函数、投入品需求函数和产品需求函数以及休闲时间需求函数或劳动力供给函数,这些函数可以由一个利润函数推导出来。当然,这一利润函数必须符合企业理论的一般假定。商品需求函数是产品价格、总收入和农户其他特征变量的函数,如果将总收入看成固定不变量,则这组需求函数就会满足常规需求理论的一些限制条件。

如果用计量经济方法来估算农户模型,在技术上必须要对各类函数的误差项加以处理。若农户的投入品需求函数和产品供给函数的误差与农户商品需求函数误差不相关,从统计上说这一方程组是循环的。在这种情况下,利润与商品需求函数的误差项无关,需求函数可以独立地估算出来,并不受产品供给和投入品需求的影响。从应用的角度来说,分别估算农户产品需求和农产品供给函数要优于系统模型估算,因为在这种情况下估算所需变量和参数较少。特别是在函数的参数是非线性的情况下,更可减少成本和节省时间。

当然,即使供给与需求的误差互不相关,商品需求函数之间误差相关问题也应是值得注意的。同样,供给函数之间以及投入品需求函数之间往往也会有误差相关性,这时,对误差项处理及估算方法要有所选择。在估算函数时考虑到误差项的处理是保证估算结果统计上的可靠性和一致性的重要前提，这样一来，所有用系统方法估算出来的函数就能避免许多统计误差。

在确定了农户的生产、消费互相作用的关系后，农户模型还可以用规划方法来估算。

用规划法估算相较于用计量经济方法估算有以下好处：一是规划方法所需的样本量和数据资料少，因而运用此法可以减少调查和运算成本，或者在统计样本不足的情况下可运用此法；二是在农户生产或消费等受政府干预较多，农户规模、生产技术等高度相似的情况下，用计量经济模型往往会得出不可靠的结果，在这种情况下规划法则是更可行的一种估算方法。

当然，传统的线性规划法也有其不足之处。首先，模型中所有的限制条件都是固定不变的；然后，农户所有的投入产出关系均必须假定是线性的。非线性规划的运用则可弥补线性规划的这些不足之处，但在估算上要复杂得多。

2. 系统不可分割性

由于农户的生产、消费等行为是互相影响的，因此其需求和供给决策具有不可分割的联系，而形成这种农户决策间不可分割性的原因很多，包括以下几点。

（1）农户自有劳动力与雇佣工之间既不能完全替代又相互影响。这是由劳动力的质量差异和工资差别造成的。如果误将不可分割的农户系统决策当做分割的系统来估算，其估算结果将会有偏差。

（2）农户购进商品的价格与农户出售产品的价格不相等。造成这种现象的原因可能是产品质量的差异以及运输距离和费用等。价格差异最直接的反应是农户生产的产品和市场购进的商品不具有完全替代性，从而使农户的需求与生产不能完全分开。

（3）市场的不健全以及市场间的关联。不健全的市场对农户决策的影响是多方面的，农户在有配额限制的某种市场所做的决策必然要影响到农户在其他市场中的行为；市场的不完备使农户对风险有所考虑，而农户对风险的态度又直接影响到农户的决策行为；同时这也使得农户的生产与消费之间形成不可分割的联系。

（4）农户生产活动间的内在联系。在许多情况下，农户的各项生产活动是不能完全分开的，这是因为在没有健全的劳动力市场时，农户的某项生产决策受农户其他活动决策的影响，同时还受农户劳动力本身的健康状况、农户劳动力供给决策的影响。如果农户劳动力与雇佣工之间不能完全替代，就不能说农户的各项生产决策可以独立做出。

以上各点表明，在农户模型分析中必须完全掌握农户的行为特征，只有这样，才能使农户模型得到正确应用；才能保证理论分析与实证研究相一致；才能使研究结果具有政策参考价值和指导意义。

（二）农户模型的扩展

1. 分析某项产品政策的影响

在前面介绍的理论模型中，均是假定农户只生产一种产品，或是将农户的所有产品加总成一种产品来建立模型。这样的模型的分析结果只能反映政策对农户总体效益的影响，而不能反映某项政策对农户内部单项生产或消费的作用。然而在实际工作中，首先农户的各项活动之间存在联系并具有竞争性。另外，国家在制定农业政策、特别是价格政策时都有一定的针对性。因此，了解某种产品政策对该产品本身以及对农户其他产品生产的影响、对农户资源分配的影响等都十分重要。将前面介绍的农户模型扩展到包含多种生产活动（作物）时，只需对农户的生产函数模型加以调整，即将式（12-2）（单一生产和投入）变为包含多个生产和投入项目，生产函数形式变为

$$G(Q_1, Q_2, \cdots, Q_n; V_1, V_2, \cdots, V_m; A_1, A_2, \cdots, A_k; Z^q) = 0 \qquad (12\text{-}14)$$

其中，Q 为农户产出品，V 为农户生产的可变投入，A 为农户生产的固定投入。用这组模型来进行政策分析就可以准确反映出单项产品政策对整个农户其他方面的影响。例如，水稻价格提高对农户水稻生产的影响、对农户劳动力资源的再分配、对农户其他产品生产的影响，以及农户对产品需求的影响等均可用这组农户模型来评价测定。

2. 分析政策对农户家庭成员健康状况的影响

在许多发展中国家，消除贫困和提高农民的健康水平是政府关心的重大问题，政府特别重视如何制定农业政策才能保证农民生活和健康水平的提高。农户模型可以用来达到这一目的，斯特拉斯在包含多个生产活动农户模型的基础上引进了农户家庭成员对各种食物能量的摄取函数，即

$$K = \sum a_i \cdot X_i \quad i = 1, 2, \cdots, m \qquad (12\text{-}15)$$

其中，K 为总能量消耗需要，a_i 为第 i 种食物所含的能量，X_i 为第 i 种食物的消费量。

彼特（Pitt）和罗森维格（Rosenzweig）将上面的模型进一步扩展，引入价格、健康和农户利润关系函数——健康生产函数：

$$H = H(X_a, X_m, X_1, Z) \qquad (12\text{-}16)$$

函数表明，健康 H 取决于对产品的消费（X_a 和 X_m），取决于消费品的营养含量。同时，健康还取决于休闲（工作努力 X_1）和 Z 种影响健康的其他因素。其基本假定是：健康影响农户生产，因而健康间接影响农户效用。在农户模型中加入健康函数就可以用来评价产品价格变化对农户家庭成员健康状况的影响，从而为国家制定相关政策提供依据。

3. 反映多个生产周期的农户模型

Iqbal 在农户决策系统中引进了借贷、储蓄和投资等变量后，将农户模型扩展成包含两个生产周期的系统，将单一总收入限制扩展成两个收入限制。对于第一个生产周期来说，其收入限制是

$$\pi(K_1) + w_1 T_1 + B = C_1 + I \qquad (12\text{-}17)$$

第二生产周期的收入限制是

$$\pi(K_1 + 1) + w_2 T_2 = C_2 + B(1 + r[B]) \qquad (12\text{-}18)$$

其中，K_1 为农户第一生产周期的资本；I 为农户投资；K_1+I 为第二生产周期的资本；B 为第一生产周期贷款；$B(1+r[B])$ 为第二周期应还贷款本息；C 为产品或商品消费量。

以上述农户模型来进行实证分析就可将农户模型由静态变为动态，因而其应用范围

就进一步扩大到将农户决策行为和效益、政府宏观政策（如贷款或利率政策）等联系起来。目前，许多国际组织和贷款机构都对农村贷款项目感兴趣，这种农户模型则可用来帮助他们了解贷款条件及利率水平会对农户生产和消费产生什么样的影响，从而用于分析农户参与这些贷款项目后会有什么样的决策调整，评议这种调整又会对宏观调控产生什么影响等。

第三节 农户模型在实证分析中的运用

一、农户劳动时间分配决策理论模型

在农户家庭模型的基础上，Benjamin（1992）提出了时间分配模型，根据该模型，家庭成员的时间分配包含农业劳动、非农劳动和闲暇时间。

（一）非分离模型

由于劳动力市场不发达，非农就业困难或农户的人力资本水平较低，难以获得安定的非农就业机会。此时的农户模型为

$$\max U = U(Y, L_h; Z) \quad \text{（效用函数）}$$
$$\text{s.t.} \ Y = f(L_f, K, T, \text{Exp}) \quad \text{（农业纯收入）}$$
$$L_f = L - L_h \quad \text{（时间约束）}$$

其中，Y 为农业收入，L_h 为余暇，Z 为农户的消费特征；L_f 为农业就业时间，K 为农业资本，T 为耕地面积，Exp 为农业经验年数，L 为总时间。

最佳化下的一阶必要条件 W_r（即保留工资率）为

$$W_r = \frac{\partial f}{\partial L_f} = \frac{\partial U}{\partial L_h} \bigg/ \frac{\partial U}{\partial Y} = \text{MRS}$$

（二）分离型模型

当劳动力市场逐渐开放，农户有了更多的非农就业机会。此时的农户模型为

$$\max U = U(Y, L_h, Z) \quad \text{（效用函数）}$$
$$\text{s.t.} \ Y = f(L_f, K, T, \text{Exp}) + W(E)L_w \quad \text{（农业纯收入）}$$
$$L_f = L - L_h - L_w \quad \text{（时间约束）}$$

其中，Y 为农业收入；L_h 为余暇；Z 为农户的消费特征；L_f 为农业就业时间；K 为农业资本；T 为耕地面积；Exp 为农业经验年数；L 为总时间；$W(E)$ 为非农部门工资率；E 为教育水平；L_w 为非农就业时间。

最佳化下的一阶必要条件为

$$W = \frac{\partial f}{\partial L_f} \quad \frac{\partial U}{\partial L_h} \bigg/ \frac{\partial U}{\partial Y} = W$$

二、劳动力外出务工决策的实证模型

（一）是否非农的决策

农户是否选择非农就业，原则上是市场工资率 W 与保留工资率进行比较后做出的决策。当 $W<W_r$ 时由于非农就业工资过低，农户选择农业就业；当 $W>W_r$ 时，由于非农就业工资较高，农户会减少农业劳动时间，同时从事非农劳动（兼业化），进而放弃农业转变为非农户。市场工资率 W 与保留工资率 W_r 的大小，会根据农户的不同而有所不同。

$$W(E)-W_r(\mathrm{Exp},K,T,Z) \geqslant 0 \text{ or not}$$

通常情况下，教育水平较高的农户，获得较高非农就业工资的概率较高；农业经验较多、耕地和农业资本较多的农户，缩小农业经营规模的机会成本较高；存在幼儿的家庭，女性的非农就业比较困难。由于是否选择非农就业是一个二元选择问题，因此，在实证分析时一般采用 Probit 模型或 Logit 模型。根据前人的研究，农户成员是否外出务工主要取决于个人因素、家庭因素及社区因素三大部分。个人因素包括年龄、性别、受教育年限、健康程度、务农经验等；家庭因素包括家庭耕地面积、资产总额、劳动力人数、有无需要照料的老人和幼儿等；社区因素包括地区经济发展水平、非农就业机会、城镇化水平等。

Probit 模型的定义如下：

有非农就业时，

$$g_i = 1 \quad i=1,2,\cdots,K$$
$$\mathrm{Prob}(g_i=1)=P_i=F(\beta'X_i)$$

没有非农就业时，

$$g_i = 1 \quad i=K+1,K+2,\cdots,N$$
$$\mathrm{Prob}(g_i=0)=1-P_i=1-F(\beta'X_i)$$

Probit 模型的尤度比函数为

$$L(\beta)=\prod_{i=1}^{K}F(\beta'X_i)\prod_{i=K+1}^{N}\left[1-F(\beta'X_i)\right]$$

（二）非农劳动供给时间的决策

非农劳动供给时间同样受到个人因素、家庭因素及社区因素的影响，可以将模型设定为

$$T=f(\text{wage, edu, age, health, gender,}\ H,\ Z,\ \text{job})$$

其中，T 表示农户成员的非农就业时间；wage 表示农户成员非农就业的实际市场工资，根据劳动力供给模型，在到达拐点之前，劳动供给量随市场工资提高而增加，因此提高工资将使每个劳动力提供更多的劳动（时间），到达拐点之后，劳动时间将随工资的提高而减少；edu 表示农户成员的受教育程度，受教育程度较高的劳动力更有可能找到比较稳定的工作，因此其非农工作时间也较长；age 表示农户成员的年龄，随着年龄的增长，其劳动能力呈先上升后下降趋势，因此其非农就业的时间亦有可能随务工者年龄的增长先上升后下降；health 表示农户成员的健康程度，健康程度同样决定了劳动能力的高低，

而农业劳动与非农劳动对劳动能力的要求存在差异，因而不同健康程度的劳动力可能会表现出不同的非农就业劳动时间；gender 表示农户成员的性别，已有的研究表明男性有比女性更高的非农就业倾向，这也意味着女性劳动力外出较难找到工作，但是一旦找到工作便不会轻易更换工作，因此可能会表现出较长的务工时间；H 表示农户的家庭特征，主要包括家庭耕地面积和资产总额，耕地面积较大和资产总额较多的家庭一方面会分配更多的时间用于农业耕作，另一方面较高的初始资产提高了其成员的保留工资；Z 表示农户所在地区的基本特征，包括基础设施、外出习惯等，基础设施决定了农村劳动力非农就业的流动成本、信息的获取等，外出习惯表示各地区民众对待非农就业的基本态度，这种态度会左右个体的时间分配决策；job 表示家庭成员非农就业的工作特征，包括行业类型和职业类型，即个体的工作时间不仅受自身决策的影响，还受工作性质的制约。

由于非农劳动力市场工资实际上也受到一系列个人特征及工作特征等因素的影响，具有较强的内生性，即

$$\text{wage} = f(\text{edu}, \text{age}, \text{health}, \text{gender}, \text{job})$$

因此，在实际估计时通常采用 Heckman 两阶段模型或联立方程进行分析。

■ 本章小结

1. 早期的农户理论主要是以恰亚诺夫为代表的劳动消费均衡理论、以舒尔茨为代表的利润最大化理论和黄宗智的过密论学说。风险厌恶理论和农场户理论形成较晚，但一经形成即获得广泛认可，成为农户经济理论新的生长点。其主要贡献是在传统农户经济理论要素之外纳入了新的要素：风险规避理论纳入了"风险"要素，农场户理论纳入了"时间"要素，使得对农户的经济分析更加综合和深刻。

2. 农户模型是用来分析农户的生产、消费和劳动力供给行为的模型，它将农户行为的相关变量数量化。从农户模型的发展历程看，按照农户效用函数的假设逐渐放松过程和农户家庭内部成员之间经济行为研究的逐步深入，可以分为两个阶段：一是假定农户家庭成员具有共同效用函数的单一模型阶段；二是假定农户家庭成员各自具有不同的效用函数的集体模型阶段。

3. 农户模型可以用来分析农户的生产、消费和劳动力供给行为，也可以用来分析政策变化对农户的生产、消费以及资源配置的影响，是分析农户行为，尤其是发展中国家农户行为的重要工具。

本章习题

1. 农户理论主要包括哪些流派？各自的主张是什么？

2. 在农户模型的基础上，结合中国农村的实际情况，构建农户成员的时间分配模型，并利用现有数据库的数据（包括 CHNS、CHIP、CHARLS、CGSS、CFPS），实证分析农户非农劳动供给行为及其影响因素。

第十三章

农业经营预测、计划与决策

第一节 农业经营预测

在农业生产经营过程中，预测是一种无时无刻不在的常见行为。自古，有经验的农民就懂得根据云彩或者月晕等天相的变化判断第二天或者未来一段时间的天气，这就是一种预测。而由于社会的发展、科学和技术的进步，在现代的农业生产经营中，预测包含了更加普遍和复杂的内容，也有了更精准的可能。一个成功的农业经营者，不仅要有意识地对各个相关方面的发展情况和趋势进行预测，还应该利用先进的技术和方法，使预测更加准确。

一、农业经营预测的概念与作用

预测是人类为了特定的目的，对事物状态及其发展趋势进行探索，由过去现在推测将来、由已知推测未知的一种行为。农业经营预测，则根据已有的相关资料，运用科学知识和手段，探索和估计农业生产经营未来的发展趋势、规模、速度和效益等，以确定自己的农业经营计划并做出合理的经营决策。

农业经营预测涵盖的内容极其广泛，它主要包括：资源预测，如对人力（劳动力）、物力（生产工具）、财力（资本）、土地资源等的预测；技术预测，如预测新成果新技术的出现、技术转化速度及其带来的经济效益等；市场预测，如预测供求关系的变化、价格变化及产品销售渠道等；经营成果预测，如对资金周转、劳动生产率、经营利润等方面的预测。农业经营预测是经营决策和经营计划的前提条件，也是经营计划和经营决策的一部分。科学合理的预测能减少农业经营过程中的不确定性，帮助农业经营者立足现实，面向未来，从一定程度上决定了农业经营管理的整体效果。

农业经营预测的重要作用包括以下几个方面。

（1）对决策和计划的方向和目标起导向性作用。

经营预测的内容丰富，包涵甚广，大的方面如整体国民经济的变动状况与发展趋势，小的方面如农户自身的资产状况、劳动力供给等。而这些都可以作为农业经营者确定发展方向和目标的依据。因此要正确地把握方向，认准目标，做出科学的决策和计划，科学合理的经营预测是必不可少的。

（2）能降低决策和计划的片面性，使其更加完善和全面。

正因为经营预测要考虑到方方面面的内容和情况，所以在此基础上的决策和计划也更为完善和全面。这里的"方方面面"不仅包含整个经营活动发展过程中可能涉及的各个方面的内容，而且包括在生产经营过程中可能出现的各种不同的情况，有利的和不利的、成功的和失败的、主流的和支流的问题等。预测以经营活动的发展进程、趋势为主线，同时考虑到各种可能的变化，扬长避短，存优去劣，因此能有效地降低决策和计划的片面性，更加准确地指导未来经营活动的发展。

（3）能为决策和计划的实现选择比较合适和令人满意的方案。

预测也包含对事物可能发展的途径和方案的分析和推断，而通过比较每一种途径和方案的消耗和效益、影响和效果等，能为选择最佳决策和最优方案提供较好的科学依据。例如，只有通过对经营状况的预测，农户才能对贷款需求的金额、利率、期限、还款方式等因素做出具体的判断，并根据自身的主观情况和正规、非正规金融机构或组织的客观情况来选择借款渠道和借款方式，从而使获得的贷款更好地为自身服务，实现贷款效用的最大化，并最终使自身的经营活动取得令人满意的效益。

（4）能使经营者从长远和发展的视角发现当下问题，使农业经营活动稳定而持续地发展。

预测既然是根据过去和现在估计将来，根据已知估计未知，那么自然的，现在的状况和行为也必然会因为其对未来可能的影响而受到重视。因此，预测有助于经营者打破由眼前看眼前的桎梏，从更为长远的角度用发展的眼光看待眼前的情况，从而发现当下的问题，集中力量加以解决，避免未来可能出现的不利状况，使整个农业生产经营活动稳定而持续地进行。

二、农业经营预测的科学程序

农业经营预测有的时候是正式的、规范的，但实际上大部分的预测往往是不那么正式，也不一定是严格地按照某个特定的步骤来完成的，所谓"仁者见仁，智者见智"，这在对经验依赖严重的传统农业生产经营中得到过许多印证。

然而社会和科学技术的发展，使农业也面临着复杂的新环境。例如，现代的农业生产经营者需要对市场进行预测、对各种农业科技的发展进行预测等，因此，运用相对科学的预测程序进行农业经营预测，在大部分情况下对大多数经营者都是有必要的。

农业经营预测的科学程序主要包括以下几个步骤。

（1）明确预测目标。确定预测目标是进行所有预测的基础，也是"预测什么"的问题，然而对于农业经营者来说，这个问题又不是那么简单的。解决"预测什么"的问题，需要考虑到广度和深度两个方面。

"广度"的意思是农业经营者在明确预测目标时，既要考虑到各个方面，又要有所取舍。要使预测目标涵盖所有可能影响经济发展的关键问题，但又由于精力等各方面资源有限，被重点提出预测的问题只能是关键的"瓶颈"问题，因此要在其中有所取舍，只有这样确定的一组预测目标，才是必要而合理的。

预测目标的"深度"说的是当一个目标难以直接预测和把握，又可以被分解为两个或多个因素之和或因素的乘积时，可以将这两个或多个因素作为预测的子目标。例如，一个种植农户要预测下一年种植某作物的投入时，可以将资金投入、劳动力投入、技术投入等作为子目标，然后分别进行预测，最后横向相加即可。

（2）考虑各种影响因素。我们所能进行预测的目标，一般都同时受到多种因素的影响，但诸多因素对预测目标的影响，又存在着影响范围的大小、影响程度的深浅和影响时间的长短的问题。因此，我们在考虑各种影响因素时，应该选择对预测目标影响大的，或者有综合性影响的，并且可以得到相关的数据或者资料的影响因素。例如，农户历年的储蓄额变化量受农户收入水平、消费水平、储蓄利率、市场情况等因素的影响，但在这些影响因素中，农户当年的收入水平是对储蓄额变化量影响最大的因素。有些影响因素，如农业总产值、净产值、人均纯收入、成本等，则对目标有综合性的影响，可以将其视为影响预测目标的主要因素。总之，科学的预测，必须对预测目标进行全面的调查分析，选择主要影响因素或综合影响因素，作为分析研究的对象。

（3）调查、收集和整理数据及资料。数据和资料是预测的现实基础，因此为了提高预测的可靠性和科学性，首先要保证数据资料的真实性和可靠性。而数据和资料的真实可靠，依靠的是预测者的判断，预测者必须认真进行全面调查，掌握第一手资料，对所取得的各种数据资料进行筛选、分析、比较、剔除，对不符合实际情况的数据要加以修正，对虚假的有"水分"的或者异常的数据可以剔除。除此以外，预测者还必须判断数据的统计范围、统计口径和可比性等是否适合预测的要求。

（4）选择合适的预测方法。采用什么样的预测方法，要根据对预测目标影响因素的分析所掌握的数据资料的情况，以及对预测准确度的要求、预测费用与预测效益的比较等因素，同时分析各种预测方法的应用范围，才能最终确定。这样才能做到目的和手段、主观和客观的统一。具体在选择预测方法的时候，可以学习和借鉴其他农户经营预测的成功经验和典型，也可以通过分析数据点的变化规律来选择预测方法。

（5）进行预测并评价预测结果。这一步即根据上一步选定的预测方法，进行具体的计算，得出预测结果，更重要的是，对预测结果进行评价。我们知道，由于分析的主观性、数据的偏差、预测模型的局限性，以及不断变化的客观条件，预测结果必然会出现误差。因此必须在统计学上将误差控制在可接受的范围内，并且对这种不可避免的误差有比较清晰的认识。

三、农业经营预测的基本方法

进行农业经营预测有很多方法，大致可以分为定性预测和定量预测两种。农业经营者应注意根据实际的情况和需要，选择适当的预测方法。

（一）定性预测

定性预测在实际应用中使用较多，下面主要介绍两种较为科学和常用的定性预测方法。

1. 经营者、专家、领导会议法

这种方法即管理学中的"专家会议法"，也被称为"头脑风暴法"，即运用经营者、有关专家和领导的经验和知识，综合各方面的信息，通过会议讨论的形势，对发展趋势和状况进行分析和判断。这要求经营者先根据自己掌握的材料及预测的目的、要求和条件，做出初步设想构思，然后通过有关专家和领导对所要预测的问题进行充分的讨论和分析。其目的在于互通信息、调整思路，有利于经营者的整体把握、思维共振、相互启发。

首先，经营者自己必须做好充分的准备。要了解实际情况，在此基础上参与到会议讨论中去，并且作为会议的发起人，对预测进行整体的把握。例如，经营者要对市场销售进行预测，可以提前深入市场，进行观察和访问，增加感性的认识。同时，利用报纸、电视、网络等信息系统，积累更多的经济信息；还可以利用座谈、分析论证、抽样调查等方法，在对现实有较为充分了解的基础上，提出预测目标和初步设想；等等。

对专家和领导，经营者要注意他们各自熟悉和擅长的方面，有针对性地询问和探讨。例如，对生产人员和销售人员，主要征询他们对产销情况、市场动态及产销发展趋势的意见。具体地，可以首先分析当前的经销策略和措施，以及有关过去的产、供、销、存的资料和市场调查资料；然后了解所经营商品的种类、顾客种类等情况，以及本年内和下一年可能的销售数量估计等。而向业务主管和领导人员征询意见时，要注意他们一般对宏观情况的把握能力较强，应向他们征询宏观经济变化趋势以及其对生产经营的影响。

在讨论的过程中，经营者不仅要注意客观信息的收集，更要注意激发讨论、思维的碰撞，尽量让与会相关人员发表有价值的主观看法。讨论得越广泛和深入，各种可能的情况就会更多地被涵盖，发展的机理就越明晰，预测就能做得越好。会后要注意对会议上收集到的各种信息、看法进行理解、评价和总结。

2. 德尔菲法

专家会议法虽然能在短时间内集思广益，但也有其固有的缺点。首先，在很多情况下，各方的观点难以集中或统一，不便于经营者的把握；其次，由于预测是一个慎重思考的过程，在会议上的较短时间内难以做出合理的判断；最后，把应该到场的人都集合起来有时也存在着一定的困难。而"德尔菲法"则较好地克服了这三方面的困难，可谓是一种较科学的定性预测法。

德尔菲是古希腊的宗教崇拜中心，同时也是祭祀阿波罗的宗教中心，阿波罗的预言成为全希腊最权威的神谕。1948年美国兰德公司和道格拉斯公司合作，设计了一种通过可控制的反馈有效收集专家意见的方法，并将其命名为"德尔菲法"。

这种方法采用匿名通信和反复征求意见的形式，使专家们在互不知晓、彼此不见面的情况下交换意见和信息，这些意见经过技术处理后就是预测的结果。这样做的目的是避免在专家会议中常常出现的信息交流的扭曲现象,即"一个人或几个人支配整个小组;压力迫使人遵从地位或年龄相近的人组成的群体意见;个性差异和人际冲突及公开反对权威的困难"。因此,德尔菲法强调以下原则。

(1)匿名。讨论时所有专家都不署名发表意见,对专家姓名严格保密。

(2)巡回。专家的意见经过汇总,传递给所有参加讨论的专家,须反复多次,使专家能充分交流意见,并斟酌修正个人以前的意见。

(3)反馈控制。汇总的意见以调查表的方式进行传递。

(4)统计学意义的小组反馈。个人意见用向心趋势(中位数)、离心趋势(四分位数)和频率分布等形式来表示。

(5)专家达成一致意见。

具体在农业经营预测中,就是用书信往来的方式发出征询预测意见表,表中只说明预测内容、期限和有关数据、资料、依据来源,不提任何倾向性意见征求有关专家和领导的意见,然后将他们的意见进行综合、整理、归纳,再反馈给原来的专家领导。这样反复多次,直至预测取得满意的结果为止。

(二)定量预测

由于预测的重要地位,人们研究了各种预测方法。起初,人们试图通过已知数据推测未知,构造了定量预测方法——时间序列分析和因果分析,将有规律的数据进行数学推导,得到未来的数据。这里隐含的假定是,某变量未来一段时间的规律和已有数据的规律是一致的。

虽然在实际中这种假设常常不成立,但对于特定的、短期内的简单预测,定量预测方法还是可用的。并且定量预测即使从数字层面不足够精确,但就其预测结果能给定的大致范围依然是有指导意义的。

1. 时间序列分析

这是一种利用过去的数据推测未来的定量方法。其基本假定是"预测对象的变化仅与时间有关",即抛开了事物的因果关系,仅根据统计数据的时间序列观察其中的规律,并推导出事物未来的变化趋势。这种方法能捕捉到长期趋势变化、季节变化、周期变化等规律性的变化,对不随时间变化的随机波动则难以预测,一般适用于短期和近期的预测。时间序列分析又包括以下三种方法。

1)移动平均法

移动平均法是最简单的方法,是以历史数据的平均值为依据进行预测的。其计算公式如下:

$$Y_t = \frac{Y_{t-1} + Y_{t-2} + Y_{t-3} + \cdots + Y_{t-n}}{n}$$

其中,Y 为历史数据和预测数据;t 为要预测的时期;n 为数据的项数。

例 13-1:表 13-1 为某农户 2004~2008 年的农产品销售收入。

表 13-1　某农户 2004~2008 年农产品销售收入表（单位：万元）

年份	2004	2005	2006	2007	2008
销售收入	3.78	4.19	4.56	5.01	5.25

根据移动平均法计算预测该农户 2009 年的农产品销售收入：

$$Y_{2009} = \frac{Y_{2008} + Y_{2007} + Y_{2006} + Y_{2005} + Y_{2004}}{5} = \frac{5.25 + 5.01 + 4.56 + 4.19 + 3.78}{5} = 4.58(万元)$$

预测该农户 2009 年的农产品销售收入为 45 580 元。

2）加权移动平均法

移动平均法认为所取的各项数值对预测值的贡献都相等，而实际上最新的数值可能更有价值，为了表现这种差别，可以运用增加权重的方法，这就是加权移动平均法。预测值为各期权重分别乘以该期实际值的总和，w_n 为第 ($t-n$) 期权重，公式如下：

$$Y_t = w_1 Y_{t-1} + w_2 Y_{t-2} + w_3 Y_{t-3} + \cdots + w_n Y_{t-n}$$

$$w_1 + w_2 + w_3 + \cdots + w_n = 1$$

仍以上例来说明，如表 13-2 所示，给各年份加入权重，计算方法如下：

$$Y_t = w_1 Y_{t-1} + w_2 Y_{t-2} + w_3 Y_{t-3} + \cdots + w_n Y_{t-n}$$
$$= 0.05 \times 3.78 + 0.15 \times 4.19 + 0.15 \times 4.56 + 0.25 \times 5.01 + 0.40 \times 5.25 = 4.854(万元)$$

因此，可以预测该农户 2009 年的农产品销售收入为 48 540 元。

表 13-2　某农户 2004~2008 年农产品销售收入及权重表

年份	2004	2005	2006	2007	2008
销售收入/万元	3.78	4.19	4.56	5.01	5.25
权重	0.05	0.15	0.15	0.25	0.40

3）指数平滑法

移动平均法中的基础数据都取自实际发生值，而前一期的预测值中也有丰富的信息，它是由前几期的实际发生值所取得的，对其加以利用，再加上最新一期的实际值，并考虑加权系数得到最终的预测值。计算公式如下：

$$Y_t = Y_{t-1} + \alpha \left(\hat{Y}_{t-1} - Y_{t-1} \right) = (1-\alpha) Y_{t-1} + \alpha \hat{Y}_{t-1}, \quad 0 \leqslant \alpha \leqslant 1$$

其中，$\hat{Y}_{t-1}$ 为第 ($t-1$) 期的预测值；a 为平滑系数；其余符号意义同上。

例如，我们采用 4 期移动平均法预测出农户 2008 年的销售收入为 4.39 万元，采用指数平滑法，以 0.2 为加权系数，代入公式计算得

$$Y_t = Y_{t-1} + \alpha \left(\hat{Y}_{t-1} - Y_{t-1} \right) = (1-\alpha) Y_{t-1} + \alpha \hat{Y}_{t-1}$$
$$= 5.25 + 0.2 \times (4.39 - 5.25)$$
$$= 5.078(万元)$$

因此，采用指数平滑法预测出的农户 2009 年的农产品销售收入为 50 780 元。

2. 因果分析

因果分析是根据事物间的因果关系对事物的未来变化进行分析和预测的方法。某些变量存在一定的因果关系，一个变量的变化会导致另一个变量的变化，如气候和农作物产量的关系。因果分析的预测方法就是要测定这种变量之间的关系。这里介绍一种最简单也是最常用的测定方法，即回归分析的方法。

回归分析是从事物变化的因果关系出发来进行预测的一种方法。回归分析的步骤为：①确定要预测的变量和导致其产生变化的变量，作为预测的因变量和自变量。②收集相关因素的数据资料，求出各相关因素之间的相关系数和回归方程。③根据回归方程对未来进行预测。

一元回归分析是最简单的回归分析，即要预测的变量仅受一个自变量的影响。多元回归分析，是指要预测的变量受多个自变量的影响。回归方程的表达式为

$$Y = \beta_0 + \beta_i X$$

其中，Y、β_1 均为矩阵表达形式，因此可以涵盖一元回归和多元回归。

在实际应用时，可利用以前的数据求出系数 β_0，β_1 的值，再根据求出的系数值和已知的 X 值，预测未来 Y 的值。实际上回归分析的复杂程度远大于以上所述，具体请参阅计量经济学专著，在此仅做简单介绍，不再赘述。

第二节 农业经营计划

"一年之计在于春，一日之计在于晨"，这句古话最开始就是对农业生产而言的。春天，一般就是一个农业生产周期的开始，应该做好这一年的计划；早晨，也就是一天的生产劳动的开始，要做好这一天的计划。而现代农业生产经营，因为面临更加复杂的市场环境，经营计划相对更加复杂，因此应用科学的程序、方法，制订出完善、有条理的农业经营计划，在现代农业生产经营中是必不可少的。

一、农业经营计划的概念与种类

农业经营计划，简而言之是对农业经营管理活动的事先安排，具体来说是农业经营者一种预测未来、设立经营目标、选择经营方案的连续程序，以便能够经济地使用现有的包括土地、资金、劳动力等的各项资源，有效地把握未来经营的状况，获得最大的收益。

农业经营计划按照划分标准的不同，可以区分为不同的类型，但应注意到，无论哪个类型的农业经营计划都不能将其割裂开来看待，对于一个农业经营组织来说，无论大计划、小计划、长期计划、短期计划或者是哪个环节哪个方面的计划，都应统一于它的整个农业经营计划下。一个农业经营组织的经营计划是一套系统的计划，而不是单单一个或者许许多多小的割裂开来的计划。以下是农业经营计划具体的分类。

（1）按照涉及环节及涵盖方面的不同，可以分为整体计划和部分计划。

整体计划是对农业经营活动的各方面、各环节均有涵盖和指导的一个全盘计划。而部分计划，则是经营中某个方面或者环节作业的计划，如播种计划、施肥计划、土地利用计划、防治病虫害计划、农机具购入计划、资金计划、销售计划等。整体计划对部分计划起着指导作用，而部分计划首先会在部分计划之间产生相互影响，进而影响到整体计划。因此，拟订农业经营计划时，首先得确定农业经营的整体计划，只有确定了整体计划，才能获得制订部分计划的大方向和原则。而部分计划因为外在条件的变化而发生变化时，也很可能对整体计划产生较大的冲击。例如，获得了更多的可利用土地，必然要调整土地利用计划，也可能影响到播种计划，如改种适宜大规模种植的作物，亦可能改变农机具购入计划，决定增加购买一套先进的农业机械，以产生规模效应，而农机具购入计划的改变又会改变原有的资金计划，这样一环套一环，最终可能对整体计划产生影响。

当然，实际情况往往是大环境在短期内不变——具体体现在现有市场、价格、技术等条件没有很大变动，在这种情况下，经营者农业经营计划大体不需要改动，只需对部分计划进行微调即可。

（2）按照计划的时间长短，可以分为长期计划和短期计划。

长期计划描绘了农业经营在一段较长的时间内（通常是三到五年以上）的发展蓝图，规定了这段时间内农业生产经营的方向、发展速度与生产规模以及主要的技术经济指标的发展水平。长期计划的拟订主要应该确定农业生产经营的重大经济发展项目和措施，如扩大种植规模、购置农业机械、改良养殖技术等。

短期计划则是针对相对较短的时间段（如一年、半年甚至更短的时间内），特别是最近的时间段，所应该安排的各种活动以及应该达到的各种目标。主要包括以下几点。

第一，土地利用计划：土地是农业生产最重要的生产资料，反映了一段时间内各项农业生产活动的用地面积、用地结构等，是首先应该确定的一项重要计划。

第二，产品生产计划：一段时期内生产的品种、质量、数量、产值以及生产进度等，都要在产品生产计划中得到确定。

第三，产品销售计划：它规定了一段时期内销售产品的品种、质量、数量、销售渠道，以及销售收入、销售利润等。

第四，技术措施计划：它和计划期内采用技术措施的活动有关，包括采取何种技术、使用技术的规程、采用技术的成本等。

第五，物资采购计划：这里的物资采购包括种子、肥料、农药、燃料、农机具、加工用原材料等的所需数量、采购时间和采购渠道等。

第六，财务计划：它包括财务收支计划、现金流动计划、利润及分配等。

第七，成本计划：它包括在计划期内完成计划所需要的支出、各项费用、生产总成本及降低成本的主要措施等。

当然，在实际应用过程中，长期计划和短期计划只有结合起来，才能发挥更好的实际效果。

二、农业经营计划的内容与编制原则

（一）农业经营计划的基本内容

一项农业经营计划应该至少包括以下几方面的内容。

1. 农业经营目标与任务

这是一项农业经营计划的中心。对于农业生产经营来说，全局计划的目标和任务包括：经营方式的选择（如如何在种植业与畜牧业之间、小麦与玉米等各种粮食作物之间、粮食作物与其他作物之间科学地做出决策），一定时期内应该达到的产值、盈利目标，等等。而一些短期或者局部计划的目标和任务，就比较具体明确。例如，生产计划的目标和任务就是在一定时期内达到某个产量和产值目标。

2. 农业经营的目的

农业经营计划的目的是完成各项资源的配合，赚取稳定的、合理的利润，而具体到某一个环节的计划，如物资采购计划，则必须明确其目的，如采购某件农机具的用途是什么。通俗地说，就是回答为什么要实施该计划这个问题以确定计划的合理性。

3. 农业经营的期限

农业经营的期限即规定计划的时间限制，何时开始、何时结束。它一方面使计划变得明确、有针对性，另一方面有助于提高经营效率、合理协调安排各项工作。

4. 农业经营的具体执行者

对于自己提供劳动力的农户来说，不存在这个问题，因为所有农业生产经营活动的执行者就是自己。而对于较大的、存在雇佣劳动力的农业经营组织来说，就得明确经营计划执行者的问题。

5. 农业经营实施的地点

明确计划实施的地点，有助于了解计划实施的环境条件和限制，以便更好地做出应对准备。例如，在物资采购计划中，了解种子等农资的购买地点和农机具的购买地点，有利于统筹安排，方便省时省力地完成购买计划。

6. 实施的具体方法和措施

这应该是农业经营计划里最细致的一项内容。这里的方法和措施应该是经过慎重拟定、选优和审核的。

（二）农业经营计划的编制原则

1. 效益原则

选择具体的实施方法和措施时，要注意利用价格、成本、利润等指标，对各种消耗和生产成本进行严格的经济核算。各生产环节的计划安排都要降低消耗和成本，从而提高农业经营的整体经济效益。

2. 科学原则

编制农业经营计划要有科学的态度和方法，确定具体的措施要有科学依据，使用准确的数据资料，也就是说要尽量做到准确、客观，避免主观臆断，更不能不切实际。

3. 应变原则

农业生产经营面临太多不确定的因素，如气候的波动、市场的波动等，因此，一项农业经营计划的具体实施方法和措施应具有应对这种变动的灵活性，要有适应内外环境条件变化的弹性，才能确保计划的完成。

三、农业经营计划的编制程序与方法

（一）农业经营计划的编制程序

1. 分析现实状况

分析现实状况，包括对自身状况和外界市场、政策状况的一个把握。因为只有了解这些，才能清楚地对自身有一个准确的定位，通过制订恰当的经营计划，更好地把握机会，面对可能存在的风险。同时，分析现实状况也是编制经营计划的基础工作，它包括制定各种定额、自身现状分析和对外部环境的分析。

1）制定定额

定额是指在生产经营活动中，根据一定的生产技术条件所规定的，在各项资源的利用和消耗方面应该遵循和达到的各种标准，如设备利用定额、人员配备定额等。而作为农业经营计划编制的准备工作，制定定额的基本作用在于利用定额数字，对农业生产经营状况做一个基本的描述。这有点类似于用平均值描述一个样本的总体状况，只不过在这里，是用一个对象在某段时间内的各项指标的平均值，来描述该对象在这段时间内的基本状况。例如，通过固定资产配备定额、设备利用定额、人员配备定额、劳动定额、物资消耗定额等，我们可以了解在日常的农业生产中各项成本的情况，相应地，其他各种定额也说明了农业生产经营其他方面的状况。这种描述不仅有助于了解现实的状况，还可以作为数据资料用于计划编制的参考。制定定额的方法有经验估计法和平均分析法两种。

2）自身状况的分析

对自身状况的分析，基于平时的经验记录和记账工作。经营记录是对经验状况和收支事项进行的日常记录，而记账则是对自身经营活动的费用和收入状况进行分类、分项的记录，并进行进一步的分析核算。因此，平时的记录和记账工作要求准确、及时、全面、完整。

3）对外部环境的分析

在政策方面主要是了解国家的农业政策变化和政策导向；在技术方面主要是了解各种农业技术的发展和使用信息；在市场动态方面主要是了解各项经济信息、市场价格变化等。这些都是外部能提供的、可能带来收益增加的机会。实际上，以上所说的分析现实状况的工作，相当于搜集现实背景资料，为进一步制订计划提供有益的基础。

2. 确定计划目标

确定计划目标，是制订计划过程中的关键。分析现实状况，往往是对各种背景和条件有个大致的把握，而确定计划目标，则要求在此基础上进行进一步的细致和深入的分析。这种分析实质上就是根据需求安排供给。需求也可以被细分，首先——如果存在，如粮油的生产——是国家合同订购量的部分；其次是市场需求量的部分；最后还要保留自身生产以及消费所需要的部分。根据这三方面的需求，不仅要笼统地掌握需求量，还要清楚地指导需求的结构和需求的品质等。而且以上所述的三方面要协调安排，协调目标之间存在相互联系和制约的关系。另外在供给方面，农业生产也并非没有制约。因此，了解自身的生产能力和潜力，也是合理安排目标必须要考虑的。在稀缺的资源条件下合理安排生产、合理经营使资源达到最优配置，从而使收益最大化。只有既考虑到需求，又根据自身供给能力而确定的计划目标，才是合理的可实现的目标。

3. 拟订计划方案

拟订计划方案，是为达到计划目标，进行的方案的设计和选优，即确定保证目标完成所需采取的措施和步骤等。而完成一个计划目标可以选择不同的途径，具体在拟定计划方案时，可以提出多个方案，在其中选出最优方案。

4. 综合平衡，编制草案

计划被初步制订出来以后，其可操作性通过审核计划是否能做到协调各个生产部门和生产要素的平衡来体现。如果不平衡，则还要进行调整。这一步骤能够进一步分析计划方案中的问题，暴露矛盾，从而解决矛盾，确保计划的合理可行。

（二）农业经营计划的编制方法

1. 基本方法——综合平衡法

平衡法是在数量上协调各个生产部门和生产要素间平衡关系的方法。农业生产经营是多部门、多生产要素的结合，而它们各自之间又存在着相互联系、相互依存、相互制约的关系，因此，在数量上平衡这些关系，就显得尤为重要。

具体来说，要注意以下几个方面的平衡。

（1）生产计划目标与生产能力的平衡。其实质是说，生产计划目标要在经营组织的预算约束之内。现实的预算约束是复杂的，包括自身的各项自然资源、经济资源、技术条件，这些共同构成了经营组织的生产水平，而超越最高生产水平的目标是不可能实现的。因此，劳动力、机器设备、用水、用地、资金等各方面的资源使用都应该注意不能超过所能供给的程度。另外，还应该注意各生产要素之间的平衡，如资金较为匮乏的情况下，可以用劳动力替代机械设备操作，这样才能达到资源的最优配置。

（2）生产项目间的平衡。生产项目间的平衡要注意两个方面：一是注意各项资源在各生产项目之间的配置，要以效益最大化为目标；二是注意农业生产经营过程中，各部门之间的相互联系,如畜禽养殖所用的精粗饲料,大部分都是粮食生产部门的产出。因此,在第二个方面更要注意各部门之间的均衡。

(3)供给与需求的平衡。前两项平衡说的是农业生产经营组织内部的均衡,而这里的供需平衡说的是与外部市场的联系,这里存在两个市场,因此主要包括两方面:在原材料市场上,自身对生产物资等原料的需求与市场供给的均衡;在产品市场上,产品的供给与市场需求的均衡。

平衡表是用来进行平衡分析的具体工具,基本内容包括"需要"、"来源"、"余缺"和"平衡措施"四个部分。通过编制平衡表,可以对比供给和需求的情况、了解缺口或盈余,为进一步调整提供依据。平衡等式体现以上所述的关系,常常被用来进行平衡检查:

$$期初结存数+本期计划增加数-本期计划需要数=结余数(多余或不足)$$

而在实际应用中,平衡表是可以根据需求进行适当变化的,如表 13-3 所示。

表 13-3 平衡表的基本样式

项目				
一、需要 其中: 　　1. … 　　2. … 　　3. … 　　　⋮				
二、来源 其中: 　　1. … 　　2. … 　　3. …				
余(+)缺(-)				
平衡措施				

2. 辅助方法

1)代替法

正如以上所说,往往农业经营组织所处的大环境和大部分条件不会经常变动,因此农业经营计划只需要在以往的基础上对某个部门或者某个环节的计划进行调整,这就是代替法。当然,代替法也有可能会对整体计划产生影响,但这里强调的是从局部的调整出发。

例如,当出现新的农业技术能够作为未来农业经营条件,或者以往经济效益大的农业部门出现较大的价格波动导致这一部门在未来可能无利可图等情况时,就需要对农业经营计划进行调整。对计划进行局部的调整,也应该按照科学的计划制订程序进行,但要注意到当局部计划随着现实状况被更新时,新的局部计划与原来的相比,肯定会出现变化,而由于计划制订是要综合均衡的,因此也一定会影响到其他部门或者环节的计划。所以,代替法虽然是从局部调整出发的方法,但也是在原有框架基础上对整体计划的一个翻新。

2）标准法

在某个地区范围内，因为气候、种植养殖结构、市场情况等条件的一致或者相似性，可以就农业经营设计一个标准的模式。各个家庭生产经营者可以在此基础上根据自己的情况进行调整，这种方法适用于农业产业集群内的农户。

3）滚动计划法

滚动计划法是一种编制具有灵活性、能够适应环境变化的长期计划的方法。具体的编制方法是：在已经编制出的计划的基础上，每经过一段固定的时期（如一年或者一个季度），农业生产经营者根据变化了的环境条件和计划执行的情况，从确保实现计划目标出发对原计划进行调整，调整时保持原计划期限不变，将计划期顺序向前推进一个滚动期。滚动计划法实质上就是先制订细致的短期计划，并且有个粗略的长期计划方向，到下一个时期时，根据前一期计划的完成状况，对下一期的短期计划进行调整。滚动计划法始终保持近期计划详细、中长期计划粗略的状况。这种方法有利于避免远期计划的预测不准，使经营者能够灵活机动地制订计划，从而保证了中长期计划的经济性和科学性。

第三节　农业经营决策

生活处处离不开选择和决策。在农业生产经营中，农户自身对未来所做的预测和计划也要不断地根据现实情况的变化而做出相应调整，也就是俗话说的"计划赶不上变化"，因此农户在整个农业经营的过程中需要不断地做出决策。决策的好坏将直接关系到农户经营的水平和效益，可以说决策是建立在预测和计划之上的最关键的行为选择，是对所有安排、筹划的最终确定。

一、农业经营决策的概念及特征

决策，是决策者为达到想象中未来事物的状态，从社会所限制的各种途径中选择一个行动计划的过程。狭义的决策被看作是在几种方案中选择的片刻行为，而广义的决策被看作是一个过程。相应地，农业经营决策就是经营者为了使农业生产经营活动达到某一个目标，从几种方案或者途径中，做出最佳的选择或者决定的过程。农业经营决策具有以下几个特征。

1）目标性

任何决策，都应该是有明确的目标作为导向的。没有目标，决策是没有意义的，因此农业经营决策必须具备明确而合理的经营目标，只有这样，才能在经营过程中做出最佳的选择。

2）选择性

为了达到某个目标，决策者必须要有两个或者两个以上可选择的方案，通过比较才能保证方案的质量和效果。因此，农业经营者往往要在生产品种、生产资料投入、机械和设备更新等诸多方面进行选择。

3）满意性

选择的依据是满意原则。之所以不以最优原则作为决策选择的标准，是因为现实中存在人的有限理性、市场竞争不完全等情况导致了决策无法实现最优，最终只能退而求其次，寻求次优，实现有限理性。在农业生产经营决策中更是如此，由于农业生产经营的过程常常不能被精确地量化，农业生产的特点决定了其不能被准确地预测，农业生产经营的决策以满意为标准反而较为容易达到，这是合理而现实的。

4）动态性

决策的过程是随着决策中信息收集情况的变化而不断调整的。正如前面所述，农业生产经营波动性较大，因此更应该灵活把握变化，对决策进行调整。但同时也应该注意，因为农业生产有其固有的周期性，这个矛盾显得较为突出，因此农业经营决策者在面临变化时，尤其要慎重，首先要分辨哪些是能够及时做出调整的，哪些调整周期较长。而对调整周期较长的情况，更需审慎，不仅要结合当前的情况分析，更应该对将来可能变化的方向做出预测，最终对决策做出调整。典型的例子是扩散型蛛网理论的模型，它反映了单个农户根据当期价格调整农产品的生产，而最终可能造成的生产调整与市场变化的不同步愈加强烈，这样的"动态性"显然是不利的。

5）过程性

在决策的定义中已经提到决策是由一系列活动构成的动态过程，包括发现问题、确立目标、方案规划、方案评价、方案选择等。只有经过这样的过程的决策才是立足于现实的、科学而慎重的。

6）实践性

实践性说的是，做出一项决策首先必须保证其可被实践，也就是具有可操作性；其次，这项决策必须去实践，才能让目标实现。

7）主观性

每一项决策虽然都是决策者立足于客观实际做出的选择和决定，但人对客观实际的认识其实是主观的，因此在此基础上的决策也必然具有主观的特性。但是主观并不是说就一定是不好的，因为毕竟决策也是以使主观决策者满意为基础的。只是需要注意，主观性的存在导致按照决策去实践得到的结果与实现目标之间多少存在一定的偏差，这种可能存在的偏差就需要决策者首先审慎地决策，用怀疑的眼光看待自己的决策，并时刻关注各种变化，这对农业生产经营向着较好的方向发展反而是一个有利的督促。

二、农业经营决策的科学程序

农业经营决策既然是一个过程，那么科学的决策程序又如何呢？

（一）发现问题，明确决策目标

农业经营决策必须具有实际意义，这里的实际意义就体现在解决农业生产经营中实际存在的问题。什么是农业生产经营中的问题？我们知道，问题就是矛盾，在这里是指农业生产经营过程中，现实的状况和期望的状态之间的不一致。这种期望的状态常常体现为各种标准、国家的政策法令、合同的要求等。

在实际的生产经营过程中，往往充斥着大大小小各种问题。而决策者要做的，首先是发现这些问题。发现问题是要在对现实状况和期待状态充分了解的基础上的。决策者可以通过平时的仔细观察、调查研究，掌握大量的信息资料，更重要的是决策者必须具备一定的判断力，在这些问题中发现主要问题、重大问题或者关键性问题，解决这些问题才是最关键的。

一个适当的定位准确的决策目标也就是为解决这样的问题而制定的。除了这点，决策目标还应该具备以下几个特点：①明确性。切忌模糊，越近的目标越应该清晰，远期的目标可以带有一定的模糊性，但总体应该是清晰的。②可检验性。必须有一定的衡量标准来测度目标是否达到或者完成的程度。应该尽量使目标数量化，对于难以量化的目标也应该在质的基础上清晰描述。③可操作性和先进性。目标定得太高，无法实现，问题依然得不到解决；定得太低，也不能很好地解决问题。

（二）拟订各种备选方案

研究了现状，确定了具体的决策目标以后，接下来就应该寻求解决问题的方案。在方案的拟订过程中，应该满足详尽性和互斥性的基本要求。所谓详尽性，就是指列出的方案应该尽量包括所有的可行方案。当然在实践中，将所有的可行方案都设计出来是不可能的，但是应该就所具备的能力和条件，尽可能多地包含较多的备选方案，因为有比较才有选择，有选择才能有优化的决策。另外，也可以在这一步就明晰各个方案的限制因素，为下一步的评价和选择做准备。

（三）评价和选择方案

在备选方案拟订以后，决策者应对每一个方案进行评价。评价是建立在预测的基础上的，因为决策的备选方案是面对未来的，它的效果要经过一段时间才能体现出来，这就需要决策者进行预测。预测的内容不仅包括这些方案的实施效果，还应包括实施成本、其中可能存在的问题和风险等。接下来就要确定决策方案的评价标准，一般是用目标具体化之后的指标，常用的有预期收益最大或者损失最小标准、后悔值最小标准、成本费用最低标准等。而在具体评价时也有一些原则：首先是可行性原则，评估方案实施的现实条件是否具备，这时候上一步中明晰的限制因素就发挥了作用；然后是效益原则，也就是评估方案实施能带来多少长期利益、短期利益、经济效益、社会效益等。值得注意的是，在评估其效益的时候也应该将其风险系数纳入考虑，得到加权以后的效益，再进行评价。

进行了充分的评价以后，就可以进行决策。决策者在决策时，也应该注意处理好以下几个问题：第一，要统筹兼顾。不仅是决策方案的各项活动之间要协调，还应该注意与外部联系的密切性，充分利用现有资源条件，为实现决策目标服务。第二，要重视反对意见。反对意见有助于决策者从多角度考虑问题，有助于方案的进一步完善。第三，决策者应有决断的魄力。在决策过程中，决策者应根据自己的经验，同时辅助一些数学分析的方法，最好通过一定的试验，来帮助决策。

（四）实施方案，并对方案进行监督和评估

方案一经确定，就应该拟订具体的实施计划，付诸实施。光是实施也是不够的，还应该对决策执行情况进行监督和评估，这样不仅可以检验决策质量，也能够检查决策是否得到认真执行，保证决策的落实。而且，监督和评估也可以将信息反馈给决策者，决策者就能根据反馈信息对偏差部分采取有效措施。一旦发现某项决策不妥，甚至是错误的，可以及早予以修正，对无法实现的目标重新定位，重新拟定可行方案，并进行评估、选择和实施等。

三、农业经营决策的方法

要了解农业经营决策的方法，首先将决策按照对未来状况的把握进行分类，主要分为确定型决策、风险型决策和非确定型决策。

（一）确定型决策及其决策方法

确定型决策的一切都是明确的。首先，决策者有明确的现实目标；然后，所掌握的信息是明确的，决策条件是明确的，可供选择的方案之间的优劣比较和预期结果是明确的，甚至可以通过数学方法来确定合理的决策。例如，对采购玉米种子进行决策，决策者已经知道关于玉米种子的各项信息，如生育期长短、株高、穗长、穗粗、亩产、抗病性等指标，完全可以根据生产的需要来决定选购哪种玉米种子。这样的决策就属于肯定性决策，对于肯定性决策来说，其方法也相对简单，具体方法如下。

1. 直观法

直观法就是根据决策者掌握的确切的信息资料，对要解决的问题做出明确的选择。还是以选购玉米种子为例，A、B、C 三种品种的玉米的指标如表 13-4 所示。

表 13-4　玉米特性特征指标表

指标	A	B	C
亩产/千克	575	400	475
色泽	紫糯	紫糯	白糯
抗倒性	一般	强	较强

根据上述资料，运用直观法进行决策，以亩产最高为决策目标，则应该选择 A 品种；以抗倒性最强为决策目标，则应该选择 B 品种；以色泽一定要为白糯为标准，则应该选

择品种 C。

2. 排除法

这是一种对多个决策方案同时进行选择的简便有效的方法。其做法是首先确定一个选择标准，依次根据选择标准排除不适合的方案；再确立第二个标准，并按照这个标准再排除不适合的方案……经过几个回合，最终的剩余方案就是满意的方案。仍然以表 13-4 的例子来说明，在三种品种中到底选择哪一种呢？可以先确定亩产标准。例如，只接受亩产在 450 千克以上的品种，这就排除了 B；然后确定第二个标准——色泽，只接受紫糯的品种，这又排除了 C。那么剩下的 A 就是决定要购买的品种。这种方法简单易行，不需要做复杂的定量分析，对决策者的认知能力要求也不高，因此也是运用比较多的一种决策方法。

（二）风险型决策及其决策方法

所谓风险型决策具备以下五个特点：①决策者有明确的决策目标；②存在两个或两个以上的不以人的意志为转移的自然状态；③有两个或两个以上的备选方案；④不同备选方案在不同自然状态下的损益值可以估计；⑤虽然会出现何种状态无法确定，但对每一种自然状态出现的概率可以做出估计。一般来说，可以通过计算各方案的期望值，比较并做出决策。更直观一点，可以使用决策树的方法来表示这个过程。

1. 期望值计算法

例 13-2：在我国长江中下游地区，三种品种的小麦在两种不同的自然状态下——秋旱年和非秋旱年的亩产量如表 13-5 所示，并且根据当地气象部门的大量资料分析推测，秋旱出现的概率为 0.3。根据以上资料，各品种的期望值计算如下：

品种 A 的期望值=$0.3 \times 225 + 0.7 \times 450 = 382.5$

品种 B 的期望值=$0.3 \times 250 + 0.7 \times 415 = 365.5$

品种 C 的期望值=$0.3 \times 257.5 + 0.7 \times 375 = 340$

结果表明，品种 A 的期望值最大，因此为决策方案。当然如果选用 A 品种，遇到秋旱年，亩产仅为 225 千克，远小于期望值，故具有一定的风险性。

表 13-5 风险型决策表（单位：千克）

自然状态	概率	品种 A	品种 B	品种 C	决策
秋旱年产量	0.3	225	250	257.5	在三个期望
非秋旱年产量	0.7	450	415	375	值中取最大
各品种期望值		382.5	365.5	340	382.5 品种 A

2. 决策树法

决策树法是把方案的一连串因素按照它们的相互关系，用树状图来表示的一种图解方法。其包括决策点、方案分支、方案点、概率分支、结果点等几个部分。对例 13-2 使用决策树法进行决策分析，结果如图 13-1 所示。

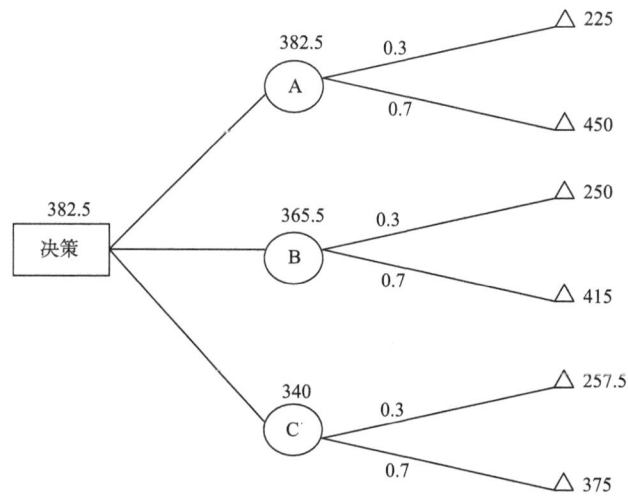

图 13-1 决策树的决策过程
"□"表示决策点,"○"表示方案点,"△"表示结果点,连接决策点与方案点的线段就是方案分支,
连接方案点和结果点的线段是概率分支

利用决策树决策的过程如下。

(1) 绘制树状图: 绘制树状图是拟订各种方案, 并对未来可能发生的各种状况进行思考和判断的过程。这个过程不仅应该画出结构图, 还应该标注各方案各种状态下的结果值以及概率值。

(2) 计算各方案的期望值: 根据图中的相关数据, 计算出各方案的期望值, 并标注在方案点上。

(3) 为决策树剪枝: 比较各方案的期望值, 从其中选择最大的方案作为最佳方案, 其余方案分枝一律剪掉, 剩下的一项方案分枝即为决策方案。

注意利用决策树的决策过程在图中是从右至左的, 其实质与期望值计算法一样, 但思维过程更为直观和清晰, 是值得采用的一种成熟的决策方法。

(三) 非确定型决策及其决策方法

非确定型决策是对未来状态最不确定的一种决策, 它的特点与风险型决策类似, 所不同的是对于每一种自然状态出现的概率无法了解, 因而决策难度也比风险型决策更大, 更需要慎重决策。常用的决策方法有乐观准则、悲观准则、后悔值准则等概率准则。

1. 乐观准则

乐观准则也称为"大中取大法", 是基于决策人员对未来状况非常乐观的态度, 只考虑每种方案的最好结果, 并且在这些结果中再选择一个最好的。例如, 决策者有一定的把握在下一年中, 不会出现秋旱的情况, 因此确信每个品种的小麦亩产都能达到其最大值, 分别是 450 千克、415 千克和 375 千克, 如表 13-6 所示。然后在此基础上选择产量最高的品种 A 作为最优决策方案。

表 13-6　乐观准则决策表（单位：千克）

自然状态	品种 A	品种 B	品种 C	决策
秋旱年产量	225	250	257.5	在三个最大
非秋旱年产量	450	415	375	值中取最大
每列中的最大值	450	415	375	450 品种 A

2. 悲观准则

悲观准则又称为"小中取大法"，与乐观准则相对应，是基于决策人员对未来状况持悲观的态度，只考虑每种方案的最糟糕结果，在这些结果中选择一个最好的。例如，决策者认为在下一年中，必将出现秋旱，因此，考虑每个品种小麦亩产的最小值，分别是 225 千克、250 千克和 257.5 千克，如表 13-7 所示。然后在此基础上选择产量最高的品种 C 作为最优决策方案。

表 13-7　悲观准则决策表（单位：千克）

自然状态	品种 A	品种 B	品种 C	决策
秋旱年产量	225	250	257.5	在三个最小
非秋旱年产量	450	415	375	值中取最大
每列中的最小值	225	250	257.5	257.5 品种 C

3. 后悔值准则

后悔值准则虽然被称为"大中取小法"，但和前两种方法略有不同。首先必须计算后悔值，所谓后悔值就是用每种方案的最大值分别减去其他自然状态下的数值的余额。形象地说，就是决策者本以为某项方案能达到最大值，因此选择了该项方案，但实际没有达到，因此后悔莫及。后悔值其实反映了方案的波动幅度。在每一方案后悔值当中首先选最大的，体现了该方案的最大波动幅度。然后再在各个方案的最大后悔值中选择最小的，也就是说希冀波动幅度不至于太大。具体过程如表 13-8 所示。

表 13-8　后悔值准则决策表（单位：千克）

自然状态	品种 A	品种 B	品种 C	决策
秋旱年产量	225	115	117.5	在三个最大
非秋旱年产量	0	0	0	后悔值中取最小
每列中的最大后悔值	225	115	117.5	115 品种 B

4. 等概率准则

正如前面所述，不确定型决策因为其各种自然状态出现的概率是未知的，因此比风险型决策更难把握。而等概率法则是对每个自然状态人为地赋以均等的概率，并计算这样概率下的期望值，然后通过比较各方案的期望值，选择出期望值最大的作为最后决策，如表 13-9 所示。也就是说，如果存在 n 种自然状态，那么假定每一个自然状态出现的概率是 $1/n$，各种自然状态出现的概率均等。然后根据这个概率来计算各方案的期望值。计算公式如下：

$$某方案的期望值 = \sum(各方案每种自然状态下的结果 \times 均等概率)$$

表 13-9　等概率准则决策表（单位：千克）

自然状态	概率	品种 A	品种 B	品种 C	决策
秋旱年产量	1/2	225	250	257.5	在三个期望
非秋旱年产量	1/2	450	415	375	值中取最大
各品种期望值		337.5	332.5	316.5	337.5 品种 A

本章小结

1. 农业经营主体在经营过程中不断面临自然环境和市场环境的变化，并且受到现有土地、资金和劳动力等要素存量的约束。为了保证农业经营顺利地开展并获得持续的较高收益，就需要根据已有的相关资料，运用科学的方法，对农业经营的方向、规模、效益等进行预测，合理制定经营目标，制订经营计划，并做出最佳的选择。

2. 农业经营预测主要有定性预测和定量预测两种方法；农业经营计划主要采取综合平衡法，辅以代替法、标准法、滚动计划法；农业经营决策按照对未来状况的把握可以分为确定型决策、风险型决策和非确定型决策。

本章习题

1. 如何按照经营预测的科学程序做好经营预测？
2. 编制农业经营计划有哪些方法？
3. 如何用决策树的方法进行经营决策？

第五编 农业经营的外部环境

第十四章

农业经营的市场环境

第一节 农产品市场

一、农产品供求的基本原理

（一）农产品需求

农产品需求是指农产品消费者在某一特定时期内，在各种可能的价格水平上愿意购买并且能够购买的某种农产品的数量。在市场经济条件下，农产品需求主要受到以下因素的影响。

1. 价格与收入

在其他条件不变的情况下，某种商品的需求量与其自身价格和互补品价格呈反向关系，而与其替代品价格和收入呈正向关系。然而，由于农产品是人们的生活必需品，因此，价格和收入的变化对其总量的影响有限，但对其品种、质量及加工品的影响比较明显。由价格变动所引起的需求量变动被称为需求的价格弹性，由收入变动所引起的需求量变动被称为需求的收入弹性，在农产品中，肉、禽蛋、奶等产品需求的价格弹性和收入弹性较大，蔬菜、水果等产品次之，谷物产品最小。此外，一种农产品的价格变动也会引起互补品和替代品需求量的变动，如猪肉价格的变化会影响牛羊肉和禽肉的需求；而随着收入水平的提高，人们会更追求高品质和精加工的农产品，而对肉类及蛋白食品需求的大幅增加，也会引起饲料粮需求的增加。

2. 人口与城市化

通常情况下，如果人口增加，则市场总需求会增大，因此，在人口众多的国家，农产品存在着明显的刚性需求。随着我国城市化进程的推进，农村劳动力大量进入城镇，以往的农产品生产者已经转变为现在的农产品消费者，农产品的需求进一步增长。此外，人口结构对需求也存在重大影响。例如，成年人比儿童和老年人、男性比女性的农产品需求量大，脑力劳动者、儿童和老年人更需求蛋白质类农产品等。

3. 地区与消费偏好

不同地区、不同民族具有不同的文化、宗教和风俗，也有不同的消费习惯，如南方地区的稻米需求较多，而北方地区的小麦需求较多；内陆地区的肉类需求较多，而沿海地区的水产品需求较多；汉族地区的猪肉需求较多，而西北少数民族地区的牛羊肉需求较多。此外，不同家庭和个人也具有不同的消费偏好，对农产品的品种需求存在较大差别，如有人喜荤而有人喜素，有人偏爱奶制品，有人偏爱水果，等等。

（二）农产品供给

农产品供给是指农产品生产经营者在一定时间内、在一定价格条件下愿意并能够出售的某种商品农产品的数量。在市场经济条件下，农产品供给主要受到以下因素的影响。

1. 农产品价格

在其他条件不变的情况下，某种农产品的供给量与其价格呈同方向变化，即农产品供给量随着价格的上升而增加，随着价格的下降而减少。然而，由于农业生产受自然条件和气候条件的制约，因此，一定时期内的供给总量有限，不会随着价格的上升而无限增长。由价格变动所引起的供给量变动被称为供给的价格弹性，通常短期供给弹性小于长期供给弹性。

2. 生产要素的价格

在农产品价格不变的情况下，如果农业生产要素的价格上升，就会导致农产品生产成本增加，利润减少，供给量也相应减少；相反，如果农业生产要素的价格下降，就会导致农产品生产成本减少，利润增加，供给量也相应增加。

3. 农业技术的进步

农业技术的进步不仅可以提高土地生产率，增加单产，而且可以提高劳动生产率，降低生产成本，从而显著增加农产品的供给量。此外，农业技术的进步还可以提高农产品的质量，挖掘农产品的新功能，从而提高农产品的附加价值，改变农产品的供给结构。

4. 政府的农业政策

政府采取的各项农业政策都会对农产品供给产生直接或间接的影响，如农村家庭承包制的实施就极大地提高了对农业生产的投入和投资，使我国农产品供给实现了由长期短缺到总量大体平衡、丰年有余的历史性跨越；农业结构调整政策有效地改变了农产品供给的品种结构和品质结构；农业补贴政策不仅降低了农业生产成本，而且提高了农业综合生产能力，促进了农产品的有效供给。

（三）农产品的供求均衡

农产品市场和其他产品市场一样，是由买方（需求方）和卖方（供给方）构成的。如果市场上某种农产品（如大米、蔬菜、水果或畜禽）的卖方多而买方少的话，就会导致供过于求，卖方之间的竞争就会变得十分激烈，为了减少自己的过剩存货，他们不得不接受较低的价格，这时买方在交易上处于主动地位，有任意选择商品的主动权；持续降价会导致卖方遭受损失，从而减少这种农产品的生产，当这种农产品的产量降低到供不应求的状态时，买方之间展开竞争，卖方处于有利的市场地位，这时就会出现某种商品的市场价格由卖方起支配作用的现象。

农产品需求与农产品供给相互联系、相互作用，共同决定农产品市场的均衡价格。然而，由于农产品的生产周期较长，调节供给量需要一段时间，因此，对农产品的长期供求关系进行动态分析时，需要考虑时间因素。根据蛛网理论，随着市场价格的波动，供给量和需求量将围绕均衡点呈蛛网状波动。

1. 收敛型蛛网

当农产品的供给弹性小于需求弹性时，价格变动对供给的影响程度将小于对需求的影响程度，这时的供求关系将呈现收敛型蛛网状，如图14-1所示。假定某时期市场上的农产品供过于求（产量为Q_1），那么价格将会下降到P_1，由于本期价格过低，生产者将在下一期将产量调整为Q_2，这时市场上将出现供不应求的局面，于是价格上升到P_2，由于价格较高，生产者再次将产量调整为Q_3，这时市场上再次出现供过于求的局面，于是价格也再次降为P_3。如此不断循环下去，直到供求逐渐接近均衡点。

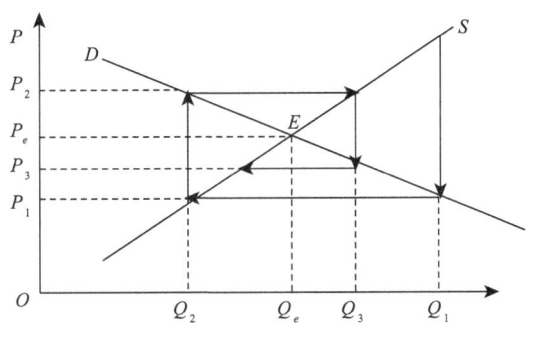

图14-1　收敛型蛛网

2. 发散型蛛网

当农产品的供给弹性大于需求弹性时，价格变动对供给的影响程度大于对需求的影响程度，这时的供求关系将呈发散型蛛网状，如图14-2所示。假定某时期市场上的农产品供过于求（产量为Q_1），那么价格将会下降到P_1，由于本期价格较低，生产者将在下一期将产量调整为Q_2，这时市场上将出现供不应求的局面，于是价格上升到P_2，由于价格较高，生产者再次将产量调整为Q_3，这时市场上再次出现供过于求的局面，于是价格也再次降为P_3。如此不断循环下去，直到供求逐渐远离均衡点。

3. 环形蛛网

当农产品的供给弹性等于需求弹性时，价格变动对供给和需求的影响相等，这时的供求关系将呈环形蛛网状，如图14-3所示。假定某时期市场上的农产品供过于求（产量为Q_1），那么价格将会下降到P_1，由于本期价格较低，生产者将在下一期将产量调整为Q_2，这时市场上将出现供不应求的局面，于是价格上升到P_2，由于价格和产量的波动幅度相等，因此形成一个封闭的循环。

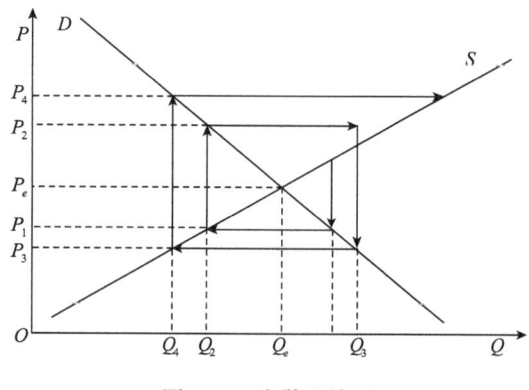

图 14-2　发散型蛛网

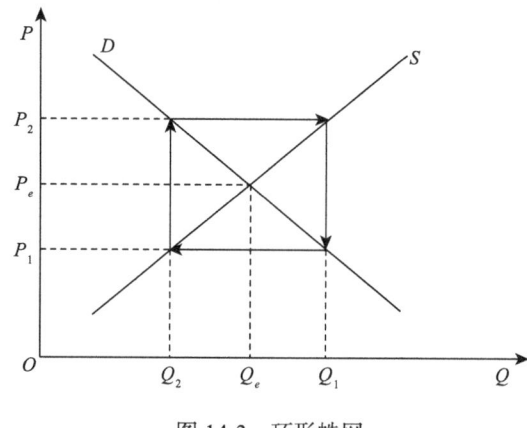

图 14-3　环形蛛网

二、农产品市场与价格形成

（一）农产品市场的概念与特征

狭义的农产品市场仅是指进行农产品交换的场所，而广义的农产品市场则是指农产品流通领域交换关系的总和，既包括各种具体的农产品市场，也包括农产品流通渠道和流通环节，以及农产品交换的原则、方式和各种主体之间的联系。

农产品市场可以按照地域、时间、价格决定、品种、职能、交易形式等进行分类，如按照地域可以分为地方市场、区域市场、全国市场和国际市场；按照时间可以分为定期市场和不定期市场；按照价格决定形式可以分为计划市场、竞争市场和垄断市场；按照商品种类可以分为粮食市场、棉花市场、油料市场、蔬菜市场、水果市场、畜产品市场和水产品市场等；按照交易职能可以分为产地市场、批发市场和零售市场；按照交易形式可以分为现货市场和期货市场。

农产品作为一种特殊的商品，既存在需求的刚性，又存在供给的周期性和季节性。

因此，农产品市场与其他产品市场相比，具有明显不同的特征。

1. 农产品市场调节具有滞后性

农产品市场调节是一种事后调节，即当农产品的供求变化和价格涨落发生后，必须通过观察和分析才能做出下一步生产计划的决策，再加上农业生产周期较长而且一般农产品市场比较分散，信息传递速度较慢，从而加剧了市场调节的滞后效应。

2. 农产品市场调节具有局限性

市场通过价格变化影响供求，进而影响资源配置和生产，然而农产品的供求有其特殊性。从供给角度来看，由于农业生产受自然条件和气候条件的制约，因而一定时期内的供给总量是有限的，加上生产环节都有自然的顺序和固定的期限，即使市场价格变化，也无法使生产者立即改变产品的供给结构；而从需求角度来看，由于农产品是人们的生活必需品，需求的收入弹性和价格弹性都较小，因而价格变化对其需求量的影响有限。

3. 农产品市场具有不均衡性

受自然因素的限制，众多农业生产者做出生产决策的时机基本相同，其决策所依据的市场信息也大体相同，而且农业生产周期长短也基本一致，因此，上一期价格的升降往往引起各个生产者下一期供给量的同时同向变化，导致农产品价位与货量过盛或短缺的恶性循环，市场经常处于一种不均衡状态。此外，农业生产对气候条件的反应特别敏感，恶劣的气候会打破生长周期和收成规律，造成某一时期或某一地区的农产品大量减产，从而形成农产品市场的衔接空当。

4. 农产品的市场具有分散性

由于农产品生产者分散于广大农村地区，因而产地市场不仅规模较小，而且分散于各地产区，加上农产品大多为生鲜类产品，运输不便，因而批发市场也具有地域性特点；而农产品消费主要以家庭为单位，具有少量多次、零散购买的特点，因而零售市场为了贴近消费者，也多分散于各居民区内。

（二）农产品市场主体与流通过程

农产品市场的参与主体主要包括生产者、收购商、加工商、批发商、零售商和消费者，如图14-4所示。尽管生产者与消费者是农产品市场的主要卖方和买方，但由于生产者和消费者主要是以一家一户为单位，规模小而且分散，因此需要一些中间环节来减少交易次数，降低交易成本，于是市场中就出现了一系列中间主体。当然，农产品的流通模式并非固定不变，而是因地区、季节、市场距离、品种等有所不同。农产品的流通模式一般有以下几种。

1. 生产者→消费者

这种模式又叫直接渠道，它是指农产品生产者直接将产品销售给消费者，不经过任何中间商，是最直接、最简单和最短的渠道类型。这种流通模式自古就有，一般是生产者自产自销，有时产地上少数特殊的水果、蔬菜或不易保存的农产品也会直接供应给特殊客户，而且近年来一些地区流行的有机农产品生产者也开始建立自己的直销渠道。

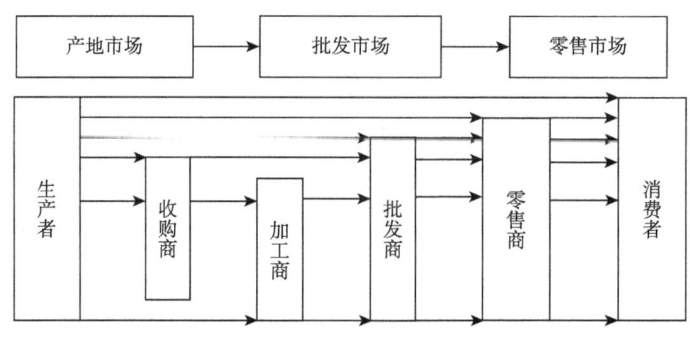

图 14-4 农产品的流通过程

2. 生产者→零售商→消费者

这种模式也称一层通道，它是指农业生产者将农产品出售给零售商，再由零售商转卖给最终消费者，生产者和消费者中间经过一道零售环节。这种流通模式在我国农村地区的蔬菜、水果市场上仍然随处可见。

3. 生产者→批发商→零售商→消费者

这种模式为大多数中、小型企业和零售商所采用。农业生产者将农产品出售给批发商，批发商再转卖给零售商，最后出售给消费者。我国大中城市蔬菜消费就主要通过这种渠道流通。例如，在蔬菜生产基地，批发商大量收集蔬菜并运送到大的消费地批发市场，在市场出售给零售商，零售商最终在集贸市场销售。

4. 生产者→收购商→批发商→零售商→消费者

这种模式在生产者和批发商之间又经过一道收购商环节，收购商起到了集中分散货物的作用。农产品的收购商有两类：①基层商业部门设立的独立核算的收购站和供销社：以政府或企业名义收购农副土特产品后交给市、县商业批发企业；②个体商贩：多由个体组成，收购农副产品后转卖给批发企业。

5. 生产者→加工商→批发商→零售商→消费者

这种模式是生产者将农产品出售给加工商，而不是批发商。采用这种方式的是原始形态不适合消费者直接消费，必须经过加工的农产品。加工是整个农产品流通过程的主要环节，采用这种渠道模式，一般是在农产品产地设有农产品加工厂，便于生产者直接出售。

6. 生产者→收购商→加工商→批发商→零售商→消费者

这种模式是收购商到生产者处收购，转卖给加工商，加工之后通过批发零售环节最终实现产品销售。与前一个渠道不同的是，这类农产品大多是必须经过特殊处理才能运输，或者数量达到一定数额才能销售的产品。

（三）农产品市场的价格形成

我国农业以农户小规模家庭经营为基础，市场集中度低，既接近于完全竞争的市场，又存在过度竞争。农产品价格是在市场机制作用下由市场供求关系决定的,不同的市场交易会形成不同的农产品价格。

1. 集贸市场与价格形成

产品集贸市场是在一定的区域内,以农产品生产者和消费者交易为目的,以当地农产品为交易对象,以零售为主要形式的现货交易。农产品集贸市场具有地方特色,进场交易者主要是当地农户和城镇居民,每笔交易成交量小,而且买卖双方直接交易,交易成功后钱货两清。农产品集市价格随着农产品市场供求关系的变化而变化,数量众多的农产品供给者和消费者是既定的市场价格接受者。追求利润最大化的理性农户根据市场价格的波动调整生产经营行为。

农产品集市价格具有明显的地区差价、季节差价和时点差价。地区差价是由农产品生产的区域性、消费的普遍性和集市贸易的范围决定的;季节差价是由农产品生产的季节性和消费的常年性决定的;时点差价,即同一农产品在同一市场上不同时点的价格各不相同。农产品集市价格的变化是农产品供求矛盾对农产品集市贸易起调节作用的表现,影响着农户的决策,进而导致市场供求关系的变化。

2. 批发市场与价格形成

农产品批发市场具有两种性质,即组织性和场所性。作为一种流通组织,它为买卖双方及其代理人提供农产品的批量交易场所、交易设施和交易服务。为了保证农产品批发交易的客观公正性,批发市场的管理主体需要制定交易规则,规范入场交易者的交易行为。入场交易的农产品经营者必须按照市场交易规则和市场管理章程规范交易行为,进行客观、公正、平等的交易竞争。同时,专门的交易场所、指定的交易时间、明确的交易规则、统一的结算方式,使得农产品批发市场又成为一种规范的交易场所。

农产品批发市场可以大量吸引、汇集各地的农产品,再把农产品发散到各地,迅速实现商品价值和使用价值的让渡。农产品批发价格比较真实地反映农产品商品的价值和市场供求规律,是商品的价值规律和供求规律共同作用的结果,交易双方是既定价格的接受者。这种价格是农产品市场的基础价格,发挥着农产品市场的价格导向作用,是政府部门制定政策和企业、农户进行生产经营决策的重要依据。

3. 期货市场与价格形成

期货交易是指在期货交易所内进行的标准化合约的买卖。农产品期货市场是在市场经济发展过程中,围绕农产品期货合约交易而形成的一种特殊经济关系,买卖的是农产品期货合约,是一种在期货交易所内达成的、受一定规则约束、规定在将来某一时间和地点交割某一特定农产品的标准化契约。在单位合约中,农产品的规模、品质、数量、交货时间和地点都是既定的,唯一的变量是价格,这种价格在期货交易所内以公开竞价方式达成。

公正的农产品市场价格的形成需要一定的条件,如农产品供求的集中、农产品市场的秩序化、公平的竞争环境等,以使农产品信息集中、市场透明、价格真实地反映农产品供求,从而形成公正的农产品市场价格。农产品期货市场满足了这些条件,同时还提供严格的法律和交易规则保障，为农产品价格的形成提供了良好的条件。另外，农产品期货市场还有一系列制度性保障，如会员制、保证金制、公开叫价制、层层分担风险制等，从制度上保证了公平竞争原则在交易中的贯彻。因此，农产品期货市场通过期货交易而形成的农产品价格不是个别交易的结果，而是在一个集约化程度较高的市场上形成的农产品价格，能够比较真实地反映市场供求状况，从而作为农产品的基准价格。这个基准价格表现的是现在农产品市场对未来农产品价格的预期，集中了即期的与未来不同时点的市场供求状况，计算的基础是现货价格加上各种利息、仓储、运输、管理等费用，场内交易双方再以自己的风险预测经验和知识决定农产品期货价格。农产品期货价格具有很强的导向作用，在一定范围内对于农产品现货交易提供了重要参考，同时也为企业和农户开展生产经营活动提供决策依据。

三、农产品价格波动与农业经营

（一）农产品价格波动类型

1. 短期波动

短期波动是指农产品价格每小时、每天或每周的波动。引起短期波动的主要原因是供求发生临时性变化，或运销商对市场供求的推测产生了偏差，因此是一种临时性的波动。这种波动通常次数多而幅度小，缺乏规律而难以分析。

2. 突发性波动

突发性波动是由偶然事件导致的波动，如罢工、暴动、战争、地震、台风、洪水、雪灾或商人囤积等，使农产品价格产生非正常波动。由于波动幅度较大，时间上无规律可循，因此也难以估计。

3. 季节性波动

季节性波动是四季气候不同而影响农产品的供求所致。不同的作物有不同的适宜生长季节，因而农产品的供给具有很强的季节性。而农产品的需求也受季节的影响，如冬春气温低，人类需要大量高脂肪、高蛋白的鱼肉类食品；夏秋气温高，低热量的清淡蔬果需求较大。

4. 年度波动

农产品价格的年度波动是由于每年收获量的不同引起的。各年的收获量之所以不同，可能是由于气候变化（如降水量的多寡）、土壤养分供给的周期性循环、多年生果树隔年结果的特性等造成的，也即农副产品的生产过程中存在一个"大年小年"的规律，丰收之年价格下跌，歉收之年价格上涨，使农产品价格每年波动。

5. 循环波动

农产品价格的季节性波动也属于一种循环波动，但只属于一年内的短期波动。而循环波动则是长期的，一个循环周期往往长达数年甚至十年、二十年。此外，季节性波动主要是气候等自然因素影响的结果，而循环波动则是人为的供求失调导致的，由于农业生产者规模小而分散，而且大多数对市场需求信息缺乏了解，因此生产的盲目性较强且产品同质化现象严重，导致价格暴涨或暴跌循环。

6. 长期波动趋势

商品价格的长期波动趋势，主要是供给或需求长期渐进的改变，或货币的缓慢升值或贬值造成的。从供给角度来看，农业生产方法与技术的改进、新品种的推广、单产的提高等，都需要较长的时间才能完成，因此，生产成本会逐渐降低，价格也会缓慢下降；从需求角度来看，人口的自然增长、消费者收入的逐渐提高、农产品用途的改变以及替代产品的减少，都会引起农产品需求的增加，从而使价格逐渐上涨。在长期趋势曲线中，可能出现许多短期的上下波动，但长期性的上升或下降趋势可以通过统计分析得知。

（二）农产品价格与农业经营

农产品的收获量对价格影响极大，因为农产品的需求弹性较小，因此产量增加就会导致供给多而价格下跌，农业经营者的收入减少；相反，产量减少就会导致供给少而价格上涨，农业经营者的收入增加。农产品价格在不同国家具有不同的波动程度，对农产品不足的国家，多产才能满足民众的需要，因而价格不至于猛跌，少产则使价格大幅度上涨；而对农产品过剩的国家，人们的生活一般比较富裕，多产会导致价格猛跌，少产则因其他替代品较多，价格可能略涨。

农产品价格对农业经营的影响主要有以下三个方面。

1. 农产品价格影响资源配置

通常农业经营者会根据农产品价格的高低，对土地、劳动力和资金等生产要素进行有利的配置。如果农产品价格高，则将更多的土地、劳动力和资金投入农业；反之，如果农业经营无利可图，则不再将资金投入农业，农用地也可能转租或任其休闲，而劳动力会转向非农产业。

2. 农产品价格影响收入分配

农产品价格的涨跌对农户和非农户的收入分配存在较大影响。如果农产品价格高涨，消费者的生活成本将会提高，但农业生产者的收入也会提高。同时，农产品价格也会影响不同规模农户的收入分配。商品化程度较高的大规模农户，因农产品涨价所获得的利益较大，而商品化程度较低的小规模农户，因农产品涨价所获得的利益较小。

3. 农产品价格影响资本形成

农产品价格提高，农户收入随之增加，自然刺激农户进一步投资农业，而且富余的资金可以进行储蓄。农产品价格上涨对不同规模的农户影响也不同，大规模农户的产量较大，可以将全部产品出售，若农产品涨价，所获得的利益就会转为投资；小规模农户只出售部分产品，且数量较少，因农产品涨价所获得的利益有限，对资本形成的帮助也较小。

第二节 农业生产资料市场

一、农业生产资料市场的现状与问题

（一）农业生产资料市场的形成与发展

农业生产资料是指用于农产品生产和保证农产品生产过程顺利进行的物质材料及其他物品，简称农资。农资产品包括的范围很广，不仅有种子、肥料和农药，还有农机具、农膜、饲料和饲料添加剂、种畜禽、牧草种子、食用菌菌种、兽药等其他农用生产资料。

中华人民共和国成立以来，我国农资市场经历了以下三个发展阶段。

1. 完全计划管理阶段：中华人民共和国成立后到 20 世纪 80 年代初

中华人民共和国成立初期，国家尚未建立专门的种子机构，农村普遍实行"家家种田，户户留种"，其后国营农场承担起良种繁育的任务，1958 年以后主要依靠农业合作社自选、自留、自繁，并辅之以必要的调剂，在此方针的指导下，全国各地逐步建立了县良种场为骨干、公社良种场为桥梁、生产队种子田为基础的三级良种繁育推广体系，使农业生产用种得到了基本解决。

对于种子以外的化肥、农药等主要农资，则实行计划生产和统购统销，即每年由当时的国家计委或化工部向企业下达生产任务，由全国供销合作总社所属的各级农资采购站独家经营、统购统销。

2. 计划与市场管理相结合阶段：20 世纪 80 年代初到 20 世纪末

中央提出了种子"四化一供"（生产专业化、加工机械化、质量标准化、品种布局区域化，以县为单位统一供种），由此诞生了中国种子公司，各省、地（市）、县种子公司也相继成立。此时种子作为商品已被认同，非主要农作物种子的计划管制取消，实行市场调节，主要农作物的种子仍然实行计划供应，但种子仍由国有种子公司垄断经营，未形成真正的种子市场。

而种子以外的化肥、农药等主要农资，则先后经历了"双轨制"（1983~1988 年）和专营体制（1988~1998 年）两个阶段。在双轨制阶段，计划内价格由国家统一定价，计划外价格由市场调节。1989 年 12 月，《国务院关于完善化肥、农药、农膜专营办法的通知》标志着化肥销售主体"一主两辅"制的形成，确立了以中国农业生产资料公司和各级供销社的农业生产资料经营单位为主渠道、县以下农业三站和生产企业为辅渠道的专营体制。

3. 市场资源配置阶段：21 世纪以来

1998 年 11 月，国务院出台了《关于深化化肥流通体制改革的通知》，标志着我国化

肥流通体制由计划经济体制向社会主义市场经济体制的根本转变和重大转折。其中，取消了国产化肥指令性生产计划和统配收购计划，由化肥生产和经营企业自主进行购销活动。此后，农资市场的流通开始松动，农药、农膜、种子、饲料等农资市场逐渐开放，农资产品的供给主体由过去单一受国家委托经营的供销社演变为供销社农资公司、农资生产企业、农业"三站"、种子公司、个体工商户等多种市场主体，多种流通渠道共同参与农资经营的格局。

（二）农资市场的现状

1. 种子市场的现状

自2000年《中华人民共和国种子法》颁布实施以来，种子行业逐渐向市场化和规范化方向发展，品种权得到有效保护，企业商品化育种的积极性加大，并逐渐发展成为育种研发的主体。截至2010年，我国种子企业数量飞速增长，行业内拥有种子生产经营许可证的公司最多时有8 700多家。此后，种子行业整合开始加速，截至2015年，我国持证种子企业减少至4 660家，行业集中度明显提高。从近年来我国种子市场供需态势来看，我国种子市场供需基本处于平衡态势，2015年我国种子总产量为1 865万吨，种子需求量为1 850万吨，种子市场规模达780亿元，是全球第二大种子市场。

2. 化肥市场的现状

我国化肥生产可分为三个类型：第一类生产原料肥，如磷铵等，这些肥料虽然一部分直接用于农田，但更多的是用于其他肥料的生产；第二类不直接生产氮素，也不开采磷矿和钾矿，而是利用已有的原料肥如尿素、磷铵等进行二次加工，生产复（混）合肥料；第三类生产不同类型的新型肥料，包括中量元素肥料、微量元素肥料、生物肥料和缓/控释肥料等，虽然这些肥料的产量占比很小，但企业数量较多。截至2013年，我国从事肥料生产的企业共有8 000多家，化肥总产量7 540万吨，其中氮肥产量为4 950万吨，磷肥产量为1 800万吨，钾肥产量为610万吨。除钾肥还需进口外，其他化肥均呈现出不同程度的过剩。

3. 农药市场的现状

经过多年的发展，我国已形成了包括科研开发、原药生产、制剂加工、原材料及中间体配套等较为完整的农药工业体系。截至2016年9月19日，我国获得农药生产资质的企业共有1 656家，其中原药生产企业483家。农药的生产能力与产量已处于世界前列，产品质量稳步提高，品种不断增加，为优质高效农业提供了强有力支持。据中国农药工业协会统计，2015年我国农药生产总量（折百量）132.8万吨，其中，杀虫剂30.3万吨，杀菌剂16.9万吨，除草剂82.7万吨，其他农药2.9万吨。2008~2015年，我国农药出口量年均复合增长率达到13.48%，总体保持稳定增长趋势。

4. 农膜市场的现状

当前我国农膜生产企业近千家，产量与用量约占世界总量的62%，是农膜生产和消费大国。统计显示，2015年全国农膜年产量为232.8万吨，覆盖面积达4亿亩以上。而且我国农膜产品的门类已比较齐全,具有长寿、流滴、保温、消雾、防菌、转光、高透光等功能的各种单层、多层复合棚膜,流滴、除草、增温、降解、防虫等功能的地膜,日光温室、蔬菜、瓜果、花卉、烟草、棉花、青贮等专用农膜已得到广泛应用。

5. 饲料市场的现状

我国饲料行业目前处于稳定发展时期。从 2011 年开始,我国饲料行业发展速度开始减缓,产量增速呈逐年下跌趋势,2015 年我国工业饲料产量为 20 009 万吨,增速为 1.57%。与产量变化情况一致,我国饲料需求增速也放缓。饲料产品存在运输半径限制的问题,预混料的运输半径为 60~100 千米,浓缩料的运输半径为 150~200 千米,全价配合料的运输半径为 300~500 千米,因此饲料的企业生产基地布局往往与各地区的销售直接相关。2015 年,我国配合饲料产量前十的省份依次为山东、广东、广西、河南、江西、湖北、辽宁、湖南、四川、福建,这些省份基本都是生猪或者家禽养殖大省。从配合饲料区域产量占比来看,配合饲料产量最大的为华中地区,华中地区的湖北和湖南都是养殖大省,对饲料的需求旺盛;配合饲料产量最小的为西北地区,西北地区不是传统的人工养殖区域,对饲料的需求相对较小。总体来看,我国饲料产能布局正在日趋合理,饲料产能基本按照养殖业发展情况进行布局。

(三)农资市场的主要问题

1. 同质化严重,产能过剩

由于农资产业进入门槛大幅度降低,加之一直以来农资行业具有较高的利润空间,因此,大量资金流入,农资生产企业数量激增,不同企业的相同产品充斥农资市场,容易形成农资行业整体产能过剩、企业恶性竞争的局面。以杂交玉米为例,相关数据显示,2013 年,杂交玉米制种面积 382 万亩,预测制种产量 13.6 亿千克,有效库存 10 亿千克左右。产能过剩现象比较严重,而 2014 年的情况更加严峻。2014 年可供种 23.6 亿千克以上,种植面积 5.5 亿亩,需种量 11.5 亿千克,余种量 12.1 亿千克左右;2012 年我国氮肥、磷肥国内产能已严重过剩,分别过剩约 1 000 万吨、800 万吨;而大型饲料企业的产能利用率均在 50% 左右,产能严重过剩。

2. 行业分散,市场集中度低

较低的门槛、激烈的竞争,造成了目前我国农资企业过多,行业过于分散的现状。从国际对比上看,世界前 20 强种企的市场份额为 73%,但国内仅有 25%,远低于世界平均水平。2014 年,国内前 20 强的杂交玉米和杂交水稻种子的市场集中度分别仅为 25% 和 36%;截至 2016 年 9 月 19 日,我国获得农药生产资质的企业共有 1 656 家,至今尚没有具有国际竞争能力的龙头企业;2015 年末,饲料企业中的新希望、温氏、正大、海大、双胞胎、唐人神、正邦科技、亚太中慧、大北农、通威股份、禾丰牧业等 12 家集团年产量只占饲料市场的 38%,大部分饲料企业仍是小规模企业。

3. 市场秩序混乱,监管效率低下

由于农资属于大宗商品,在生产和消费时间上存在矛盾,农资流通企业存在着淡储旺销的问题。为了降低储存费用，尽快回笼资金，经常发生"价格战"，使得行业利润空间缩小。恶性竞争和混乱的市场流通秩序让不法投机者有机可乘，通过不正当竞争方式来获取超额利润。与此对应的农资监管却涉及农业、工商、质量监督、经贸委、物价、公安、安全生产、供销社、林业等10多个部门，资源分散，缺少沟通、协调、配合，监管力量大幅削弱。同时，法律法规没有赋予有关部门对违法生产、经营者进行强制管理的完整事权，各监管部门均不能全面、有效地对农资生产、流通领域的违规问题进行监管，从而造成我国农资监管主体实际上的缺位，尤其在基层，多头执法、重复执法的现象普遍存在，既加重了经营者的负担，又容易出现监管漏洞，加上许多基层农资行政监管部门存在监测装备不足、检测手段落后等问题，我国农资市场监管效率十分有限。

4. 外资企业进入，对国内企业造成冲击

随着我国农资分销、零售市场的全面对外开放，外资农资企业不仅要把外国的农资产品销往中国，还努力在我国建立自己的农资流通渠道。虽然外资企业的进入有利于规范我国农资流通市场秩序、提升农资流通企业经营质量、促进农资产品结构调整，但我国农资企业普遍存在科技创新能力低、经营规模小、管理水平差、市场竞争力弱等问题，因此，外资流通企业的进入使我国本土农资企业面临着极为严峻的挑战。

二、农业生产资料市场的特征与价格形成

（一）农业生产资料市场的特征

1. 农业生产资料市场具有分散性

以家庭为单位的联产承包责任制形成了小而分散的农业经营格局，而且农户可以自主决策经营的品种和规模，因此农户对农业生产资料的需求零散，市场也分布在广大农村。

2. 农业生产资料市场具有季节性

农业生产过程因作物种类的多样性而复杂多变，不同季节所生长的作物种类可能完全不同，病虫害的发生也有极强的季节性，对土肥条件的要求也会因为生长期的不同而不同。这些都会导致农资产品购买的集中性，使农资产品的需求呈现出明显的季节性特征。

3. 农业生产资料市场具有地域性

不同的地域有着不同的地形、土壤、雨量、温度、湿度、日照等自然状况，农户也有着完全不同的种植和生活习惯，因此，不同地域的种植结构和品种存在较大差异，对种子、农药、化肥等农资产品的需求也存在较大差异。

4. 受气候条件的影响

气候条件对农业生产资料市场的影响是间接的。气候变化直接影响作物生长、病虫害的发生发展及作物对水、肥的需求，间接地影响农业经营主体对农资产品的需求。联

合国粮农组织（Food and Agriculture Organization，FAO）2009年发布的报告指出，以增温为特征的全球气候变化趋势对种植业发展影响微妙，病虫害会使种植业减产，近些年全球作物单产徘徊不前，又会使作物生产越来越依赖于更多的物质投入，其中突发性气候因素可能带来化肥需求增加。

5. 受农资价格的影响

由于农业经营者的自有资金有限，贷款也存在一定的难度，因此在购买农资产品时，价格成为选择产品的首要因素。通常情况下，商品价格越低则需求量越大，反之，商品价格越高则需求量越小。例如，近年来化肥、种子等农业生产资料价格上涨，造成农业生产成本增加，农业生产积极性严重受挫，农业投入也受到极大影响。

6. 受农产品价格影响

农产品价格的涨跌直接影响农业经营者所能获得的收益，因而经营者会根据农产品的价格变化来调整来年的生产计划，从而影响其农业生产的投入程度。如果农产品价格平稳或上涨，经营者的积极性就会有一定程度的提高，从而维持稳定的农资产品需求或增加农资产品需求；反之，如果农产品价格下跌，经营者的积极性就会降低，从而减少农业投入进而减少农资产品需求。

7. 受农业技术的影响

农业技术的发展不仅使新品种不断涌现、耕作方式和饲养方式不断改善、病虫害防治办法不断更新、农业机械化程度不断提高，以及化肥、农膜、大棚等农资投入不断增加，而且使农资产品的需求不断向多品种、多元化方向发展，如近年来多功能三元复合肥的大量使用，以及高效、低毒、无公害新型生物农药的需求激增等。

8. 受农业政策的影响

政府的农业政策，如结构调整和退耕还林等，都足以影响农业生产结构和品种结构，从而改变农业经营者对各种农资产品的需求。此外，取消农业税以及农业直接补贴等一系列惠农政策的实施，可以极大地提高农业经营者的生产积极性，引发对农业生产资料的"强势需求"。

（二）农业生产资料市场的价格形成

改革开放以来，农业生产资料价格改革经历了一个不断深化的过程，改革步伐不断加快。改革初期，由于化肥、农药、农膜计划分配比重较大，因此市场上的价格主要以国家、地方部门定价和国家指导价为主。随着国家统配数量和品种的减少，以及企业自主经营权的扩大，农资价格经历了国家定价、国家指导价、市场调节价三个过程。近几年随着农资商品国内生产能力的提高，买方市场逐渐形成，市场形成价格的机制正在建立。

由于农资产品存在一定的刚性需求，因此，从短期来看其需求相对稳定，如果供给不断增长，则会引发价格下跌。然而，尽管我国农资产业已经严重供大于求，但农资价格却在持续上涨。其原因主要有以下几个方面。

1. 粮食价格上涨后的比价效应

粮食价格上涨，促使了肉、禽、蛋、奶及其制品等相关食品价格走高。同时，饲料、种子、产品畜等农资价格与粮食价格存在比价关系，当粮食价格上涨时，作为与粮食消费密切相关的饲料、种子、产品畜等许多农业生产资料价格就会联动上涨。

2. 需求对价格的拉动

取消农业税，对农户实行农业生产直补、补贴等一系列惠农政策，使农民的生产积极性提高，促进了其对农业的投入。此外，农业结构调整步伐加快，以及现代农业发展的客观要求，特别是主要农产品消费价格出现恢复性上涨以后，也使农村对农用化肥、农药、柴油、农膜等农资产品的需求量大幅增加，供求关系的变化必然刺激相关农资产品价格上涨。

3. 生产环节的成本推动

国际市场石油、天然气和国内煤炭价格上涨，通过产业链传导至生产企业，导致生产成本大幅度增长，农资产品全面涨价。原材料价格的上涨对化肥、农用机油、农药、农膜、机械化农具等产品价格的上涨产生助推作用，加之煤、电、油、运等总体偏紧张和治理超载后公路运费上涨的影响，农资价格出现阶段性的大幅上涨也就不可避免。

4. 流通环节的加码影响

近年来农资经营主体趋于多元化，除了原来的供销社系统和农资公司外，农技部门、生产企业等也都介入其中，而且还有不少个体承包经营或是"挂牌"销售。经营单位的增多导致了流通环节的增加，为了追求利润，就会层层加价。此外，经营体制复杂，农资价格中的非市场因素比重较大，导致价格失真现象严重。

5. 供需矛盾的规律作用

为了减少环境污染，国家关停了部分小化肥生产企业，同时对一些农药品种采取了禁用措施，使化肥、农药等企业减少了产量。另外，国际市场农资价格走高，刺激了国内企业加大出口力度，从而导致资源外流，使国内供求矛盾加剧，导致价格上升。

（三）农业生产资料价格上涨对农业经营的影响

农业生产资料是农业生产的"必需品"，其价格是否稳定直接影响到农业生产是否稳定，也直接影响到农民增收是否稳定。农资价格上涨对农业经营的影响主要有以下几个方面。

1. 弱化了中央各种财税惠农政策

为减轻农民负担，增加农民收入，国家连续多年下发"一号文件"，并出台了农业税减免、粮食直补、生猪补贴等一系列优惠政策。据测算，每亩耕地各分项的直补、补贴共计135元左右，但农资价格大幅度持续上涨，使每亩耕地增加支出65元左右，约占直补、补贴的1/2，一定程度上抵消了支农政策给农民带来的实惠。

2. 增加了农业经营的成本

以水稻种植为例,往年每亩化肥成本基本都在 220 元左右,2017 年化肥涨价,每亩化肥成本增加到 280 元,亩均成本将增加 60 元;对养猪户亦是如此,由于饲料成本占养猪成本的 70%左右,2016 年豆粕价格已经达到每吨 3 700 元,玉米价格也是从每斤 0.92元涨到 1.12 元,这样一来,每头猪的利润将减少 200 元,现在即使按照每斤 9.5 元的价格卖猪,一头 125 千克的猪也只有 300~350 元利润。

3. 增加了农业生产的投资风险

农业生产资料价格上涨在一定程度上影响了农民对农业生产项目的投入和对生产经营规模的扩大,制约了农业的可持续发展。对种养农户而言,一方面农资大幅上涨,增加了投资,另一方面,农产品效益预测难度较大,不利于稳定物价。以猪的饲养为例,仔猪价格翻番,饲料价格大涨,猪病防疫等投资都比往年增加,投入与产出的比较效应减少,风险加大,降低了一些养殖户的信心,直接决定了今后生猪的存栏和出栏数量。

4. 增加了农业生产资金需求

农业生产资料价格上涨加重了农民对农业生产投入的负担,直接导致了农业资金需求的增加,农村信用社信贷支农的任务更加繁重,特别是一些资金短缺的农村信用社,将难以满足农民资金需求。同时,农资价格上涨加大了农村信用社支农信贷资金的风险。

第三节 农业资金市场

一、农业资金的市场供求

(一)农业资金的市场需求

农业资金的市场需求主体主要包括农户、农村合作经济组织和农业企业。由于农业具有弱质性和生产周期长等特点,因此农业资金的市场需求也表现出以下三个特征。

1. 需求总量庞大

由于农业的比较利益低下,通过农业经营来积累再生产资金相对困难,因此,农业贷款逐渐成为农业经营的主要资金来源。据统计,我国有 2.5 亿个农户,其中约一半有信贷需求,而且,随着农业结构不断调整以及农村生产经营方式的转变,农业生产正从原有的简单再生产转向扩大再生产,并由发展劳动密集型农业向发展资金技术密集型农业转变,生产经营方式也正由粗放型转向专业化、规模化、集约化经营,农业生产的组织化程度也会越来越高,这些都对资金产生越来越大的需求。与此同时,在农业产业化的趋势下,农村合作经济组织以及产业链条中的上下游企业的资金需求也在日益增长。

2. 需求层次具有多样性

由于我国农户经营规模较小，农业资金需求具有分散性、小额度和多样化的特征。不同区域的资源禀赋、经济社会发展水平导致了农户间的较大差异，使其对资金的需求量和需求范围表现出多层次、多元化的不同特征：贫困农户需要获得较少的融资，以实现全面脱贫并维持简单再生产；已脱贫农户需要获得较多的融资，以初步致富并实现初级层次的扩大再生产；具备经营能力的农户则可在商业性金融的竞争条件下获得更大的融资，以实现高层次的扩大再生产，甚至带动本地产业结构的升级。而农村合作经济组织和农业企业也由于不同的经营规模、经营类型和经营状况，存在不同层次的资金需求。

3. 需求具有周期性

由于农业生产周期较长，其资金周转通常比工商业慢，而且，随着农业经济结构的调整，农业生产不再局限于春种秋收，而是大量种植各种高效经济作物。经济作物一般生产期较长，所需资金的周期也随之延长。此外，农业产业化带来的产业链条的延长使得资金需求从生产环节延伸到产、供、销的各个环节，如果其中某个环节缺乏相关配套的资金支持，农产品就难以实现增值和正常流通，生产经营的循环将受到影响，这也延长了对资金的需求周期。

（二）农业资金的市场供给

农业资金的市场供给主体主要是金融机构和民间金融。目前，农村的金融机构包括农村商业银行（信用社）、农业银行、农业发展银行、邮储银行、股份制商业银行、贷款公司和农村资金互助社；农村民间金融包括民间借贷，各种会合、摇会、台会，以及私人钱庄、基金会、储金会等。

农业生产的特殊性和农业经营主体的分散性，决定了农业资金的市场供给具有以下三个明显特征。

1. 供给的风险性较大

农业生产不仅受自然条件变化和病虫害的影响，而且还受市场价格波动的影响。因此，农业资金投入后的收益具有较大的不稳定性，容易导致借款方无力还款。此外，借款方的资金用途、投资风险等信息很难把握，加上诚信意识的缺乏也容易导致故意或策略性违约。银行业监督管理委员会2007年的年报显示，当年年末商业银行农林牧渔业贷款不良率高达47.1%，2008年底农业银行不良资产剥离后，这一比率大幅下降，但2009年商业银行涉农贷款不良率仍高达7.4%，大大超出工业贷款2.9%的不良率水平。民间金融的情况也相同，由于在组织方式、运作机制、约束机制等方面存在着诸多不规范，而且缺乏法律保障，因此更容易产生借款不还等债务纠纷。

2. 供给的成本较高

由于我国农户平均经营规模较小，而且农业资金使用分散，因此单个农户的资金需求额度十分有限；农村合作经济组织与农业企业大多为中小型，经营种类多样且批量较小，对资金需求的随意性大、频率高、时间紧。这就导致了金融机构在信息搜集、网点设置、合约订立、事后监督等方面的交易成本增加，而农村民间金融的小规模经营会使得单笔金融业务的运作成本无法通过规模的扩大来分摊，因此金融业务的平均成本比较高。

3. 供给具有分割性

由于我国的土地为集体所有，产权不完整，土地、房屋以及相关的财产都无法进入市场，不能抵押，因此，农户和中小企业容易被金融机构拒之门外，而民间金融对抵押品的要求虽然不严，但为了减少信息不对称和控制违约行为，往往只将款项借给那些有长期往来关系的客户，并且控制客户从其他供给主体处借款。

二、农业贷款的种类与作用

（一）农业贷款的种类

1. 短期贷款

短期贷款通常是农户或农业企业为购买种子、种苗、化肥、农药、农膜、饲料等农资产品或支付雇工工资等所进行的融资，贷款期限一般为1年以内。目前，金融机构为农户提供的短期贷款主要是"小额信用贷款"，一般按照农户的信用等级发放，额度5万元以内，贷款利率执行中国人民银行同档期利率，下限为基准利率，上限为基准利率的2.3倍。涉农企业的短期贷款主要是抵押贷款，额度为固定资产价值的五成，利率为6个月以内（含6个月）4.86%，6个月至1年（含1年）5.31%。

2. 中期贷款

中期贷款通常是农户或农业企业为购买农机具、牲畜、经营果园、建设温室大棚等农业设施或为清偿债务所进行的融资，贷款期限一般为1~5年。目前，金融机构为农户提供的中期贷款主要有农户联保贷款和农户保证担保贷款，前者为3~5户联保，期限为3年，额度在5万元以内；后者为其他自然人或企业担保，贷款期限与项目经营周期匹配。涉农企业的中期贷款与短期贷款类似，利率为1~3年5.6%，3~5年5.96%。

3. 长期贷款

长期贷款通常是农户或农业企业为新建、扩建、改造、开发、购置大型固定资产项目和生产基地（如畜舍）所进行的融资，贷款期限一般为5年以上。目前，金融机构提供的长期贷款主要有抵押和质押贷款及农业专项贷款，前者为以不动产和存单为抵押的贷款；后者为地区政府部门针对一些龙头企业，以专项保证金提供担保的贷款，贷款期限与项目经营周期匹配。

(二) 农业贷款对农业经营的作用

随着传统农业向现代农业的转变，以及农业生产向专业化、社会化和市场化的发展，机械设备、温室、灌溉、良种、农药等现代农业生产要素的投资，现代农业气象、通信、交通等公共设施和公共服务等农业公共产品的投资，都越来越依赖大量的资金，而这些资金靠农户和涉农企业的生产积累很难获得。除了国家财政对公共产品的投资以外，大量的投资主要依赖信贷市场的融资。因此，农业贷款已经与现代农业的发展密不可分。

1. 农业贷款可以促进农业技术进步

传统农业向现代农业转变的最典型特征是大量农业新技术的采用和农业技术的不断进步。现代农业技术是一种可分的技术，一是可以独立于大规模的资本投资而存在；二是这种技术本身具有可分割性。例如，先进的耕作方式、新品种采用的高产技术等可以独立于大规模的资本投资，并且技术本身是可以分割的，可以进行分散的投资。这种可分的农业技术进步不完全依赖于农业信贷。除此之外，另外的农业技术一般是包含在一定的资本投资当中，并且是不可分割的。例如，农业的机械技术、温室技术、水利灌溉设施及技术、自动化管理设备与技术等现代农业技术都是包含在一定的大规模投资当中，并且这种技术具有整体性和不可分割性，一旦投资没有达到规定的最低限额，就不能实现技术的功能。农业信贷资金使得农业生产者在较短时间内完成资本积累，进行大规模投资而获取现代农业技术，从而降低生产成本，获取超额利润。因此，农业信贷资金与农业技术进步的联系在于，农业信贷资金为不可分的农业技术的进步提供可能，促进农业技术革新，推动农业发展的现代化。

2. 农业贷款可以带动农业公共投资

在农业生产中，除了农业生产者进行的私人投资外，还需要大量的农业公共产品投资。公共产品具有排他性、外部性和投资的不可分割性，而且一般的农业公共产品投资规模比较大，并非农户个人的投资可以完成。例如，农业生产中必需的交通设施、水利排灌设施、农业气象、农业技术推广、病虫害防治等公共产品和服务都需要大规模的投资。除了纯公共产品在政府财力范围内由政府财政投资完成外，多数区域性的、社区性的公共投资，或者准公共产品的投资，一般都不能得到政府财政的全部支持。在这种情况下，农业公共产品的投资也需要民间融资或正式农业信贷资金的支持。通过农业信贷的方式为农业公共产品供给有偿服务的资金，不仅解决了农业公共产品政府供给不足的问题，同时也提高了资金的使用效率。

3. 农业贷款可以促进农业规模经营

农业生产的专业化、规模化、市场化是现代农业的典型特征。农户进行农业生产的目的不再是自给自足的传统小农经济，而是通过将土地、人力等自然资源与现代农业技术相结合，以市场需求为导向，选择适当的农业生产种类进行农业生产分工，进行规模化投资和经营，以获取经济利益。在中国这样一个土地相对稀缺的国家，农业现代化主要是以土地节约型为技术路线，而人力资本存量有限，土地的经营有技术系数的上限，农业产出的增加主要依赖于资本投资。因此，现代农业生产总是伴随着大规模的资本需求。对于一个现代农业经营的理性农户来说，其一，进行大规模的农业投资可能已经超出了农户本身自有资金的积累能力；其二，农户总是寻求更多更低成本的资金来进行投资。农业信贷资金正好可以迎合农户对大规模、低成本的农业投资资金的需求，对农业规模化、专业化、市场化经营具有促进作用。

4. 农业贷款可以增加农民收入

改革开放以来，随着外出务工和农村非农产业的发展，农民收入有所提高，然而，农民相对收入持续走低的基本格局并未从根本上扭转，这是农业投入不足、现代农业进展缓慢导致的。要使农业全面振兴和发展，必须拓宽农业发展的活动领域及范围，提升农产品生产的结构层次，促进农业前向、后向及旁侧产业加快发展，而这些都需要投入大量的资金。

随着农村金融改革的不断深入，金融服务不仅覆盖了绝大部分农村地区，而且适应支农需求的金融产品不断推出，农户将更容易获得贷款来投资农业，农业收益水平也将明显提高。因此，农业贷款对农民增收具有一定的促进作用。

本章小结

1. 农产品供求相互作用，共同决定了农产品市场的均衡价格。然而，由于农产品的生产周期较长，调节供给量需要一段时间，因此，农产品长期处于变动中，对农业经营也产生了巨大的影响。

2. 农业生产资料是农业生产的"必需品"，其价格是否稳定直接影响到农业生产是否稳定，也直接影响到农民增收是否稳定。目前农资市场混乱，产能过剩，对农业经营造成了不利的影响。

3. 随着传统农业向现代农业的转变，农业经营越来越依赖大量的资金，而这些资金靠农户和涉农企业的生产积累很难完成。因此，农业贷款与现代农业的发展密不可分。

本章习题

1. 农产品流通有哪些模式？
2. 农产品价格波动的类型有哪些？
3. 农业生产资料价格上涨对农业经营有何影响？
4. 请简述农业资金市场的供求现状。

第十五章

农业经营的政策环境

第一节 我国农业政策的基本框架

中华人民共和国成立以来,党和国家根据不同时期国民经济和农业发展状况,实行了一系列农业政策和改革措施。经过改革开放30多年的发展,我国农业政策已形成比较完善的框架体系。

一、基本农业政策

(一)农村基本经营制度

1978年党的十一届三中全会顺利召开,开启了改革开放的序幕。自此以后,家庭联产承包责任制在全国开始推行。经过30多年的发展,我国已确立了"以家庭承包经营为基础,统分结合的双层经营制度"。这一政策的主要内容有:农村土地等主要生产资料归集体所有,以家庭承包经营为基础,土地承包经营权可以依法流通转让,增强集体组织服务功能,支持农民开展多种形式的联合与合作,等等。2003年全国人大常委会通过了《中华人民共和国农村土地承包法》,对家庭联产承包责任制实施以来的各项土地承包政策进行了法律层面的系统总结与完善。2008年党的十七届三中全会紧紧围绕当前农村改革发展中的重大问题,围绕农村体制改革的关键环节,对农村制度建设做了具体部署,提出要"稳定和完善农村基本经营制度"。

1. 农地使用权期限

家庭承包责任制推广初期,对承包期限并没有规定;1984年的中央一号文件规定了15年的承包期;20世纪90年代中后期开始的第二轮土地承包又把新一轮的承包期延长到30年,这一规定写入了1998年修订的《中华人民共和国土地管理法》。2008年十七届三中全会通过的《中共中央关于推进农村改革发展若干重大问题的决定》明确指出,要"赋予农民更加充分而有保障的土地承包经营权,现有土地承包关系要保持稳定并长久不变"。

2. 农地调整

中央政府对农村土地调整出台了一系列逐步添加限制条件的政策。1997 年之前,无论是"大稳定/小调整"政策,还是"增人不增地/减人不减地"等政策都开始逐步限制农地调整,但一些情况下仍然允许农地的大调整和小调整。1997 年《中共中央办公厅、国务院办公厅关于进一步稳定和完善农村土地承包关系的通知》是一个转折点,强调"不能将原来的承包地打乱重新发包,更不能随意打破原生产队土地所有权的界限,在全村范围内平均承包。""'小调整'只限于人地矛盾突出的个别农户,不能对所有农户进行普遍调整。"1998 年《中华人民共和国土地管理法》及 2002 年颁布的《中华人民共和国农村土地承包法》都规定了除特殊情况下个别农户可以进行有限的农地小调整外,不允许重新调整农地。

3. 农地使用权确权

国家逐步强调确权颁证,以落实、明确并依法保护农民的土地使用权。分田到户初始虽然已规定集体与农民签订土地承包合同,但合同随意性较大。1997 年《中共中央办公厅、国务院办公厅关于进一步稳定和完善农村土地承包关系的通知》要求向农户颁发土地承包经营权证书确定农民的土地使用权。2003 年《中华人民共和国农村土地承包法》进一步要求向农民签发书面的农村土地承包合同和土地承包经营权证书以确定土地承包关系。由于同农地使用权相关的各种矛盾日益凸显,近年来通过农地使用权的确权来保护农民利益的政策终于提到日程上来,如 2007 年农业部等《关于开展全国农村土地突出问题专项治理的通知》中明确提出,"农村土地承包经营权证到户率 2007 年底达到 90%以上";2008 年中央一号文件要求"各地要切实稳定农村土地承包关系,认真开展延包后续完善工作,确保农村土地承包经营权证到户";2010 年中央一号文件再次要求继续做好土地承包管理工作,全面落实承包地块、面积、合同、证书"四到户",扩大农村土地承包经营权登记试点范围。

4. 农民农地自主经营权

国家政策从向农民下达指令性生产计划到充分尊重农民的生产经营自主权方向演变。1982 年中央一号文件规定,"为了保证土地所有权和经营权的协调与统一,社员承包的土地,必须依照合同规定,在集体统一计划安排下,用于生产"。1985 年中央一号文件规定,"任何单位都不得再向农民下达指令性生产计划"。2003 年《中华人民共和国农村土地承包法》第十四条第二款要求发包方须"尊重承包方的生产经营自主权,不得干涉承包方依法进行正常的生产经营活动。"

5. 农地转让权

国家政策发生了从严格限制农地流转到允许农民可以在承包期内依法、自愿、有偿进行土地使用权的变迁。在土地承包初期,土地流转是不允许的,1982 年中央一号文件规定,"社员承包的土地,不准买卖,不准出租,不准转让,不准荒废,否则,集体有权收回"。但从 1984 年开始,政府逐步鼓励农地使用权的转让,当年的中央一号文件规定,"鼓励土地逐步向种田能手集中"。1998 年的《中华人民共和国土地管理法》规定"土地使用权可以依法转让",把农地转让权上升到法律的高度给予保护。2003年《农村土地承包法》和《农业法》正式施行,明确了"通过家庭承包取得的土地承包经营权可以依法采取转包、出租、互换、转让或者其他方式流转"的法律规定,对土地流转进行了原则性约束,也为土地流转实践提供了明确的法律基础,这标志着中国土地承包经营流转制度的正式确立。2005年农业部颁布实施《农村土地承包经营权流转管理办法》,对流转方式、流转合同的签订以及农地流转管理给出了详细、明确的规定。2009年中央通过了《农村土地承包经营纠纷调解仲裁法》,明确规定了调解仲裁的方式、程序,为及时化解农村土地承包经营纠纷、维护当事人合法权益提供了法律依据。

(二)耕地保护政策

改革开放以来,我国政府十分重视耕地保护。1994年国务院颁布了《基本农田保护条例》,正式确立了基本农田保护制度;1998年对《中华人民共和国土地管理法》进行了修订,在耕地保护方面区分了一般农田和基本农田,并对基本农田采取了相对更为严格的保护措施,《基本农田保护条例》也在1998年做了相应的修改;2003年党的十六届三中全会提出要实行最严格的耕地保护制度,2004年二次修订的《中华人民共和国土地管理法》明确规定了耕地保护的具体内容;2008年党的十七届三中全会突出强调,要健全严格规范的农村土地管理制度,实行最严格的耕地保护制度;2012年《全国现代农业发展规划(2011~2015年)》提出,"继续实行最严格的耕地保护制度,加强耕地质量建设,确保耕地保有量保持在18.18亿亩,基本农田不低于15.6亿亩"。2013年中央一号文件指出,"落实和完善最严格的耕地保护制度,加大力度推进高标准农田建设"。

经过几十年的发展,我国已形成一套比较系统的耕地保护政策,主要包括基本农田保护制度、耕地保护制度、加强耕地质量建设、完善征地制度等。基本农田保护制度包括基本农田保护规划制度、基本农田保护区制度、占用基本农田审批制度、基本农田占补平衡制度、禁止破坏和闲置、荒芜基本农田制度、基本农田保护责任制度、基本农田监督检查制度、基本农田地力建设和环境保护制度。耕地保护制度主要是严格控制耕地转为非耕地,非农业建设用地不得占用耕地,禁止闲置、荒芜耕地,等等。加强耕地质量建设主要是加快划定永久基本农田,严格管控优质耕地;大力推进农村土地整治,全面提升耕地质量等别;严格落实耕地占补平衡,把好补充耕地质量关;积极推行"移土培肥",统筹做好建设占用优质耕地、耕作层剥离和再利用;持续加强监测评价,及时掌握耕地质量动态变化。完善征地制度主要是严格界定公益性和经营性建设用地,逐步缩小征地范围;完善征地补偿机制,合理确定征地补偿标准;拓宽安置渠道,解决好被征地农民就业、住房、社会保障问题。

(三)粮食安全政策

20世纪80年代以来,我国政府采取了一系列有利于粮食生产的政策和措施,坚持立足国内生产满足需求的方针,实行粮食省长负责制,提高粮食的综合生产能力,加大对农业和粮食领域的投入,完善财政奖补政策,大力加强农业科技创新和推广应用,加强耕地和水资源等基本生产要素的保护,加强粮食流通体制改革,推进粮食价格保护,健全粮食储备调控机制,等等,逐渐建立了符合市场经济规律的粮食安全政策体系。2003年党的十六届三中全会提出要保证粮食安全。2008年党的十七届三中全会指出,确保国家粮食安全和主要农产品有效供给,促进农业增产、农民增收、农村繁荣。2012年《全国现代农业发展规划(2011~2015年)》提出,稳定发展粮食生产和棉油糖生产,确保国家粮食安全。2016年制定的《国民经济和社会发展第十三个五年规划纲要(草案)》也提出,要增强农产品安全保障能力,确保谷物基本自给、口粮绝对安全。

二、支持生产的农业政策

(一)农业结构调整政策

农业结构调整政策的主要内容包括:促进农业产业结构优化升级,促进主要区域优化布局,促进农产品质量提高,促进农业产业化经营发展,加强农业科研和技术推广,构建农业产业结构调整支持体系,等等。20世纪90年代以前,农业结构调整政策主要是决不放松粮食生产,积极开展多种经营。1992年以后,中央明确提出要以市场为导向,加快发展高产、优质、高效农业,推进农业生产区域化、专业化、商品化,农业结构调整的重点是抓好粮棉生产和"菜篮子"工程,增加农产品有效供给。1998年中央做出农业发展进入新阶段的判断,农业生产稳定增长、提高粮食品质、优化结构、增加农民收入成为农业产业结构调整的新目标。2000年以后,中央指出要把农产品加工、保证农产品质量安全作为农业结构调整的重要内容,把提高质量和效益、实现农业可持续发展作为农业结构调整的目标。2006年中央一号文件提出"积极推进农业结构调整""按照高产、优质、高效、生态、安全的要求,调整优化农业结构"。2013年中央一号文件提出"创新农业生产经营体制,稳步提高农民组织化程度"。

(二)农产品质量安全政策

21世纪以来,中央一号文件十分重视农产品质量安全问题,2005年对农产品质量安全工作进行了全面部署,2007年提出"发展健康养殖业",2008年提出"加强农业标准化和农产品质量安全工作",2009年提出"严格农产品质量安全全程监控",2010年提出"加快农产品质量安全监管体系和检验检测体系建设,积极发展无公害农产品、绿色食品、有机农产品",2013年强调"提升食品安全水平",改革和健全食品安全监管体制,落实从田头到餐桌的全程监管责任,"健全农产品质量安全和食品安全追溯体系"。与此对应,国家也制定了一系列相关法律法规,出台了有关农产品质量安全方面的各项规定,如2006年第十届全国人民代表大会常务委员会第21次会议通过的《中华人民共和国农产品质量安全法》,就是我国农产品质量安全管理史上的重要里程碑。农产品质量安全政策主要包括:建立健全农产品质量安全监管体系,优质农产品认证和标志制度、农产品质量安全标准体系、农产品安全生产支持体系、农产品质量安全追溯制度等。

（三）农业税收政策

农业税是国家对一切从事农业生产、有农业收入的单位和个人征收的一种税。1958年第一届全国人民代表大会常务委员会第96次会议通过了《中华人民共和国农业税条例》。从20世纪80年代中后期开始，中央多次出台政策要求减轻农民负担，强调制止对农民的不合理摊派。1993年国务院授权农业部宣布取消43项要求农民出钱、出物、出工的达标升级，纠正了10项错误收费和管理办法。同年6月，国务院宣布取消37项涉及农民负担的集资、基金、收费项目，提出对17项收费项目进行修改。1996年12月中共中央和国务院联合下发《关于切实做好减轻农民负担工作的决定》，提出了13条切实减轻农民负担的政策。

21世纪以来，开始了以减轻农民负担为中心，以取消"三提五统"等税外收费、改革农业税为主要内容的农村税费改革。2000年安徽开始作为试点，2003年在全国全面展开。2004年吉林、黑龙江等8个省（自治区、直辖市）全部或部分免征农业税，河北等11个粮食主产区降低农业税税率3个百分点，其他地方降低农业税税率1个百分点。2005年全国有28个省（自治区、直辖市）全部免征了农业税，河北、山东、云南也将农业税税率降到2%以下。2005年12月29日，第十届全国人民代表大会常务委员会第19次会议通过决定，自2006年1月1日起废止《农业税条例》，取消除烟叶以外的农业特产税，全部免征牧业税。从2010年12月1日起，全国所有收费公路（含收费的独立桥梁、隧道）全部纳入鲜活农产品运输"绿色通道"网络范围，对整车合法装载运输鲜活农产品的车辆免收车辆通行费。自2012年1月1日起，免征蔬菜流通环节增值税。

（四）农业补贴政策

党的十六大以来，党中央、国务院在深刻分析国内外形势、准确把握我国经济社会发展阶段特征的基础上，做出了我国总体上已到达以工促农、以城带乡发展阶段的基本判断，制定了工业反哺农业、城市支持农村和多予少取放活的基本方针，出台了大量针对农业、农村、农民的补贴政策，初步形成了一个以粮食生产、农民增收和保护生态环境为目标，综合补贴与专项补贴相结合，覆盖基础设施建设、种子、农业机械、生产技术、农产品、灾害救助等环节和内容的农业补贴政策体系。

2004年，对种粮农民的直接补贴工作在全国范围内全面展开，粮食直补机制初步确立，2004年补贴规模116亿元，2014年达到151亿元。2006年，国家借燃料价格调整的契机，建立农资涨价综合补贴制度，当年补贴资金规模120亿元。2009年，较大幅度增加农业补贴，实现水稻、小麦、玉米、棉花良种补贴全覆盖，扩大油菜和大豆良种补贴范围。2010年，扩大马铃薯补贴范围，启动青稞良种补贴，开展花生良种补贴试点；把牧业、林业和抗旱、节水机械设备纳入农机具购置补贴范围。2007年开始，我国在内蒙古、吉林、江苏、湖南、新疆和四川6省（自治区）开展中央财政农业保险保费补贴试点，安排资金21亿元，主要用于粮、棉、油大宗农作物和能繁母猪保险费补贴。2011年农业保险保费补贴达到91亿元；2012年进一步完善农业保险政策，加大对农业保险的支持力度，增加保费补贴品种，在现有的14个中央财政补贴险种的基础上，将糖料作物纳入补贴范围，开展设施农业保费补贴试点，对发展设施农业的农民给予保费补贴。

（五）农产品市场流通政策

中华人民共和国成立以后，长期实行的是农产品统购统销制度。1978年开始的农村经济体制改革，首先突出表现在农产品流通和价格方面。1978~1984年改革的主要内容是提高农产品收购价格，压缩粮食征购基数，扩大市场调节范围，减少农产品统购派购品种，扩大农民生产自主权，恢复农副产品议购议销政策，等等。1985~1991年，取消农产品统购派购制度，实行粮棉合同定购政策和生产资料奖售政策以及预购订金发放政策，压缩平价粮油供应，增加议价粮食供应，取消粮油票证。20世纪90年代以来，各类农产品市场逐步放开，最终形成了完全市场化的农产品流通体制。

21世纪以来，农产品市场流通政策主要包括培育多元化市场主体，促进流通形式多样化；加强各类市场建设，构建全国性流通网络；加强农产品质量监管，提高市场宏观调控能力；等等。2006~2011年，商务部会同有关部门实施了"双百市场工程"扶持政策、"农超对接"扶持政策、农产品现代流通综合试点等。《全国现代农业发展规划（2011~2015年）》提出"大力发展农产品加工和流通业"；强化流通基础设施建设和产销信息引导，升级改造农产品批发市场；发展新型流通业态，推进订单生产和"农超对接"，落实鲜活农产品运输"绿色通道"政策，降低农产品流通成本；规范和完善农产品期货市场。2012年中央一号文件指出"提高市场流通效率，切实保障农产品稳定均衡供给"。2012年8月3日，国务院出台《关于深化流通体制改革加快流通产业发展的意见》，提出支持建设和改造一批具有公益性质的农产品批发市场、农贸市场、菜市场、社区菜店、农副产品平价商店，以及重要商品储备设施、大型物流配送中心、农产品冷链物流设施等。2013年中央一号文件提出"提高农产品流通效率"，继续实施"北粮南运""南菜北运""西果东送"万村千乡市场工程、新农村现代流通网络工程，创建农产品现代流通综合示范区。

（六）农业科技政策

科学技术是第一生产力。20世纪80年代以来，中央明确提出农业技术要走传统与现代相结合的发展道路。国家编制了科技攻关计划，突出农业生物技术等重点领域。1992年，国务院指出农科教结合是实现农业现代化的重要途径。21世纪以来农业科技政策的主要内容包括：2004年提出加强农业科研和技术推广，2005年提出加快农业科技创新，2006年提出大力提高农业科技创新和转化能力，2007年提出强化建设现代农业的科技支撑，2008年提出着力强化农业科技和服务体系基本支撑，2009年提出加快农业科技创新步伐，2010年提出提高农业科技创新和推广能力，2011年提出强化水文气象和水利科技支撑。2012年中共中央、国务院颁布的《关于加快推进农业科技创新持续增强农产品供给保障能力的若干意见》提出"依靠科技创新驱动，引领支撑现代农业建设"；明确农业科技创新方向，力争在世界农业科技前沿领域占有重要位置；稳定支持农业基础性、前沿性、公益性科技研究；打破部门、区域、学科界限，有效整合科技资源，建立协同创新机制，推动产学研、农科教紧密结合；改善农业科技创新条件，推进国家农业高新技术产业示范区和国家农业科技园区建设；着力抓好种业科技创新等。

（七）农业基础设施建设政策

农业基础设施建设一般包括农田水利建设，农村电网建设，农村道路建设，农产品流通重点设施建设，商品粮棉生产基地、用材林生产基地和防护林建设，农村教育、卫生、饮用水、科研、技术推广和气象基础设施建设等。强化农业基础设施建设，是推动农村经济发展、促进农业现代化的重要措施之一。近年来，我国加强以农田水利为重点的农业基础设施建设，加大对农业基础设施建设的投资力度，出台了一系列政策措施，主要内容包括加大财政对农业基础设施建设的投入力度、实施农业综合开发、引导社会资金投入农业基础设施建设、促进区域均衡发展、改革农村小型基础设施产权制度等。2010年中央一号文件提出突出抓好水利基础设施建设，大力建设高标准农田，构筑牢固的生态安全屏障。2012年国务院颁布的《全国现代农业发展规划（2011~2015年）》提出"改善农业基础设施和装备条件"。2012年中央一号文件提出"改善设施装备条件，不断夯实农业发展物质基础"，坚持不懈加强农田水利建设，加强高标准农田建设，加快农业机械化，搞好生态建设。2013年中央一号文件提出"加强农村基础设施建设"，加大公共财政对农村基础设施建设的覆盖力度，逐步建立投入保障和运行管护机制。

（八）农村金融政策

改革开放以来，农业和农村发展的金融支持问题一直得到政府的高度重视。1978~1995年，从恢复农业银行起，我国逐步形成了以农业银行为主导、农村信用合作社为基础、其他金融机构为补充的农村金融体系。进入21世纪以来，国家制定了一系列建设农村金融体系的政策措施，包括完善农村金融的财税支持政策和货币支持政策，积极发展农村保险业和农村合作基金会，逐步建立农村灾害补偿制度，加强农村金融法律制度建设，将支持农村金融政策以法律的形式予以明确，使财政、税收、货币支持政策、农业保险等系统化、规范化。2004年以来的中央一号文件对农村金融分别做了以下规定：2004年提出"改革和创新农村金融体制"，明确县域内各金融机构为"三农"服务的义务等；2008年提出"加快农村金融体制改革和创新"，建立健全农业再保险体系等；2009年提出"增强农村金融服务能力"；2010年提出"提高农村金融服务质量和水平"；2012年提出"提升农村金融服务水平"，加大农村金融政策支持力度；2013年提出"改善农村金融服务"，充分发挥政策性金融和合作性金融的作用，创新金融产品和服务，加强财税杠杆与金融政策的有效配合，支持社会资本参与设立新型农村金融机构，建立多层次、多形式的农业信用担保体系等。

（九）农业劳动力转移就业政策

过去较长时期内，我国对农民进城就业实行的是以堵为主的政策，制定了各种限制农民进城务工的政策措施。进入 21 世纪以来，国家的农业劳动力转移就业政策发生了积极变化，主要包括农业劳动力转移就业服务、农民工权益保障、农业劳动力转移就业培训、改善农民工生活条件、解决农民工子女教育等。2002 年 1 月，中共中央、国务院颁布的《关于做好 2002 年农业和农村工作的意见》第一次提出了针对农民进城务工的"公平对待，合理引导，完善管理，搞好服务"十六字方针。2003 年 1 月国务院办公厅发出《关于做好农民进城务工就业管理和服务工作的通知》提出取消对农民进城务工就业的不合理限制，多渠道安排农民工子女就学等。2003 年 4 月国务院公布《工伤保险条例》，首次将农民工纳入保险范围。2003 年 9 月，农业部等部门启动了农业劳动力转移培训"阳光工程"。2006 年出台的《国务院关于解决农民工问题的若干意见》指出，严格执行劳动合同制度，逐步实行城乡平等的就业制度。2008 年开始实施的《中华人民共和国就业促进法》，明确提出实行城乡统筹的就业政策。2009 年中央一号文件提出"积极扩大农村劳动力就业"。2010 年中央一号文件提出"努力促进农民就业创业"。2012 年中央一号文件提出"加强教育科技培训，全面造就新型农业农村人才队伍"。2013 年中央一号文件提出"有序推进农业转移人口市民化"。

三、保护利益的农业政策

（一）农产品价格保护政策

改革开放前，我国农产品价格由政府确定，对农产品实行低价收购政策，通过工农产品价格"剪刀差"的方式，把农业剩余转移给工业，支撑国家工业化发展。改革开放以后，逐步放开农产品市场，20 世纪 90 年代开始实行粮食等主要农产品保护价收购政策，逐步建立了粮食等主要农产品的价格保持政策，实行最低收购价。2008 年中央一号文件提出"切实保障主要农产品基本供给"。2009 年中央一号文件提出"保持农产品价格合理水平"，继续提高粮食最低收购价。2013 年中央一号文件提出"完善农产品市场调控"，健全重要农产品市场监测预警机制。2012 年《全国现代农业发展规划（2011~2015 年）》提出，完善农产品市场调控机制，稳步提高稻谷、小麦最低收购价，完善玉米、大豆、油菜籽、棉花等农产品临时收储政策；完善主要农产品吞吐和调节机制，健全重要农产品储备制度，发挥骨干企业稳定市场的作用；继续加强生猪、蔬菜主要"菜篮子"产品市场监测预警体系建设，完善生猪、棉花、食糖、边销茶等调控预案，制定鲜活农产品调控办法；坚持"米袋子"省长负责制和"菜篮子"市长负责制。

（二）农产品贸易政策

农产品贸易政策主要包括进口政策、出口政策、区域自由贸易政策等。2004 年中央一号文件提出"扩大优势农产品出口"，要进一步完善促进我国优势农产品出口的政策措施；鼓励和引导农产品出口加工企业进入出口加工贸易区；加强对外谈判交涉，签订我国与重点市场国家和地区的双边检验检疫与优惠贸易协定；加快建立健全禽肉、蔬菜、水果等重点出口农产品的行业和商品协会。2009 年中央一号文件提出把握好主要农产品进出口时机和节奏，支持优势农产品出口，防止部分品种过度进口冲击国内市场。2010 年中央一号文件提出"提高农业对外开放水平"，支持优势农产品扩大出口，提供出口通关、检验检疫便利和优惠。2012 年国务院出台的《全国现代农业发展规划（2011—2015年）》提出，"提高农业对外开放水平"，促进农业对外合作，提高农业"引进来"质量和水平，拓宽农业"走出去"渠道；"加强农产品国际贸易"，强化多双边和区域农业磋商谈判与贸易促进，做好涉农国际贸易规则制定工作；进一步强化贸易促进公共服务的能力，积极推动优势农产品出口；建立符合世界贸易组织规则的外商经营农产品和农业生产资料准入制度；积极应对国际贸易摩擦，支持行业协会维护企业合法权益；进一步完善农业产业损害监测预警机制。运用符合世界贸易组织规则的相关措施，灵活有效调控农产品进出口。

（三）农业资源环境保护政策

改革开放以来，我国高度重视农业资源利用和环境保护，将农业资源利用和环境保护工作纳入整个经济社会发展的重要议程，在耕地、淡水、草原、渔业及废弃物等农业资源的合理开发和有效保护以及节能减排等方面制定了一系列政策措施，形成了农业资源环境保护政策框架。其主要内容包括水资源合理利用与保护、草原资源合理利用与保护、渔业资源利用与生态保护、退耕还林（还草）工程、农田防护林网建设、农村可再生能源开发、农村生产生活节能、循环农业发展等。2010 年中央一号文件提出"构筑牢固的生态安全屏障"，继续推进重点林业生态工程建设，大力增加森林碳汇，加强农业面源污染治理，发展循环农业和生态农业。2013 年中央一号文件提出"推进农村生态文明建设"，加强农村生态建设、环境保护和综合整治，努力建设美丽乡村。2012 年《全国现代农业发展规划（2011—2015 年）》提出"加强农业资源和生态环境保护"，科学保护和合理利用水资源，加强农业生态环境治理，大力推进农业节能减排，树立绿色、低碳发展理念。

（四）农村扶贫开发政策

改革开放以来，我国政府在全国范围内实施了以解决农村贫困人口温饱问题为主要目标的有计划、有组织的大规模扶贫开发。进入 21 世纪以后，我国政府根据全面进入建设小康社会新阶段和农村依然存在贫困问题的基本国情，制定了新的扶贫战略。2001 年公布了《中国农村扶贫开发纲要（2001—2010 年）》。2004 年中央一号文件提出"继续做好扶贫开发工作，解决农村贫困人口和受灾群众的生产生活困难"，完善扶贫开发机制。2006 年中央一号文件提出"加强扶贫开发工作"，要因地制宜地实行整村推进的扶贫开发方式。2008 年中央一号文件提出"不断提高扶贫开发水平"，动员社会力量参与扶贫开发事业。2010 年中央一号文件提出"继续抓好扶贫开发工作"，对农村低收入人口全面实施扶贫政策。2011 年 11 月，中共中央、国务院印发《中国农村扶贫开发纲要（2011—2020 年）》，这是今后一个时期我国扶贫开发工作的纲领性文件。其目标是到 2020 年，稳定实现扶贫对象不愁吃、不愁穿，保障其义务教育、基本医疗和住房；贫困地区农民人均纯收入增长幅度高于全国平均水平，基本公共服务主要领域指标接近全国平均水平，扭转发展差距扩大趋势；全国农村扶贫标准从 2000 年的 865 元逐步提高到 2010 年的 1 274 元。2011 年 11 月 29 日，中央扶贫开发工作会议在北京召开，会议决定将农民人均纯收入 2 300 元（约合 355.6 美元）作为新的国家扶贫标准，相较于 2009 年的人均收入低于 1 196 元的标准，新标准提高了 92%。

第二节 我国农业政策的实施效果

改革开放以来，特别是党的十六大以来，在深入贯彻落实科学发展观的基础上，我国政府全面推进"三农"实践创新、理论创新、制度创新，全面确立重中之重、统筹城乡、"四化同步"等战略思想，全面制定一系列多予少取放活和工业反哺农业、城市支持农村的重大政策，全面构建农业生产经营、农业支持保护、农村社会保障、城乡协调发展的制度框架，农业生产得到很大发展、农村面貌得到很大改善、农民群众得到很大实惠，农业农村发展实现了历史性跨越，迎来了又一个黄金期，初步探索出一条具有中国特色的农业现代化道路。

一、农业综合生产能力显著提高

我国政府始终高度重视国家粮食安全，粮食等农产品供求状况呈现出基本稳定状态。我国以不到世界耕地面积 9% 的耕地，养活了世界近 21% 的人口。2004~2015 年，我国粮食产量连续丰收，实现"十二连增"，粮食均衡供给能力增强，农业综合生产能力迈上新台阶，棉、油、糖产量也得到明显提高，肉类、水产品产量增长十分迅速，城乡居民食物消费品种日益丰富，如表 15-1 所示。

表 15-1 21 世纪以来主要农产品产量变化情况（单位：万吨）

年份	粮食总产量	油料产量	糖料产量	肉类产量	水产品总产量
2000	46 218	2 955	7 635	6 014	3 706
2001	45 264	2 865	8 655	6 106	3 796
2002	45 706	2 897	10 293	6 234	3 955
2003	43 070	2 811	9 642	6 443	4 077
2004	46 947	3 066	9 571	6 609	4 247
2005	48 402	3 077	9 452	6 939	4 420
2006	49 804	2 640	10 460	7 089	4 584
2007	50 160	2 569	12 188	6 866	4 748
2008	52 871	2 953	13 420	7 279	4 896
2009	53 082	3 154	12 277	7 650	5 116
2010	54 648	3 230	12 008	7 926	5 373
2011	57 121	3 307	12 517	7 965	5 603

续表

年份	粮食总产量	油料产量	糖料产量	肉类产量	水产品总产量
2012	58 958	3 437	13 485	8 387	5 908
2013	60 194	3 517	13 746	8 535	6 172
2014	60 703	3 507	13 361	8 707	6 462
2015	62 144	3 537	12 500	8 625	6 700

资料来源：历年《中国统计年鉴》

二、财政支农力度不断加大

近年来，国家加大支持保护力度，中央财政用于"三农"的支出持续大幅度增长，从 2001 年的 1 456.7 亿元上升至 2013 年的 13 799 亿元。2014 年，中央农业部门共安排基本建设和财政专项支农资金 1 705.26 亿元。其中，基本建设投资 289.35 亿元，重点支持农业综合生产能力建设、农业科技创新能力建设、农业公共服务能力条件建设、农业资源和环境保护与利用条件建设、民生基础设施五个方面的建设。财政专项资金 1 415.91 亿元，包括部门预算和专项转移支付两类项目，其中转移支付项目重点支持生产补贴、科技服务、防灾减灾和生态资源保护四个领域的项目。

2014 年，农业部和财政部共同管理的专项转移支付项目资金达 1 170 亿元，比上年增加 65 亿元。其中，生产型补贴 746 亿元，包括农机购置补贴 237.55 亿元，农作物良种补贴 215 亿元，渔业柴油补贴 253 亿元，畜牧水产发展扶持资金 40.3 亿元，等等；科技服务支持政策资金 131 亿元，包括粮棉油糖高产创建 20 亿元，园艺作物标准化创建 6 亿元，基层农技推广体系改革建设补助 26 亿元，测土配方施肥补助 7 亿元，农民培训补助 11 亿元，现代农业产业技术体系补助 13.23 亿元，旱作农业技术推广补助 10 亿元，现代农业示范区试点补助 2.5 亿元，农产品初加工补助 6 亿元，河北地下水超采区综合治理试点补助 15 亿元，农村土地承包经营权确权登记颁证补助 13.6 亿元，等等；防灾减灾项目资金 109 亿元，包括农业防灾增产关键技术补助 50.6 亿元，动物防疫经费 58 亿元；生态与资源保护项目资金 184 亿元，包括草原生态保护奖补 157 亿元，耕地保护与质量提升 8 亿元，湖南重金属污染土壤治理试点 11.56 亿元，转产转业与渔业资源保护 4 亿元，农产品产地重金属污染防治 3 亿元，等等。

表 15-2 展示了 2004~2014 年农业"四项补贴"的基本情况。

表 15-2　2004~2014 年农业"四项补贴"的基本情况（单位：亿元）

年份	种粮补贴	良种补贴	农机具补贴	农资综合补贴	四项合计
2004	116	28.5	0.7	—	145.2
2005	132	37.5	3.0	—	172.5
2006	142	41.5	6.0	120	309.5
2007	151	66.6	20.0	276	513.6
2008	151	123.4	40.0	716	1 030.4
2009	190	198.5	130.0	756	1 274.5

续表

年份	种粮补贴	良种补贴	农机具补贴	农资综合补贴	四项合计
2010	151	204.0	155.0	8 355	8 865.0
2011	151	220.0	175.0	860	1 406.0
2012	151	220.0	215.0	1 078	1 664.0
2013	151	—	—	1 071	—
2014	151	215.0	238.0	1 071	1 674.6

资料来源：历年《中国统计年鉴》

三、农村金融改革不断深化

新型农村金融机构快速发展。截至 2014 年末，全国共发起设立 1 296 家新型农村金融机构，其中村镇银行 1 233 家，贷款公司 14 家，农村资金互助社 49 家。农村金融机构改革不断深化，中国农业银行"三农金融事业部"改革试点范围扩大到 19 个省，国务院原则上同意了农业发展银行改革实施总体方案，其政策性职能进一步强化。国家对农村金融扶持力度不断加大。2014 年两次分别下调县域农村商业银行和农村合作银行存款准备金率 2 个百分点和 0.5 个百分点。2014 年中央财政拨付县域金融机构涉农贷款增量奖励资金 26.03 亿元，拨付农村金融机构定向费用补贴资金 26.19 亿元。截至 2014 年底，全国金融机构全口径涉农贷款余额 23.6 万亿元，当年新增 3 万亿元，同比增长 13%，继续保持涉农信贷投入持续增长的趋势。

农业保险快速发展。2014 年，中央财政拨付农业保险保费补贴 144.52 亿元。全国农业保险保费收入 325.70 亿元，同比增长 6.2%；提供风险保障 1.66 万亿元，同比增长 19.7%；参保农户 2.47 亿户次，同比上升 15.7%。农业保险已覆盖全国所有省（自治区、直辖市），主要农作物承保面积达 1.01 亿公顷，约占全国播种面积的 61.6%。2014 年，全国共建立农业保险乡（镇）级服务站 2.3 万个，村级服务点 28 万个，覆盖全国 48%的行政村，协保员近 40 万人。

四、农民负担明显减轻

农村税费改革切实减轻了农民负担，2006 年全国取消农业税，农民每年减轻负担 1 335 亿元。中央财政安排的 4 项农业补贴资金从 2003 年的 3.3 亿元增长到 2011 年的 1 406 亿元。同时，2004~2011 年，中央财政安排粮食储备支出约 2 089 亿元，确保了农民增产增收。

2014 年，农业部组织开展了农民负担专项治理，共向农民清退多收款项 1.06 亿元，减轻农民负担 8.88 亿元。农业部与 7 个省（自治区、直辖市）联合选择 9 个县（市）进行了综合治理，共向农民退还多收款项 685.6 万元，清退向村级组织转嫁摊派费用 457.4 万元；组织开展了对加重村级组织负担问题的清理整顿，共清退要求村级组织配套项目资金、开展达标升级活动、进行捐资赞助等方面的违规费用 0.93 亿元，减轻村级组织负担 1.93 亿元。2014 年，全国农民直接承担的费用（包括上交集体各种款项、各种社会负担、一事一议筹资及以资代劳）人均 38.49 元，取消农业税后农民负担水平连续降低。

2014 年，全国农村常住居民人均可支配收入 10 489 元，同比增长 11.2%，剔除价格因素影响，实际增长 9.2%。其中，工资性收入 4 152 元，增长 13.7%；经营净收入 4 237 元，增长 7.7%；财产净收入 222 元，增长 14.1%；转移净收入 1 877 元，增长 13.9%。农村居民人均纯收入 9 892 元。

五、农村贫困问题基本解决

农村贫困人口生存和温饱问题基本解决。1978~2000 年，我国政府采取强有力的措施，实施《国家八七扶贫攻坚计划（1994~2000 年）》，使农村没有解决温饱问题的贫困人口由 2.5 亿人减少到 0.3 亿人，占农村总人口的比例由 30.7% 下降到 3% 左右，基本实现了到 20 世纪末解决农村贫困人口温饱问题的战略目标。2001 年《中国农村扶贫开发纲要（2001~2010 年）》正式公布，十年间使数千万农村贫困人口走上脱贫致富的幸福大道。全国农村扶贫标准从 2000 年的 865 元逐步提高到 2010 年的 1 274 元，以此标准衡量的农村贫困人口数量，从 2000 年底的 9 422 万人减少到 2010 年底的 2 688 万人；农村贫困人口占农村人口的比重从 2000 年的 10.2% 下降到 2010 年的 2.8%。

六、农民工就业状况改善

2014 年，国务院办公厅出台了《国务院关于进一步做好为农民工服务工作的意见》，着力稳定和扩大农民工就业创业，维护农民工劳动保障权益，推动农民工逐步实现平等享受城镇基本公共服务和在城镇落户，促进农民工社会融合，为实现农民工市民化目标打下坚实基础。2014 年，全国农民工总量达到 27 395 万人，比上年增加 501 万人，增长 1.9%。其中，外出农民工 16 821 万人，比上年增加 211 万人，增长 1.3%；本地农民工 10 574 万人，增加 290 万人，增长 2.8%。农民工收入水平继续保持增长。19 个省（自治区、直辖市）调整了最低工资标准，平均调增幅度为 14.1%。国家统计局调查显示，外出农民工人均月收入达到 2 864 元，比上年增加 255 元，增长 9.8%。城乡基本公共服务均等化逐步推进。截至 2014 年底，全国农民工随迁子女在公办学校就学比例保持在 80%。农民工社会保障水平继续提高。2014 年，参加"五险一金"的农民工比例不断提高，农民工"五险一金"的参保率分别为工伤保险 26.2%、医疗保险 17.6%、养老保险 16.7%、失业保险 10.5%、生育保险 7.8%、住房公积金 5.5%，比上年分别提高 1.2、0.5、0.5、0.7、0.6 和 0.5 个百分点。

七、农产品贸易迅速发展

农产品国际贸易对农业发展的影响越来越大，农产品及加工品出口额在全国出口总额中保持了快速增长。国内农产品已经从一个被高度保护的产品转变成了一个相对自由的产品。我国已成为对农产品贸易干预最少的国家之一。从 2000 年到 2012 年，我国农产品进出口总额由 269.5 亿美元增加到 1 757.7 亿美元。2014 年，我国农产品出口增幅大于进口增幅，农产品贸易逆差有所下降。全年农产品进出口贸易总额 1 945 亿美元，其中，出口额 719.6 亿美元，进口额 1 225.4 亿美元，农产品贸易逆差 505.8 亿美元。

2014 年，我国谷物出口 769 万吨，进口 1 951.6 万吨，净进口 1 874.6 万吨。食用油籽进口增长 14.3%，食用植物油、棉花、食糖进口分别下降 14.6%、10.7%、23.3%，蔬菜进出口均增长，水果进口增长出口下降；畜产品贸易逆差增长 18%，水产品贸易顺差增长 7.6%。

八、农产品市场体系得到建设

截至 2014 年底，全国农产品批发市场 4 469 家，产地市场约占 70%。2013 年底，亿元以上农产品专业批发市场发展到 1 019 家，比 2004 年增加 622 家；摊位数 57.66 万个，比 2004 年增加 39.38 万个；营业面积达 4 316.3 万平方米，比 2004 年增加 3.1 倍；年成交额 14 584.1 亿元，增长 5.7 倍。从市场结构看，在亿元以上的专业农产品批发市场中，粮食市场占 10.1%，肉粮禽蛋市场占 13.5%，水产品市场占 14.7%，蔬菜市场占 30.5%，干鲜果品市场占 13.4%，棉麻土畜烟叶产品市场及其他农产品市场占 17.8%。

九、农业信息化步伐加快

2014 年，农业物联网试验示范逐步开展。随着实施农业物联网区域试验工程，国家物联网应用示范工程继续推进，农业物联网技术产品逐步得到推广应用。金农工程一期完成验收，国家农业监测指挥管理信息化体系，国家农业电子政务体系、服务支撑体系、信息资源体系不断完善，建成了一批重要的信息管理系统和数据库。农业信息化标准建设得到强化，13 项农业物联网国家标准制修订项目获得国家标准委批复立项。

十、农产品质量安全管理加强

2014 年，农产品质量安全形势总体平稳向好，在范围扩大、参数增加的情况下，蔬菜、畜禽和水产品例行监测合格率分别达到 96.3%、99.2%和 93.6%，全年未发生重大农产品质量安全事件。专项整治进一步深入，全年共出动执法人员 418 万人次，检查生产经营单位 233 万家，整顿农资市场 26 万个，查获假劣农业生产资料 2.6 万吨，行政处罚 5 799 件，为农民挽回直接经济损失 4.7 亿元。风险监测评估得到加强，例行监测范围扩大到 151 个大中城市、117 个品种、94 项指标，基本涵盖主要城市、产区和品种、参数。新增风险评估实验室 10 家，认证风险评估实验站 145 个。随着农业标准化继续推进，规定了 387 种农药在 284 种食品中的 3 650 项最大残留限量，新制定农业国家标准和行业标准 253 项。新建"三园两场" 1 600 个，创建标准化示范县 48 个。新认证"三品一标"

产品 2.3 万个,"三品一标"总数达到 10.7 万个。监管体系建设进一步加强,全国已有 86%的地市、71%的县市、97%的乡镇建立了监管机构,落实专兼职监管人员 11.7 万人。

本章小结

1. 经过改革开放 30 多年的发展,我国农业政策已形成比较完善的框架体系,包括农村基本经营制度、耕地保护政策、粮食安全政策、农业结构调整政策、农产品质量安全政策、农业税收政策、农业补贴政策、农产品市场流通政策、农业科技政策、农业基础设施建设政策、农村金融政策、农业劳动力转移就业政策、农产品价格保护政策、农产品贸易政策、农业资源环境保护政策、农村扶贫开发政策。

2. 改革开放以来,特别是党的十六大以来,我国政府全面制定一系列多予少取放活和工业反哺农业、城市支持农村的重大政策,取得了显著的成效:农业综合生产能力显著提高,财政支农力度不断加大,农村金融改革不断深化,农民负担明显减轻,农村贫困问题基本解决,农民工就业状况改善,农产品贸易迅速发展,农产品市场体系得到建设,农业信息化步伐加快,农产品质量安全管理加强。

本章习题

1. 简述我国农业政策的基本框架体系。
2. 分析我国农业政策的实施效果。
3. 分析农业政策对农户经营的具体影响。

参 考 文 献

蔡根女. 2014. 农业企业经营管理学[M]. 第三版. 北京：高等教育出版社
蔡基宏. 2005. 关于农地规模与兼业程度对土地产出率影响争议的一个解答——基于农户模型的讨论[J]. 数量经济技术经济研究，（3）：28-37
长宪次. 1993. 农业经营研究的课题与方向[M]. 东京：日本经济评论社
陈和午. 2004. 农户模型的发展与应用：文献综述[J]. 农业技术经济，（3）：2-9
陈世雄. 1996. 农场经营[M]. 台北：三民书局
淡路和则. 1996. 经营者能力与后继者的培育[M]. 东京：农林统计协会
稻本志良. 1976. 美国农业生产经济学的进展与经营规模论[J]. 农业计算学研究，（9）：1-12
都阳. 1999. 贫困地区农户参与非农工作的决定因素研究[J]. 农业技术经济，（4）：32-36
都阳. 2001. 中国贫困地区农户劳动供给研究[M]. 北京：华文出版社
高帆. 2008. 中国农户的经济性质及其政策含义[J]. 学术研究，（8）：80-85
高海. 2016. 美国家庭农场的认定、组织制度及其启示[J]. 农业经济问题，（9）：103-109
高强，孔祥智. 2013. 日本农地制度改革背景、进程及手段的述评[J]. 现代日本经济，（2）：81-93
高强，赵海. 2015. 日本农业经营体系构建及对我国的启示[J]. 现代日本经济，（3）：61-70
郭文韬，陈仁端. 1999. 中国农业经济史论纲[M]. 南京：河海大学出版社
胡博峰. 2011-07-25. 法国：探寻农业可持续发展新路径[N]. 经济日报，（11）
胡继连. 1992. 中国农户经济行为研究[M]. 北京：农业出版社
黄延廷，张媞. 2016. 日本农地规模化的经验及其借鉴研究[J]. 经济体制改革，（2）：95-100
黄宗智. 1986. 华北的小农经济与社会变迁[M]. 北京：中华书局
金泽夏树. 1993. 农业经营学讲义[M]. 东京：养贤堂
孔祥智，史冰清，钟真，等. 2012. 中国农民专业合作社运行机制与社会效应研究——百社千户调查[M]. 北京：中国农业出版社
孔祥智，马久杰，朱信凯，等. 2014. 农业经济学[M]. 北京：中国人民大学出版社
李秉龙，薛兴利. 2010. 农业经济学[M]. 北京：中国农业大学出版社
李强，张林秀. 2007. 农户模型方法在实证分析中的运用——以中国加入WTO后对农户的生产和消费行为影响分析为例[J]. 南京农业大学学报（社会科学版），（1）：25-31
厉以宁，秦宛顺. 2010. 西方经济学[M]. 北京：北京大学出版社
铃村源太郎. 2008. 现代农业经营者的经营者能力[M]. 东京：农林水产政策研究所
刘斌，张兆刚，霍功. 2004. 中国三农问题报告[M]. 北京：中国发展出版社
刘强，乔永信. 2007. 农业经营与管理[M]. 第二版. 北京：高等教育出版社
刘艳萍. 1999. 农业经营管理读本[M]. 北京：中国社会出版社

马九杰，曾雅婷，吴本健. 2013. 贫困地区农户家庭劳动力禀赋与生产经营决策[J]. 中国人口·资源与环境，（5）：135-142

木村伸男. 2004. 现代农业经营的成长理论[M]. 东京：农林统计协会年

牛宝俊. 2002. 农业技术经济学[M]. 广州：广东高等教育出版社

农业部. 2003-04-08. 2003—2010年全国新型农民科技培训规划[EB/OL]. http://www.china.com.cn/chinese/PI-c/308458.htm

七户长生. 2003. 农业经营与生活[M]. 东京：农山渔村文化协会

恰亚诺夫 A. 1996. 农民经济组织[M]. 萧正洪译. 北京：中央编译出版社

饶旭鹏. 2011. 国外农户经济理论研究述评[J]. 江汉论坛，（4）：43-48

沈其荣. 2010. 土壤肥料学通论[M]. 北京：高等教育出版社

舒尔茨 W. 1987. 改造传统农业[M]. 梁小民译. 北京：商务印书馆

斯科特 J. 2001. 农民的道义经济学[M]. 程立显，刘建译. 南京：译林出版社

宋洪远，赵海，等. 2015. 中国新型农业经营主体发展研究[M]. 北京：中国金融出版社

孙亚范. 2006. 新型农民专业合作经济组织发展研究[M]. 北京：社会科学文献出版社

汪发元. 2014. 中外新型农业经营主体发展现状比较及政策建议[J]. 农业经济问题，（10）：26-32

王淑珍. 2011. 农业会计学[M]. 第五版. 北京：中国农业出版社

王双振，赵邦宏，王建中. 2000. 农家经营管理[M]. 北京：中国农业出版社

王应贵. 2015. 当代日本农业发展困境、政策扶持与效果评析[J]. 现代日本经济，（3）：51-60

王征兵. 2002. 中国农业经营方式研究[M]. 北京：中国科学文化出版社

翁贞林. 2008. 农户理论与应用研究进展与述评[J]. 农业经济问题，（8）：93-100

吴承明. 1989. 中国近代农业生产力的考察[J]. 中国经济史研究，（2）：63-77

许文富. 2003. 农业合作原理与实务[M]. 台北：丰年社

苑鹏. 2005. 现代合作社理论研究发展评述[J]. 农村经营管理，（4）：15-19

苑书义，董丛林. 2001. 近代中国小农经济的变迁[M]. 北京：人民出版社

翟虎渠. 2006. 农业概论[M]. 北京：高等教育出版社

张林秀. 1996. 农户经济学基本理论概述[J]. 农业技术经济，（3）：24-30

张林秀，徐小明. 1996. 农户生产在不同政策环境下行为的研究——农户系统模型的应用[J]. 农业技术经济，（4）：27-32

赵清源. 1996. 农场管理学[M]. 台北：台湾编译馆

郑杭生，汪雁. 2005. 农户经济理论再议[J]. 学海，（3）：66-75

钟甫宁. 2011. 农业政策学[M]. 第二版. 北京：中国农业出版社

周应恒. 2006. 农产品运销学[M]. 北京：中国农业出版社

周应恒，胡凌啸，严斌剑. 2015. 农业经营主体和经营规模演化的国际经验分析[J]. 中国农村经济，（9）：80-95

Park A，任常青. 1995. 自给自足和风险状态下的农户生产决策模型——中国贫困地区的实证研究[J]. 农业技术经济，（5）：22-26

Ajzen I. 1991. The theory of planed behavior[J]. Organizational Behavior and Human Decision Processes, （50）：179-211

Apps P, Rees R. 1997. Collective labour supply and household production[J]. Journal of Political Economy, 105 (1): 178-190

Barnum H N, Squire L. 1979. A Model of an Agricultural Household: Theory and Evidence[M]. Washington: World Bank

Beblo M. 2000. The strategic aspect of female employment a dynamic bargaining model and it's econometric implementation[R]. Working Paper of Berlin University

Becker G S. 1965. A theory of the allocation of time[J]. The Economic Journal, 75 (299): 493-517

Becker G S. 1981. A Treatise on the Family[M]. Cambridge: Harvard University Press

Benjamin D. 1992. Household composition, labor markets, and labor demand: testing for separation in agricultural household models[J]. Econometrica, 60 (2): 287-322

Browning M, Chiappori P A. 1998. Efficient intra-household allocations: a general characterization and empirical tests[J]. Econometrica, 66 (6): 1241-1278

Chiappori P A. 1988. Rational household labor supply[J]. Econometrica, 56 (1): 63-90

Chiappori P A. 1992. Collective labor supply and welfare[J]. Journal of Political Economy, 100 (3): 437-467

Chiappori P A. 1997. Introducing household production in collective models of labor supply[J]. Journal of Political Economy, 105 (1): 191-209

Dorward A. 2006. Market and pro-poor agricultural growth: insights from livehood and informal rural economy models in Malawi[J]. Agricultural Economics, 35: 157-169

Esherick J. 1981. Number games: a note on land distribution in prerevolutionary China[J]. Modern China, (4): 387-411

Fafchamps M, Quisumbing A R. 1999. Human capital, productivity, and labor allocation in rural Pakistan[J]. Journal of Human Resources, 34 (2): 369-406

Fishbein M, Ajzen I. 1975. Attitude, Intention, and Behavior: An Introduction to Theory and Research[M]. Boston: Addison-Wesley

Gasson R. 1973. Goals and values of farmers[J]. Journal of Agricultural Economics, 24 (3): 521-537

Grossman M. 1972. On the concept of health capital and the demand for health[J]. The Journal of Political Economy, 80 (3~4): 223-255

Iqbal F. 1986. The demand and supply of funds among agricultural households in India[A]//Singh I, Squire L, Strauss J. Agricultural Household Models: Extensions, Applications and Policy[C]. Baltimore, London: The Johns Hopkins University Press: 183-205

Janvry A D, Fafchamps M, Sadoulet E. 1991. Peasant household behaviour with missing markets: some paradoxes explained[J]. Economic Journal, 101 (409): 1400-1417

Lawrence R Z. 1994. Trade, multinationals and labor[R]. National Bureau of Economic Research, Working Paper

Lopez R E. 1986. Structural Models of the Farm Household That Allow for Interdependent Utility and Profit-Maximization Decisions, in Agricultural Household Models: Extensions, Applications, and Policy[M]. Washington: Johns Hopkins University Press for the World Bank

Lundberg S, Pollak R A. 1994. Noncooperative bargaining models of marriage[J]. American Economic Review,

84（2）：132-137

Marrlyn M, Murray B. 1980. Marriage and household decision-making: a bargaining analysis[J]. International Economics Review,（21）：31-44

McElroy M B, Horney M J. 1981. Nash-bargained household decisions: toward a generalization of the theory of demand[J]. International Economic Review, 22（2）：333-349

Nakajima C. 1966. On the utility function of the farm household[J]. The Journal of Rural Problems, 2（1）：37-62

Nakajima C. 1986. Subjective Equilibrium Theory of the Farm Household[M]. Amsterdam: Elsevier

Notburga O. 1992. Intrafamily Bargaining and Household Decisions[M]. New York: Springer

Pitt M M, Rosenzweig M R. 1985. Health and nutrient consumption across and within farm households[J]. Review of Economics and Statistics, 67（2）：212-223

Popkin S. 1979. The Rational Peasant: The Political Economy of Rural Society in Vietnem[M]. Berkeley: University of California Press

Rosenzweig M R. 1980. Neoclassical theory and the optimizing peasant: an econometric analysis of market family labor supply in a developing country[J]. Quarterly Journal of Economics, 94（1）：31-55

Samuelson P A. 1956. Social indifference curves[J]. Quarterly Journal of Economics, 70（1）：1-22

Scott C. 1976. The Moral Economy of the Peasant: Rebellion and Subsistence in Southeast Asia[M]. New Haven: Yale University Press

Singh I, Squire L, Strauss J. 1986. Agricultural Household Models—Extensions, Applications, and Policy[M]. Baltimore and London: Johns Hopkins University Press

Strauss J. 1982. Determinatants of food consumption in rural Sierra Leone: an application of the quadratic expenditure system to the consumption-leisure component of a household-firm model[J]. Journal of Development Economics, 11（3）：327-353.

Stross R E. 1986. The Stubborn Earth: American Agriculturalists on Chinese Soil, 1898~1937[M]. Berkeley: University of California Press

Taylor J E, Adelman I. 2003. Agricultural household moldel: genesis, evolution, and extensions[J]. Review of Economics of the Household, 1（1）：33-58

Taylor J E, Dward E, Adelman I. 1996. Village Economies: The Design, Estimation and Use of Village Wide Economic Models[M]. New York: Cambridge University Press